CODE

FORESTIER.

PARIS, IMPRIMERIE DE GAULTIER-LAGUIONIE

CODE

FORESTIER,

CONFÉRÉ

AVEC LA LÉGISLATION ET LA JURISPRUDENCE

RELATIVES AUX FORÊTS,

Accompagné de l'Exposé des motifs et des Rapports faits aux deux Chambres, de l'Ordonnance rendue pour son exécution, d'un Précis des lois relatives aux Arbres plantés sur les routes, de l'Ordonnance de 1669, d'un Tableau chronologique et analytique des Lois forestières depuis 1789 jusqu'en 1827, ainsi que des Réglemens concernant la Chasse, les Permis de port d'armes de chasse, la Louveterie et la Pêche, et terminé par une Table générale des Matières;

DÉDIÉ A M. LE VICOMTE DE MARTIGNAC, MINISTRE D'ÉTAT, DIRECTEUR GÉNÉRAL DE L'ENREGISTREMENT ET DES DOMAINES;

PAR M. L. GAGNERAUX,

Vérificateur de l'Enregistrement et des Domaines, à Paris.

TOME SECOND.

A PARIS,

CHEZ L'AUTEUR, rue de Choiseul, n°. 2;

CHEZ LAGIER, Libraire, rue Hautefeuille, n°. 3;

ET CHEZ P. DUPONT, Libraire, rue du Bouloy, n°. 24.

1827.

SUITE DE LA PREMIÈRE PARTIE.

IIIᵉ SECTION.

Ordonnance du Roi pour l'exécution du Code Forestier (1).

Au château de Saint-Cloud, le 1er août 1827.

CHARLES, par la grâce de Dieu, Roi de France et de Navarre;

Sur le rapport de notre ministre secrétaire d'État au département des finances;

Vu le Code forestier du royaume, sanctionné par nous le 21 mai dernier, et promulgué le 31 juillet suivant;

Voulant en assurer l'exécution par des dispositions réglementaires,

Nous avons ordonné et ordonnons ce qui suit :

TITRE PREMIER.

De l'Administration forestière.

Art. 1er.

Les attributions conférées par le Code à l'administration forestière seront exercées, sous l'autorité de notre ministre des

(1) Une ordonnance du Roi, rendue le 21 mai 1827, avait nommé une commission chargée de préparer le projet de réglement nécessaire pour l'exécution du Code forestier. Cette commission était composée de MM. le comte *Roy*, président, le vicomte *de Martignac*, vice-président, le marquis *de Bouthillier*, le baron *Dudon*, le baron *Favard de Langlade*, *Jacquinot de Pampelune*, le baron *de Fréville*, *Avoyne de Chantereyne* et *Fumeron d'Ardeuil.*

finances, par une direction générale dont l'organisation est réglée ainsi qu'il suit : (*Voy. le Code forestier, art.* 1er *et* 59.)

SECTION Ire.

De la Direction générale des Forêts.

ART. 2.

La direction générale des forêts se compose d'un directeur général et de trois administrateurs nommés par nous, sur la proposition de notre ministre des finances. (*Idem, art.* 1er *et* 3.)

ANNOTATIONS.

§. 1. — *Ordonnance du Roi, du 26 août 1824, contenant une nouvelle organisation de l'Administration des forets.*

Art. 1er « Les Eaux et fôrets de notre royaume, en ce qui concerne la pêche, la conservation, l'exploitation et l'amélioration des bois, et la surveillance à exercer sur les forêts appartenant aux communes et aux établissemens publics, seront administrés par un directeur général, nommé par nous, sur la présentation de notre Ministre secrétaire d'état des finances.

« Les soins qui tiennent à la propriété des eaux et forêts, soit qu'il s'agisse de revendiquer, de défendre ou d'aliéner, demeurent exclusivement attribués à l'administration des domaines.

2. « Il y aura près de notre directeur général des forêts trois administrateurs.

« Les places de secrétaire général et d'inspecteurs généraux des forêts sont supprimées.

3. « Le directeur général dirige et surveille, sous les ordres de notre Ministre des finances, toutes les opérations relatives au service;

« Il travaille seul avec le Ministre des finances;

« Il correspond seul avec les diverses autorités;

« Il a seul le droit de recevoir et d'ouvrir la correspondance;

« Il signe tous les ordres généraux de service;

« Il rend compte au Ministre de tous les résultats de son administration.

4. « Notre Ministre déterminera les parties de service dont la suite sera attribuée à chaque administrateur.

« Les administrateurs pourront être chargés de missions temporaires dans les départemens, avec l'approbation du Ministre des finances.

5. « Les administrateurs et les conservateurs seront nommés par nous, sur le rapport de notre Ministre des finances.

« Notre Ministre des finances nommera aux places d'inspecteur et de sous-inspecteur.

« Le directeur général nommera à tous les autres emplois, en se conformant à l'ordre hiérarchique des grades.

6. « Les administrateurs se réunissent en conseil d'administration, sous la présidence du directeur général. Le conseil d'administration est nécessairement consulté sur toutes les matières contentieuses, sur les destitutions et révocations des agens forestiers, sur les dépenses à faire, demandes en remise, modération d'amendes et remboursemens pour moins de mesure, soit que la décision de ces affaires appartienne au directeur général, ou qu'elle soit réservée au Ministre.

« Le directeur général des forêts devra, en outre, faire délibérer le conseil d'administration sur tous les objets qu'il doit soumettre à l'approbation du Ministre des finances, et dont la nomenclature suit :

« Le budget général ;

« Dispositions de service qui donneraient lieu à une dépense au-dessus de cinq cents francs;

« Changemens dans la circonscription des arrondissemens forestiers ;

« Suppression d'agens supérieurs ;

« Questions douteuses dans tous les cas d'application des lois, ordonnances et réglemens, dans tous ceux qui ne sont pas prévus ou qui ne sont pas suffisamment définis par les dites lois, ordonnances et réglemens, et sur les instructions générales relatives à leur exécution ;

« Pourvois au Conseil d'État;

« Poursuites et appels devant les tribunaux;

« Coupes extraordinaires dans les bois de l'État, des communes et des établissemens publics;

« Cahier des charges pour les adjudications en coupes annuelles,

« Projets d'aménagemens et d'échanges;

« Demandes en remise ou modération d'amendes et remboursemens pour moins de mesure qui excéderont cinq cents francs ;

« Demandes en autorisation de défricher des bois ou portions de bois d'une contenance au-dessus d'un hectare ;

« Extraction de minerai ou de matériaux dans les forêts;

« Constructions à proximité des forêts;

« Liquidation de pensions;

« Mises en jugemens;

« Réclamations de toute nature contre les décisions émanées du directeur général.

a.

7. « Il sera, par le directeur général, statué sur les affaires qui sont du ressort de l'administration des forêts, autres que celles mentionnées à l'article précédent, sauf le recours des parties devant notre Ministre des finances.

8. « Il sera établi près de l'administration des forêts, et sous la surveillance du directeur général, une école dans laquelle seront enseignées toutes les parties de l'histoire naturelle, des mathématiques et de la jurisprudence, qui ont plus spécialement rapport avec les bois et forêts.

« Le choix des professeurs, les réglemens relatifs à l'organisation de l'école forestière, au nombre et à l'admission des élèves, au système et à la durée des études, seront approuvés par le Ministre, sur le rapport du directeur général, et après avoir été délibérés dans le conseil d'administration.

« Le Ministre déterminera également par des réglemens dans quelle proportion les élèves, après avoir achevé leur cours d'études, concourront aux places vacantes de gardes généraux des forêts.

9. « Notre ordonnance du 11 octobre 1820 continuera de recevoir son exécution en tout ce qui n'est pas contraire aux dispositions contenues dans la présente. (*Voy. le Tableau chronologique.*)

10. « Notre Ministre secrétaire d'état des finances est chargé de l'exécution de la présente ordonnance, qui sera insérée au Bulletin des lois, etc. » (*Bulletin n°* 17,690.)

§. 2. — D'après une autre ordonnance du même jour, 26 août 1824, M. le marquis *de Bouthillier*, conseiller d'état, membre de la Chambre des députés, a été nommé directeur général de l'administration des forêts, et MM. *Chauvet*, *Marcotte* et baron *du Teil*, ont été nommés administrateurs près le directeur général. (*Bulletin n°* 17,691.)

Art. 3.

En cas d'absence du directeur général, le ministre des finances désignera celui des administrateurs qui en remplira les fonctions.

Art. 4.

Le directeur général dirige et surveille, sous les ordres de notre ministre des finances, toutes les opérations relatives au service.

Il correspond seul avec les diverses autorités.

Il a le droit de recevoir et d'ouvrir la correspondance.

Il donne et signe tous les ordres généraux de service.

Il travaille avec le ministre des finances et lui rend compte de tous les résultats de son administration.

ART. 5.

Notre ministre des finances déterminera les parties de service dont la suite sera attribuée à chaque administrateur.

Les administrateurs pourront être chargés de missions temporaires dans les départemens, avec l'approbation du ministre des finances.

ART. 6.

Les administrateurs se réunissent en conseil d'administration, sous la présidence du directeur général.

En cas d'empêchement, le directeur général délègue la présidence à l'un des administrateurs.

ART. 7.

Le directeur général soumettra à notre ministre des finances, après délibération préalable du conseil d'administration, les objets dont la nomenclature suit :

1° Budget général de l'administration forestière;

2° Création et suppression d'emplois supérieurs;

3° Destitution, révocation ou mise en jugement des agens forestiers du grade de sous-inspecteur et au-dessus;

4° Liquidation de pensions;

5° Changemens dans la circonscription des arrondissemens forestiers;

6° Projets d'aménagemens, de partages et d'échanges de bois, de cantonnement ou de rachat de droits d'usage;

7° Coupes extraordinaires;

8° États annuels des coupes ordinaires;

9° Cahier des charges pour les adjudications des coupes ordinaires;

10° Remboursemens pour moins de mesure;

11° Remises ou modérations d'amendes;

12° Extraction de minerai ou de matériaux dans les forêts;

13° Constructions à proximité des forêts;

14° Pourvois au Conseil d'État;

15° Dispositions de service qui donneraient lieu à une dépense au-dessus de 500 francs;

16° Oppositions à des défrichemens;

17° Instructions générales et questions douteuses sur l'exécution des lois et ordonnances.

ART. 8.

Dans toutes les affaires autres que celles qui sont mentionnées en l'article précédent, le directeur général statuera, sauf le recours des parties devant notre ministre des finances.

Le directeur général devra toutefois prendre l'avis du conseil d'administration sur les destitutions, révocations ou mises en jugement des agens au-dessous du grade de sous-inspecteur et des préposés de l'administration forestière, sur toutes les affaires contentieuses, ainsi que sur toutes les dépenses au-dessous de 500 francs.

ART. 9.

Un vérificateur général des arpentages sera attaché à la direction générale des forêts.

Il sera nommé par notre ministre des finances.

SECTION II.

Du Service forestier dans les départemens.

ART. 10.

La division territoriale de la France en conservations forestières est arrêtée conformément au tableau annexé à la présente ordonnance.

Les conservations seront subdivisées en inspections et sous-inspections dont le nombre et les circonscriptions seront fixés par notre ministre des finances.

La direction générale déterminera le nombre et la résidence des gardes généraux, des arpenteurs, des gardes à cheval et des gardes à pied, ainsi que les arrondissemens et triages dans lesquels ils devront exercer leurs fonctions.

ANNOTATIONS.

TABLEAU *de la Division territoriale du royaume en vingt Conservations forestières, indiquant les Chefs-lieux et les Départemens qui forment chaque Conservation.*

1re. *Conservation.* PARIS, chef-lieu. — *Départemens.* Eure-et-Loir, Loiret, Oise, Seine, Seine-et-Marne, Seine-et-Oise.

2e. TROYES, chef-lieu. — *Départemens.* Aube, Haute-Marne, Yonne.

3e. — ROUEN, chef-lieu. — *Départemens*, Calvados, Eure, Manche, Seine-Inférieure.

4e. — DOUAI, chef-lieu. — *Départemens*, Aisne, Nord, Pas-de-Calais, Somme.

5e. — CHALONS, chef-lieu. — *Départemens*, Ardennes, Marne, Meuse.

6e. — NANCY, chef-lieu. — *Départemens*, Meurthe, Moselle, Vosges.

7e. — COLMAR, chef-lieu. — *Départemens*, Doubs, Bas-Rhin, Haut-Rhin.

8e — DIJON, chef-lieu. — *Départemens*, Côte-d'Or, Jura, Haute-Saône, Saône-et-Loire.

9e. — BOURGES, chef-lieu. — *Départemens*, Allier, Cher, Indre, Nièvre.

10e. — NIORT, chef-lieu. — *Départemens*, Charente, Charente-Inférieure, Deux-Sèvres, Vendée, Vienne.

11e. — LE MANS, chef-lieu. — *Départemens*, Indre-et-Loire, Loir-et-Cher, Maine-et-Loire, Mayenne, Orne, Sarthe.

12e. — TOULOUSE, chef-lieu. — *Départemens*, Ariège, Aude, Haute-Garonne, Pyrénées-Orientales, Tarn, Tarn-et-Garonne.

13e. — GRENOBLE, chef-lieu. — *Départemens*, Ain, Hautes-Alpes, Drôme, Isère, Loire, Rhône.

14e. — RENNES, chef-lieu. — *Départemens*, Côtes-du-Nord, Finistère, Ille-et-Vilaine, Loire-Inférieure, Morbihan.

15e. — CLERMONT, chef-lieu. — *Départemens*, Cantal, Corrèze, Creuse, Haute-Loire, Puy-de-Dôme, Haute-Vienne.

16e. — BORDEAUX, chef-lieu. — *Départemens*, Dordogne, Gironde, Lot, Lot-et-Garonne.

17e. — PAU, chef-lieu. — *Départemens*, Gers, Landes, Basses-Pyrénées, Hautes-Pyrénées.

18e. — NIMES, chef-lieu. — *Départemens*, Ardèche, Aveyron, Gard, Hérault, Lozère.

19e. — AIX, chef-lieu. — *Départemens*, Basses-Alpes, Bouches-du-Rhône, Var, Vaucluse.

20e. — BASTIA, chef-lieu. — *Département*: Ile de Corse.

ART. 11.

La direction générale a sous ses ordres,
1° Des agens sous les dénominations de conservateurs, d'inspecteurs, de sous-inspecteurs et de gardes généraux;
2° Des arpenteurs;
3° Des gardes à cheval et des gardes à pied.

ART. 12.

Les conservateurs seront nommés par nous, sur la proposition de notre ministre des finances.

Le ministre des finances nommera aux places d'inspecteur et de sous-inspecteur, sur la proposition du directeur général.

Le directeur général nommera à tous les autres emplois.

Les nominations à tous les grades supérieurs à celui de garde général seront toujours faites parmi les agens du grade immédiatement inférieur qui auront au moins deux ans d'exercice dans ce grade.

ART. 13.

Nul ne sera promu au grade de garde général, si préalablement il n'a fait partie de l'école forestière, dont il sera parlé ci-après, ou s'il n'a exercé, pendant deux ans au moins, les fonctions de garde à cheval.

§. 1er. — *Des Agens forestiers.*

ART. 14.

Chacun des agens dénommés en l'article 11, § 1°, fera, suivant l'ordre hiérarchique, les opérations, vérifications et tournées qui lui seront prescrites en exécution du Code forestier et de la présente ordonnance, surveillera le service des agens et gardes qui lui seront subordonnés, et leur transmettra les ordres et instructions qu'il recevra de ses supérieurs. Il pourra faire suppléer, en cas d'empêchement, les agens et gardes employés sous ses ordres, à la charge d'en rendre compte, sans délai, à son supérieur immédiat. (*Voy. le Code forestier, art.* 6.)

ART. 15.

Les conservateurs correspondront directement avec la direction générale et avec les autorités supérieures des départemens.

Les autres agens correspondront avec le chef de service sous les ordres duquel ils seront placés immédiatement, et lui rendront compte de leurs opérations.

ART. 16.

Les agens forestiers seront tenus d'avoir des sommiers et registres, dont la direction générale déterminera le nombre et la destination, et sur lesquels ils inscriront régulièrement, par ordre de date, les ordonnances et ordres de service qui leur seront transmis, leurs diverses opérations, leurs procès-verbaux, et les déclarations qui leur seront remises.

Ils feront coter et parapher ces registres par le préfet ou le sous-préfet du lieu de leur résidence, et signeront chaque enregistrement, en faisant mention, en marge de chaque pièce ou procès-verbal, de l'inscription à laquelle elle aura donné lieu sur les registres, avec indication du folio.

Les inspecteurs, sous-inspecteurs et gardes généraux tiendront, en outre, un registre spécial sur lequel ils annoteront sommairement, par ordre de réception, les procès-verbaux qui leur seront remis par les gardes, et indiqueront en regard le résultat des poursuites et la date des jugemens auxquels ces procès-verbaux auront donné lieu.

ART. 17.

Les agens forestiers seront responsables des titres, plans et autres actes dont ils se trouveront dépositaires en vertu de leurs fonctions.

A chaque mutation d'emploi, il en sera dressé, ainsi que des registres et sommiers, un inventaire en double qui constituera le nouvel agent responsable, en opérant la décharge de son prédécesseur. (*Voy. le Code forestier, art.* 6.)

ART. 18.

L'uniforme des agens forestiers est réglé ainsi qu'il suit :

Pour tous les agens, habit et pantalon de drap vert; l'habit boutonné sur la poitrine; le collet droit; le gilet chamois; les boutons de métal blanc, ayant un pourtour de feuilles de chêne et portant au milieu les mots *Direction générale des forêts*, avec une fleur de lis; le chapeau français avec une ganse en argent et un bouton pareil à ceux de l'habit; une épée.

La broderie sera en argent et le dessin en feuilles de chêne.

Les conservateurs porteront la broderie au collet, aux paremens et au bas de la taille de l'habit avec une baguette unie sur les bords de l'habit et du gilet.

Les inspecteurs porteront la broderie au collet et aux paremens.

L'habit des sous-inspecteurs sera brodé au collet, avec une baguette unie aux paremens.

Les gardes généraux auront deux rameaux de chêne de la longueur de dix centimètres brodés de chaque côté du collet de l'habit.

§. 2. — *Des Arpenteurs.*

ART. 19.

Les arpenteurs nommés et commissionnés par le directeur général des forêts, feront, sous les ordres des agens forestiers chefs de service, l'arpentage des coupes ordinaires et extraordinaires, et toutes les opérations de géométrie nécessaires pour les délimitations, aménagemens, partages, échanges et cantonnemens. (*Voy. le Code forestier, art.* 52, 90, 100 *et* 160.)

ART. 20.

Leurs rétributions pour l'arpentage des coupes seront fixées par notre ministre des finances.

Pour les autres opérations énoncées en l'article précédent, et généralement pour toutes les opérations extraordinaires dont les arpenteurs pourraient être chargés, leur salaire sera réglé, de gré à gré, entre eux et la direction générale.

ART. 21.

L'uniforme des arpenteurs sera de même forme et de même couleur que celui des agens forestiers; mais le collet et les paremens seront en velours noir, avec une broderie pareille à celle des gardes généraux.

ART. 22.

Les arpenteurs forestiers constateront les délits qu'ils reconnaîtront dans le cours de leurs opérations, les déplacemens de bornes et toute dégradation ou altération de limites, et ils remettront aux agens forestiers les procès-verbaux qu'ils en auront dressés. (*Voy. l'art.* 160 *du Code.*)

ART. 23.

Les arpenteurs seront tenus de représenter, à toute réquisition, aux agens forestiers chefs de service, les minutes et expéditions des procès-verbaux, plans et actes quelconques relatifs à leurs travaux.

En cas de cessation de fonctions, les arpenteurs ou leurs héritiers remettront ces actes à l'agent forestier chef de service, dans le délai de quinze jours.

§. 3. — *Des Gardes à cheval et des Gardes à pied.*

ART. 24.

Les gardes à cheval et les gardes à pied sont spécialement chargés de faire des visites journalières dans les bois soumis au régime forestier, et de dresser procès-verbal de tous les délits ou contraventions qui y auront été commis. (*Voy. l'art.* 6 *du Code.*)

ART. 25.

Les gardes forestiers résideront dans le voisinage des forêts ou triages confiés à leur surveillance. Le lieu de leur résidence sera indiqué par le conservateur.

ART. 26.

Les gardes forestiers tiendront un registre d'ordre qu'ils feront coter et parapher par le sous-préfet de l'arrondissement. (*Voy. les art.* 160, 173 *et* 197 *du Code.*)

Ils y transcriront régulièrement leurs procès-verbaux par ordre de date. Ils signeront cet enregistrement, et inscriront en marge de chaque procès-verbal le folio du registre où il se trouvera transcrit.

Ils feront mention, sur le même registre et dans le même ordre, de toutes les significations et citations dont ils auront été chargés.

Ils y feront également mention des chablis et des bois de délit qu'ils auront reconnus, et en donneront avis, sans délai, à leur supérieur immédiat.

A chaque mutation, les gardes seront tenus de remettre ce registre à celui qui leur succédera.

ANNOTATIONS.

Les procès-verbaux que les gardes rapportent, dans l'intérêt des communes, pour constater l'existence des chablis, sont exempts de timbre sur la minute et de l'enregistrement, d'après l'art. 80 de la loi du 15 mai 1818, comme actes d'administration, parce qu'en effet ils ne constatent ni délit ni contravention. (*Décision du Ministre des finances, du 28 juin 1822.*) Voy. l'art. 102 ci-après.

ART. 27.

Les gardes à cheval et les gardes à pied adresseront leurs rapports à leur chef immédiat, et lui remettront leurs procès-verbaux revêtus de toutes les formalités prescrites. (*Voy. l'art.* 160 *du Code.*)

ART. 28.

Indépendamment des fonctions communes aux gardes à cheval et aux gardes à pied, le directeur général pourra attribuer aux gardes à cheval des fonctions de surveillance immédiate sur les gardes à pied.

ART. 29.

L'uniforme des gardes à cheval et des gardes à pied sera l'habit, le pantalon et le gilet de drap vert.

L'habit des gardes à cheval aura sur le collet une broderie semblable à celle qui sera déterminée ci-après pour les élèves de l'école royale forestière.

Les gardes à cheval et les gardes à pied porteront une bandoulière chamois avec bandes de drap vert, et au milieu, une plaque de métal blanc portant ces mots, *forêts royales*, avec une fleur de lis.

ART. 30.

Les gardes sont autorisés à porter un fusil simple pour leur défense, lorsqu'ils font leurs tournées et visites dans les forêts.

§. 4. — *Dispositions communes aux Agens et Préposés.*

ART. 31.

Il est interdit aux agens et gardes, sous peine de révocation, de faire le commerce de bois, d'exercer aucune industrie où le bois sera employé comme matière principale, de tenir auberge ou de vendre des boissons en détail. (*Voy. les art.* 21 *et* 90 *du Code.*)

ART. 32.

Nul ne pourra exercer un emploi forestier dans l'étendue de la conservation où il fera ses approvisionnemens de bois comme propriétaire ou fermier de forges, fourneaux, verreries et autres usines à feu ou de scieries et autres établissemens destinés au travail des bois.

ART. 33.

Les agens forestiers ne pourront avoir sous leurs ordres leurs parens ou alliés en ligne directe, ni leurs frères ou beaux-frères, oncles ou neveux.

ART. 34.

Les agens et les gardes forestiers, ainsi que les arpenteurs, seront toujours revêtus de leur uniforme ou des marques distinctives de leur grade dans l'exercice de leurs fonctions.

ART. 35.

Les agens et gardes ne pourront, sous aucun prétexte, rien exiger ni recevoir des communes, des établissemens publics et des particuliers, pour les opérations qu'ils auront faites à raison de leurs fonctions. (*Voy. l'art.* 207 *du Code, et les Annotations.*)

ART. 36.

Le marteau royal uniforme destiné aux opérations de balivage et de martelage aura pour empreinte une fleur de lis avec le numéro de la conservation.

Il sera déposé chez l'agent chef de service de chaque inspection, et renfermé dans un étui fermant à deux clefs, dont l'une restera entre les mains de cet agent, et l'autre entre les mains de l'agent immédiatement inférieur.

L'agent dépositaire de ce marteau est chargé d'en entretenir l'étui et la monture en bon état, et demeure responsable de son dépôt dans l'étui et de la remise de la seconde clef à l'agent à qui elle doit être confiée.

La direction générale déterminera, sous l'approbation de notre ministre des finances, les mesures propres à prévenir les abus dans l'emploi de ce marteau. (*Voy. les art.* 7, 32 *et* 74 *du Code, et l'ordonnance de* 1669, *tit.* 2, *art.* 3.)

ART. 37.

Les agens forestiers, les arpenteurs et les gardes seront pourvus chacun d'un marteau particulier dont la direction générale déterminera, sous l'approbation de notre ministre des finances, la forme, l'empreinte et l'emploi, et dont chacun d'eux sera chargé de déposer l'empreinte au greffe des cours et tribunaux, conformément à l'article 7 du Code forestier.

ART. 38.

Les agens et préposés ne pourront être destitués que par l'autorité même à qui appartient le droit de les nommer.

Toutefois le directeur général pourra, dans les cas d'urgence, suspendre de leurs fonctions et remplacer provisoirement les agens qui ne sont pas nommés par lui; mais il devra en rendre compte immédiatement à notre ministre des finances.

Les conservateurs pourront, dans le même cas, suspendre provisoirement de leurs fonctions les gardes généraux et les préposés sous leurs ordres, mais à charge d'en rendre compte immédiatement au directeur général. (*Voy. dans la 3e. partie, pag. 149, l'ordonnance du 29 novembre 1820, qui détermine le mode de nomination et de révocation des gardes champêtres.*)

ART. 39.

Le directeur général, après avoir pris l'avis du conseil d'administration, pourra dénoncer aux tribunaux les gardes généraux et les préposés forestiers, ou autoriser leur mise en jugement pour faits relatifs à leurs fonctions.

Notre ministre des finances pourra de même dénoncer aux tribunaux les inspecteurs et sous-inspecteurs des forêts, ou autoriser leur mise en jugement.

Les conservateurs ne pourront être poursuivis devant les tribunaux qu'en vertu d'autorisation accordée par nous en Conseil d'État.

ANNOTATIONS.

Un arrêté du Gouvernement, du 28 pluviôse an 11, portait: Article 1er « L'administration générale des forêts est autorisée à traduire devant les tribunaux, sans avoir recours à la décision du Conseil d'État, les agens qui lui sont subordonnés. » (*Voy. le Code forestier, art. 6.*)

SECTION III.

Des Ecoles forestières (1).

ART. 40.

Il y aura sous la surveillance de notre directeur général des forêts,

1° Une école royale destinée à former des sujets pour les emplois d'agens forestiers;

2° Des écoles secondaires pour l'instruction d'élèves-gardes. (*Voy. l'art.* 3 *du Code.*)

§. 1er. — *École royale.*

ART. 41.

L'enseignement dans l'école royale aura pour objet :

L'histoire naturelle dans ses rapports avec les forêts;

Les mathématiques appliquées à la mesure des solides et à la levée des plans;

La législation et la jurisprudence, tant administratives que judiciaires, en matière forestière;

L'économie forestière en ce qui concerne spécialement la culture, l'aménagement et l'exploitation des forêts, et l'éducation des arbres propres aux constructions civiles et navales;

Le dessin;

La langue allemande.

ART. 42.

Notre ministre des finances nommera, pour être attachés à l'école royale forestière, trois professeurs, savoir :

Un professeur d'histoire naturelle,

Un professeur de mathématiques,

Un professeur d'économie forestière, de législation et de jurisprudence.

Les cours seront de deux années. Ils commenceront le 1er

---

(1) Cette section reproduit les dispositions de l'ordonnance du 1er décembre 1824, qui a établi à Nancy l'école royale forestière, créée par une autre ordonnance du 26 août précédent. (*Voy. le Tableau chronologique, pag.* 121, 2e *partie.*)

novembre de chaque année et se termineront au 1er septembre suivant.

L'un des trois professeurs remplira les fonctions de directeur de l'école.

Un maître de dessin et un maître d'allemand seront attachés à l'école royale.

ART. 43.

L'école royale forestière sera établie à Nancy.

Il sera affecté à cette école,

1° Une maison pour servir aux cours des professeurs, à l'établissement d'une bibliothèque et d'un cabinet d'histoire naturelle, et au logement du directeur;

2° Un terrain pour les pépinières et cultures forestières nécessaires à l'instruction des élèves.

ART. 44.

Le nombre des élèves est fixé à vingt-quatre.

Les aspirans seront examinés, tant à Paris que dans les départemens, par les examinateurs des écoles royales militaires, dans le même temps et dans les mêmes lieux. Pour être admis au concours à une place d'élève, chaque aspirant devra adresser au directeur général des forêts :

1° Son acte de naissance, constatant qu'à l'époque du 1er novembre l'aspirant aura dix-neuf ans accomplis et n'aura pas plus de vingt-deux ans;

2° Un certificat signé d'un docteur en médecine ou en chirurgie et dûment légalisé, attestant que l'aspirant est d'une bonne constitution, et qu'il a été vacciné ou qu'il a eu la petite vérole;

3° Un certificat en forme, constatant qu'il a terminé son cours d'humanités;

4° La preuve qu'il possède un revenu annuel de douze cents francs, ou, à défaut, une obligation par laquelle ses parens s'engagent à lui fournir une pension de pareille somme pendant son séjour à l'école forestière, et une pension de quatre cents francs depuis le moment où il sortira de l'école jusqu'à l'époque où il sera employé comme garde général en activité.

ANNOTATIONS.

Les élèves de l'école forestière sont dispensés du service militaire. Ordonnance du 27 septembre 1826. (*Voy. le Tableau chronologique*, *pag.* 122, 2e *partie.*)

ART. 45.

Les candidats seront examinés sur les objets ci-après, savoir :

1° L'arithmétique complète et l'exposition du nouveau système métrique ;

2° La géométrie élémentaire et le dessin ;

3° La langue française.

4° Ils traduiront, sous les yeux de l'examinateur, un morceau d'un des auteurs latins, poète ou prosateur, qu'on explique en rhétorique.

Les candidats ne seront examinés que sur les objets indiqués par le programme ; mais on aura égard aux connaissances plus étendues qu'ils pourront posséder, surtout en algèbre, en trigonométrie, en physique et en chimie.

ART. 46.

Les élèves seront nommés par notre ministre des finances, selon le rang d'instruction et de capacité qui aura été assigné aux aspirans, d'après le résultat des examens. Ils auront, pendant la durée de leur séjour à l'école, le rang de garde à cheval.

ART. 47.

Leur uniforme est réglé ainsi qu'il suit :

Habit et pantalon de drap vert ; boutons de métal blanc, portant les mots *École royale forestière ;* l'habit boutonné sur la poitrine ; deux légers rameaux de chêne, de la longueur de cinq centimètres, et un gland, brodés en argent, de chaque côté du collet ; le gilet blanc ; le chapeau français, avec ganse en argent.

ART. 48.

Les élèves feront chaque année, dans les forêts, aux époques qui seront indiquées par le directeur général, et sous la conduite du professeur qu'il aura désigné, des excursions qui auront pour but la démonstration et l'application sur le terrain des principes qui leur auront été enseignés.

ART. 49.

A la fin de chaque année, un jury composé des trois professeurs, et présidé par le directeur général ou par l'administrateur qu'il aura délégué, procédera à l'examen des élèves qui auront complété leurs deux années d'étude.

Art. 50.

Les élèves qui auront satisfait à l'examen de sortie, auront le rang de garde général, et obtiendront, dès qu'ils auront l'âge lequis, ou qu'ils auront obtenu de nous des dispenses d'âge, les premiers emplois vacans dans ce grade. (*Art.* 3 *du Code.*)

Toutefois la moitié de ces emplois demeurera expressément réservée pour l'avancement des gardes à cheval en activité.

Art. 51.

Si les élèves, après avoir terminé leurs cours et fait preuve des connaissances requises, n'ont pas atteint l'âge de vingt-cinq ans, ou obtenu de nous des dispenses d'âge, ou s'il n'existe point d'emplois de garde-général vacans, ils jouiront du traitement de garde à cheval, et seront provisoirement employés, soit près de la direction générale à Paris, soit près des conservateurs ou des inspecteurs dans les arrondissemens les plus importans.

Dès qu'ils auront satisfait à la condition d'âge, et que des vacances auront lieu, les premiers emplois de garde général leur seront acquis par préférence aux autres élèves qui auraient postérieurement terminé leurs cours.

Art. 52.

Ceux qui, après les deux années d'étude révolues, n'auront point fait preuve, devant le jury d'examen, de l'instruction nécessaire pour exercer des fonctions actives, seront admis à suivre les cours pendant une troisième année ; mais si, après cette troisième année, ils sont encore reconnus incapables, ils cesseront de faire partie de l'école et de l'administration forestières.

Quant à ceux qui, d'après les comptes périodiques rendus au directeur général des forêts par le directeur de l'école, ne suivront pas exactement les cours, ou dont la conduite aura donné lieu à des plaintes graves, il en sera référé à notre ministre des finances, qui ordonnera, s'il y a lieu, leur radiation du tableau des élèves.

Art. 53.

Notre ministre des finances fixera, par un réglement spécial, la division des cours, le classement des élèves, l'ordre et les heures des leçons, la police de l'école et les attributions du directeur.

§. 2. — *Ecoles secondaires.*

ART. 54.

Il sera établi des écoles secondaires dans les régions de la France les plus boisées.

Elles seront destinées à former des sujets pour les emplois de gardes.

La durée des cours sera de deux ans.

ART. 55.

L'enseignement dans les écoles secondaires aura pour objet :

1° L'écriture, la grammaire et les quatre premières règles de l'arithmétique;

2° La connaissance des arbres forestiers et de leurs qualités et usages, et spécialement celle des arbres propres aux constructions civiles et navales ;

3° Les semis et plantations;

4° Les principes sur les aménagemens, les estimations et les exploitations;

5° La connaissance des dispositions législatives et réglementaires qui concernent les fonctions des gardes, la rédaction des procès-verbaux et les formalités dont ils doivent être revêtus; les citations; la tenue d'un livre-journal, et l'exercice des droits d'usage.

ART. 56.

Nous déterminerons, par une ordonnance spéciale, les lieux où les écoles secondaires seront établies, le nombre des élèves, les conditions d'admissibilité, et les moyens de pourvoir à l'entretien et à l'enseignement des élèves de ces écoles.

TITRE II.

Des Bois et Forêts qui font partie du Domaine de l'État.

SECTION Ire.

De la Délimitation et du Bornage.

ART. 57.

Toutes demandes en délimitation et bornage entre les forêts de l'État et les propriétés riveraines seront adressées au préfet du département. (*Voy. les art.* 8 *et* 9 *du Code, et l'art.* 129 *ci-après.*)

ART. 58.

Si les demandes ont pour objet des délimitations partielles, il sera procédé dans les formes ordinaires.

Dans le cas où, les parties étant d'accord pour opérer la délimitation et le bornage, il y aurait lieu à nommer des experts, le préfet, après avoir pris l'avis du conservateur des forêts et du directeur des domaines, nommera un agent forestier pour opérer comme expert dans l'intérêt de l'État. (*Voy. les art.* 8 *et* 9 *du Code, et les art.* 129 *et* 130 *ci-après.*)

ART. 59.

Lorsqu'en exécution de l'art. 10 du Code, il s'agira d'effectuer la délimitation générale d'une forêt, le préfet nommera, ainsi qu'il est prescrit par l'article précédent, les agens forestiers et les arpenteurs qui devront procéder dans l'intérêt de l'État, et indiquera le jour fixé pour le commencement des opérations et le point de départ. (*Voy. l'art.* 10 *du Code, et les art.* 129 *et* 130 *ci-après.*)

ART. 60.

Les maires des communes où devra être affiché l'arrêté destiné à annoncer les opérations relatives à la délimitation générale, seront tenus d'adresser au préfet des certificats constatant que cet arrêté a été publié et affiché dans ces communes. (*Idem.*)

ART. 61.

Le procès-verbal de délimitation sera rédigé par les experts suivant l'ordre dans lequel l'opération aura été faite. Il sera divisé en autant d'articles qu'il y aura de propriétaires riverains, et chacun de ces articles sera clos séparément et signé par les parties intéressées. ((*Voy. les art.* 11 *du Code, et* 129 *ci-après.*)

Si les propriétaires riverains ne peuvent pas signer ou refusent de le faire, si même ils ne se présentent ni en personne ni par un fondé de pouvoir, il en sera fait mention.

En cas de difficultés sur la fixation des limites, les réquisitions, dires et observations contradictoires seront consignés au procès-verbal.

Toutes les fois que, par un motif quelconque, les lignes de pourtour d'une forêt, telles qu'elles existent actuellement, devront être rectifiées de manière à déterminer l'abandon d'une portion du sol forestier, le procès-verbal devra énoncer les motifs de cette rectification, quand même il n'y aurait à ce sujet aucune contestation entre les experts.

ART. 62.

Dans le délai fixé par l'article 11 du Code forestier, notre ministre des finances nous rendra compte des motifs qui pourront déterminer l'approbation ou le refus d'homologation du procès-verbal de délimitation, et il y sera statué par nous sur son rapport.

A cet effet, aussitôt que ce procès-verbal aura été déposé au secrétariat de la préfecture, le préfet en fera faire une copie entiere qu'il adressera sans délai à notre ministre des finances. (*Voy. l'art.* 11 *du Code*, *et l'art.* 129 *ci-après.*)

ART. 63.

Les intéressés pourront requérir des extraits dûment certifiés du procès-verbal de délimitation, en ce qui concernera leurs propriétés.

Les frais d'expédition de ces extraits seront à la charge des requérans, et réglés à raison de soixante-quinze centimes par rôle d'écriture, conformément à l'article 37 de la loi du 25 juin 1794 [7 messidor an 2]. (*Voy. l'art.* 11 *du Code, et l'art.* 129 *ci-après.*

ART. 64.

Les réclamations que les propriétaires pourront former, soit pendant les opérations, soit dans le délai d'un an, devront être adressées au préfet du département, qui les communiquera au conservateur des forêts et au directeur des domaines, pour avoir leurs observations. (*Voy. l'art.* 12 *du Code, et l'art.* 129 *ci-après.*)

ART. 65.

Les maires justifieront, dans la forme prescrite par l'article 60, de la publication de l'arrêté pris par le préfet pour faire connaître notre résolution relativement au procès-verbal de délimitation. Il en sera de même pour l'arrêté par lequel le préfet appellera les riverains au bornage, conformément à l'article 12 du Code forestier. (*Idem.*)

ART. 66.

Les frais de délimitation et de bornage seront établis par articles séparés pour chaque propriétaire riverain, et supportés en commun entre l'administration et lui.

L'état en sera dressé par le conservateur des forêts et visé par le préfet. Il sera remis au receveur des domaines, qui poursuivra par voie de contrainte le paiement des sommes à la charge des riverains, sauf l'opposition, sur laquelle il sera statué par les tribunaux conformément aux lois. (*Voy. l'art.* 14 *du Code, et les art.* 129 *et* 133 *ci-après.*)

SECTION II.

Des Aménagemens.

ART. 67.

Il sera procédé à l'aménagement des forêts dont les coupes ne sont pas fixées régulièrement ou conformément à la nature du sol et des essences.

Notre ministre des finances nous présentera, au mois de janvier de chaque année, l'état des aménagemens effectués durant l'année révolue. (*Voy. l'art.* 15 *du Code, et l'art.* 134 *ci-après.*)

ART. 68.

Les aménagemens seront réglés principalement dans l'intérêt des produits en matière et de l'éducation des futaies.

En conséquence, l'administration recherchera les forêts et parties de forêts qui pourront être réservées pour croître en futaie, et elle en proposera l'aménagement, en indiquant celles où le mode d'exploitation par éclaircie, pourrait être le plus avantageusement employé. (*Voy. les art.* 15 *du Code et* 134 *ci-après.*)

ART. 69.

Dans toutes les forêts qui seront aménagées à l'avenir, l'âge de la coupe des taillis sera fixé à vingt-cinq ans au moins, et il n'y aura d'exception à cette règle que pour les forêts dont les essences dominantes seront le châtaignier et les bois blancs, ou qui seront situées sur des terrains de la dernière qualité. (*Voy. l'art.* 33 *du Code, et l'art.* 134 *ci-après.*)

ART. 70.

Lors de l'exploitation des taillis, il sera réservé cinquante baliveaux de l'âge de la coupe par hectare. En cas d'impossibilité, les causes en seront énoncées aux procès-verbaux de balivage et de martelage.

Les baliveaux modernes et anciens ne pourront être abattus qu'autant qu'ils seront dépérissans ou hors d'état de prospérer jusqu'à une nouvelle révolution. (*Voy. l'art.* 33 *du Code, et les art.* 134 *et* 137 *ci-après.*)

ART. 71.

Seront considérées comme coupes extraordinaires, et ne pourront en conséquence être effectuées qu'en vertu de nos ordonnances spéciales, celles qui intervertiraient l'ordre établi par l'aménagement ou par l'usage observé dans les forêts dont l'aménagement n'aurait pu encore être réglé, toutes les coupes par anticipation, et celles des bois ou portions de bois mis en réserve pour croître en futaie et dont le terme d'exploitation n'aurait pas été fixé par l'ordonnance d'aménagement. (*Voy. l'art* 16 *du Code, et l'art.* 134 *ci-apres.*)

ART. 72.

Pour les forêts d'arbres résineux où les coupes se feront en jardinant, l'ordonnance d'aménagement déterminera l'âge ou la grosseur que les arbres devront atteindre avant que la coupe puisse en être ordonnée. (*Voy. l'art.* 15 *du Code, et l'art.* 134 *ci-après.*)

SECTION III.

Des Assiettes, Arpentages, Balivages, Martelages et Adjudications des coupes.

Art. 73.

Chaque année, les conservateurs adresseront au directeur général les états des coupes ordinaires à asseoir, conformément aux aménagemens, ou selon les usages actuellement observés dans les forêts qui ne sont pas encore aménagées.

Ces états seront soumis à l'approbation de notre ministre des finances.

Les conservateurs adresseront pareillement au directeur général, pour chaque coupe extraordinaire à autoriser par nos ordonnances, un procès-verbal qui énoncera les motifs de la coupe proposée, l'état, l'âge, la consistance et la nature des bois qui la composeront, le nombre d'arbres de réserve qu'elle comportera, et les travaux à exécuter dans l'intérêt du sol forestier. (*Voy. l'art.* 15 *du Code, et l'art.* 134 *ci-après.*)

Art. 74.

Lorsque les coupes ordinaires et extraordinaires auront été autorisées, les conservateurs désigneront ou feront désigner par les agens forestiers les arbres d'assiette, et feront procéder aux arpentages. (*Idem.*)

ANNOTATIONS.

L'assiette des coupes est une opération purement administrative; il s'en suit que les droits de timbre et d'enregistrement ne sont exigibles que pour les procès-verbaux d'arpentage qui font titre et s'identifient avec l'adjudication. (*Circul. du Dir. gén. de l'enreg. du* 4 *août* 1809.) Voy. les art. 77 et 91 ci-après.

Art. 75.

Les arpenteurs ne pourront, sous peine de révocation et sans préjudice de toutes poursuites en dommages-intérêts, donner aux laies et tranchées qu'ils ouvriront pour le mesurage des coupes, plus d'un mètre de largeur.

Les bois qui en proviendront feront partie de l'adjudication de chaque coupe, ou seront vendus suivant la forme des menus marchés. (*Voy. l'art.* 15 *du Code, et l'art.* 134 *ci-après.*)

ART. 76.

Les coupes seront délimitées par des pieds corniers et parois : lorsqu'il ne se trouvera pas d'arbres sur les angles pour servir de pieds corniers, les arpenteurs y suppléeront par des piquets, et emprunteront au dehors ou au dedans de la coupe les arbres les plus apparens et les plus propres à servir de témoins.

L'arpenteur sera tenu de faire usage au moins de l'un des pieds corniers de la précédente vente.

Tous les arbres de limites seront marqués au pied, et le plus près de terre qu'il sera possible, du marteau de l'arpenteur, savoir : les pieds corniers sur deux faces, l'une dans la direction de la ligne qui sera à droite, et l'autre dans celle de la ligne qui sera à gauche; et les parois sur une seule face, du côté et en regard de la coupe.

L'arpenteur fera, au-dessus de chaque empreinte de son marteau, dans la même direction, et à la hauteur d'un mètre, une entaille destinée à recevoir l'empreinte du marteau royal. (*Voy. l'art.* 52 *du Code, et l'art.* 134 *ci-après.*)

ART. 77.

Les arpenteurs dresseront des plans et procès-verbaux d'arpentage des coupes qu'ils auront mesurées, et ils y indiqueront toutes les circonstances nécessaires pour servir à la reconnaissance des limites de ces coupes lors du récolement.

Ils en enverront immédiatement deux expéditions à l'inspecteur ou à l'agent qui en remplira les fonctions dans l'arrondissement. (*Idem.*)

ANNOTATIONS.

• Les procès-verbaux d'arpentage, balivage et martelage, peuvent être rédigés sur papier non timbré, et ne seront point assujétis à l'enregistrement dans un délai fixe.

• Lorsqu'il aura été procédé à une vente de bois, les procès-verbaux d'assiette, arpentage, balivage et martelage y relatifs, qui auront dû être déposés, par les agens forestiers, au secrétariat de l'autorité devant laquelle la vente devait se faire, seront présentés, avec celui de la dite vente, au receveur de l'enregistrement, à l'effet de les viser pour timbre et de les enregistrer, en percevant les droits en résultant, si les adjudicataires en ont consigné le montant; et à défaut de consignation, le recouvrement des droits sera poursuivi contre les parties, avec les peines encourues après le délai de vingt jours, à compter de celui de la vente.

« Il en sera de même pour les procès-verbaux de réarpentage et récolement, en comptant les vingt jours à partir de celui où il aura été donné connaissance, aux adjudicataires, du congé de cour, ou de l'acte qui constatera qu'ils ne sont pas dans le cas de l'obtenir. (*Décision du ministre des finances, du* 19 *germinal an* 13.) Voy. les art. 74 et 91, ainsi que les *Annotations* sur les art. 102 et 122.

ART. 78.

Il sera procédé à chaque opération de balivage et de martelage par deux agens au moins; le garde du triage devra y assister, et il sera fait au procès-verbal mention de sa présence. (*Voy. les art.* 33 *du Code, et* 134 *ci-après.*)

ART. 79.

Les pieds corniers, les parois et les arbres à réserver dans les coupes seront marqués du marteau royal, savoir : les arbres de limites à la hauteur d'un mètre, et les arbres anciens, les modernes et les baliveaux de l'âge du taillis à la hauteur et de la manière qui seront déterminées par les instructions de l'administration.

Les baliveaux de l'âge du taillis pourront être désignés par un simple griffage ou toute autre marque autorisée par l'administration, lorsque ces arbres seront trop faibles pour recevoir l'empreinte du marteau royal.

Il sera fait mention, dans les affiches et dans le procès-verbal d'adjudication, du mode de martelageou de désignation des arbres de réserve. (*Voy. l'art.* 33 *du Code, et l'art.* 134 *ci-après.*)

ART. 80.

Dans les coupes qui s'exploitent en jardinant ou par pieds d'arbres, le marteau royal sera appliqué aux arbres à abattre, et la marque sera faite au corps et à la racine. (*Idem.*)

ART. 81.

Les procès-verbaux de balivage et de martelage indiqueront le nombre et les espèces d'arbres qui auront été marqués en réserve, avec distinction en baliveaux de l'âge, modernes et anciens, pieds corniers et parois.

Ces procès-verbaux, revêtus de la signature de tous les agens qui auront concouru à l'opération, seront adressés, dans le délai de huit jours, au conservateur.

L'estimation des coupes sera faite par un procès-verbal séparé qui sera adressé au conservateur dans le même délai. *(Voy. l'art.* 33 *du Code, et l'art.* 134 *ci-après.)*

ART. 82.

Les conditions générales des adjudications seront établies par un cahier de charges délibéré chaque année par la direction générale des forêts, et approuvé par notre ministre des finances. *(Le Cahier des charges pour la vente des coupes de* 1828, *est à la suite de la présente ordonnance.)*

Les clauses particulières seront arrêtées par les conservateurs.

Les clauses et conditions, tant générales que particulières, seront toutes de rigueur, et ne pourront jamais être réputées comminatoires. *(Voy. l'art.* 17 *du Code, et l'art.* 133 *ci-après.)*

ART. 83.

Quinze jours avant l'époque fixée pour l'adjudication, l'agent forestier chef de service fera déposer au secrétariat de l'autorité administrative qui devra présider à la vente,

1° Les procès verbaux d'arpentage, de balivage et de martelage des coupes;

2° Une expédition du cahier des charges générales et des clauses particulières et locales.

Le fonctionnaire qui devra présider à la vente apposera son visa au bas de ces pièces pour en constater le dépôt. *(Idem.)*

ART. 84.

Les affiches indiqueront le lieu, le jour et l'heure où il sera procédé aux ventes, les fonctionnaires qui devront les présider, la situation, la nature et la contenance des coupes, et le nombre, la classe et l'essence des arbres marqués en réserve.

Elles seront rédigées par l'agent supérieur de l'arrondissement forestier, approuvées par le conservateur, et apposées, sous l'autorisation du préfet, à la diligence de l'agent forestier, lequel sera tenu de rapporter les certificats d'apposition que les maires délivreront aux gardes ou autres qui les auront placardées.

Les préfets et sous-préfets emploieront au surplus les autres moyens de publication qui seront à leur disposition.

Il sera fait mention, dans les procès-verbaux d'adjudication, des mesures qui auront été prises pour donner aux ventes toute la publicité possible. (*Voy. les art.* 17 *à* 20 *du Code, et l'art.* 134 *ci-après.*)

ART. 85.

Il sera fait, dans les affiches et dans les actes de vente des coupes extraordinaires, mention des ordonnances spéciales qui les auront autorisées. (*Voy. les art.* 15, 17, 18 *et* 19 *du Code, et l'art.* 134 *ci-après.*)

ART. 86.

Les adjudications des coupes ordinaires et extraordinaires auront lieu par-devant les préfets et sous-préfets, dans les chefs-lieux d'arrondissement.

Toutefois les préfets, sur la proposition des conservateurs, pourront permettre que les coupes dont l'évaluation n'excédera pas cinq cents francs soient adjugées au chef-lieu d'une des communes voisines des bois et sous la présidence du maire.

Les adjudications se feront, dans tous les cas, en présence des agens forestiers et des receveurs chargés du recouvrement des produits. (*Voy. les art.* 17 *à* 20 *du Code, et l'art.* 134 *ci-après.*)

ART. 87.

Les adjudications se feront aux enchères et à l'extinction des feux.

Avant l'ouverture des enchères, le conservateur, ou l'agent forestier qui le remplacera pour l'adjudication, fera connaître au fonctionnaire qui présidera la vente le montant de l'estimation des coupes, et les feux ne seront allumés que lorsque les offres seront égales à l'estimation.

Si cependant les offres se rapprochaient de l'estimation, les feux pourraient être allumés sur la proposition de l'agent forestier. (*Voy. les art.* 17, 18 *et* 19 *du Code, et l'art.* 134 *ci-après.*)

ANNOTATIONS.

§. 1. — Le ministre des finances a décidé, le 26 mai 1817, que « Les receveurs généraux sont chargés de faire souscrire les traites des adjudicataires de coupes de bois de l'État, d'en assurer et d'en opérer le recouvrement, à partir de l'exercice 1818 inclusivement; que les receveurs des domaines, auxquels cette recette est enlevée, continueront néanmoins d'assister aux ventes, et de remplir les obligations, pour lesquelles ils sont désignés dans le cahier des charges, *à l'exception de la souscription et de la recette des traites*; qu'ils auront à percevoir le décime pour franc sur le prix de ventes, le montant des folles enchères, celui des surmesures, *et tous les produits des bois, autres que ceux pour lesquels des traites sont dans le cas d'être souscrites*, et qu'il n'y aura de remises à leur allouer, à raison des recettes qu'ils feront sur cette partie, que pour les sommes qui seront versées en *numéraire* dans leurs caisses. » (*Inst. du Dir. gén. de l'enreg., du* 6 *juin* 1817, *n°* 780.)

§. 2. — Le prix principal des coupes des bois des communes, hospices et autres établissemens publics est aussi payable en traites qui doivent être remises aux receveurs généraux *exclusivement* chargés d'en faire le recouvrement; les receveurs des domaines continuent à y assister et à percevoir le décime pour franc. (*Instr. du* 30 *août* 1817, *n°* 799.) Voy. les ordonnances des 7 mars 1817, 5 septembre 1821 et 31 mars 1825.

ART. 88.

Quant aux bois à couper par éclaircie, le directeur général pourra ordonner qu'ils soient exploités et façonnés pour le compte de l'État, et l'entreprise en sera adjugée au rabais.

Les bois façonnés seront vendus par lots dans la forme ordinaire des adjudications aux enchères, et à la charge par ceux qui s'en rendront adjudicataires de payer le prix de l'abattage et de la façon desdits bois. (*Voy. l'art.* 17 *du Code, et l'art.* 134 *ci-après.*)

ART. 89.

Lorsque, faute d'offres suffisantes, les adjudications n'auront pu avoir lieu, elles seront remises, séance tenante, au jour qui sera indiqué par le président, sur la proposition de l'agent forestier.

Le directeur général pourra, au surplus, autoriser le renvoi de l'adjudication à l'année suivante, et même ordonner, s'il y a lieu, et avec l'approbation de notre ministre des finances, que l'exploitation des coupes pour le compte de l'État et la vente des bois soient effectuées de la manière qui est autorisée par l'article précédent pour les exploitations par éclaircie. (*Voy. l'art.* 17 *du Code, et l'art.* 134 *ci-après.*)

ART. 90.

Les frais à payer comptant par les adjudicataires seront réglés par le préfet, sur la proposition du conservateur, et l'état en sera affiché dans le lieu des séances, avant l'ouverture et pendant toute la durée de la séance d'adjudication. (*Voy. l'art. 41 du Code, et l'art. 134 ci-après, ainsi que le Cahier des charges.*)

ART. 91.

Les procès-verbaux des adjudications seront signés sur-le-champ par tous les fonctionnaires présens et par l'adjudicataire ou son fondé de pouvoirs; et dans le cas d'absence de ces derniers, ou s'ils ne veulent ou ne peuvent signer, il en sera fait mention au procès-verbal. (*Voy. l'art. 28 du Code.*)

ANNOTATIONS.

§. 1. — Les procès-verbaux d'adjudications des coupes de bois doivent être enregistrés dans le délai de vingt jours. Les droits en sont acquittés par les secrétaires des préfectures ou sous-préfectures au bureau de l'enregistrement dans l'arrondissement duquel siège l'administration à laquelle ils sont attachés. A défaut d'enregistrement, ils encourent la peine du double droit pour chaque contravention; ils sont tenus en outre d'acquitter le droit simple, sauf leur recours, pour ce droit seulement, contre les adjudicataires. (*Loi du 22 frimaire an 7, art.* 20, 26, 29, 35 *et* 36.)

§. 2. — Il y a exception à ce principe, lorsque les parties n'ont pas consigné aux mains des secrétaires, dans le délai de vingt jours prescrit pour l'enregistrement, le montant des droits fixés par la loi. Dans ce cas, le recouvrement en est poursuivi contre les parties par les receveurs; elles supportent en outre la peine du droit en sus. (*Idem, art.* 37; *loi du* 15 *mai* 1818, *art.* 79.)

§. 3. — Pour cet effet, les secrétaires fournissent aux receveurs de l'enregistrement, dans les dix jours qui suivent l'expiration du délai, des extraits par eux certifiés, des actes et adjudications dont les droits ne leur ont pas été remis par les parties, à peine d'une amende de dix francs pour le retard, et pour chaque acte et adjudication, et d'être en outre personnellement contraints au paiement des doubles droits. (*Loi du 22 frimaire, art.* 37; *loi du* 16 *juin* 1824, *art.* 10.) Quant au droit simple, le recouvrement doit en être poursuivi contre la partie.

§. 4. — Le droit d'enregistrement des adjudications est tarifé à 2 pour 100 par l'art 69, §. 5, *n*° 1er, de la loi du 22 frimaire an 7. Il se liquide tant sur le prix exprimé dans l'adjudication, que sur le capital des charges qui peuvent ajouter à ce prix. (*Art.* 14, *n*° 5, *de cette loi.*)

§. 5. — Lorsque, sur une affiche qui a annoncé la vente de plusieurs coupes, un seul article a été vendu, il convient de cumuler le montant des estimations des coupes non vendues avec le prix de celle qui est adjugée, et le marc le franc du total de ces sommes réunies, établit la quote-part des frais préparatoires que doit payer l'adjudicataire de la seule coupe vendue.

§. 6. — On ne doit pas considérer comme une charge susceptible d'ajouter au prix d'une adjudication, l'obligation imposée à l'adjudicataire de réparer les fossés, puisqu'il est d'usage que tout adjudicataire remette les fossés dans l'état où il les a pris.

§. 7. — Mais il en serait autrement si l'adjudicataire était chargé de faire des fossés nouveaux, de curer les anciens ou de tous autres travaux de nature à l'engager à donner un prix inférieur à celui qu'il aurait donné dans le cas où la charge ne lui aurait pas été imposée. Alors, la valeur des travaux doit être ajoutée au prix de l'adjudication pour la liquidation des droits d'enregistrement, et si cette valeur n'est pas déterminée dans le procès-verbal, l'adjudicataire doit y suppléer, avant l'enregistrement, par une déclaration estimative par lui certifiée et signée au pied du procès-verbal, conformément à l'art. 16 de la loi du 22 frimaire an 7.

§. 8. — Pour la liquidation du droit, on ajoute encore au prix principal, et au décime pour franc revenant au trésor royal, le montant des frais d'impression, de publication, bougies et criées, que les adjudicataires doivent payer sur le réglement qu'en fait le fonctionnaire qui préside aux adjudications. (*Décision du ministre des finances, du* 10 *fructidor an* 12.)

§. 9. — On avait pensé, d'après l'art. 11 de la loi du 22 frimaire an 7, que le droit d'enregistrement devait être perçu distinctement sur le prix de chaque article signé de l'adjudicataire non solidaire, et sur les cautionnemens fournis par les adjudicataires ; mais par deux arrêts en date des 5 février 1808 et 5 février 1810, la Cour de cassation a décidé que l'art. 6 de la loi du 22 pluviôse an 7, portant que le droit d'enregistrement se perçoit sur le montant des sommes que contient *cumulativement le procès-verbal des séances* à enregistrer dans le délai prescrit par la loi, est applicable aux adjudications en détail de coupes de bois, signées par chaque adjudicataire non solidaire.

Le ministre des finances a statué, en conséquence, le 4 juin 1811, que, dans tous les cas et pour tous les procès-verbaux de vente d'objets mobiliers, bois et récoltes, les droits seraient perçus sur le montant cumulé des sommes contenues dans ces procès-verbaux, ainsi que sur les cautionnemens fournis par les adjudicataires.

§. — 10. Les cautionnemens sont sujets au droit d'enregistrement de 50 centimes par 100 francs ; ce droit se perçoit indépendamment de celui de l'adjudication que le cautionnement a pour objet, mais sans pouvoir l'excéder. (*Art.* 69, §. 2, *n°* 8, *de la loi du* 22 *frimaire an* 7.)

§. 11. — Il est encore certains actes qui opèrent le droit de 2 p. o/o comme ventes de bois ; ce sont, 1° les délivrances de bois dans les forêts de l'État, faites à un entrepreneur de la marine (*Cassation, arrêt du* 2 *novembre* 1807) ;

2° Les procès-verbaux de délivrances extraordinaires de bois dans les forêts de l'État, en vertu d'arrêtés du Gouvernement, à des entrepreneurs de travaux publics ; ces entrepreneurs sont assimilés en tout aux adjudicataires (*Décision du ministre des finances, du* 4 *thermidor an* 13)

3° Les procès-verbaux de délivrance de chablis en faveur des adjudicataires de scieries domaniales (*Voy. les Annotations sur l'art.* 102) ;

4° Les ventes de chablis (*Loi du* 22 *frimaire an* 7, *art.* 69, §. 5, *n°* 1er) ;

5° Les procès-verbaux de délivrance à des particuliers d'épines, plants, harts, rouettes et perches dans les bois de l'État. (*Voy. les Annotations sur l'art.* 174 *ci-après.*)

§. 12. — Outre les droits d'enregistrement au taux fixé par la loi, il est dû le décime pour franc de ce droit, conformément à la loi du 6 prairial an 7.

§. 13. — Lorsque la renonciation à l'adjudication était admise, et que cette adjudication passait au précédent enchérisseur, il n'était dû, pour cette renonciation, que le droit fixe d'enregistrement de 1 franc ; sauf à percevoir le droit de 2 pour o/o sur le montant entier de l'adjudication.

§. 14. — Les receveurs de l'administration doivent faire payer comptant, par chaque adjudicataire, en même temps que le décime pour franc du prix principal des adjudicataires, les droits de timbre et d'enregistrement, tant des procès-verbaux d'arpentage, balivage et martelage, que des procès-verbaux d'adjudications et de tous actes relatifs aux ventes, et ils en donnent quittance détaillée. (*Voy. les Annotations, tant sur l'art.* 86 *du Code, que sur les art.* 74 *et* 77 *de l'ordonnance.*)

§. 15. — Il doit être rédigé à la suite d'un exemplaire complet du cahier des charges générales et particulières, des expéditions entières, et en un seul cahier, du procès-verbal de la masse des adjudications faites dans le même lieu, et sans remises d'affiches. Il est délivré, savoir : au préfet, une expédition *sur papier libre*, quand la vente n'a pas été faite au chef-lieu de la préfecture ; une au conservateur, une au directeur des domaines ; (*ces trois expéditions sont fournies dans le mois*) ; une au receveur général du département, et une à l'inspecteur local. (*Ces deux dernières expéditions sont remises dans les cinq jours qui suivent celui de la vente.*)

§. 16. — Chacune de ces expéditions, lorsqu'elle ne comprend pas plus de trois lots ou articles de vente, est payée 5 francs, et il est ajouté un franc pour chaque lot ou article excédant. Ces frais, ceux de timbre à 1 franc 25 centimes par feuille, et les droits fixes d'enregistrement, sont répartis au marc le franc de toutes les adjudications. (*Voy. l'art.* 31 *du Cahier des charges.*)

§. 17. — A la suite d'un exemplaire complet du cahier des charges, il est délivré à l'adjudicataire l'extrait du procès-verbal de son adjudication et du dépôt de son cautionnement. Cette expédition, pour chaque lot adjugé, est payée 3 francs, outre le droit de timbre à 1 franc 25 centimes la feuille, et le droit d'enregistrement.

SECTION IV.

Des Exploitations.

Art. 92.

Le permis d'exploiter sera délivré par l'agent forestier local chef de service, aussitôt que l'adjudicataire lui aura présenté les pièces justificatives exigées à cet effet par le cahier des charges. (*Voy. les art.* 29, 30, 81, 90 *et* 100 *du Code, et l'art.* 134 *ci-après.*)

Art. 93.

Dans le mois qui suivra l'adjudication, pour tout délai, et avant que le permis d'exploiter soit délivré, l'adjudicataire pourra exiger qu'il soit procédé, contradictoirement avec lui ou son fondé de pouvoirs, au souchetage et à la reconnaissance des délits qui auraient été commis dans la vente ou à l'ouïe de la cognée.

Cette opération sera exécutée dans l'intérêt de l'État et sans frais par un agent forestier accompagné du garde du triage.

Le procès-verbal qui en sera dressé constatera le nombre des souches qui auront été trouvées, leur essence et leur grosseur. Il sera signé par l'adjudicataire ou son fondé de pouvoirs, ainsi que par l'agent et le garde forestier présent.

Les souches seront marquées du marteau de l'agent forestier. (*Voy. les art.* 45 *et* 90 *du Code, et l'art.* 134 *ci-après.*)

ART. 94.

Le facteur ou garde-vente de l'adjudicataire tiendra un registre sur papier timbré, coté et paraphé par l'agent forestier; il y inscrira, jour par jour et sans lacune, la mesure et la quantité des bois qu'il aura débités et vendus, ainsi que les noms des personnes auxquelles il les aura livrés. (*Voy. les art.* 31, 45 *et* 90 *du Code, et l'art.* 134 *ci-après.*)

ANNOTATIONS.

Le marchand de bois qui fait sa profession habituelle de se rendre adjudicataire de coupes de bois pour les revendre en détail, après ou avant l'exploitation, est commerçant. (*Art.* 1er *du Code de commerce.*) Le registre qu'il doit tenir conformément à l'art. 94, peut donc profiter de la modération du droit de timbre accordée par l'art. 9 de la loi du 16 juin 1824, et n'être revêtu, avant d'en faire usage, que du timbre extraordinaire à la direction des domaines, au droit de 5 centimes par feuille de petit ou moyen papier, et de 10 centimes par feuille pour les dimensions supérieures.

ART. 95.

Tout adjudicataire de coupes dans lesquelles il y aura des arbres à abattre sera tenu d'avoir un marteau dont la forme sera déterminée par l'administration, et d'en marquer les arbres et bois de charpente qui sortiront de la vente.

Le dépôt de l'empreinte de ce marteau au greffe du tribunal et chez l'agent forestier local devra être effectué dans le délai de dix jours, à dater de la délivrance du permis d'exploiter, sous les peines portées par l'article 32 du Code forestier. Il sera donné acte de ce dépôt à l'adjudicataire par l'agent forestier. (*Voy. les art.* 32 *et* 90 *du Code, et l'art.* 134 *ci-après.*)

ART. 96.

Les prorogations de délai de coupe ou de vidange ne pourront être accordées que par la direction générale des forêts.

Il n'en sera accordé qu'autant que les adjudicataires se soumettront d'avance à payer une indemnité calculée d'après le prix de la feuille et le dommage qui résultera du retard de la coupe ou de la vidange. (*Voy. les art.* 40 *et* 90 *du Code, et les art.* 134 *et* 138 *ci-après.*)

SECTION V.

Des Réarpentages et Récolemens.

ART. 97.

Le réarpentage des coupes sera exécuté par un arpenteur autre que celui qui aura fait le premier mesurage, mais en présence de celui-ci, ou lui dûment appelé. (*Voy. les art.* 52 *et* 90 *du Code, et l'art.* 134 *ci-après.*)

ART. 98.

L'opération du récolement sera faite par deux agens au moins, et le garde du triage y sera appelé.

Les agens forestiers en dresseront un procès-verbal qui sera signé tant par eux que par l'adjudicataire ou son fondé de pouvoirs. (*Voy. les art.* 45 *et* 47 *du Code, et les art.* 108 *et* 134 *ci-après.*)

ANNOTATIONS.

La nullité résultant des art. 20 et 34 de la loi du 22 frimaire an 7, et de l'art. 170 du Code forestier, pour le défaut d'enregistrement des procès-verbaux dans le délai de quatre jours, n'existe point à l'égard des actes d'administation publique, d'après le vœu de l'art. 70 de cette loi, qui les déclare exempts de l'enregistrement. La décision du ministre des finances du 19 germinal an 13, rapportée sur l'article 77, assimile les procès-verbaux de récolement aux actes d'administration publique, suspend à leur égard la formalité de l'enregistrement, et ne les y soumet qu'au moment où elle pourra être remplie, en exigeant le droit des adjudicataires à qui ces actes profiteront, ou contre qui ils pourront servir, parce que les adjudicataires auraient malversé dans leur exploitation. Cette décision, donnée en forme de réglement interprétatif des art. 20 et 34 de la loi du 22 frimaire an 7, n'a point été révoquée par l'autorité souveraine; elle est devenue la règle générale des agens forestiers dans toute l'étendue de la France, ainsi qu'il résulte de la circulaire de l'administration de l'enregistrement du 5 floréal an 13, n° 262. Cassation, arrêt du 1er septembre 1809. (*Art.* 5596 *du Journal de l'enreg.*)

C.

Art. 99.

Les préfets ne délivreront aux adjudicataires les décharges d'exploitation qu'après avoir pris l'avis des conservateurs. (*Voy. l'art.* 51 *du Code, et les art.* 108 *et* 134 *ci-après.*)

SECTION VI.

Des Adjudications de glandée, panage et paisson, et des Ventes de chablis, de bois de délit, et autres menus marchés.

Art. 100.

Le conservateur fera reconnaître, chaque année, par les agens forestiers locaux, les cantons des bois et forêts où des adjudications de glandée, panage et paisson pourront avoir lieu sans nuire au repeuplement et à la conservation des forêts. Il autorisera en conséquence ces adjudications. (*Voy. l'art.* 53 *du Code, et l'art.* 134 *ci-après.*)

ANNOTATIONS.

L'adjudication de la faculté de conduire des bestiaux en glandée, panage ou paisson, pendant un temps déterminé, ne peut être assimilée à une vente de coupes de bois ou d'autres objets mobiliers. C'est un bail de pâturage ou nourriture d'animaux, qui doit être écrit sur papier timbré et enregistré dans le délai de vingt jours, (*Voy. l'art.* 91), au droit de 20 centimes par 100 francs, conformément à l'art. 1er de la loi du 16 juin 1824. (*Décision du ministre des finances, du* 7 *août* 1810.)

Art. 101.

Les gardes constateront le nombre, l'essence et la grosseur des arbres abattus ou rompus par les vents, les orages, ou tous autres accidens. Ils en dresseront des procès-verbaux qu'ils remettront à leur chef immédiat dans les dix jours de la rédaction.

La reconnaissance de ces chablis sera faite sans délai par un agent forestier, qui les marquera de son marteau. (*Voy. l'art.* 197 *du Code, et l'art.* 134 *ci-après.*)

Art. 102.

Les conservateurs autoriseront et feront effectuer les adjudications des chablis, ainsi que celles des bois provenant de délits, de recépages, d'élagages ou d'essartemens, et qui n'auront pas été vendus sur pied, et généralement tous autres menus marchés. (*Voy. l'art.* 197 *du Code, et l'art.* 134 *ci-après.*)

ANNOTATIONS.

§. 1 — D'après l'art. 4 du tit. 8 de la loi du 29 septembre 1791, les directoires de district pouvaient déléguer les municipalités pour les menus marchés dont le prix n'était pas au-dessus de 200 fr.; mais l'art. 86 ayant autorisé les préfets à permettre, sur la proposition des conservateurs, que l'adjudication des coupes ordinaires dont l'évaluation n'excèdera pas 500 francs, eût lieu devant les maires, il s'en suit que les menus marchés pourront aussi être faits devant eux lorsqu'ils paraîtront ne pas devoir excéder cette somme.

§. 2. — Quoique ces ventes soient effectuées par l'ordre du conservateur des forêts, le produit doit en être versé dans les caisses de l'État, aux termes de l'art. 3 de l'ordonnance du 14 septembre 1823, portant que, « les ministres ne pourront accroître, par aucune recette particulière, le montant des crédits affectés aux dépenses de leurs services. »

§. 3. — Il existe, dans plusieurs départemens, des scieries domaniales qui s'adjugent à titre de bail comme les autres biens domaniaux. Il est dit par le procès-verbal de ces adjudications que, « les adjudicataires seront tenus de prendre tous les chablis qui se trouveront dans l'étendue de leurs districts; les chablis seront payés, ainsi que le décime pour franc, sur l'estimation des agens forestiers, sans néanmoins que cette estimation puisse être au-dessous de moitié du prix des bois d'adjudication, et que le paiement en sera effectué dans le cours de l'année, aux mêmes termes et de la même manière que le prix principal. » Il est ajouté que, « les mêmes adjudicataires ne pourront en aucun cas, et sous quelque prétexte que ce soit, porter la hache sur lesdits chablis, ni y toucher qu'après que la reconnaissance en aura été faite par l'inspecteur des forêts, de laquelle il sera dressé procès-verbal bien circonstancié. »

D'après l'art. 69, §. 5, n° 1er, de la loi du 22 frimaire an 7, le droit d'enregistrement résultant des procès-verbaux de délivrance écrits sur papier timbré, doit être perçu sur le pied de 2 p. °/o de la valeur des chablis, à moins qu'il n'ait été perçu sur l'acte d'adjudication des scieries; dans ce cas, il ne serait dû qu'un droit fixe. (*Circul. du Dir. gén. des dom. du* 20 *novembre* 1806.) Voy. les art. 26 et 91 ci-devant.

ART. 103.

Les arbres sur pied, quoique endommagés, ébranchés, morts ou dépérissans, ne pourront être abattus et vendus, même comme menus marchés, sans l'autorisation spéciale de notre ministre des finances. (*Voy. l'art.* 197 *du Code, et l'art.* 134 *ci-après.*)

ART. 104.

Les adjudications mentionnées dans les articles 100, 102 et 103 ci-dessus, seront effectuées avec les mêmes formalités que les adjudications des coupes ordinaires de bois. (*Voy. les art.* 53 *et* 197 *du* Code, *et l'art.* 134 *ci-après.*)

SECTION VII.

Des Concessions à charge de repeuplement.

ART. 105.

Lorsqu'au lieu d'opérer par économie des semis ou plantations dans les forêts, l'administration jugera convenable d'en concéder temporairement les vides et clairières à charge de repeuplement, les agens forestiers procéderont d'abord à la reconnaissance des lieux, et le procès-verbal qu'ils en dresseront constatera le nombre, l'essence et les dimensions des arbres existans sur les terrains à concéder.

Le conservateur transmettra à la direction générale ce procès-verbal, avec ses observations, et un projet de cahier des charges spécial pour chaque concession, par lequel les concessionnaires devront particulièrement être assujetis aux dispositions des art. 34, 41, 42, 44 et 46 du Code forestier. (*Voy. l'art.* 136 *ci-après.*)

ART. 106.

Le directeur général des forêts soumettra à notre ministre des finances les projets de concession avec toutes les pièces à l'appui.

ART. 107.

Les concessions de cette nature ne pourront être effectuées que par voie d'adjudication publique avec les mêmes formalités que les adjudications des coupes de bois.

ART. 108.

La réception des travaux, la reconnaissance des lieux et le récolement seront effectués ainsi qu'il est prescrit par les art. 98 et 99 de la présente ordonnance pour le récolement des coupes de bois.

SECTION VIII.

Des Affectations à titre particulier dans les forêts de l'État.

ART. 109.

Lorsque des délivrances en vertu d'affectations à titre particulier devront être faites par coupes ou par pieds d'arbres, les ayans-droit ne pourront en effectuer l'exploitation qu'après que la désignation et la délivrance leur en auront été faites régulièrement et par écrit par l'agent forestier chef de service.

Les opérations d'arpentage, de balivage et de martelage, ainsi que le réarpentage et le récolement, seront effectuées par les agens de l'administration forestière, de la même manière que pour les coupes des bois de l'État et avec les mêmes réserves.

Les possesseurs d'affectations se conformeront, pour l'exploitation des bois qui leur seront ainsi délivrés, à tout ce qui est prescrit aux adjudicataires des bois de l'État pour l'usance et la vidange des ventes. (*Voy. les art.* 58, 59, 60, 65, 79, 81 *à* 85 *du Code.*)

ART. 110.

Lorsque les délivrances devront être faites par stères, elles seront imposées comme charges aux adjudicataires des coupes, et les possesseurs d'affectations ne pourront enlever les bois auxquels ils auront droit qu'après que le comptage en aura été fait contradictoirement entre eux et l'adjudicataire, en présence de l'agent forestier local. (*Idem.*)

ART. 111.

Lorsqu'il y aura lieu d'estimer la valeur des bois à délivrer aux affouagistes, il sera procédé à l'estimation par un agent forestier nommé par le préfet et un expert nommé par l'affouagiste; en cas de partage, un troisième expert sera nommé par le président du tribunal. (*Idem.*)

SECTION IX.

Des Droits d'usage dans les bois de l'État.

Art. 112.

Lorsqu'il y aura lieu d'affranchir les forêts de l'État de droits d'usage en bois au moyen d'un cantonnement, le conservateur en adressera la proposition au directeur général qui la soumettra à l'approbation de notre ministre des finances. (*Voy. l'art.* 63 *du Code, et l'art.* 146 *ci-après.*)

Art. 113.

Le ministre des finances prescrira au préfet, s'il y a lieu, de procéder aux opérations préparatoires du cantonnement.

A cet effet, un agent forestier désigné par le conservateur, un expert choisi par le directeur des domaines, et un troisième expert nommé par le préfet, estimeront :

1° D'après les titres des usagers, les droits d'usage en bois, en indiquant par une somme fixe en argent la valeur représentative de ces divers droits, tant en bois de chauffage qu'en bois de construction;

2° Les parties de bois à abandonner pour le cantonnement, dont ils feront connaître l'assiette, l'abornement, la contenance, l'essence dominante et l'évaluation en fonds et en superficie, en distinguant le taillis de la futaie et mentionnant les claires-voies, s'il y en a;

3° Les procès-verbaux indiqueront en outre les routes, rivières ou canaux qui servent aux débouchés, et les villes ou usines à la consommation desquelles les bois sont employés.

La proposition de cantonnement, ainsi fixée provisoirement, sera signifiée par le préfet à l'usager. (*Voy. l'art.* 63 *du Code, et l'art.* 145 *ci-après.*)

Art. 114.

Si l'usager donne son consentement à cette proposition, il sera passé entre le préfet et lui, et sous la forme administrative, acte de l'engagement pris par l'usager d'accepter sans nulle contestation le cantonnement tel qu'il lui a été proposé, sauf notre homologation.

Cet acte, avec toutes les pièces à l'appui, sera transmis par le préfet à notre ministre des finances, qui, après avoir pris l'avis des directions générales des domaines et des forêts, soumettra le projet de cantonnement à notre homologation. (*Voy. l'art.* 63 *du Code, et l'art.* 145 *ci-après.*)

ART. 115.

Si l'usager refuse de consentir au cantonnement qui lui est proposé, et élève des réclamations, soit sur l'évaluation de ses droits d'usage, soit sur l'assiette et la valeur du cantonnement, le préfet en référera à notre ministre des finances, lequel lui prescrira, s'il y a lieu, d'intenter action contre l'usager devant les tribunaux, conformément à l'article 63 du Code forestier. (*Idem.*)

ART. 116.

Lorsqu'il y aura lieu d'effectuer le rachat d'un droit d'usage quelconque, autre que l'usage en bois, suivant la faculté accordée au Gouvernement par l'article 64 du Code forestier, il sera procédé de la manière prescrite pour le cantonnement des usages en bois par les articles 112, 113, 114 et 115 ci-dessus.

Toutefois, si le droit d'usage appartient à une commune, notre ministre des finances, avant de prononcer sur la proposition de l'administration forestière, la communiquera au préfet, lequel donnera des renseignemens précis et son avis motivé sur l'absolue nécessité de l'usage pour les habitans.

Lorsque le ministre aura prononcé, le préfet, avant de faire procéder à l'estimation préparatoire, notifiera la proposition de rachat au maire de la commune usagère, en lui prescrivant de faire délibérer le conseil municipal, pour qu'il exerce, s'il le juge à propos, le pourvoi qui lui est réservé par le §. 2 de l'article 64 du Code forestier.

Le procès-verbal des experts ne contiendra que l'évaluation en argent des droits des usagers, d'après leurs titres. (*Voy. l'art.* 64 *du Code, et l'art.* 145 *ci-après.*)

ART. 117.

En cas de contestation sur l'état et la possibilité des forêts et sur le refus d'admettre les animaux au pâturage et au panage dans certains cantons déclarés non défensables, le pourvoi contre les décisions rendues par les conseils de préfecture, en exécution des articles 65 et 67 du Code forestier, aura effet suspensif jusqu'à la décision rendue par nous en Conseil d'État. (*Voy. les art.* 64 *et* 65 *du Code, et l'art.* 146 *ci-après.*)

ART. 118.

Les maires des communes et les particuliers jouissant du droit de pâturage ou de panage dans les forêts de l'État remettront annuellement à l'agent forestier local, avant le 31 décembre pour le pâturage, et avant le 31 juin pour le panage, l'état des bestiaux que chaque usager possède, avec la distinction de ceux qui servent à son propre usage et de ceux dont il fait commerce. (*Voy. les art.* 66 *à* 70 *et* 77 *du Code, et l'art.* 146 *ci-après.*)

ART. 119.

Chaque année, les agens forestiers locaux constateront par des procès-verbaux, d'après la nature, l'âge et la situation des bois, l'état des cantons qui pourront être délivrés pour le pâturage, la glandée et le panage dans les forêts soumises à ces droits; ils indiqueront le nombre des animaux qui pourront y être admis et les époques où l'exercice de ces droits d'usage pourra commencer et devra finir.

Les propositions des agens forestiers seront soumises à l'approbation du conservateur avant le 1er février pour le pâturage, et avant le 1er août pour le panage et la glandée. (*Voy. les art.* 65 *à* 70 *du Code, et l'art.* 146 *ci-après.*)

ART. 120.

Les pâtres des communes usagères seront choisis par le maire, et agréés par le conseil municipal. (*Voy. l'art.* 72 *du Code, et l'art.* 146 *ci-après.*)

ART. 121.

Le dépôt du fer servant à la marque des animaux, et de l'empreinte de ce fer devra être effectué par l'usager, ainsi que le prescrit l'article 74 du Code forestier, avant l'époque fixée pour l'ouverture du pâturage ou du panage, sous les peines portées par cet article.

L'agent forestier local donnera acte de ce dépôt à l'usager. (*Voy. les art.* 73 *et* 74 *du Code.*)

ART. 122.

Les bois de chauffage qui se délivrent par stère seront mis en charge sur les coupes adjugées, et fournis aux usagers par les adjudicataires, aux époques fixées par le cahier des charges.

Pour les communes usagères, la délivrance des bois de chauffage sera faite au maire qui en fera effectuer le partage entre les habitans.

Lorsque les bois de chauffage se délivreront par coupes, l'entrepreneur de l'exploitation sera agréé par l'agent forestier local. (*Voy. les art.* 81, 82, 83, 102 *et* 103 *du Code, et l'art.* 146 *ci-après.*)

ANNOTATIONS.

§. 1. — Les procès-verbaux d'arpentage des bois destinés aux usagers sont passibles du droit fixe d'enregistrement de 2 fr., conformément à l'art. 43, n° 16, de la loi du 28 avril 1816. Décision du ministre des finances du 5 mai 1807. (*Inst. du Dir. gén. de l'enregt., n°* 366, §. 6.)

§. 2. — Pour les coupes délivrées en nature, soit aux communes dans leurs propres bois, soit aux usagers dans les bois soumis au régime forestier, les procès-verbaux d'assiette, de balivage et de martelage sont assujétis aux droits de timbre et d'enregistrement ; mais les simples permis d'exploiter ne sont pas sujets à ces formalités. Toutefois, les agens forestiers sont tenus, conformément à la proposition qui en a été faite par M. le directeur général des forêts, de joindre copie des permis d'exploiter aux procès-verbaux d'arpentage et de martelage qu'ils doivent présenter aux receveurs pour être enregistrés, afin de leur faire connaître la date de la délivrance, et de justifier ainsi que les actes à enregistrer sont remis au bureau pour cette formalité dans les vingt jours fixés par la décision du 12 juillet 1822. Décision du ministre des finances, du 3 décembre 1825. (*Inst. du Dir. gén. de l'enreg. n°* 1187, §. 11.)

§. 3. — La décision précitée, du 12 juillet 1822, porte :

1° « Les actes d'administration relatifs aux coupes de bois délivrées en nature, soit à des communes, soit à des affouagistes, rédigés antérieurement à la délivrance, seront soumis à la formalité du timbre et de l'enregistrement, dans le délai de vingt jours, à dater du procès-verbal de délivrance, conformément à la décision ministérielle du 19 germinal an 13. (*Voy. les Annotat. sur l'art.* 77.)

2° « Les procès-verbaux de réarpentage, récolement et autres postérieurs aux dits procès-verbaux de délivrance en nature, ne seront soumis à la formalité du timbre et de l'enregistrement que dans le délai de deux mois de leur date, mais au bureau de la résidence de l'agent qui aura rédigé les dits procès-verbaux. » (*Inst. du Dir. gén. de l'enreg. n°* 1050, §. 2.)

ART. 123.

Aucune délivrance de bois pour constructions ou réparations ne sera faite aux usagers que sur la présentation de devis dressés par des gens de l'art et constatant les besoins.

Ces devis seront remis, avant le 1er février de chaque année, à l'agent forestier local qui en donnera reçu; et le conservateur, après avoir fait effectuer les vérifications qu'il jugera nécessaires, adressera l'état de toutes les demandes de cette nature au directeur général, en même temps que l'état général des coupes ordinaires, pour être revêtu de son approbation.

La délivrance de ces bois sera mise en charge sur les coupes en adjudication et sera faite à l'usager par l'adjudicataire à l'époque fixée par le cahier des charges.

Dans le cas d'urgence constatée par le maire de la commune, la délivrance pourra être faite en vertu d'un arrêté du préfet rendu sur l'avis du conservateur. L'abattage et le façonnage des arbres auront lieu aux frais de l'usager, et les branchages et remanens seront vendus comme menus marchés. (*Voy. les art.* 83, 84 *et* 102 *du Code.*)

TITRE III.

Des Bois et Forêts qui font partie du Domaine de la Couronne.

ART. 124.

Toutes les dispositions de la présente ordonnance concernant les forêts de l'État seront applicables aux bois et forêts de la Couronne, sauf les exceptions qui résultent du titre IV du Code forestier. (*Voy. les art.* 83, 84 *et* 102 *du Code.*)

TITRE IV.

Des Bois et Forêts qui sont possédés par les Princes à titre d'apanage, et par des Particuliers à titre de majorats réversibles à l'État.

ART. 125.

Toutes les dispositions des 1re et 2e sections du titre II de la présente ordonnance relativement à la délimitation, au bornage et à l'aménagement des forêts de l'État, à l'exception de l'article 68, sont applicables aux bois et forêts qui sont possédés par les princes à titre d'apanage, ou par des particuliers à titre de majorats réversibles à l'État. (*Voy. l'art.* 89 *du Code.*)

ART. 126.

Les possesseurs auront droit d'intervenir comme parties intéressées dans tous débats et actions relativement à la propriété. (*Idem.*)

ART. 127.

Les visites que l'article 89 du Code forestier prescrit à l'administration de faire faire dans ces bois et forêts, auront pour objet de vérifier s'ils sont régis et administrés conformément aux dispositions de ce Code, aux titres constitutifs des apanages ou majorats, et aux états ou procès-verbaux qui ont été ou seront dressés en exécution de ces titres.

Ces visites ne seront faites que par des agens forestiers qui seront désignés par le conservateur local ou par le directeur général des forêts. Elles auront lieu au moins une fois par an.

Les agens dresseront des procès-verbaux du résultat de leurs visites, et remettront ces procès-verbaux au conservateur, qui les transmettra sans délai, avec ses observations, au directeur général des forêts. (*Idem.*)

TITRE V.

Des Bois des Communes et des Établissemens publics.

ART. 128.

L'administration forestière dressera incessamment un état général des bois appartenant à des communes ou établissemens publics, et qui doivent être soumis au régime forestier, aux termes des articles 1er et 90 du Code, comme étant susceptibles d'aménagement ou d'une exploitation régulière.

S'il y a contestation à ce sujet de la part des communes ou établissemens propriétaires, la vérification de l'état des bois sera faite par les agens forestiers, contradictoirement avec les maires ou administrateurs.

Le procès-verbal de cette vérification sera envoyé par le conservateur au préfet qui fera délibérer les conseils municipaux des communes ou les administrateurs des établissemens propriétaires, et transmettra le tout, avec son avis, à notre ministre des finances, sur le rapport duquel il sera statué par nous. (*Voy. les art.* 1er *et* 90 *du Code.*)

ART. 129.

Lorsqu'il y aura lieu d'opérer la délimitation des bois des communes et des établissemens publics, il sera procédé de la manière prescrite par la 1re section du titre II de la présente ordonnance pour la délimitation et le bornage des forêts de l'État, sauf les modifications des articles suivans. (*Voy. les art.* 8 *à* 14 *et* 90 *du Code, et les art.* 57 *à* 66 *de l'ordonnance.*)

ART. 130.

Dans les cas prévus par les articles 58 et 59, le préfet, avant de nommer les agens forestiers chargés d'opérer comme experts dans l'intérêt des communes ou établissemens propriétaires, prendra l'avis des conservateurs des forêts et celui des maires et administrateurs. (*Idem.*)

ART. 131.

Le maire de la commune, ou l'un des administrateurs de l'établissement propriétaire, aura droit d'assister à toutes les opérations, conjointement avec l'agent forestier nommé par le préfet. Ses dires, observations et oppositions seront exactement consignés au procès-verbal.

Le conseil municipal ou les administrateurs seront appelés à délibérer sur les résultats du procès-verbal avant qu'il soit soumis à notre homologation. (*Idem.*)

ART. 132.

Lorsqu'il s'élèvera des contestations ou des oppositions, les communes ou établissemens propriétaires seront autorisés à intenter action ou à défendre, s'il y a lieu, et les actions seront suivies par les maires ou administrateurs, dans la forme ordinaire. (*Voy. les Annotations sur l'art.* 61 *du Code.*)

ART. 133.

L'état des frais de délimitation et de bornage, dressé par le conservateur et visé par le préfet, sera remis au receveur de la commune ou de l'établissement propriétaire, qui percevra le montant des sommes mises à la charge des riverains, et, en cas de refus, en poursuivra le paiement par toutes les voies de droit au profit et pour le compte de ceux à qui ces frais seront dus. (*Voy. les art.* 14 *et* 90 *du Code, et l'art.* 66 *ci-devant.*)

ART. 134.

Toutes les dispositions des 2e, 3e, 4e, 5e et 6e sections du titre II de la présente ordonnance sont applicables aux bois des communes et des établissemens publics, à l'exception des articles 68 et 88, et sauf les modifications qui résultent du titre VI du Code forestier et des dispositions du présent titre. (*Voy. les art.* 90 *et* 112 *du Code, et les art.* 67, 69 *à* 87, *et* 89 *à* 103 *de l'ordonnance.*)

ART. 135.

Nos ordonnances d'aménagement ne seront rendues qu'après que les conseils municipaux ou les administrateurs des établissemens propriétaires auront été consultés sur les propositions d'aménagement, et que les préfets auront donné leur avis.

ART. 136.

Les mêmes formalités seront observées lorsqu'il s'agira de faire effectuer des travaux extraordinaires, tels que recépages, repeuplemens, clôtures, routes, constructions de loges pour les gardes, et autres travaux d'amélioration.

Si les communes ou établissemens propriétaires n'élèvent aucune objection contre les travaux projetés, ces travaux pourront être autorisés par le préfet sur la proposition du conservateur. Dans le cas contraire, il sera statué par nous sur le rapport de notre ministre des finances. (*Voy. l'art.* 90 *du Code, et les art.* 105, 106, 107 *et* 108 *de l'ordonnance.*)

ART. 137.

Dans les coupes des bois des communes et des établissemens publics, la réserve prescrite par l'article 70 de la présente ordonnance sera de quarante baliveaux au moins et de cinquante au plus par hectare.

Lors de la coupe des quarts en réserve, le nombre des arbres à conserver sera de soixante au moins et de cent au plus par hectare. (*Voy. l'art.* 33 *du Code, et l'art.* 70 *de l'ordonnance.*)

ART. 138.

Les indemnités que les adjudicataires des bois des communes et des établissemens publics devront payer, en exécution de l'article 96 de la présente ordonnance, lorsqu'il leur sera accordé des délais de coupe et de vidange, seront versées dans les caisses des receveurs des communes ou établissemens propriétaires. (*Voy. les art.* 40, 90 *et* 100 *du Code, et les art.* 96 *et* 144 *de l'ordonnance.*)

ART. 139.

Il ne pourra être fait, dans les bois des communes et des établissemens publics, aucune adjudication de glandée, panage ou paisson, qu'en vertu d'autorisation spéciale du préfet, qui devra consulter à ce sujet les communes ou établissemens propriétaires et prendre l'avis de l'agent forestier local. (*Voy. les art.* 53 *à* 57 *et* 112 *du Code.*)

ART. 140.

Hors le cas de dépérissement des quarts en réserve, l'autorisation de les couper ne sera accordée que pour cause de nécessité bien constatée, et à défaut d'autres moyens d'y pouvoir.

Les demandes de cette nature, appuyées de l'avis des préfets, ne nous seront soumises par notre ministre des finances qu'après avoir été par lui communiquées à notre ministre de l'intérieur. (*Voy les art.* 93 *et* 100 *du Code.*)

ART. 141.

Les communes qui ne sont pas dans l'usage d'employer la totalité des bois de leurs coupes à leur propre consommation, feront connaître à l'agent forestier local la quantité de bois qui leur sera nécessaire, tant pour chauffage que pour constructions et réparations, et il en sera fait délivrance, soit par l'adjudicataire de la coupe, soit au moyen d'une réserve sur cette coupe; le tout conformément à leur demande et aux clauses du cahier des charges de l'adjudication. (*Voy. les art.* 102 *et* 105 *du Code, et les art.* 122 *et* 123 *de l'ordonnance.*)

ART. 142.

Les administrateurs des établissemens publics donneront chaque année un état des quantités de bois, tant de chauffage que de construction dont ces établissemens auront besoin. Cet état sera visé par le sous-préfet, et transmis par lui à l'agent forestier local.

Les quantités de bois ainsi déterminées seront mises en

charge lors de la vente des coupes, et délivrées à l'établissement par l'adjudicataire, aux époques qui seront fixées par le cahier des charges. (*Voy. les art.* 102 *et* 103 *du Code.*)

ART. 143.

Lorsqu'il y aura lieu à l'expertise prévue par l'article 105 du Code forestier, cette expertise sera faite, dans le procès-verbal même de la délivrance, par le maire de la commune ou son délégué, par l'agent forestier, et par un expert au choix de la partie prenante.

Le procès-verbal sera remis au receveur municipal par l'agent forestier. (*Voy. l'art.* 105 *du Code.*)

ART. 144.

Dans le cas prévu par le §. 2 de l'article 109 du Code, le préfet, sur les propositions de l'agent forestier local et du maire de la commune, déterminera la portion de coupe affouagère qui devra être vendue aux enchères pour acquitter les frais de garde, la contribution foncière et l'indemnité attribuée au Trésor par l'article 106 du Code.

Le produit de cette vente sera versé dans la caisse du receveur municipal pour être employé à l'acquittement de ces charges. (*Voy. les art.* 106 *et* 109 *du Code.*)

ART. 145.

Lorsqu'il y aura lieu d'user de la faculté accordée par le Code forestier aux communes et aux établissemens publics, d'affranchir leurs bois de droits d'usage, le conseil municipal ou les administrateurs de la commune ou de l'établissement propriétaire seront d'abord consultés sur la convenance et l'utilité soit du cantonnement, soit du rachat, et le préfet soumettra leur délibération, avec les observations de l'agent forestier et son propre avis en forme d'arrêté, à notre ministre des finances, qui nous soumettra un projet d'ordonnance, après s'être concerté avec notre ministre de l'intérieur.

Il sera ensuite procédé de la manière prescrite par les articles 113, 114 et 116 de la présente ordonnance: mais le second expert, au lieu d'être nommé par le directeur des domaines, sera choisi par le maire, sauf l'approbation du conseil municipal, ou par les administrateurs de l'établissement.

S'il s'élève des contestations, il sera procédé conformément à l'article 115 de la présente ordonnance. Toutefois, les actions seront suivies devant les tribunaux par le maire ou les administrateurs, suivant les formes prescrites par les lois.

ART. 146.

Toutes les dispositions de la section IX du titre II de la présente ordonnance, sur l'exercice des droits d'usage dans les bois de l'État, sont applicables à la jouissance des communes et des établissemens publics dans leurs propres bois, sauf les modifications qui résultent du présent titre, et à l'exception des articles 121 et 123. (*Voy. les art.* 111 *et* 112 *du Code, et les art.* 112 *à* 122 *de l'ordonnance.*)

TITRE VI.

Des Bois indivis qui sont soumis au Régime forestier.

ART. 147.

En exécution des articles 1er et 113 du Code forestier, toutes les dispositions de la présente ordonnance relatives aux forêts de l'État sont applicables aux bois dans lesquels l'État a des droits de propriété indivis, soit avec des communes ou des établissemens publics, soit avec des particuliers.

Ces dispositions sont également applicables aux bois indivis entre le domaine de la Couronne et les particuliers, sauf les modifications qui résultent du titre IV du Code forestier et du titre III de la présente ordonnance.

Quant aux bois indivis entre des communes ou des établissemens publics et les particuliers, ils seront régis conformément aux dispositions du titre VI du Code forestier et du titre V de la présente ordonnance. (*Voy. les art.* 86, 87, 88, 113, 114, 115 *et* 116 *du Code.*)

ART. 148.

Lorsqu'il y aura lieu d'effectuer des travaux extraordinaires pour l'amélioration des bois indivis, le conservateur communiquera aux copropriétaires les propositions et projets de travaux.

ART. 149.

L'administration des forêts soumettra incessamment à notre

ministre des finances le relevé de tous les bois indivis entre l'État et d'autres propriétaires, en indiquant quels sont ceux dont le partage peut être effectué sans inconvénient.

Notre ministre des finances décidera s'il y a lieu de provoquer le partage, et l'action sera, en conséquence, intentée et suivie conformément au droit commun et dans les formes ordinaires.

Lorsque les parties auront à nommer des experts, ces experts seront nommés :

Dans l'intérêt de l'État, par le préfet, sur la proposition du directeur des domaines qui devra se concerter à ce sujet avec le conservateur, pour désigner un agent forestier;

Dans l'intérêt des communes, par le maire, sauf l'approbation du conseil municipal;

Dans l'intérêt des établissemens publics, par les administrateurs de ces établissemens. *(Voy. les art.* 1, 9 *et* 113 *du Code forestier, et les art.* 815 *à* 842 *du Code civil.)*

TITRE VII.

Des Bois des Particuliers.

Art. 150.

Les gardes des bois des particuliers ne seront admis à prêter serment qu'après que leurs commissions auront été visées par le sous-préfet de l'arrondissement.

Si le sous-préfet croit devoir refuser son visa, il en rendra compte au préfet, en lui indiquant les motifs de son refus.

Ces commissions seront inscrites dans les sous-préfectures, sur un registre où seront relatés les noms et demeures des propriétaires et des gardes, ainsi que la désignation et la situation des bois. *(Voy. l'art.* 117 *du Code.)*

ANNOTATIONS.

Dans les *Annotations*, §§. 8 et suivans, sur l'art. 117 du Code, il a été établi que les actes de nomination des gardes des particuliers doivent être sur papier timbré et enregistrés au droit fixe d'un franc, avant d'en faire usage pour la prestation de serment.

Les commissions contiennent quelquefois fixation du traitement des gardes, sans être signées par eux: dans ce cas, c'est toujours le droit fixe qui est exigible, ainsi que l'administration de l'enregistrement l'a décidé le 20 janvier 1815. Mais lorsque la commission est signée par le garde, il en résulte, entre lui et le propriétaire, un traité qui donne ouverture au droit proportionnel d'un pour cent comme marché, conformément à l'art. 69, §. 3, n° 1, de la loi du 22 frimaire an 7.

ART. 151.

Lorsque les propriétaires ou les usagers seront dans le cas de requérir l'intervention d'un agent forestier pour visiter les bois des particuliers, à l'effet d'en constater l'état et la possibilité ou de déclarer s'ils sont défensables, ils en adresseront la demande au conservateur qui désignera un agent forestier pour procéder à cette visite.

L'agent forestier ainsi désigné dressera procès-verbal de ses opérations, en énonçant toutes les circonstances sur lesquelles sa déclaration sera fondée.

Il déposera ce procès-verbal à la sous-préfecture, où les parties pourront en réclamer des expéditions. (*Voy. les art.* 66, 68, 70, 119 *et* 120 *du Code.*)

TITRE VIII.

Des Affectations spéciales de bois à des Services publics.

SECTION Ire.

Des Bois destinés au service de la Marine.

ART. 152.

Dans les bois dont la régie est confiée à l'administration forestière, aussitôt après la désignation et l'assiette des coupes ordinaires ou extraordinaires, le conservateur en adressera l'état au directeur ou au sous-directeur de la marine.

Dès que le balivage et le martelage des coupes auront été effectués, les agens forestiers chefs de service dans chaque inspection en donneront avis aux ingénieurs, maîtres ou contremaîtres de la marine qui procéderont immédiatement à la recherche et au martelage des bois propres au service de la marine royale.

Outre l'expédition des procès-verbaux de martelage que les agens de la marine doivent, aux termes de l'article 126 du Code forestier, faire viser par le maire et déposer à la mairie de la commune où le martelage aura eu lieu, ils en remettront immédiatement une seconde expédition aux agens forestiers chefs de service.

Le résultat des opérations des agens de la marine sera toujours porté sur les affiches des ventes, et tout martelage effectué ou signifié aux agens forestiers après l'apposition des affiches sera considéré comme nul. (*Voy. les art.* 122, 123 *et* 124 *du Code.*)

ART. 153.

Quant aux arbres épars qui devront être abattus sur les propriétés des communes ou des établissemens publics non soumises au régime forestier, les maires et administrateurs en feront la déclaration telle qu'elle est prescrite par les articles 124 et 125 du Code forestier.

ART. 154.

Les déclarations prescrites par l'article 125 du Code, indiqueront l'arrondissement, le canton et la commune de la situation des bois, les noms et demeures des propriétaires, le nom du bois et sa contenance, la situation et l'étendue du terrain sur lequel se trouveront les arbres, le nombre et les espèces d'arbres qu'on se proposera d'abattre et leur grosseur approximative.

Elles seront faites et déposées à la sous-préfecture, en double minute, dont l'une, visée par le sous-préfet, sera remise au déclarant.

Les sous-préfets qui auront reçu les déclarations les feront enregistrer, les transmettront immédiatement au directeur du service forestier de la marine, et en donneront avis à l'agent forestier local.

ART. 155.

Dès que les déclarations leur seront parvenues, les agens de la marine procéderont à la reconnaissance et au martelage des arbres propres aux constructions navales, et se conformeront exactement aux dispositions de l'article 126 du Code forestier pour les procès-verbaux qu'ils doivent dresser de cette opération.

ART. 156.

Les arbres qui auront été marqués pour le service de la marine devront être abattus du 1er octobre au 1er avril.

La notification de l'abattage de ces arbres sera faite à la sous-préfecture et transmise aux agens de la marine de la manière qui est prescrite par l'article 154 ci-dessus, pour les déclarations de volonté d'abattre. (*Voy. les art.* 128, 129 *et* 130 *du Code.*)

ART. 157.

Dès que la notification de l'abattage leur sera parvenue, les agens de la marine feront la visite des arbres abattus, et en dresseront un procès-verbal dont ils déposeront une copie à la mairie de la commune où les bois sont situés. (*Idem.*)

ART. 158.

Les arbres qui auront été marqués pour le service de la marine dans les bois soumis au régime forestier, comme sur toute propriété privée, seront livrés en grume et en forêt; mais les adjudicataires ou les propriétaires pourront traiter de gré à gré avec les agens de la marine relativement au mode de livraison des bois, à leur équarrissage et à leur transport sur les ports flottables ou autres lieux de dépôt. (*Voy. les art.* 122, 123 *et* 133 *du Code.*)

ART. 159.

Dans les cas prévus par l'article 131 du Code forestier, le maire, sur la réquisition du propriétaire des arbres sujets à déclaration pour le service de la marine, constatera par un procès-verbal le nombre d'arbres dont ce propriétaire aura réellement besoin pour constructions ou réparations, l'âge et les dimensions de ces arbres.

Ce procès-verbal sera déposé à la sous-préfecture et transmis aux agens de la marine, de la manière qui est prescrite par l'article 154 de la présente ordonnance, pour les déclarations de volonté d'abattre. (*Voy. l'art.* 131 *du Code.*)

ART. 160.

Les procès-verbaux que les agens de la marine sont autorisés, par l'article 134 du Code, à dresser pour constater les délits et les contraventions concernant le service de la marine, seront remis par eux, dans le délai prescrit par les articles 15 et 18 du Code d'instruction criminelle, aux agens forestiers chargés de la poursuite devant les tribunaux.

ANNOTATIONS.

L'art. 15 du Code d'instruction criminelle porte que les maires et adjoints remettront à l'officier qui remplira le ministère public près le tribunal de police, toutes les pièces et renseignemens dans les trois jours au plus tard, y compris celui où ils auront reconnu le fait sur lequel ils auront procédé; d'un autre côté, l'art. 18 veut que les gardes des bois soumis au régime forestier remettent leurs procès-verbaux aux agens dans le délai fixé par l'art. 15. Ainsi les agens de la marine n'ont que trois jours, y compris celui de la constatation du délit, pour remettre leurs procès-verbaux aux agens forestiers. Il semblerait cependant que, d'après les art. 134 et 170 du Code, cette remise ne devrait avoir lieu qu'après l'enregistrement des procès-verbaux, c'est-à-dire dans les quatre jours. (*Voy. l'art.* 181 *ci-après.*)

ART. 161.

Notre ministre de la marine présentera incessamment à notre approbation l'état des départemens, arrondissemens et cantons qui ne seront point soumis à l'exercice du droit de martelage pour les constructions navales: cet état, approuvé par nous, sera inséré au Bulletin des lois.

Les mêmes formalités seront observées lorsqu'il y aura lieu d'assujétir de nouveau à l'exercice du droit de martelage l'un des départemens, arrondissemens ou cantons qui en auront été ainsi affranchis. Nos ordonnances à ce sujet seront toujours publiées avant le 1er mars pour l'ordinaire suivant.

ANNOTATIONS.

ETAT *des départemens, arrondissemens et cantons qui ne seront pas soumis à l'exercice du droit de martelage pour le service de la marine.* (Bullet. des lois, n° 183.)

1° Départemens où les propriétairesde tous sont exempts de faire la déclaration, savoir:

Hautes-Alpes, Aude, Aveyron, Cantal, Corrèze, Corse, Hérault, Haute-Loire, Lot, Lozère, Meurthe, Moselle, Puy-de-Dôme, Pyrénées-Orientales, Bas-Rhin, Rhône, et Tarn-et-Garonne.

2° Départemens où les propriétaires de quelques localités seulement sont dispensés de la déclaration:

ARDENNES. Les cantons de *Charleville, Flize, Mézières, Monthermé, Renwez*, de l'arrondissement de Mézières; les cantons de *Fumay, Givet, Rocroy*, de l'arrondissement de Rocroy; les cantons de *Carignan, Mouzon, Sedan* (*deux justices de paix*), de l'arrondissement de Sedan.

CÔTE-D'OR. Les cantons de *Châtillon-sur-Seine, Laignes, Montigny-sur-Aube*, de l'arrondissement de Châtillon-sur-Seine; les cantons de *Montbard*, *Précy-sous-Thil*, *Saulieu*, *Semur*, de l'arrondissement de Semur.

CÔTES-DU-NORD. Les arrondissemens de *Guingamp*, *Lannion*, *Loudéac*; les cantons de *Châtelaudren*, *Etables*, *Paimbol*, *Ploeuc*, *Plouha*, *Quintin*, de l'arrondissement de Saint-Brieuc.

DORDOGNE. L'arrondissement de *Sarlat*.

EURE-ET-LOIR. L'arrondissement de *Châteaudun*, et les cantons d'*Auneau*, *Chartres* (2 justices de paix), *Illiers*, *Janville*, *Voves*, de l'arrondissement de Chartres.

GIRONDE. Les arrondissemens de *Blaye* et de *Lesparre*.

LOT-ET-GARONNE. L'arrondissement d'*Agen* et les cantons de *Cançon*, *Castillonnès*, *Fumel*, *Monflanquin*, *Penne*, *Tournon*, *Villeneuve-d'Agen*, *Villeréal*, de l'arrondissement de Villeneuve-d'Agen.

HAUTE-MARNE. Les cantons d'*Andelot*, *Arc-en-Bois*, *Chaumont*, *Saint-Blin*, de l'arrondissement de Chaumont.

MEUSE. Les arrondissemens de *Commerci* et de *Montmédy*, et les cantons de *Charny*, *Etain*, *Fresnes-en-Wœvre* et *Verdun*, de l'arrondissement de Verdun.

NIÈVRE. L'arrondissement de *Clamecy*.

ORNE. Les arrondissemens d'*Argentan* et de *Domfront*.

PAS-DE-CALAIS. Les arrondissemens d'*Arras*, *Béthune* et *Saint-Pol*.

DEUX-SÈVRES. Les cantons d'*Argenton-le-Château*, *Bressuire*, *Chatillon-sur-Sèvre*, *Saint-Varent*, *Thouars*, de l'arrondissement de Bressuire.

SOMME. Les arrondissemens d'*Amiens*, *Doullens*, *Mont-Didier* et *Péronne*.

TARN. L'arrondissement de *Castres*.

VIENNE. Les arrondissemens de *Chatellerault* et *Loudun*; les cantons de *Mirebeau* et *Neuville*, de l'arrondissement de Poitiers; le canton de *Saint-Savin*, de l'arrondissement de Montmorillon.

VOSGES. Les cantons de *Coussey* et de *Neufchâteau*, de l'arrondissement de Neufchâteau.

YONNE. Les cantons de *Bléneau* et *Saint-Fargeau*, de l'arrondissement de Joigny.

Saint-Cloud, le 26 août 1827.

Le Pair de France, Ministre Secrétaire d'Etat de la Marine et des Colonies :

Signé, COMTE DE CHABROL.

Approuvé : signé, CHARLES.

SECTION II.

Des Bois destinés au service des Ponts et Chaussées, pour le fascinage du Rhin.

ART. 162.

Chaque année, avant le 1er août, le conservateur fournira aux préfets des départemens du Haut et du Bas-Rhin un tableau des coupes des bois de l'État, des communes et des établissemens publics qui devront avoir lieu dans ces départemens, sur les rives et à la distance de cinq kilomètres du fleuve.

Ce tableau, divisé en deux parties, dont l'une comprendra les bois de l'État et l'autre ceux des communes et des établissemens publics, indiquera la situation de chaque coupe et les ressources qu'elle pourra produire pour les travaux d'endigage et de fascinage. (*Voy. l'art.* 136 *du Code.*)

ART. 163.

Les déclarations prescrites aux propriétaires par l'article 137 du Code forestier, seront faites dans les formes et de la manière qui sont déterminées par l'article 154 de la présente ordonnance pour le service de la marine.

Elles seront transmises immédiatement au préfet par les sous-préfets. (*Voy. l'art.* 137 *du Code.*)

ART. 164.

Le préfet, sur le rapport des ingénieurs des ponts et chaussées constatant l'urgence, prendra un arrêté pour désigner, à proximité du lieu où le danger se manifestera, les propriétés où seront coupés les bois nécessaires pour les travaux.

Il adressera cet arrêté à l'agent forestier supérieur de l'arrondissement et à l'ingénieur en chef des ponts et chaussées. (*Voy. l'art.* 138 *du Code.*)

ART. 165.

Lorsque la réquisition portera sur des bois régis par l'administration forestière, les agens forestiers locaux procéderont sur-le-champ, et dans les formes ordinaires, à la désignation du canton où la coupe devra être faite et aux opérations de balivage et de martelage.

Lorsque les bois sur lesquels frappera la réquisition appartiendront à des particuliers, l'agent forestier en fera faire, par un garde, la signification au propriétaire. (*Voy. l'art.* 139 *du Code.*)

Art. 166.

La déclaration à laquelle est tenu, en vertu de l'art. 140 du Code forestier, le propriétaire qui préférera exploiter lui-même les bois requis, sera faite à la sous-préfecture, et dans les formes qui sont prescrites pour les déclarations de volonté d'abattre, par l'article 145 de la présente ordonnance.

Le sous-préfet en donnera avis immédiatement au préfet et à l'ingénieur des ponts et chaussées chargé de l'exécution des travaux.

Art. 167.

Dans le cas d'urgence prévu par l'article 138 du Code forestier, le propriétaire qui, pour des besoins personnels, serait obligé de faire couper sans délai des bois soumis à la déclaration devra faire constater l'urgence de la manière qui est prescrite par l'article 159 de la présente ordonnance.

Le procès-verbal sera transmis au préfet par le sous-préfet.

Art. 168.

Pour l'exécution des dispositions de l'art. 141 du Code forestier, l'abattage des bois requis sera constaté, dans les bois régis par l'administration forestière, par un procès-verbal d'un agent forestier, et dans les autres bois par un procès-verbal dressé par le maire de la commune.

Lorsqu'il y aura lieu de nommer des experts pour la fixation des indemnités, l'expert dans l'intérêt de l'administration des ponts et chaussées sera nommé par le préfet.

Les ingénieurs des ponts et chaussées ne délivreront aux entrepreneurs des travaux le certificat à fin de paiement pour solde, qu'autant qu'ils justifieront avoir entièrement payé les sommes mises à leur charge pour le prix des bois requis et livrés.

TITRE IX.

Police et Conservation des bois et forêts qui sont régis par l'Administration forestière.

ART. 169.

Dans les bois et forêts qui sont régis par l'administration forestière, l'extraction de productions quelconques du sol forestier ne pourra avoir lieu, qu'en vertu d'une autorisation formelle délivrée par le directeur général des forêts, s'il s'agit des bois de l'État, et s'il s'agit de ceux des communes et des établissemens publics, par les maires ou administrateurs des communes ou établissemens propriétaires, sauf l'approbation du directeur général des forêts, qui, dans tous les cas, réglera les conditions et le mode d'extraction.

Quant au prix, il sera fixé, pour les bois de l'État, par le directeur général des forêts; et pour les bois des communes et des établissemens publics, par le préfet, sur les propositions des maires ou administrateurs. (*Voy. l'art. 144 du Code.*)

ART. 170.

Lorsque les extractions de matériaux auront pour objet des travaux publics, les ingénieurs des ponts et chaussées, avant de dresser le cahier des charges des travaux, désigneront à l'agent forestier supérieur de l'arrondissement les lieux où ces extractions devront être faites.

Les agens forestiers, de concert avec les ingénieurs ou conducteurs des ponts et chaussées, procéderont à la reconnaissance des lieux, détermineront les limites du terrain où l'extraction pourra être effectuée, le nombre, l'espèce et les dimensions des arbres dont elle pourra nécessiter l'abattage, et désigneront les chemins à suivre pour le transport des matériaux. En cas de contestations sur ces divers objets, il sera statué par le préfet. (*Voy. l'art. 145 du Code.*)

ART. 171.

Les diverses clauses et conditions qui devront, en conséquence des dispositions de l'article précédent, être imposées aux entrepreneurs, tant pour le mode d'extraction que pour le rétablissement des lieux en bon état, seront rédigées par les agens forestiers, et remises par eux au préfet, qui les fera insérer au cahier des charges des travaux. (*Idem.*)

Art. 172.

L'évaluation des indemnités dues à raison de l'occupation ou de la fouille des terrains, et des dégâts causés par l'extraction, sera faite conformément aux articles 55 et 56 de la loi du 16 septembre 1807.

L'agent forestier supérieur de l'arrondissement remplira les fonctions d'expert dans l'intérêt de l'État ; et les experts dans l'intérêt des communes ou des établissemens publics seront nommés par les maires ou les administrateurs. *(Voy. l'art. 144 du Code.)*

ANNOTATIONS.

Les art. 55 et 56 de la loi du 16 septembre 1807 sont ainsi conçus :

Art. 55. « Les terrains occupés pour prendre les matériaux nécessaires aux routes ou aux constructions publiques, pourront être payés aux propriétaires comme s'ils eussent été pris pour la route même.

» Il n'y aura lieu à faire entrer dans l'estimation la valeur des matériaux à extraire, que dans le cas où l'on s'emparerait d'une carrière déjà en exploitation ; alors lesdits matériaux seront évalués d'après leur prix courant, abstraction faite de l'existence et des besoins de la route pour laquelle ils seront pris, ou des constructions auxquelles on les destine.

Art. 56. « Les experts, pour l'évaluation des indemnités relatives à une occupation de terrain, dans les cas prévus au présent titre, seront nommés, pour les objets de travaux de grande voirie, l'un par le propriétaire, l'autre par le préfet ; et le tiers-expert, s'il en est besoin, sera de droit l'ingénieur en chef du département. Lorsqu'il y aura des concessionnaires, un expert sera nommé par le propriétaire, un par le concessionnaire, et le tiers-expert par le préfet.

« Quant aux travaux des villes, un expert sera nommé par le propriétaire, un par le maire de la ville ou de l'arrondissement, pour Paris, et le tiers-expert par le préfet. »

Art. 173.

Les agens forestiers et les ingénieurs et conducteurs des ponts et chaussées sont expressément chargés de veiller à ce que les entrepreneurs n'emploient pas les matériaux provenant des extractions à d'autres travaux que ceux pour lesquels elles auront été autorisées.

Les agens forestiers exerceront contre les contrevenans toutes poursuites de droit. (*Voy. l'art.* 144 *du Code.*)

ART. 174.

Les arbres et portions de bois qu'il serait indispensable d'abattre pour effectuer les extractions seront vendus comme menus marchés, sur l'autorisation du conservateur. (*Voy. les art.* 144 *du Code*, 71, 102, 103 *et* 104 *de l'ordonnance.*)

ANNOTATIONS.

On avait pensé que les procès-verbaux de délivrance à *des particuliers*, par les agens forestiers, d'épines, plants, harts, rouettes et perches dans les bois de l'État, ne pouvaient être visés pour timbre ni enregistrés en débet; mais le ministre des finances a décidé, le 4 juillet 1825, 1° « Que les formalités du timbre et de l'enregistrement doivent être requises par les agens forestiers pour les procès-verbaux dont il s'agit; mais qu'elles auront lieu en débet, en exprimant que le recouvrement des droits sera effectué en même temps que celui du prix des bois délivrés; — 2° que, dans le cas où le receveur des domaines, chargé de percevoir le prix de la délivrance, n'aura point l'enregistrement dans ses attributions, il comptera des droits au receveur de l'enregistrement qui en fera recette. » (*Inst. du Direct. gén. de l'enreg.*, *n°* 1169.) Voy. les art. 91 et 102 de l'ordonnance, et les *Annotations*, §. 5, sur l'art. 29 du Code.

ART. 175.

Les réclamations qui pourront s'élever relativement à l'exécution des travaux d'extraction et à l'évaluation des indemnités seront soumises aux conseils de préfecture, conformément à l'article 4 de la loi du 17 février 1800 [28 pluviôse an 8.] (*Voy. l'art.* 144 *de l'ordonnance, et les Annotations sur les art.* 61 *et* 64 *du Code.*)

ART. 176.

Quand les arbres de lisière qui ont actuellement plus de trente ans auront été abattus, les arbres qui les remplaceront devront être élagués, conformément à l'article 672 du Code civil, lorsque l'élagage en sera requis par les riverains.

Les plantations ou réserves destinées à remplacer les arbres actuels de lisière, seront effectuées en arrière de la ligne de délimitation des forêts, à la distance prescrite par l'article 671 du Code civil. (*Voy. l'art.* 150 *du Code forestier.*)

ANNOTATIONS.

Les articles 671 et 672 du Code civil sont ainsi conçus :

Art. 671. « Il n'est permis de planter des arbres de haute tige qu'à la distance prescrite par les réglemens particuliers actuellement existans, ou par les usages constans et reconnus ; et, à défaut de réglemens et usages, qu'à la distance de deux mètres de la ligne séparative des deux héritages pour les arbres à haute tige, et à la distance d'un demi-mètre pour les autres arbres et haies vives.

Art. 672. « Le voisin peut exiger que les arbres et haies plantés à une moindre distance soient arrachés.

« Celui sur la propriété duquel avancent les branches des arbres du voisin, peut contraindre celui-ci à couper ces branches.

« Si ce sont les racines qui avancent sur son héritage, il a droit de les y couper lui-même. »

ART. 177.

Les établissemens et constructions mentionnés dans les articles 151, 152, 153, 154 et 155 du Code forestier ne pourront être autorisés que par nos ordonnances spéciales.

Lorsqu'il s'agira des fours à chaux ou à plâtre, des briqueteries et des tuileries dont il est fait mention en l'article 151 de ce Code, il sera d'abord statué par nous sur la demande d'autorisation, sans préjudice des droits des tiers et des oppositions qui pourraient s'élever. Il sera ensuite procédé suivant les formes prescrites par le décret du 15 octobre 1810 et par nos ordonnances des 14 janvier 1815 et 29 juillet 1818.

ART. 178.

Les demandes à fin d'autorisation pour construction de maisons ou fermes, en exécution des §§. 1er et 2 de l'art. 153 du Code, seront remises à l'agent forestier supérieur de l'arrondissement, en double minute, dont l'une, revêtue du visa de cet agent, sera rendue au déclarant.

ART. 179.

Dans le délai de six mois, à dater de la publication de la présente ordonnance, les propriétaires des usines et constructions mentionnées dans les articles 151, 152 et 155 du Code forestier, et non compris dans les dispositions exceptionnelles de l'article 156 du même Code, seront tenus de remettre aux conservateurs les titres en vertu desquels ces usines ou constructions ont été établies.

Les conservateurs adresseront ces titres avec leurs observations à la direction générale des forêts, qui les soumettra à notre ministre des finances.

Si les propriétaires ne font pas le dépôt de leurs titres dans le délai ci-dessus fixé, ou si les titres ne justifient pas suffisamment de leurs droits, l'administration forestière poursuivra la démolition de leurs usines et constructions en vertu des lois et réglemens antérieurs à la publication du Code forestier, ainsi qu'il est prescrit par le §. 2 de l'art. 218 de ce Code.

Art. 180.

Les possesseurs des scieries dont il est fait mention en l'article 155 du Code forestier, seront tenus, chaque fois qu'ils voudront faire transporter dans ces scieries, ou dans les bâtimens et enclos qui en dépendent, des arbres, billes ou tronces, d'en remettre à l'agent forestier local une déclaration détaillée, en indiquant de quelles propriétés ces bois proviennent.

Ces déclarations énonceront le nombre et le lieu de dépôt des bois : elles seront faites en double minute, dont une sera visée et remise au déclarant par l'agent forestier, qui en tiendra un registre spécial.

Les arbres, billes ou tronces seront marqués, sans frais, par le garde forestier du canton ou par un des agens forestiers locaux, dans le délai de cinq jours après la déclaration. (*Voy. l'art.* 158 *du Code.*)

TITRE X.

Des Poursuites exercées au nom de l'Administration forestière.

Art. 181.

Les agens et les gardes dresseront, jour par jour, des procès-verbaux des délits et contraventions qu'ils auront reconnus.

Il se conformeront, pour la rédaction et la remise de ces procès-verbaux, aux articles 16 et 18 du Code d'instruction criminelle. (*Voy. l'art.* 160 *du Code forestier.*)

ANNOTATIONS.

Les articles 16 et 18 du Code d'instruction criminelle, sont transcrits dans les *Annotations* sur l'art. 160 ci-devant.

Art. 182.

Dans le cas où les officiers de police judiciaire désignés dans l'article 161 du Code forestier refuseraient, après avoir été légalement requis, d'accompagner les gardes dans leurs visites et perquisitions, les gardes rédigeront procès-verbal du refus, et adresseront sur-le-champ ce procès-verbal à l'agent forestier, qui en rendra compte à notre procureur près le tribunal de première instance.

Il en sera de même dans le cas où l'un des fonctionnaires dénommés dans l'article 165 du même Code aurait négligé ou refusé de recevoir l'affirmation des procès-verbaux dans le délai prescrit par la loi. (*Voy. les Annotations sur les art.* 161 *et* 165 *du Code.*)

Art. 183.

Lorsque les procès-verbaux porteront saisie, l'expédition qui, aux termes de l'article 167 du Code forestier, doit en être déposée au greffe de la justice de paix dans les vingt-quatre heures après l'affirmation, sera signée et remise par l'agent ou le garde qui aura dressé le procès-verbal.

Art. 184.

Lorsque le juge de paix aura accordé la main-levée provisoire des objets saisis, il en donnera avis à l'agent forestier local. (*Voy. l'art.* 168 *du Code.*)

Art. 185.

Aux audiences tenues dans nos cours et tribunaux pour le jugement des délits et contraventions poursuivis à la requête de la direction générale des forêts, l'agent chargé de la poursuite aura une place particulière à la suite du parquet de nos procureurs et de leurs substituts. Il y assistera en uniforme, et se tiendra découvert pendant l'audience. (*Voy. l'art.* 174 *du Code.*)

Art. 186.

Les agens forestiers dresseront, pour le ressort de chaque tribunal de police correctionnelle et au commencement de chaque trimestre, un mémoire, en triple expédition, des citations et significations faites par les gardes pendant le trimestre précédent; cet état sera rendu exécutoire, visé et ordonnancé conformément au réglement du 18 juin 1811. (*Voy. l'art.* 173 *du Code.*)

ANNOTATIONS.

Une instruction de l'administration forestière du 15 novembre 1826, approuvée par le ministre des finances le 21 décembre suivant, a réglé définitivement le mode à suivre dans l'ordonnancement et le paiement des frais de justice en matière forestière; il en résulte que les mémoires, après avoir été revêtus des formalités voulues par le décret du 18 juin 1811, sont adressés au conservateur qui les transmet à la direction générale pour y être examinés; ensuite, le directeur général provoque l'ordonnance de délégation, en vertu de laquelle le conservateur délivre le mandat de paiement.

ART. 187.

A la fin de chaque trimestre, les conservateurs adresseront au directeur général des forêts un état des jugemens et arrêts rendus à la requête de l'administration forestière, avec une indication sommaire de la situation des poursuites intentées, et sur lesquelles il n'aura pas encore été statué. (*Voy. l'art.* 159 *du Code.*)

TITRE XI.

De l'Exécution des jugemens rendus à la requête de l'Administration forestière ou du Ministère public.

ART. 188.

Les extraits des jugemens par défaut seront remis par les greffiers de nos cours et tribunaux aux agens forestiers, dans les trois jours après celui où les jugemens auront été prononcés.

L'agent forestier supérieur de l'arrondissement les fera signifier immédiatement aux condamnés, et remettra en même temps au receveur des domaines un état indiquant les noms des condamnés, la date de la signification des jugemens, et le montant des condamnations en amendes, dommages-intérêts et frais.

Quinze jours après la signification du jugement, l'agent forestier remettra les originaux des exploits de signification au receveur des domaines, qui procédera alors contre les condamnés conformément aux dispositions de l'article 211 du Code forestier.

Si, durant ce délai, le condamné interjette appel ou forme opposition, l'agent forestier en donnera avis au receveur. (*Voy. les art.* 209 *à* 214 *du Code.*)

ANNOTATIONS.

§. 1. — Le receveur chargé de l'enregistrement des actes judiciaires doit relever sur un état toutes les condamnations rendues *par défaut*, et envoyer à ses collègues l'extrait de celles de ces condamnations dont le recouvrement ne doit pas avoir lieu dans son bureau, afin que l'exactitude des agens forestiers à remettre les états conformément à l'art. 188 puisse être vérifiée, et qu'aucune condamnation n'échappe aux soins des receveurs des domaines.

Le même receveur doit faire pareille vérification pour les articles dont le recouvrement serait dans ses attributions personnelles. Toutefois les receveurs ne devraient pas poursuivre le recouvrement d'un article de condamnation *par défaut*, dont l'état ne leur aurait pas été remis par l'agent forestier, sans s'assurer auprès de celui-ci que cette condamnation n'a été choquée ni d'opposition ni d'appel, et qu'elle est devenue définitive. (*Voy. l'inst. du Direc. gén. de l'enreg.*, *n*° 1204, §. 11.)

§. 2. — Les agens forestiers qui reçoivent les extraits ne doivent pas seulement les remettre aux receveurs des domaines, après avoir rempli les formalités nécessaires pour que la condamnation acquière l'autorité de la chose jugée; ils doivent encore en envoyer un état tous les mois au conservateur ou à l'agent forestier dirigeant le service dans chaque département.

Ce dernier adresse aussi tous les mois à son administration un état général des extraits, d'après l'état particulier qui lui est transmis par les agens poursuivans, pour les jugemens par défaut, et par le Directeur des domaines, pour les jugemens contradictoires, ainsi que cela est expliqué sur l'art. 189.

Cet état doit avoir cinq colonnes contenant, 1° le nom du département; 2° le montant des jugemens de condamnation provenant des relevés fournis par le directeur des domaines de quinzaine en quinzaine; 3° le montant des jugemens par défaut, signifiés par les agens forestiers, et dont il a été donné connaissance aux receveurs; 4° le total; 5° les observations. (*Circul. de l'adm. forest. du* 26 *mai* 1824; *inst. du Dir. gén. de l'enreg.*, n° 1207.)

Art. 189.

Quant aux jugemens contradictoires, lorsqu'il n'aura été fait par les condamnés aucune déclaration d'appel, les greffiers en remettront l'extrait directement aux receveurs des domaines dix jours après celui où le jugement aura été prononcé, et les receveurs procéderont contre les condamnés conformément aux dispositions de l'article 211 du Code forestier.

L'extrait des arrêts ou jugemens rendus sur appel sera remis directement aux receveurs des domaines par les greffiers de nos cours et tribunaux d'appel quatre jours après celui où le jugement aura été prononcé, si le condamné ne s'est point pourvu en cassation. (*Voy. l'art.* 209 *du Code.*)

ANNOTATIONS.

§. 1. — Les directeurs des domaines sont tenus de fournir tous les quinze jours, d'après les relevés qu'ils obtiennent des receveurs, aux conservateurs ou préposés forestiers dirigeant le service dans chaque département, un relevé général *des jugemens contradictoires* dont les extraits auront été remis aux receveurs.

Cet état doit être divisé en six colonnes, contenant : la première, le numéro d'ordre; la deuxième, les noms et prénoms des condamnés; la troisième, leur résidence; la quatrième, le tribunal qui a prononcé la peine; la cinquième, le montant des condamnations; cette colonne est subdivisée en trois paragraphes pour distinguer, dans le premier, les amendes, confiscations et restitutions, dans le deuxième, les frais, et dans le troisième, le total; la sixième et dernière contient les observations. Décision du ministre des finances du 30 avril 1824. (*Circul. de l'adm. des forêts du* 26 *mai suivant, n°* 97; *inst. du Direct. génér. des dom., n°* 1138.)

§. 2. — Les directeurs doivent en outre, d'après les états faits dans tous les bureaux et remis aux inspecteurs lors de leur tournée de contrôle, fournir tous les six mois au conservateur ou à l'agent forestier dirigeant le service dans le département, un état des condamnations prononcées et des recouvremens opérés chaque semestre en matière de délits forestiers. Cet état dont le modèle est joint à l'inst. du directeur général de l'enregistrement, n° 1138, doit contenir le nombre et le montant, 1° des articles qui restaient à recouvrer à l'expiration du précédent semestre; 2° des articles consignés pendant le semestre; 3° un total; 4° des articles recouvrés et de ceux annulés pendant le semestre, dont il faut faire la distinction; 5° des articles restant à recouvrer au dernier jour du semestre. On doit aussi distinguer les frais des autres condamnations. (*Inst. du Direct. gén. de l'enreg. du* 1er *mai* 1827, *n°* 1207.)

§. 3. — Les extraits des jugemens ne doivent être délivrés aux communes et aux établissemens publics, qui en font la demande, comme aux particuliers, que sur papier timbré, en feuilles distinctes et séparées, et non en forme d'état; autrement il y aurait contravention à la loi du 13 brumaire an 7, par les greffiers. Décision du ministre des finances, du 13 janvier 1826. (*Inst. du Direct. génér. de l'enreg.*, n° 1204.)

Art. 190.

A la fin de chaque trimestre, les directeurs des domaines remettront au directeur général de l'enregistrement et des domaines un état indiquant les recouvremens effectués en exécution de jugemens correctionnels en matière forestière, et les condamnations pécuniaires tombées en non-valeur par suite de l'insolvabilité des condamnés. (*Voy. l'art.* 210 *du Code.*)

Art. 191.

Les condamnés qui, en raison de leur insolvabilité, invoqueront l'application de l'article 213 du Code forestier, présenteront leur requête, accompagnée des pièces justificatives prescrites par l'article 420 du Code d'instruction criminelle, à nos procureurs qui ordonneront, s'il y a lieu, que les condamnés soient mis en liberté à l'expiration des délais fixés par l'article 213 du Code forestier, et en donneront avis aux receveurs des domaines. (*Voy. les Annotations sur l'art.* 213 *du Code.*)

ANNOTATIONS.

Une ordonnance rendue le 3 novembre 1827, à l'occasion de la nouvelle législation concernant les forêts, contient ce qui suit :

Art. 1er. « Amnistie pleine et entière est accordée pour les délits forestiers commis antérieurement à la promulgation du nouveau Code.

« Demeurent seuls exceptés les malversations et abus commis dans les coupes de bois par les adjudicataires.

Art. 2. « L'amnistie accordée par l'article précédent s'appliquera, tant à l'emprisonnement et aux amendes, qu'aux frais et aux dommages-intérêts prononcés ou encourus au profit de l'État.

« Ceux des délinquans qui seraient actuellement détenus, seront immédiatement mis en liberté.

« Il sera fait remise aux parties des objets saisis et non vendus qui seront reconnus leur appartenir.

Toutefois, les sommes versées dans les caisses du domaine antérieurement à la présente ordonnance, ne seront point sujettes à restitution.

Art. 3. « L'amnistie ne fera aucun obstacle à l'action qui serait intentée par l'administration forestière à fin de démolition (Art. 152 et suivans du Code) des constructions élevées à la distance prohibée des forêts, ou de repeuplement (Art. 219 et suivans) des terrains défrichés sans autorisation.

« Elle ne pourra être opposée aux particuliers, aux communes et aux établissemens publics auxquels des dommages-intérêts et des dépens auraient été ou devraient être alloués, etc. » (Voy. dans le *Tableau chronologique*, pag. 122, l'ordonnance du 28 mai 1825.)

TITRE XII.

Dispositions transitoires sur le Défrichement des bois.

Art. 192.

Les déclarations prescrites par l'article 219 du Code forestier indiqueront le nom, la situation et l'étendue des bois que les particuliers se proposeront de défricher. Elles seront faites en double minute, et remises à la sous-préfecture, où il en sera tenu registre.

L'une des minutes, visée par le sous-préfet, sera rendue au déclarant, et l'autre sera transmise par le sous-préfet à l'agent forestier supérieur de l'arrondissement.

ANNOTATIONS.

Les déclarations pour défricher, considérées comme des pétitions ou des mémoires présentés à l'administration, sont assujéties au timbre d'après la disposition générale de l'art. 12 de la loi du 13 brumaire an 7. (*Voy. les inst. du Direct. génér. de l'enreg.*, *nos* 80, 826 *et* 827.)

Art. 193.

L'agent forestier procédera à la reconnaissance de l'état et de la situation des bois, et en dressera un procès-verbal, auquel il joindra un rapport détaillé indiquant les motifs d'intérêt public qui seraient de nature à influer sur la détermination à prendre à cet égard. Il remettra le tout, sans délai, au conservateur, avec la déclaration du propriétaire. (*Voy. l'art.* 219 *du Code.*)

ART. 194.

Si le conservateur estime que le bois ne doit pas être défriché, il fera signifier au propriétaire une opposition au défrichement, et en référera au préfet, en lui transmettant les pièces avec ses observations.

Dans le cas contraire, le conservateur en référera, sans délai, au directeur général des forêts qui en rendra compte à notre ministre des finances. (*Voy. l'art.* 219 *du Code.*)

ART. 195.

Le préfet statuera sur l'opposition, dans le délai d'un mois, par un arrêté énonçant les motifs de sa décision.

Dans le délai de huit jours, le préfet fera signifier cet arrêté à l'agent forestier supérieur de l'arrondissement, ainsi qu'au propriétaire des bois, et le soumettra, avec les pièces à l'appui, à notre ministre des finances, qui rendra et fera signifier au propriétaire sa décision définitive dans les six mois à dater du jour de la signification de l'opposition. (*Idem.*)

ART. 196.

Lorsque des maires et adjoints auront dressé des procès-verbaux pour constater des défrichemens effectués en contravention au titre XV du Code forestier, ils seront tenus, indépendamment de la remise qu'ils en doivent faire à nos procureurs, d'en adresser une copie certifiée à l'agent forestier local. (*Voy. l'art.* 220 *du Code.*)

ART. 197.

Nos ministres secrétaires d'État aux départemens de la justice, de l'intérieur, de la marine et des finances, sont chargés, chacun en ce qui le concerne, de l'exécution de la présente ordonnance, qui sera insérée au Bulletin des lois.

Donné en notre château de Saint-Cloud, le 1er jour du mois d'août, l'an de grâce 1827, et de notre règne le troisième.

Signé, CHARLES.

IVe SECTION.

Cahier des Charges pour la vente des coupes de bois appartenant à l'État, ordinaire de 1828.

§. 1er.

PUBLICITÉ DES VENTES. — AUTORITÉS CHARGÉES D'Y CONCOURIR. — INCAPACITÉS LÉGALES. — ASSOCIATIONS.

Article 1er. Aucune vente ordinaire ou extraordinaire ne pourra avoir lieu dans les bois de l'État que par voie d'adjudication publique, laquelle devra être annoncée, au moins quinze jours d'avance, par des affiches apposées dans le chef-lieu du département, dans le lieu de la vente, dans la commune de la situation des bois et dans les communes environnantes. (*Code forestier*, *art.* 17.)

2. Toute vente faite autrement que par adjudication publique sera considérée comme vente clandestine, et déclarée nulle. Les fonctionnaires et agens qui auraient ordonné ou effectué la vente seront condamnés solidairement à une amende de trois mille francs au moins et de six mille francs au plus, et l'acquéreur sera puni d'une amende égale à la valeur des bois vendus. (*Code forestier*, *art.* 18.)

3. Sera de même annulée, quoique faite par adjudication publique, toute vente qui n'aura point été précédée des publications et affiches prescrites par l'art. 17 du Code, ou qui aura été effectuée dans d'autres lieux ou à un autre jour que ceux indiqués par les affiches ou les procès-verbaux de remise de vente.

Les fonctionnaires ou agens qui auraient contrevenu à ces dispositions seront condamnés solidairement à une amende de mille à trois mille francs; et une amende pareille sera prononcée contre les adjudicataires, en cas de complicité. (*Code forestier*, *art.* 19.)

4. Les affiches indiqueront le lieu, le jour et l'heure où il sera procédé aux ventes, les fonctionnaires qui devront les

présider, la situation, la nature et la contenance des coupes; le nombre, la classe et l'essence des arbres marqués en réserve.

Il sera fait mention, dans les procès-verbaux d'adjudication, des mesures qui auront été prises pour donner aux ventes toute la publicité possible. (*Ordonnance d'exécution, art.* 84.)

Il sera fait, dans les affiches et dans les actes de ventes des coupes extraordinaires, mention des ordonnances spéciales qui les auront autorisées. (*Ibid. art.* 85.)

5. Les adjudications des coupes ordinaires et extraordinaires auront lieu, par-devant les préfets et les sous-préfets, dans les chefs-lieux d'arrondissement.

Toutefois les préfets, sur la proposition des conservateurs, pourront permettre que les coupes dont l'évaluation n'excédera pas 500 francs soient adjugées au chef-lieu d'une des communes voisines des bois, et sous la présidence du maire.

Les adjudications se feront, dans tous les cas, en présence des agens forestiers et des receveurs chargés du recouvrement des produits. (*Ibid. art.* 86.)

6. Quinze jours avant l'époque fixée pour l'adjudication, l'agent forestier chef de service fera déposer au secrétariat de l'autorité administrative qui devra présider à la vente, 1° les procès-verbaux d'arpentage, de balivage et de martelage des coupes; 2° une expédition du cahier des charges générales et des clauses particulières et locales.

Le fonctionnaire qui devra présider à la vente apposera son visa au bas de ces pièces pour en constater le dépôt. (*Ibid. art.* 83.)

7. Ne pourront prendre part aux ventes, ni par eux-mêmes, ni par personnes interposées, directement ou indirectement, soit comme parties principales, soit comme associés ou cautions,

1° Les agens et gardes forestiers et les agens forestiers de la marine, dans toute l'étendue du royaume; les fonctionnaires chargés de présider ou de concourir aux ventes et les receveurs du produit des coupes, dans toute l'étendue du territoire où ils exercent leurs fonctions;

2° Les parens et alliés en ligne directe, les frères et beaux-frères, oncles et neveux des agens et gardes forestiers, et des agens de la marine, dans toute l'étendue du territoire pour lequel ces agens ou gardes sont commissionnés;

3° Les conseillers de préfecture, les juges, officiers du ministère public et greffiers des tribunaux de première instance, dans tout l'arrondissement de leur ressort.

Le tout sous les peines prononcées par l'article 21 du Code forestier.

Les personnes notoirement insolvables, et celles qui, ayant déjà subi l'événement d'une folle enchère, n'auront pas payé les sommes dont elles seront restées redevables, ne pourront mettre à prix, enchérir ou surenchérir, qu'en présentant préalablement une caution domiciliée en France, et agréée par le receveur général du département ou son fondé de pouvoirs, en présence du receveur des domaines.

8. Les adjudicataires ne pourront avoir plus de trois associés, qu'ils seront tenus de nommer au secrétariat du lieu de la vente, où ils déposeront une expédition de leur acte d'association, et feront leur soumission de satisfaire à toutes les charges de l'adjudication.

9. Toute association secrète ou manœuvre entre les marchands de bois ou autres, tendant à nuire aux enchères, à les troubler ou à obtenir les bois à plus bas prix, donnera lieu à l'application des peines portées par l'article 412 du Code pénal, indépendamment de tous dommages-intérêts ; et si l'adjudication a été faite au profit de l'association secrète ou des auteurs desdites manœuvres, elle sera déclarée nulle. (*Code forestier, art.* 22.)

10. Dans tous les cas où les ventes et adjudications seront déclarées nulles pour cause de fraude ou collusion, l'acquéreur ou adjudicataire, indépendamment des amendes et dommages-intérêts prononcés contre lui, sera condamné à restituer les bois déjà exploités, ou à en payer la valeur sur le pied du prix d'adjudication ou de vente. (*Code forestier, art.* 205.)

§. 2.

DES ADJUDICATIONS. — SURENCHÈRES. — CAUTIONS ET RÉTROCESSIONS.

11. Chaque coupe sera adjugée en francs, à l'hectare et are.

Il ne pourra être fait aucune réclamation ni diminution de prix pour les places vides, mares, fossés, chemins, avenues, qui se trouvent dans l'intérieur des ventes, mais seulement pour les grandes routes, dont la distraction est faite par les plans et procès-verbaux d'assiette.

Les bois provenant des laies et tranchées feront partie de l'adjudication, à moins qu'ils n'aient été vendus par forme de menu marché, d'après l'autorisation du conservateur ; auquel cas il en sera fait mention sur l'affiche.

12. Les adjudications se feront aux enchères et à l'extinction des feux.

Avant l'ouverture des enchères, le conservateur, ou l'agent forestier qui le remplacera pour l'adjudication, fera connaître au fonctionnaire qui présidera la vente, le montant de l'estimation des coupes ; et les feux ne seront allumés que lorsque les offres seront égales à l'estimation.

Si cependant les offres se rapprochaient de l'estimation, les feux pourront être allumés sur la proposition de l'agent forestier. (*Ordonnance d'exécution*, *art.* 87.)

13. Les enchères ne pourront être moindres du vingtième de la mise à prix à l'hectare, lorsqu'elle sera de 100 francs et au-dessous.

Ces enchères seront de 10 francs, si elle est depuis 100 jusqu'à 200 francs ;

De 15 francs, si elle est depuis 200 jusqu'à 300 francs ;

De 20 francs, quand elle excédera 300 francs jusqu'à 1,000 francs.

Et de 50 francs, si elle dépasse 1,000 francs.

Mais nulle personne inconnue ne pourra faire une mise exagérée qu'autant qu'elle aura fourni à l'instant une caution et un certificateur de caution solvable.

La coupe ne sera adjugée que lorsqu'un dernier feu aura été allumé et se sera éteint, sans que, pendant sa durée, il ait été fait aucune enchère.

Les enchères seront successivement inscrites au procès-verbal d'adjudication, avec les noms des enchérisseurs.

14. Lorsque, faute d'offres suffisantes, les adjudications n'auront pu avoir lieu, elle seront remises, séance tenante, au jour qui sera indiqué par le président, sur la proposition de l'agent forestier. (*Ordonnance d'exécution*, *art.* 89.)

Le délai n'excédera pas la quinzaine.

Si, à la séance à laquelle l'adjudication aura été renvoyée, il n'y a pas encore d'offres suffisantes, le directeur général des forêts pourra autoriser le renvoi de l'adjudication à l'année suivante, et même faire exploiter les coupes par économie, après avoir pris l'attache du ministre des finances. (*Ibid.*)

Il sera néanmoins libre aux agens forestiers de proposer au président de la vente la remise en vente après un sécond délai de quinzaine et nouvelles affiches, si, dans cet intervalle, il a été fait des offres suffisantes au secrétariat du lieu de vente.

15. Aucune déclaration de command ne sera admise, si elle n'est faite immédiatement après l'adjudication et séance tenante. (*Code forestier, art.* 23.)

16. Toutes les contestations qui pourront s'élever pendant les opérations d'adjudication sur la validité des enchères ou sur la solvabilité des enchérisseurs et des cautions, seront décidées immédiatement par le fonctionnaire qui présidera la séance d'adjudication. (*Code forestier, art.* 20.)

17. Les procès-verbaux des adjudications seront signés sur-le-champ par tous les fonctionnaires présens et par l'adjudicataire ou son fondé de pouvoirs; et dans le cas d'absence de ces derniers, ou s'ils ne veulent ou ne peuvent signer, il en sera fait mention au procès-verbal. (*Ordonnance d'exécution, art.* 91.)

18. Toute personne capable et reconnue solvable sera admise, jusqu'à l'heure de midi du lendemain de l'adjudication, à faire une offre de surenchère, qui ne pourra être moindre du cinquième du montant de l'adjudication.

Dès qu'une pareille offre aura été faite, l'adjudicataire et les surenchérisseurs pourront faire de semblables déclarations de simple surenchère, jusqu'à l'heure de midi du surlendemain de l'adjudication, heure à laquelle le plus offrant restera définitivement adjudicataire.

Toutes déclarations de surenchère devront être faites au secrétariat du lieu de la vente, et dans les délais ci-dessus fixés; le tout sous peine de nullité.

Le secrétaire commis à l'effet de recevoir ces déclarations sera tenu de les consigner immédiatement sur un registre à ce destiné, d'y faire mention expresse du jour et de l'heure précise où il les aura reçues, et d'en donner communication à l'adjudicataire et aux enchérisseurs, dès qu'il en sera requis; le tout sous peine de trois cents francs d'amende, sans préjudice de plus fortes peines en cas de collusion.

En conséquence, il n'y aura lieu à aucune signification des déclarations de surenchère, soit par l'administration, soit par les adjudicataires et surenchérisseurs. (*Code forestier, art.* 25.)

19. Toutes contestations au sujet de la validité des suren-

chères seront portées devant les conseils de préfecture. (*Code forestier*, *art.* 26.)

20. Les adjudicataires et surenchérisseurs seront tenus, au moment de l'adjudication ou de leur déclaration de surenchère, d'élire domicile dans le lieu où l'adjudication sera faite; faute par eux de le faire, tous actes postérieurs leur seront valablement signifiés au secrétariat de la sous-préfecture. (*Code forestier*, *art.* 27.)

21. Chaque adjudicataire sera tenu de donner, dans les cinq jours qui suivront celui de l'adjudication définitive, une bonne et valable caution et certificateur de caution, lesquels pourront être renforcés, si le cas y échoit, et s'obligeront solidairement avec l'adjudicataire à toutes les charges et conditions de l'adjudication.

Faute par l'adjudicataire de fournir ses cautions dans le délai prescrit, il sera déclaré déchu de l'adjudication par un arrêté du préfet, et il sera procédé, dans les formes ci-dessus prescrites, à une nouvelle adjudication de la coupe à sa folle enchère. (*Code forestier*, *art.* 24.)

L'adjudicataire déchu sera tenu, par corps, de la différence entre son prix et celui de la revente, sans pouvoir réclamer l'excédant s'il y en a. (*Ibid.*)

Il sera pareillement tenu de payer les frais de la première adjudication.

22. Les cautions et certificateurs seront reçus du consentement du receveur général du département ou de son fondé de pouvoirs, en présence du receveur des domaines; l'acte en sera passé au secrétariat du lieu de la vente.

23. Tout procès-verbal d'adjudication emporte exécution parée et contrainte par corps contre les adjudicataires, leurs associés, cautions et certificateurs de cautions, tant pour le paiement du prix principal de l'adjudication que pour accessoires et frais.

Les cautions et certificateurs de cautions sont en outre contraignables, solidairement et par les mêmes voies, au paiement des dommages, restitutions et amendes qu'aurait encourus l'adjudicataire. (*Code forestier*, *art.* 28.)

24. Les cessions, rétrocessions ou sous-ventes ne pourront être partielles; elles se passeront au secrétariat du lieu de la vente, et les cessionnaires ou rétrocessionnaires n'exploiteront leur bois qu'après avoir représenté à l'agent forestier local extrait de leurs rétrocessions : néanmoins les adjudicataires et

leurs cautions seront, jusqu'à décharge définitive, considérés comme seuls obligés.

§. III.

DU PRIX DES VENTES ET DES FRAIS ACCESSOIRES.

25. Le prix principal de chaque adjudication sera payable en quatre termes égaux :

Le premier écherra au 31 mars 1828;

Le second, au 30 juin;

Le troisième, au 30 septembre;

Le quatrième, au 31 décembre.

26. Dans les dix jours de l'adjudication, chaque adjudicataire fournira au receveur général des finances du département quatre traites *, chacune du quart du prix principal de l'adju-

---

ÉCHÉANCE

d

—

DÉPARTEMENT

d

* *Modèle des Traites qui doivent être souscrites.*

TRAITE D'ADJUDICATION DE COUPE DE BOIS.

COUPE DE L'ORDINAIRE 1828.

A (nom de la ville), *ce* (la date du jour où la traite est tirée.) *BON pour la somme de* (en chiffres).

Au (le jour et le nom du mois) *prochain fixe, payez par cette seule de change, à l'ordre de M.* (le nom de la caution qui endossera), *la somme de* (en toutes lettres), *valeur en paiement, à échoir à la même époque, de la coupe* (noms de la coupe, du bois et de la forêt), *dont vous êtes adjudicataire, et sans autre avis de* (ici le nom du certificateur qui tirera la traite).

Accepté pour la somme de (en toutes lettres), *que je m'engage à payer à l'échéance, à la caisse de M. le Receveur général du département d*

(Ici le nom de l'adjudicataire qui, comme principal obligé, doit accepter).

A Monsieur,
Monsieur (le nom de l'adjudicataire),
adjudicataire de la coupe (la désigner),
à (domicile exact de l'adjudicataire).

dication; les fractions, s'il en existe, seront comprises dans la dernière traite. Les traites, souscrites au profit dudit receveur général, seront payables à son domicile, aux époques ci-dessus prescrites.

27. Les receveurs généraux poursuivront en leur nom, tant contre l'obligé principal que contre ses caution et certificateur de caution, le paiement desdites traites, conformément à l'art. 259 de l'instruction générale sur le service et la comptabilité des receveurs généraux; c'est-à-dire, en employant les moyens de poursuite autorisés par la loi du 12 septembre 1791, et par le décret du 11 thermidor an 12.

28. En cas de retard de paiement desdites traites ou du versement des sommes exigibles en numéraire, les receveurs-généraux sont autorisés à exiger des adjudicataires de bois une indemnité du vingtième des sommes non acquittées à leur échéance.

29. Outre le prix principal de l'adjudication, il sera payé comptant, par chaque adjudicataire, 1 décime pour franc de ce prix, et de plus les droits de timbre et d'enregistrement, tant des procès-verbaux d'arpentage, balivage et martelage, réarpentage et récolement, que de tous autres actes, et les frais relatifs aux ventes.

Chaque adjudicataire paiera aussi comptant le mesurage de sa coupe, sur le pied de 2 francs par hectare, et en même temps le réarpentage de ladite coupe, à raison de 1 franc 50 centimes également par hectare; et ce, d'après l'état général des coupes à vendre, qui sera arrêté par le préfet et le conservateur.

Néanmoins, lorsqu'une coupe n'excédera pas cinq hectares, le mesurage sera payé à raison de 3 francs par hectare pour l'arpentage, et de 2 francs 50 centimes pour le réarpentage.

Mais cette augmentation de prix ne s'appliquera point aux lots ou articles d'une coupe qui contiendra plus de cinq hectares.

Le décime pour franc, le montant des droits de timbre et d'enregistrement, ainsi que celui des frais d'arpentage et de réarpentage des coupes, seront versés, immédiatement après les adjudications, dans la caisse du receveur de l'enregistrement, et portés en recette.

Au moment où les actes seront soumis à la formalité, il sera fait mention, au pied de chacun, de la date du paiement de ces droits.

30. Les frais d'impression des affiches, du cahier des char-

ges, des procès-verbaux, des permis d'exploiter et des citations pour les réarpentages et récolemens; ceux de publication, bougies et criées; ceux de timbre; les droits fixes d'enregistrement, et les autres frais détaillés dans l'état général ci-après, seront réglés d'avance par le préfet, sur la proposition du conservateur. L'état en sera affiché dans le lieu des séances avant l'ouverture et pendant toute la durée des adjudications. Ces frais seront payés comptant par les adjudicataires, au marc le franc du prix de leur adjudication; et à l'égard des lots qui ne seraient pas adjugés, les frais exigibles seront payés par l'administration des forêts.

Les frais d'impression des actes de toute nature relatifs aux ventes, et ceux de transport d'affiches et des bougies et criées, ne pourront excéder la somme totale de 12 francs par article de vente; savoir: 6 francs pour impressions d'affiches, 3 francs pour toutes les autres impressions, 1 franc 50 centimes pour transport d'affiches, et pareillement 1 franc 50 centimes pour publication, bougies et criées.

Cependant les frais pourront, dans les départemens qui ne comprennent point plus de cent articles ou lots de vente, être portés à 8 francs pour impressions d'affiches, 4 francs pour les autres impressions, 2 francs pour transport d'affiches, et 2 francs pour bougies et criées.

Lorsque les frais n'atteindront pas le maximum fixé dans les deux cas, ils seront répartis d'après les proportions ci-dessus établies.

L'état général des frais sera dressé en la forme suivante *, et il sera annexé, par extrait, à la marge de la première page

---

* ARRONDISSEMENT COMMUNAL D

FORÊT D

N° DE L'ÉTAT GÉNÉRAL D'ASSIETTE.

		hectares	
Contenance de la coupe.		»	»
		fr.	c.
Le sieur	adjudicataire moyennant	»	»
	Produit général de la coupe.		
Principal.		»	»
Décime par franc.		»	»
	TOTAL.	»	»

du procès-verbal d'adjudication à fournir aux adjudicataires conformément à l'article 32. Chacun des extraits comprendra l'ensemble du modèle.

Frais d'adjudication, de timbre et d'enregistrement, qui doivent être répartis au marc le franc.

1° Frais à verser dans la caisse du Receveur de l'enregistrement.

Timbre des procès-verbaux d'arpentage.	»	»
— de balivage.	»	»
— d'adjudication.	»	»
— de réarpentage.	»	»
— de récolement.	»	»
— du cahier des charges.	»	»
— des permis d'exploiter.	»	»
— des citations à donner aux adjudicataires pour se trouver aux réarpentages et récolemens.	»	»
Droit fixe d'enregistrement des procès-verbaux d'arpentage.	»	»
— de balivage.	»	»
— de réarpentage.	»	»
— de récolement.	»	»
— des citations à donner aux adjudicataires pour assister aux récolemens.	»	»
Total des frais à verser dans la caisse du receveur de l'enregistrement.	»	»

2° Frais à verser dans la caisse du receveur des finances de l'arrondissement.

Impressions d'affiches.	»	»
— du cahier des charges.	»	»
— des procès-verbaux d'assiette et d'arpentage.	»	»
— de balivage.	»	»
— d'adjudication.	»	»
— de réarpentage.	»	»
— de récolement.	»	»
— des permis d'exploiter.	»	»
— des citations à donner aux adjudicataires pour assister aux réarpentages et récolemens.	»	»
Frais d'expédition des procès-verbaux d'adjudication.	»	»
— de transport d'affiches.	»	»
— de publication, de bougies et de criées.	»	»
A reporter.	»	»

31. Il sera fourni, à la suite d'un exemplaire complet du cahier des charges générales et spéciales, des expéditions entières, en un seul cahier, du procès-verbal de la masse des adjudications faites dans le même lieu, et sans remise d'affiches;

SAVOIR:

Au préfet, une expédition sur papier libre quand la vente n'aura pas été faite au chef-lieu de la préfecture;

Au conservateur, une;

Au directeur des domaines, une.

Ces trois expéditions seront fournies dans le mois.

Au receveur général du département, une;

Et à l'inspecteur local, une.

Ces deux dernières expéditions seront remises dans les cinq jours qui suivront celui de la vente.

Chacune des expéditions, lorsqu'elle ne comprendra pas plus de trois lots ou articles de vente, sera payée 5 francs; et il sera ajouté 1 franc par chaque lot ou article excédant. Ces frais, ceux de timbre, et les droits fixes d'enregistrement, tels qu'ils sont détaillés au tableau précédent, seront répartis au marc le franc de toutes les adjudications.

32. Il sera délivré à l'adjudicataire, dans le délai de cinq jours, à la suite d'un exemplaire complet du présent cahier des charges, l'extrait du procès-verbal de son adjudication et du dépôt de son cautionnement. Cette expédition, pour chaque lot adjugé, sera payée 3 francs, outre les droits de timbre.

33. Il sera également fourni à l'adjudicataire, et à ses frais, dans la quinzaine de son adjudication, une expédition du procès-verbal d'assiette de sa coupe, avec le plan. Cette expédition et le plan, y compris le droit de timbre, seront payés à l'arpenteur 7 francs 50 centimes pour chaque coupe de dix hectares et au-dessus, et 5 francs pour une coupe de contenance moindre de dix hectares.

Report.	»	»
1 franc 50 centimes par lot pour le salaire de l'huissier ou du garde chargé de donner les citations pour réarpentage et récolement.	»	»
TOTAL des frais à verser dans la caisse du receveur des finances.	»	»
TOTAL GÉNÉRAL	»	»

Ces pièces seront remises aux adjudicataires avec les expéditions des actes de vente, et ils en paieront, à la caisse du receveur des finances, le prix comptant, ou au moins avant le permis d'exploiter.

§. IV.

DE L'EXPLOITATION ET DE LA VIDANGE DES COUPES, ET DE L'EXÉCUTION DES TRAVAUX.

34. Après l'adjudication, il ne pourra être fait aucun changement à l'assiette des coupes, et il n'y sera ajouté aucun arbre ou portion de bois, sous quelque prétexte que ce soit, à peine, contre l'adjudicataire, d'une amende égale au triple de la valeur des bois non compris dans l'adjudication, et sans préjudice de la restitution de ces mêmes bois ou de leur valeur.

Si les bois sont de meilleure nature ou qualité, ou plus âgés, que ceux de la vente, il paiera l'amende comme pour bois coupé en délit, et une somme double, à titre de dommages-intérêts.

Les agens forestiers qui auraient permis ou toléré ces additions ou changemens, seront punis de pareille amende, sauf l'application, s'il y a lieu, de l'article 207 du Code. (*Code forestier*, *art.* 29.)

35. Dans le mois qui suivra l'adjudication, pour tout délai, et avant que le permis d'exploiter soit délivré, l'adjudicataire pourra exiger qu'il soit procédé, contradictoirement avec lui ou son fondé de pouvoirs, au souchetage et à la reconaissance des délits qui auront été commis dans la vente ou à l'ouïe de la cognée.

Cette opération sera exécutée dans l'intérêt de l'État, et sans frais, par un agent forestier accompagné du garde du triage.

Le procès-verbal qui en sera dressé constatera le nombre des souches qui auront été trouvées, leur essence et leur grosseur. Il sera signé par l'adjudicataire ou son fondé de pouvoirs, ainsi que par l'agent et le garde forestier présent.

Les souches seront marquées du marteau de l'agent forestier. (*Ordonnance d'exécution*, *art.* 93.)

36. Les agens forestiers indiqueront, par écrit, aux adjudicataires, les lieux où il pourra être établi des fosses ou fourneaux pour charbon, des loges ou des ateliers; il n'en pourra être placé ailleurs, sous peine, contre l'adjudicataire, d'une amende de 50 francs pour chaque fosse ou fourneau, loge ou

atelier établi en contravention à cette disposition. (*Code forestier*, *art.* 38.)

L'agent forestier désignera de préférence, pour l'établissement des fosses, fourneaux et loges, les anciennes places à charbon et les places vagues; il indiquera les endroits sur le terrain par la marque de son marteau sur l'arbre le plus voisin, et il dressera un procès-verbal de leur nombre et emplacement.

37. Tout adjudicataire de coupes dans lesquelles il y aura des arbres à abattre, sera tenu d'avoir un marteau (dont la forme sera triangulaire), et d'en faire marquer les arbres et bois de charpente qui sortiront de la vente. (*Ordonnance d'exécution*, *art.* 95.)

38. Il sera tenu, sous peine de cent francs d'amende, de déposer chez l'agent forestier local et au greffe du tribunal de l'arrondissement l'empreinte de ce marteau.

L'adjudicataire et ses associés ne pourront avoir plus d'un marteau pour la même vente, ni en marquer d'autres bois que ceux qui proviendront de cette vente, sous peine de cinq cents francs d'amende. (*Code forestier*, *art.* 32.)

Le dépôt de l'empreinte de ce marteau au greffe du tribunal et chez l'agent forestier local devra être effectué dans le délai de dix jours, à dater de la délivrance du permis d'exploiter. Il sera donné acte de ce dépôt par l'agent forestier. (*Ordonnance d'exécution*, *art.* 95.)

39. Chaque adjudicataire sera tenu d'avoir un facteur ou garde-vente, qui sera agréé par l'agent forestier local et assermenté devant le juge-de-paix.

Ce garde-vente sera autorisé à dresser des procès-verbaux, tant dans la vente qu'à l'ouïe de la cognée. Ces procès-verbaux seront soumis aux mêmes formalités que ceux des gardes forestiers, et feront foi jusqu'à preuve contraire.

L'espace appelé *l'ouïe de la cognée* est fixé à la distance de deux cent cinquante mètres, à partir des limites de la coupe. (*Code forestier*, *art.* 31.)

40. Le garde-vente ne pourra être parent ou allié des gardes du triage et des agens de la localité, ni caution ou certificateur de caution de l'adjudicataire.

L'adjudicataire pourra présenter l'un de ses ouvriers comme garde-vente pour les coupes de taillis de peu d'étendue.

41. Le facteur ou garde-vente de l'adjudicataire tiendra un registre sur papier timbré, coté et paraphé par l'agent forestier; il y inscrira, jour par jour, et sans lacune, la me-

sure et la quantité des bois qu'il aura débités et vendus, ainsi que les noms et demeures des personnes auxquelles il les aura livrés. (*Ordonnance d'exécution*, *art.* 94.)

Ce garde-vente ne pourra s'absenter de la coupe, et il sera tenu, toutes les fois qu'il en sera requis, de représenter son registre aux agens forestiers, pour être visé et arrêté par eux.

42. Les adjudicataires ne pourront commencer l'exploitation de leurs coupes avant d'avoir obtenu, par écrit, de l'agent forestier local, le permis d'exploiter, à peine d'être poursuivis comme délinquans pour les bois qu'ils auraient coupés. (*Code forestier*, *art.* 30.)

43. Le permis d'exploiter sera délivré par l'agent forestier local chef de service, aussitôt que l'adjudicataire aura présenté les pièces dont le détail suit :

1° Des certificats du receveur général et du receveur des domaines, constatant qu'il a fait accepter ses cautions, fourni ses traites acceptées et satisfait aux paiemens échus et à sa part des frais d'adjudication; 2° l'extrait en bonne forme du procès-verbal de son adjudication; 3° l'expédition du procès-verbal d'assiette de sa coupe avec le plan; 4° l'acte de la prestation de serment de son facteur ou garde-vente; 5° le registre dudit garde, pour être coté et paraphé de suite, et son marteau.

L'agent forestier apposera son visa sur l'extrait du procès-verbal d'adjudication.

Il relatera dans le permis d'exploiter les actes qui lui auront été présentés.

44. L'adjudicataire remettra ce permis soit au sous-inspecteur, s'il a été délivré par l'inspecteur, soit au garde-général, s'il a été délivré par le sous-inspecteur, et il le préviendra du jour où il se proposera de placer des ouvriers dans la vente.

45. Les adjudicataires, à dater du permis d'exploiter et jusqu'à ce qu'ils aient obtenu leur décharge, sont responsables de tout délit forestier commis dans leurs ventes et à l'ouïe de la cognée, si leurs facteurs ou gardes-ventes n'en font leurs rapports, lesquels doivent être remis à l'agent forestier dans le délai de cinq jours. (*Code forestier*, *art.* 45.)

46. Les adjudicataires et leurs cautions seront responsables et contraignables par corps au paiement des amendes et restitutions encourues pour délits et contraventions commis soit dans la vente, soit à l'ouïe de la cognée, par les facteurs,

gardes-ventes, ouvriers, bûcherons, voituriers et tous autres employés par les adjudicataires. (*Code forestier, art.* 46.)

47. A moins de clauses contraires, les coupes seront exploitées à tire et aire; tous les bois coupés à la cognée, et les souches et étocs ravalés, au moment de la coupe, le plus près de terre que faire se pourra, de manière que les anciens nœuds ne paraissent aucunement, et que les souches ne soient point endommagées.

Avant le 1er juin 1828, les adjudicataires seront tenus de relever et faire façonner les ramiers, et de nétoyer la coupe, des épines, ronces et autres arbustes nuisibles, de manière que le rejet n'éprouve aucun dommage.

Les arbres ne seront point coupés en pivot, mais en talus, de manière que l'eau ne puisse y séjourner; les racines devront rester entières.

Les ramiers provenant des bois qui auront été écorcés en vertu du procès-verbal d'adjudication seront relevés et façonnés avant le 10 juillet.

Il est défendu aux adjudicataires d'arracher aucun bois, s'il n'y a clause contraire.

L'exploitation dans les bois résineux sera faite conformément aux conditions spéciales du cahier des charges.

48. Toute contravention aux clauses et conditions du cahier des charges, relativement au mode d'abattage des arbres et au nétoiement des coupes, sera punie d'une amende qui ne pourra être moindre de cinquante francs ni excéder cinq cents francs, sans préjudice des dommages-intérêts. (*Code forestier, art.* 37.)

49. Il est interdit à l'adjudicataire, à moins que le procès-verbal d'adjudication n'en contienne l'autorisation expresse, de peler ou d'écorcer sur pied aucun des bois de sa vente, sous peine de cinquante à cinq cents francs d'amende; et il y aura lieu à la saisie des écorces et bois écorcés, comme garantie des dommages-intérêts, dont le montant ne pourra être inférieur à la valeur des arbres indûment pelés ou écorcés. (*Code forestier, art.* 36.)

50. L'adjudicataire sera tenu de respecter tous les arbres marqués ou désignés pour demeurer en réserve, quelle que soit leur qualification, lors même que le nombre en excéderait celui porté au procès-verbal de martelage, et sans que l'on puisse admettre en compensation d'arbres coupés en contravention d'autres arbres non réservés que l'adjudicataire aurait laissés sur pied. (*Code forestier, art.* 33.)

Il réservera en conséquence les arbres d'assiette, pieds corniers, témoins, parois et arbres de lisière, tous les arbres anciens et modernes, ainsi que les baliveaux de l'âge, marqués de l'empreinte du marteau royal, dont le nombre et l'essence sont désignés au procès-verbal de balivage et martelage, et seront rappelés au procès-verbal d'adjudication.

Dans les jeunes taillis où les baliveaux de l'âge n'auront pu, à cause de leur faiblesse, recevoir l'empreinte du marteau, il en sera réservé, conformément au choix et au procès-verbal des agens forestiers, au moins cinquante par hectare, *en brins de semence*, ou *de pied*, à défaut de la première espèce.

Dans aucun cas, ni sous quelque prétexte que ce soit, il ne pourra être délivré à l'adjudicataire aucun des arbres de réserve, quand même il s'en trouverait un nombre excédant celui porté aux procès-verbaux de martelage et d'adjudication.

L'adjudication faite, l'adjudicataire ne sera plus reçu à réclamer pour aucun manque d'arbres vendus.

Il représentera tous les baliveaux et arbres réservés, lors même qu'ils seraient cassés ou renversés par les vents ou par d'autres accidens.

Si des arbres étaient ainsi abattus pendant l'exploitation, l'adjudicataire sera tenu d'en avertir sur-le-champ les agens forestiers, pour en être marqué d'autres en réserve; et il en sera dressé procès-verbal.

Les arbres abattus ne pourront être donnés à l'adjudicataire en compensation de ceux marqués en remplacement. Ils seront marqués comme chablis et vendus en la forme ordinaire, et il sera fait estimation, à dire d'experts, des arbres nouvellement marqués en réserve, pour rendre indemne l'acquéreur, s'il y a lieu.

51. Les amendes encourues par les adjudicataires en vertu de l'article précédent, pour abattage ou déficit d'arbres réservés, seront du tiers en sus de celles qui sont déterminées par l'article 192 *du Code forestier*, toutes les fois que l'essence et la circonférence des arbres pourront être constatées.

Si, à raison de l'enlèvement des arbres et de leurs souches, ou de toute autre circonstance, il y a impossibilité de constater l'essence et la dimension des arbres, l'amende ne pourra être moindre de cinquante francs ni excéder deux cents francs.

Dans tous les cas, il y aura lieu à la restitution des arbres, ou, s'ils ne peuvent être représentés, de leur valeur qui sera estimée à une somme égale à l'amende encourue.

Sans préjudice des dommages-intérêts. (*Code forestier, art.* 34.)

52. Les adjudicataires feront en sorte que les arbres de réserve ne soient pas endommagés par la chute de ceux à abattre. S'il s'en trouvait qui fussent encroués, il ne pourra en être disposé qu'après la reconnaissance d'un agent forestier, qui évaluera l'indemnité à payer. Cette indemnité ne pourra être moindre de 30 francs pour l'arbre moderne, ni de 60 francs pour l'arbre ancien.

Si l'arbre en cet état peut encore profiter, l'agent forestier réglera le dommage.

L'adjudicataire ou son facteur en signera le procès-verbal, qui sera remis au receveur des domaines pour effectuer le recouvrement.

53. Les adjudicataires ne pourront effectuer aucune coupe ni enlèvement de bois avant le lever ni le coucher du soleil, à peine de cent francs d'amende. (*Code forestier, art.* 35.)

La même défense leur est faite pour les jours de fête légale.

54. Ils ne pourront déposer dans leurs ventes d'autres bois que ceux qui en proviendront, sous peine d'une amende de cent à mille francs. (*Code forestier, art.* 43.)

55. Les adjudicataires ne pourront prendre des harts pour lier les bois de débit, que dans les coupes qui leur seront adjugées. S'il est reconnu qu'elles ne peuvent en produire suffisamment, il pourra leur en être accordé par l'inspecteur dans les triages les moins susceptibles d'en éprouver du dommage. Ils feront agréer par cet agent les ouvriers chargés de les couper, et ils paieront le prix des harts et le décime pour franc en sus, d'après le procès-verbal d'estimation des agens forestiers.

56. Il est défendu à tous adjudicataires, leurs facteurs ou ouvriers, d'allumer du feu ailleurs que dans leurs loges et ateliers, à peine d'une amende de dix à cent francs, sans préjudice de la réparation du dommage qui pourrait résulter de cette contravention. (*Code forestier, art.* 42.)

57. Il est expressément défendu, sous les peines portées par la loi, aux adjudicataires, ainsi qu'à leurs voituriers, ouvriers, préposés et autres personnes à leur solde, de faire ou laisser paître leurs chevaux et bestiaux dans les ventes ni dans les forêts, même d'y conduire des bêtes à cornes sans être muselées.

58. Il sera libre aux adjudicataires de donner aux bois de leurs ventes la destination qui leur paraîtra la plus avantageuse,

en se conformant néanmoins, pour leurs dimensions, à ce qui est prescrit par les lois et réglemens.

59. La coupe des taillis sera entièrement terminée au plus tard le 15 avril prochain; celle des arbres, le 15 mai suivant.

Les taillis et les arbres à écorcer seront coupés et abattus, savoir: les taillis, avant le 15 mai, et les arbres, avant le 15 juin.

La traite et vidange des coupes des taillis au-dessous de vingt-cinq ans, soit que ces coupes comprennent ou non des arbres anciens ou modernes, sera terminée le 15 septembre 1828, et celle des autres bois, avant le 15 avril 1829.

Dans les endroits où le commerce du sabotage et des cercles, ou autres circonstances locales, nécessiteraient d'autres délais, il en sera fait une clause spéciale de l'adjudication.

60. La traite des bois se fera par les chemins désignés dans les clauses particulières du cahier des charges, sous peine, contre ceux qui en pratiqueraient de nouveaux, d'une amende dont le minimum sera de cinquante francs, et le maximum de deux cents francs, outre les dommages-intérêts. (*Code forestier*, *art.* 39.)

61. La coupe des bois et la vidange des ventes seront faites dans les délais fixés par le cahier des charges, à moins que les adjudicataires n'aient obtenu de l'administration forestière une prorogation de délai, à peine d'une amende de cinquante à cinq cents francs, et en outre des dommages-intérêts, dont le montant ne pourra être inférieur à la valeur estimative des bois restés sur pied ou gisant sur les coupes.

Il y aura lieu à la saisie de ces bois à titre de garantie pour les dommages-intérêts. (*Code forestier*, *art.* 40.)

62. Les prorogations de délai de coupe ou de vidange ne pourront être accordées que par la direction générale des forêts.

Il n'en sera accordé qu'autant que les adjudicataires se soumettront d'avance à payer une indemnité calculée d'après le prix de la feuille et le dommage qui résultera du retard de la coupe ou de la vidange. (*Ordonnance d'exécution*, *art.* 96.)

En conséquence, tout adjudicataire qui, pour causes majeures et imprévues, n'aura pu achever la coupe ou la vidange dans les termes prescrits, et aura besoin d'un délai, sera tenu d'en faire la demande à la direction générale des forêts, par l'intermédiaire du conservateur, quarante jours au moins avant l'expiration dudit terme.

Il joindra une déclaration, écrite et signée de lui, de la situation de la coupe à l'époque de sa pétition.

Les délais, soit de coupe, soit de vidange, ne seront accordés que d'après un procès-verbal de vérification, dressé sur les lieux par les agens forestiers, et faisant connaître l'étendue des bois restant à exploiter, ou les quantités et qualités de bois existant sur le parterre de la coupe, les causes du retard dans l'exploitation ou la vidange, le délai qu'il est nécessaire d'accorder, et l'estimation, par aperçu, du dommage qui pourra résulter du délai de coupe ou de vidange; laquelle estimation, calculée d'après les faits constatés par le procès-verbal, et eu égard au prix de la feuille, servira à déterminer provisoirement l'indemnité à payer par l'adjudicataire, sauf à l'augmenter, si, après la vidange, les dommages éprouvés étaient plus considérables que ceux présumés.

Les prorogations de délai de coupe ou de vidange courront du jour de l'expiration des termes fixés par l'article 59.

Dans le cas où les adjudicataires n'auraient pas profité des prorogations de délai, ils ne pourront obtenir la remise de l'indemnité fixée par la décision, que sur un procès-verbal de l'agent forestier local, dressé au plus tard le jour de l'expiration du terme de l'exploitation ou de la vidange, enregistré à leurs frais, et constatant qu'effectivement ils n'ont pas profité du bénéfice de la décision.

63. Les laies séparatives des coupes auront un mètre de largeur; elles seront entretenues et recépées par les adjudicataires, qui, à mesure de l'exploitation, feront enlever les bois qui tomberont sur ces laies, afin qu'elles soient toujours libres.

64. Seront tenus les adjudicataires de curer à vif fond et de réparer tous les fossés, sangsues, rigoles, glacis et laies qui se trouveront dans l'intérieur et au pourtour de leurs ventes, conformément au procès-verbal dressé par les agens forestiers lors du martelage;

De tenir les chemins libres dans les ventes, de manière que les voitures puissent y passer librement en tout temps;

De remplir les trous des scieurs et des ateliers;

De faire fouir, repiquer et semer les places des fosses ou des fourneaux;

De rétablir et réparer les chemins, ponts, ponceaux, bornes, barrières et pierrées endommagés ou détruits par le passage de leurs voitures et le transport de leurs bois; le tout conformément aux clauses spéciales.

65. A défaut par les adjudicataires d'exécuter, dans les délais fixés par le cahier des charges, les travaux qu'il leur impose, tant pour relever et faire façonner les ramiers, et pour nétoyer les coupes des épines, ronces et arbustes nuisibles, selon le mode prescrit à cet effet, que pour les réparations des chemins de vidange, fossés, repiquement de places à charbon et autres ouvrages à leur charge, ces travaux seront exécutés à leurs frais, à la diligence des agens forestiers, et sur l'autorisation du préfet, qui arrêtera ensuite le mémoire des frais, et le rendra exécutoire contre les adjudicataires, pour le paiement. (*Code forestier, art.* 41.)

66. Si, dans le cours de l'exploitation ou de la vidange, il est dressé des procès-verbaux de délits ou vices d'exploitation, il pourra y être donné suite sans attendre l'époque du récolement.

Néanmoins, en cas d'insuffisance d'un premier procès-verbal, sur lequel il ne sera pas intervenu de jugement, les agens forestiers pourront, lors du récolement, constater, par un nouveau procès-verbal, les délits et contraventions. (*Code forestier, art.* 44.)

§. V.

Bois destinés au service de la Marine.

67. Le résultat des opérations des agens de la marine sera toujours porté sur les affiches des ventes, et tout martelage effectué ou signifié aux agens forestiers après l'apposition des affiches sera considéré comme nul. (*Ordonnance d'exécution, art.* 152.)

68. Les arbres marqués pour les constructions navales seront compris dans les adjudications, et livrés par les adjudicataires à la marine, aux conditions qui seront indiquées ci-après. (*Code forestier, art.* 123.)

69. Les adjudicataires traiteront de gré à gré du prix de leurs bois avec la marine.

En cas de contestation, le prix sera réglé par experts nommés contradictoirement, et, s'il y a partage entre les experts, il en sera nommé un d'office par le président du tribunal de première instance, à la requête de la partie la plus diligente; les frais de l'expertise seront supportés en commun. (*Code forestier, art.* 127.)

70. Les arbres qui auront été marqués pour le service de la marine devront être abattus du 1er octobre au 1er avril.

La notification de l'abattage de ces arbres sera faite à la sous-préfecture par une déclaration de l'adjudicataire, qui sera en double minute, dont l'une visée par le sous-préfet sera remise au déclarant, et l'autre transmise au directeur du service forestier de la marine. (*Ord. d'exéc.*, *art.* 156.)

Dès que la notification de l'abattage leur sera parvenue, les agens de la marine feront la visite des arbres abattus, et en dresseront un procès-verbal dont ils déposeront une copie à la mairie de la commune où les bois sont situés. (*Id.*, *art.* 157.)

71. Les adjudicataires pourront disposer librement des arbres marqués pour la marine, si, dans les trois mois après qu'ils en auront fait notifier à la sous-préfecture l'abattage, la marine n'a pas pris livraison de la totalité des arbres marqués appartenant au même adjudicataire, et n'en a pas acquitté le prix. (*Code forestier*, *art.* 128.)

72. La marine aura, jusqu'à l'abattage des arbres, la faculté d'annuler le martelage opéré pour son service; mais, conformément à l'article précédent, elle devra prendre tous les arbres marqués qui auront été abattus, ou les abandonner en totalité. (*Code forestier*, *art.* 129.)

73. Les arbres qui auront été marqués pour le service de la marine ne pourront être distraits de leur destination, sous peine d'une amende de quarante-cinq francs par mètre de tour de chaque arbre; sauf néanmoins le cas prévu par l'article 128 du Code forestier, qui permet d'en disposer trois mois après la notification de l'abattage, à défaut par la marine d'en avoir pris livraison et acquitté le prix. (*Code forestier*, *art.* 133.)

Ces arbres ne pourront être équarris avant la livraison, ni détériorés par les agens de la marine, avec des haches, scies, sondes ou autres instrumens, à peine de la même amende. (*Code forestier*, *art.* 133.)

Ils seront livrés en grume et en forêt; mais les adjudicataires pourront traiter de gré à gré avec les agens de la marine, relativement au mode de livraison des bois, à leur équarrissage et à leur transport sur les ports flottables ou autres lieux de dépôt.

§. VI.

DES RÉARPENTAGES ET RÉCOLEMENS.

74. Il sera procédé au réarpentage et au récolement de

chaque vente, dans les trois mois qui suivront le jour de l'expiration des délais accordés pour la vidange des coupes.

Ces trois mois écoulés, les adjudicataires pourront mettre en demeure l'administration par acte extra-judiciaire signifié à l'agent forestier local; et si, dans les trois mois après la signification de cet acte, l'administration n'a pas procédé au réarpentage et au récolement, l'adjudicataire demeurera libéré. (*Code forestier, art.* 47.)

75. L'adjudicataire ou son cessionnaire sera tenu d'assister au récolement; et il lui sera à cet effet signifié, au moins dix jours d'avance, un acte contenant l'indication des jours où se feront le réarpentage et le récolement: faute par lui de se trouver sur les lieux, ou de s'y faire représenter, les procès-verbaux de réarpentage et de récolement seront réputés contradictoires. (*Code forestier, art.* 48.)

La citation sera signifiée au domicile élu par l'adjudicataire; et à défaut d'élection de domicile, au secrétariat de la sous-préfecture, conformément à l'article 27 du Code forestier.

76. Le réarpentage des coupes sera exécuté par un arpenteur autre que celui qui aura fait le premier mesurage; mais en présence de ce dernier, ou lui dûment appelé. (*Ordonnance d'exécution, art.* 97.)

Il y sera procédé avant le récolement.

L'arpenteur au récolement sera tenu de joindre à son procès-verbal copie sur papier timbré de la citation dont il est fait mention dans l'article précédent.

77. Les adjudicataires auront le droit d'appeler un arpenteur de leur choix, pour assister aux opérations du réarpentage : à défaut par eux d'user de ce droit, les procès-verbaux de réarpentage n'en seront pas moins réputés contradictoires. (*Code forestier, art.* 49.)

78. Les arpenteurs seront passibles de tous dommages-intérêts par suite des erreurs qu'ils auront commises, lorsqu'il en résultera une différence d'un vingtième de l'étendue de la coupe.

Sans préjudice de l'application, s'il y a lieu, des dispositions de l'art. 207 du Code forestier. (*Code forestier, art.* 52.)

79. L'opération du récolement sera faite par deux agens au moins, et le garde particulier du triage y sera appelé.

Les agens forestiers en dresseront un procès-verbal qui sera signé tant par eux que par l'adjudicataire ou son fondé de pouvoirs. (*Ord. d'exécut., art.* 98.)

Si l'adjudicataire ou son fondé de pouvoirs ne peuvent ou ne veulent signer, ou s'ils sont absens, il en sera fait mention.

80. Lors du récolement, les adjudicataires seront tenus, sous les peines portées par la loi de représenter :

1° Dans les ventes de taillis, tous les baliveaux de l'âge mis ou marqués en réserve, ensemble les anciens et modernes, les fruitiers, pieds corniers, parois et arbres de lisière, également marqués en réserve;

2° Dans les ventes de futaies, tous les arbres réservés;

3° Dans les coupes faites en nétoiement et en jardinant, ou par éclaircie, l'empreinte du marteau royal sur les étocs des arbres exploités.

81. S'il se rencontre quelque outre-passe ou entreprise au-delà des limites de la coupe, l'adjudicataire sera condamné aux amendes, restitutions et dommages-intérêts portés par l'article 29 du Code forestier, dont les dispositions sont rappelées dans l'article 36 du présent Cahier des charges.

82. S'il résulte des procès-verbaux de réarpentage ou récolement des coupes un excédant de mesure, les adjudicataires s'obligent d'en payer le montant en proportion du prix entier de l'hectare, ensemble le décime pour franc de ce prix.

S'il y a un moins de mesure, ils en seront remboursés dans la même proportion après leur décharge définitive.

Il n'y aura lieu à aucune répétition lorsque le plus ou le moins de mesure n'excédera pas le centième de la contenance de la coupe.

Dans aucun cas, il ne sera fait de compensation de moins de mesure avec des excédans.

Soit qu'il y ait sur-mesure ou moins de mesure, il ne sera fait aucune répétition à raison des droits d'enregistrement et autres frais d'adjudication.

83. Dans le délai d'un mois après la clôture des opérations, l'administration et l'adjudicataire pourront requérir l'annulation du procès-verbal de réarpentage ou de récolement, pour défaut de forme ou pour fausse énonciation.

Ils se pourvoiront à cet effet devant le conseil de préfecture qui statuera.

En cas d'annulation du procès-verbal, l'administration pourra, dans le mois qui suivra, y faire suppléer par un nouveau procès-verbal. (*Code forestier, art.* 50.)

84. A l'expiration des délais fixés par l'article précédent, et si l'administration n'a élevé aucune contestation, le préfet délivrera à l'adjudicataire la décharge d'exploitation. (*Code forestier, art.* 51.)

85. Les préfets ne délivreront aux adjudicataires les décharges d'exploitation qu'après avoir pris l'avis des conservateurs. (*Ordonn. d'exécut., art.* 99.)

86. Les clauses et conditions, tant générales que particulières, du cahier des charges, seront toutes de rigueur, et ne pourront jamais être réputées comminatoires. (*Ordonn. d'exéc., art.* 82.)

Les adjudicataires se conformeront, sous les peines portées par les articles 37 et 41 du Code forestier, aux clauses spéciales ci-après stipulées, etc.

Délibéré, en conseil d'administration, le 10 août 1827.

Les Administrateurs des Forêts,
Signé, CHAUVET, MARCOTTE, Baron DU TEIL.

VU ET ADOPTÉ :

Ce 10 août 1827.

Le Conseiller d'état Directeur général,
Signé, Le Marquis DE BOUTHILLIER.

VU ET APPROUVÉ :

Ce 3 septembre 1827.

Le Ministre Secrétaire d'état des finances.
Signé, JH. DE VILLÈLE.

APPENDICE
AU CODE FORESTIER.

PRÉCIS des Lois relatives aux Arbres plantés sur les Routes (*a*).

SECTION UNIQUE.

Cette section sera divisée en trois paragraphes; le premier contiendra succinctement les dispositions des lois antérieures à la révolution; le second aura pour objet les lois intervenues pendant la révolution, et le troisième sera consacré aux lois qui depuis ont statué sur la propriété des arbres des routes.

§. 1er. — LOIS ANTÉRIEURES A LA RÉVOLUTION, RELATIVEMENT AUX PLANTATIONS DES ROUTES.

Dans l'ancien régime, plusieurs ordonnances furent rendues, en 1522, 1552, 1579 et 1583, à l'effet de rendre les chemins praticables et les embellir par des plantations.

Un arrêt du Conseil, sous la date du 3 mai 1720, portait:

Art. 6. « Tous les propriétaires d'héritages tenant et aboutissant aux grands chemins et branches d'iceux, seront tenus de les planter d'ormes, hêtres, châtaigniers, arbres fruitiers ou autres arbres, suivant la nature de terrain, à la distance de 30 pieds l'un de l'autre, et à une toise au moins du bord extérieur des fossés desdits grands chemins, et de les armer d'épines, et ce, depuis le mois de novembre prochain jusques au mois de mars inclusivement; et où aucuns desdits arbres périraient, ils seront tenus d'en remplacer d'autres dans l'année (*b*).

(*a*) L'administration forestière n'a plus à s'occuper des anciennes ni des nouvelles plantations: tout ce qui est relatif à ces plantations, se trouve, depuis la loi du 9 ventôse an 13, dans les attributions de l'administration des Ponts-et-Chaussées.

(*b*) Voy. ci-après l'art. 1er de la loi du 9 ventôse an 13.

Art. 7. « Faute par lesdits propriétaires de planter lesdits arbres, pourront les seigneurs auxquels appartient le droit de voirie sur lesdits chemins, en planter à leurs frais dans l'étendue de leurs voiries; et, en ce cas, les arbres par eux plantés et les fruits d'iceux appartiendront auxdits seigneurs voyers.

Art. 8. « Défendons à toute personne de rompre, couper ou abattre les arbres à peine, pour la première fois, de 60 livres d'amende, applicables un tiers au propriétaire, l'autre à l'hôpital plus voisin du lieu où le délit aura été commis, et l'autre tiers au dénonciateur, et pour la récidive, à peine *du fouet.* »

En Lorraine seulement, la faculté de planter accordée aux seigneurs voyers, à défaut par les propriétaires de l'exercer, fut étendue aux communautés d'habitans.

Toutefois, relativement à un grand nombre d'autres provinces, l'arrêt précité n'avait fait que rappeler un droit que les coutumes conféraient aux seigneurs; en sorte que, pour empêcher que ce droit ne fût assimilé à un *droit d'usage*, tandis qu'il n'était qu'une obligation imposée au propriétaire riverain, le Roi ordonna, par un autre arrêt rendu en son Conseil le 17 avril 1776, « qu'à l'avenir les seigneurs voyers ne pourraient planter les chemins dans l'étendue de leurs seigneuries qu'à défaut par les propriétaires de l'avoir fait dans un an à compter du jour où les chemins auraient été entièrement tracés et ouverts. »

L'État avait aliéné, à titre d'engagement, en faveur d'un grand nombre de particuliers, le droit de planter le long des chemins, et leur avait attribué la propriété et la jouissance des arbres plantés; mais ce droit a été révoqué, tant par la loi du 28 août — 14 septembre 1792, ci-après transcrite, que par la loi du 10 frimaire an 2, concernant la révocation des engagemens.

---

§. 2. — LOIS INTERVENUES PENDANT LA RÉVOLUTION, CONCERNANT LES PLANTATIONS DES ROUTES.

On va successivement rapporter, sous les nombres 1er, 2 et 3 du présent §, savoir: le décret du 16 juillet 1790, un extrait de celui du 28 août 1792, et la loi du 9 ventôse an 13.

Nombre 1er.

Décret *du* 16 *juillet* 1790, *sanctionné le* 15 *août suivant.*

Art. 1er. « Le régime féodal et les justices seigneuriales sont abolis. Nul ne pourra dorénavant, à l'un ou à l'autre de ces deux titres, prétendre aucun droit de propriété ni de voirie sur les chemins publics, rues et places de villages, bourgs et villes.

ART. 2. « En conséquence, le droit de planter des arbres ou de s'approprier les arbres mêmes sur les chemins publics, rues et places de villages, bourgs ou villes, dans les lieux où il était attribué aux ci-devant seigneurs par les coutumes, statuts ou usages, est aboli.

ART. 3. « Dans les lieux énoncés dans l'article précédent, les arbres existans actuellement sur les chemins publics, rues et places de villages, bourgs ou villes, continueront d'être à la disposition des ci-devant seigneurs qui en ont été jusqu'à présent réputés propriétaires, sans préjudice des droits des particuliers qui auraient fait des plantations vis-à-vis leurs propriétés, et n'en auraient pas été légalement dépossédés par les ci-devant seigneurs.

ART. 4. « Pourront néanmoins les arbres existans actuellement sur les rues et chemins publics être rachetés par les propriétaires riverains, chacun vis-à-vis sa propriété, sur le pied de leur valeur actuelle, d'après l'estimation qui en sera faite par des experts nommés par les parties, sinon d'office par le juge, sans qu'en aucun cas cette estimation puisse être inférieure au coût de la plantation des arbres.

ART. 5 « Pourront pareillement être rachetés par les communautés d'habitans, de la manière ci-dessus prescrite, les arbres existans sur les places publiques des villes, bourgs et villages.

ART. 6. « Les ci-devant seigneurs pourront en tout temps abattre et vendre les arbres dont le rachat ne leur aurait pas été offert, après en avoir averti par affiches, deux mois à l'avance, les propriétaires riverains et les communautés d'habitans, qui pourront respectivement, et chacun vis-à-vis sa propriété ou les places publiques, les racheter dans ledit délai.

ART. 7. « Ne sont compris dans l'art. 3 ci-dessus, non plus que dans les subséquens, les arbres qui pourraient avoir été plantés par les ci-devant seigneurs sur les fonds mêmes des riverains, lesquels appartiendront à ces derniers, en remboursant par eux les frais de plantation seulement.

ART. 8. « Ne sont pareillement comprises dans les art. 4 et 6 ci-dessus, les plantations faites, soit dans les avenues, chemins privés et autres terrains appartenans aux ci-devant seigneurs, soit dans les parties de chemins publics qu'ils pourraient avoir achetées des riverains, à l'effet d'agrandir lesdits chemins et d'y planter; lesquelles plantations pourront être conservées et renouvelées par les propriétaires desdites avenues, chemins privés, terrains ou parties de chemins publics, en se conformant aux règles établies sur les intervalles qui doivent séparer les arbres plantés d'avec les héritages voisins.

Art. 9. « Il sera statué par une loi particulière, sur les arbres plantés le long des chemins dits royaux (*a*).

Art. 10. « Et pour pourvoir au remplacement de ceux qui auraient été ou pourraient être abattus, les administrations de départemens seront tenues de proposer au corps législatif les mesures qu'elles jugeront les plus convenables, d'après les localités et sur l'avis des districts, pour empêcher, tant de la part des riverains et autres particuliers, que des communautés d'habitans, toute dégradation des arbres dont la conservation intéresse le public » (*b*).

Nombre 2.

Décret *du* 28 *août* 1792 (extrait du), *sanctionné le* 14 *septembre de la même année.*

Art. 14. « Tous les arbres existans actuellement sur les

(*a*) Voy. la note ci-dessous.

(*b*) Selon M. Henrion de Pansey, toutes ces dispositions étaient justes et conséquentes. Le droit de planter étant un attribut de la haute justice, la loi de 1790 devait dire, comme elle le fait dans son article premier : *le régime féodal et les justices seigneuriales étant abolis, nul ne pourra dorénavant, à l'un ou à l'autre de ces deux titres, prétendre aucun droit de propriété ni de voirie sur les chemins publics, rues et places de villages, bourgs et villes.* D'un autre côté, l'administration publique, désormais chargée seule de la police de toutes les voies publiques du royaume, devenait, par une juste compensation, et d'après la maxime *ædificium solo cedit*, propriétaire de tous les arbres existans sur les places, les rues et les chemins vicinaux, et cependant, comme les seigneurs avaient fait ces plantations sous la garantie des lois alors existantes, une juste et préalable indemnité leur était due. Cette indemnité, le décret la leur accordait par les art. 4 et 7.

« Ces idées si raisonnables, ajoute M. Henrion, se perdirent dans la confusion des temps qui suivirent l'année 1791. Le 28 août 1792, parut une loi, sanctionnée le 14 septembre suivant, qui, au mépris des principes, priva les seigneurs de l'indemnité qui leur était accordée par le décret du 26 juillet 1790. » (*Des Biens communaux*, pag. 35.)

chemins publics autres que les grandes routes nationales, et sur les rues des villes, bourgs et villages, *sont censés appartenir aux propriétaires riverains*, à moins que les communes ne justifient en avoir acquis la propriété par titre ou possession (*a*).

Art. 15. « Tous les arbres actuellement existans sur les places des villes, bourgs et villages, ou dans les marais, prés, et autres biens dont les communautés ont eu ou recouvreront la propriété, sont censés appartenir aux communautés, sans préjudice des droits que des particuliers non seigneurs pourraient y avoir acquis par titre ou par possession.

Art. 16. « Dans le cas même où les arbres mentionnés dans les deux articles précédens, ainsi que ceux qui existent sur les fonds mêmes des riverains, auraient été plantés par les ci-devant seigneurs, les communautés et les riverains ne seront tenus à aucune indemnité, ni à aucun remboursement pour frais de plantation ou autres.

Art. 17. « Dans les lieux où les communes pourraient être

(*a*) 1. — Voy. l'art. 9 du décret du 16 juillet 1790, et l'art. 7 de la loi du 9 ventôse an 13.

2. — L'art. 14 ci-dessus ne concerne que les plantations le long des chemins vicinaux et ruraux, ou de communication. Ces plantations appartiennent sans contredit aux propriétaires riverains. Voy. l'opinion de *M. Henrion de Pansey*, à la suite de l'art. 19 ci-après.

3. — Quant aux plantations qui existent le long des grandes routes royales et départementales, voy. l'art. 3 de la loi du 9 ventôse an 13, les art. 86, 87 et 89 du décret du 16 décembre 1811, et l'art. 1er de la loi du 12 mai 1825.

4. — Le Code civil, art. 538, reconnaît qu'il ne dépend du domaine public que les chemins, routes et rues *à la charge de l'État*, les rivages de la mer, les ports, les rades et les chemins de halage le long des rivières navigables ou flottables; il en résulte que les communes sont propriétaires des chemins vicinaux qui, d'après les lois des 28 septembre 1791 et 28 juillet 1824, sont mis à leur charge.

5. — Les chemins ruraux ou de communication appartiennent également aux communes. C'est d'ailleurs ce qui a été établi par MM. Regnauld de Saint-Jean-d'Angely et Treilhard, lors de la discussion du Code civil, et ce qui a été reconnu par un arrêt de la cour royale de Metz, du 28 thermidor an 13. (*Journal du Palais, tom.* 14, *pag.* 41.)

dans l'usage de s'approprier les arbres épars sur les fonds des propriétaires particuliers, ces derniers auront la libre disposition desdits arbres (*a*).

ART. 18. « Jusqu'à ce qu'il ait été prononcé relativement aux arbres plantés sur les grandes routes nationales, nul ne pourra s'approprier lesdits arbres et les abattre : leurs fruits seulement, les bois morts, appartiendront aux propriétaires riverains : il en sera de même des émondages quand il sera utile d'en faire, ce qui ne pourra avoir lieu que de l'agrément des corps administratifs, à la charge, par lesdits riverains, d'entretenir lesdits arbres et de remplacer les morts (*b*).

(*a*) 1. — Aux termes du décret ci-dessus, les arbres plantés sur les bords des chemins vicinaux sont censés appartenir aux propriétaires riverains, à moins que les communes qui leur en contesteraient la propriété, ne justifient qu'elles l'ont acquise par titres ou possession ; dans ce cas, et comme il s'agit d'une question de propriété, c'est aux tribunaux, et non à l'autorité administrative, que la connaissancee en est dévolue. Décret du 21 décembre 1808. (SIREY, 17 — 2 — 106.)

2. — Lorsque le droit, concédé à une commune, de planter et d'ébrancher des arbres sur des chemins publics, lui est contesté par une autre commune, qui prétend que la concession est entachée de féodalité ; comme il s'agit là d'une question de propriété, c'est aux tribunaux que la connaissance en est dévolue. Décret du 29 avril 1809, et ordonnance du 24 décembre 1818. (SIREY, 17 — 2 — 125, et 19 — 2 — 245.)

(*b*) 1. — ARRÊTÉ *du* 28 *floréal an* 4 (17 mai 1796).

« Le Directoire exécutif, sur le compte qui lui a été rendu par le ministre de la justice, d'un jugement du tribunal correctionnel de l'arrondissement de Soissons (Aisne), du 25 germinal dernier, portant qu'il sera référé au Corps-Législatif de la question de savoir si le sieur Leduc-Latournelle, en faisant abattre des arbres plantés sur le grand chemin de Soissons à Paris, dont il était concessionnaire en vertu d'un arrêté du ci-devant Conseil, en date du 20 février 1774, et moyennant finance, était contrevenu à l'art. 18 de la loi du 28 août 1792 ;

« Vu le jugement ci-dessus daté, ensemble ledit arrêt du ci-devant Conseil, et la quittance du trésorier-général des ponts-et-chaussées ;

« Considérant que les arbres plantés sur les chemins dits royaux ont toujours fait partie du domaine public reconnu inaliénable dans

Art. 19. « Il est dérogé aux lois antérieures (*a*) en tout ce qu'elles renferment de contraire aux dispositions du présent décret. »

---

la main des ci-devant rois, et dont les aliénations faites, même à titre onéreux, postérieurement à l'ordonnance de 1566, qui a consacré cette inaliénabilité, n'ont pu être regardées, et ne l'ont été en effet par l'Assemblée nationale constituante, que comme de simples engagemens, révocables à perpétuité, et que tel est le texte formel de l'art. 24 de la loi du 22 novembre 1790, sur les principes de la nouvelle législation domaniale ;

« Considérant que, depuis, le décret du 22 septembre 1791 a prononcé la révocation de toutes les aliénations des domaines nationaux déclarées révocables par la loi précitée; que, dès-lors, la concession des arbres plantés sur la route nationale de Soissons à Paris, était incontestablement comprise dans ce nombre; qu'ainsi le concessionnaire n'avait plus aucun droit de propriété sur ces arbres, et que tout ce qu'il pouvait prétendre, c'est le remboursement de la finance par lui payée, à l'époque d'icelle, en exécution de l'art. 25 de la loi du 22 novembre 1790. » (*Voy. les art.* 86 *et* 87 *du décret du* 16 *décembre* 1811.)

2. — Nous faisons remarquer que les planteurs ou engagistes, dépossédés de la propriété des arbres, ne pourraient aujourd'hui réclamer utilement la finance par eux payée, attendu que toute créance sur l'État pour cause antérieure au 1er vendémiaire an 9 est éteinte, d'après la loi du 30 ventôse de la même année, et conformément à celles des 15 janvier 1810, 20 mars 1813, 28 avril 1816 et 25 mars 1817. (*Ordonn. roy. des* 14 *mai* 1815 *et* 11 *février* 1818.)

(*a*) 1. — « Ces dispositions, dit encore M. Henrion de Pansey, ont conféré aux particuliers la propriété des arbres plantés vis-à-vis leurs maisons et leurs héritages, et aux communes celle de toutes les plantations faites sur les places publiques et sans aucune espèce d'indemnité, pas même de la valeur des arbres ; cela était injuste ; mais la loi a été écrite. » (*Des Biens communaux*, *pag.* 37.)

2. — Ainsi, toutes plantations sur les chemins, sur les places et dans les rues ont été pour l'avenir interdites aux anciens seigneurs, et par conséquent aux communes et aux particuliers subrogés en leur lieu et place par la loi du 28 août 1792. En effet, nul ne peut avoir plus de droits que celui qu'il représente.

3. — Toutefois, l'art. 1er de la loi du 12 mai 1825, ci-après transcrite, §. 3, a admis les planteurs ou leurs représentans à faire valoir leurs droits aux arbres plantés sur le sol des routes royales et départementales seulement.

NOMBRE 3.

LOI *du 9 ventôse an 13, relative aux plantations des grandes routes et des chemins vicinaux.*

ART. 1er « Les grandes routes de l'Empire non plantées, le seront en arbres forestiers ou fruitiers, suivant les localités, par les propriétaires riverains (*a*).

ART. 2 « Les plantations seront faites dans l'intérieur de la route et sur le terrain appartenant à l'État, avec un contre-fossé, qui sera fait et entretenu par l'administration des ponts et chaussées (*b*).

ART. 3. « Les propriétaires riverains auront la propriété des arbres et de leur produit; ils ne pourront cependant les couper, abattre ou arracher, que sur une autorisation donnée par l'administration préposée à la conservation des routes (*c*) et à la charge du remplacement.

(*a*) Voy. l'art. 6 de l'arrêt du Conseil du 3 mai 1720, ci-devant, et les art. 88 et 91 du décret du 16 décembre 1811, ci-après.

(*b*) Voy. l'art. 6 de l'arrêt du Conseil du 3 mai 1720, et l'art. 90 du décret du 16 décembre 1811.

(*c*) 1. — Voy. 1° les art. 14, 15 et 16 de la loi du 28 août 1792, et l'art. 1er de la loi du 12 mai 1825; 2° les art. 86, 87, 89 et 99 du décret du 16 décembre 1811, et l'art. 2 de l'ordonnance du 8 août 1821, rapportée sur cet article 99, page 558.

2. — L'art. 3 de la loi du 9 ventôse an 13 ne s'applique qu'aux plantations qui ont été faites en vertu de cette loi. Quant aux plantations faites antérieurement, elles appartiennent aux propriétaires riverains lorsquelles existent sur leur terrain, et à l'État lorsqu'elles existent sur le terrain des routes. Voy. à cet égard les art. 86 et 87 du décret du 16 décembre 1811, et la note sur l'art. 18 de la loi du 28 août 1792.

3. — Le ministre de l'intérieur a décidé, le 26 novembre 1806, que les préfets doivent procéder à l'adjudication des arbres appartenant à l'État qui doivent être abattus. Cette adjudication doit être faite dans la forme suivie pour celle des arbres et chablis provenant des forêts royales. Le prix doit en être versé à la caisse des receveurs des domaines. (*Circul. du Dir. gén. de l'enreg., des 20 décembre 1806 et 2 janvier 1807.*) Voy. la note sur l'art. 100 du décret du 16 décembre 1811.

Art. 4. « Dans les parties de routes où les propriétaires riverains n'auront point usé, dans le délai de deux années, à compter de l'époque à laquelle l'administration aura désigné les routes qui doivent être plantées, de la faculté qui leur est donnée par l'article précédent, le Gouvernement donnera des ordres pour faire exécuter la plantation aux frais de ces riverains; et la propriété des arbres plantés leur appartiendra aux mêmes conditions imposées par l'article précédent (*a*).

Art. 5. « Dans les grandes routes dont la largeur ne permettra pas de planter sur le terrain appartenant à l'État, lorsque le particulier riverain voudra planter des arbres sur son propre terrain à moins de six mètres de distance de la route, il sera tenu de demander et d'obtenir l'alignement à suivre, de la préfecture du département: dans ce cas, le propriétaire n'aura besoin d'aucune autorisation particulière pour disposer entièrement des arbres qu'il aura plantés (*b*).

Art. 6. « L'administration publique fera rechercher et reconnaître les anciennes limites des chemins vicinaux, et fixera, d'après cette reconnaissance, leur largeur, suivant les localités, sans pouvoir cependant, lorsqu'il sera nécessaire de l'augmenter, la porter au delà de six mètres, ni faire aucun changement aux chemins vicinaux qui excèdent actuellement cette dimension (*c*).

(*a*) Voy. les art. 95, 96, 97 et 98 du décret du 16 décembre 1811, qui sont conformes à la disposition ci-dessus, et l'art. 1er de la loi du 12 mai 1825.

(*b*) 1. — Voyez l'art. 90 du décret du 16 décembre 1811, d'après lequel les plantations ne peuvent plus être faites sur le terrain appartenant à l'État, mais sur celui des particuliers.

2. — Selon les art. 99 et 101 du décret précité, et l'ordonnance du 8 mai 1821, le propriétaire ne peut disposer des arbres sans y être autorisé.

3. — Il n'est dû aucune indemnité aux propriétaires qui, ayant planté des arbres sans une autorisation suffisante sur les bords d'une rivière navigable, ou dans l'espace de 24 pieds sur l'un des bords de la rivière et de 10 pieds sur l'autre qu'ils sont obligés de laisser pour le halage, aux termes de l'art. 7 du titre 28 de l'ordonnance de 1669, seraient forcés d'arracher tout de suite ces plantations. Décision du Ministre des finances du 17 janvier 1823. (*Trait. gén., tom.* 3, *pag.* 116.)

(*c*) 1. — La faculté accordée aux préfets de déclarer la *vicinalité*

Art. 7. « A l'avenir, nul ne pourra planter sur le bord des chemins vicinaux, même dans sa propriété, sans leur conser-

---

des chemins, par forme *provisoire*, alors qu'il y a contestation de la part du propriétaire riverain, s'étend au cas où le chemin n'aurait pas été antérieurement compris sur la liste des chemins vicinaux. — Le fait de suppression ou interception d'un chemin vicinal, de la part d'un particulier, doit être réprimé en conseil de préfecture, encore que le chemin ne fût pas sur la liste des chemins vicinaux avant les travaux du voisin. Ordonnance du Roi, du 2 février 1825. (Sirey. 27—2—340.)

2. — Les préfets sont compétens pour reconnaître l'existence, tracer la direction et fixer la largeur des chemins vicinaux. Le propriétaire qui se croit lésé par leurs décisions peut se pourvoir devant les tribunaux, soit pour faire statuer sur la question de propriété du terrain sur lequel a été tracé le chemin vicinal, soit pour faire déterminer l'indemnité qui lui serait due, à raison du terrain qui aurait été employé à l'élargissement dudit chemin.—Il est admissible à se pourvoir auparavant devant le Conseil d'État pour contester la déclaration de vicinalité et la reconnaissance faites par le préfet et approuvées par le Ministre de l'intérieur. Ordonnance du Roi, du 12 janvier 1825. (*Trait. gén.*, *tom* 3, *pag*. 317.)

3 — Un chemin, privé dans l'origine, peut devenir public par prescription. Ici ne s'applique pas l'art. 691 du Code civil, d'après lequel les servitudes discontinues ne peuvent s'acquérir sans titre. Arrêt de la cour royale de Bourges, du 30 janvier 1826. (Sirey, 27 — 2 — 62.) Voy. le *Traité des servitudes*, 3e *édition*, *pag*. 322.)

4. — Lorsqu'un particulier, prévenu d'anticipation sur un chemin public, excipe d'un droit de propriété, le tribunal qui admet la question préjudicielle, doit, à peine de nullité, fixer un délai dans lequel le prétendu propriétaire sera tenu de faire décider la question de propriété. Cassation, arrêt du 15 septembre 1826. (Sirey, 27-1—224.)

5. — Quand il s'agit d'un nouveau chemin vicinal à *ouvrir*, les droits des propriétaires qu'il faut déposséder sont régis par la loi du 8 mars 1810, sur les expropriations pour utilité publique; mais quand il s'agit seulement de *rétablir* un chemin vicinal, ou de *maintenir* un chemin existant, et de lui imprimer le caractère de chemin vicinal, les règles à appliquer sont des règles de pure administration.

Il n'appartient pas au préfet d'ordonner, même par provision, l'enlèvement des barrières posées sur un chemin vicinal, lorsque ver la largeur qui leur aura été fixée en exécution de l'article précédent (a).

Art. 8. « Les poursuites en contravention aux dispositions de la présente loi seront portées devant les conseils de préfecture, sauf le recours au Conseil d'État (b). »

---

la vicinalité du chemin n'a pas été précédemment constatée par lui. En un tel cas, la contestation doit être soumise aux tribunaux.

Mais dès que le préfet a déclaré la *vicinalité*, il peut ordonner l'ouverture du chemin, et cette ordonnance de police ou voirie, est exécutoire nonobstant appel au Ministre de l'intérieur.

La décision rendue par un préfet sur la *vicinalité* d'un chemin, n'est pas tellement de pure administration qu'au cas de confirmation par le Ministre de l'intérieur, il n'y ait lieu à recours au Conseil d'État par la voie contentieuse.

En matière de chemins vicinaux, les conseils de préfecture ont attribution pour statuer sur les anticipations et empiètemens, mais non pour statuer sur la violation des règles de voirie. Ordonnance du Roi, du 1er mars 1826. (Sirey, 26—2—351.)

6.— Les principes posés dans cette ordonnance, seraient applicables aux plantations sur un chemin.

(a) 1. — Voyez l'art. 9 de la loi du 16 juillet 1790, l'art. 14 de celle du 28 août 1792, et la note.

2. — De ce que la loi, qui autorise les riverains à planter le long des chemins vicinaux, leur défend, tacitement, de planter sur le terrain même de ces chemins, il ne s'ensuit point que le propriétaire riverain ne puisse pas se permettre de planter le long du chemin vicinal, avant d'avoir obtenu un alignement ou une autorisation de l'administration. Il ne peut donc y avoir lieu à lui ordonner de détruire sa plantation, qu'autant qu'il n'aurait pas planté sur sa propriété; la loi du 9 ventôse an 13 autorisant à planter le long des chemins vicinaux sans rien prescrire pour les distances, et les règles relatives aux plantations des routes royales ou départementales n'étant pas applicables aux chemins vicinaux, mais seulement les usages ou réglemens locaux.

Un conseil de préfecture est compétent pour condamner le propriétaire riverain d'un chemin vicinal, à combler des fossés dont la levée s'étend sur le sol d'un chemin départemental. Ordonnance du Roi, du 16 février 1826. (Sirey, 26—2—342.)

(b) 1. — Voyez la loi du 29 floréal an 10, rapportée sur l'art. 113 du décret du 16 décembre 1811, et les art. 108 et 114 du même décret.

2. — Toutes les fois qu'il s'agit de réprimer des anticipations commises sur un chemin dont la vicinalité a été précédemment reconnue par le préfet, c'est aux conseils de préfecture qu'il appartient d'en connaître. Ordonnance du Roi, du 31 mars 1825. (*Trait. gén., tom.* 3, *pag.* 360.)

3. — Un conseil de préfecture qui fixe la largeur d'un chemin vicinal fait un acte d'administration que la loi du 28 février 1805 (9 ventôse an 13) place dans la compétence exclusive des préfets. Mais les conseils de préfecture sont compétens pour connaître des contraventions commises sur les chemins vicinaux. Ordonnance du 9 juin 1824. (*Idem, tom.* 3, *pag.* 237.)

4. — Les contestations en matière de grande voirie sont de la compétence des conseils de préfecture. — La loi du 28 février 1805 (9 ventôse an 13) ne concerne que les chemins vicinaux, du moins quant aux contraventions à réprimer. — Les anticipations sur la voie publique, dans les rues ou places qui ne font pas partie des routes royales ou départementales, appartiennent à la voirie urbaine. — Les alignemens, en matière de voirie urbaine, doivent être donnés par l'autorité municipale, sauf recours aux préfets, et les infractions à ces alignemens doivent être poursuivies devant les tribunaux, et non devant les conseils de préfecture. Ordonnance du 3 mars 1825. (*Idem, tom.* 3, *pag.* 344.)

5. — Les travaux de réparation sur des chemins communaux ne doivent pas être considérés, dans le sens de la loi du 28 pluviôse an 8, art. 4, comme travaux publics, (ce sont des travaux communaux), pour déterminer la compétence des conseils de préfecture, et ils ne dépendent pas de la grande voirie ; en conséquence, l'entrepreneur uniquement chargé de la reconstruction d'un chemin vicinal, qui aurait, en exécutant ses travaux, troublé des propriétaires, est justiciable des tribunaux ordinaires. Ordonnance du 31 juillet 1822. (*Idem, tom.* 3, *pag.* 5.)

6. — Les chemins vicinaux n'étant point dans la classe des grandes routes placées au nombre des attributions de la grande voirie, tout ce qui concerne la sûreté et la commodité du passage dans ces chemins, qui sont évidemment des voies publiques, se rattache au n° 1er, art. 3, tit. 11, de la loi du 24 août 1790 : les réglemens sur cet objet, et sur les arbres qui bordent ces chemins, sont des réglemens de petite voirie faits dans l'exercice légal des fonctions municipales. — Les préfets ont le pouvoir de prescrire des règles sur les mêmes objets. — L'inobservation de leurs arrêtés est une contravention punissable aux termes des lois, quoique ces arrêtés ne prononcent eux-mêmes aucune peine. Dans ce cas, la peine pronon-

§. 3. — LOIS QUI, EN DERNIER LIEU, ONT RÉGLÉ LA PROPRIÉTÉ DES ARBRES PLANTÉS SUR LES ROUTES.

Ce paragraphe va être divisé en trois nombres; dans le premier, seront rapportées celles des dispositions du décret du 16 décembre 1811 qui sont relatives aux plantations des routes; dans le second, la loi du 12 mai 1825 en entier, et dans le troisième, l'exposé des motifs de cette loi, ainsi que la discussion à laquelle elle a donné lieu aux Chambres.

Nombre 1er.

Décret *du* 16 *décembre* 1811, *sur la construction, la réparation, la plantation et l'entretien des routes.*

Ce décret contient neuf titres qui ont pour objet, savoir:

Le 1er, la classification des routes en routes royales et départementales;

Le 2e, les dépenses des routes;

Le 3e, la manière de pourvoir à l'entretien des routes royales;

Le 4e, les moyens de pourvoir aux réparations extraordinaires et à la confection des lacunes ou parties de routes royales à ouvrir ou terminer;

Le 5e, les routes départementales;

Le 6e, le mode d'entretien des routes;

Le 7e, la surveillance et l'entretien des routes;

Le 8e, la plantation des routes;

Le 9e, enfin, la répression des délits de grande voirie.

Le titre 8 qui parle de la plantation des routes est divisé en trois sections; savoir :

Section 1re.

Plantations anciennes.

Art. « 86. Tous les arbres plantés avant la publication du présent décret, sur les routes royales, en dedans des fossés et sur le terrain de la route, sont reconnus appartenir à l'État, excepté ceux qui auront été plantés en vertu de la loi du 9 ventôse an 13 (*a*).

87. « Tous les arbres plantés jusqu'à la publication du

---

cée par l'art. 471, n° 5, du Code pénal, est applicable. Cassation, arrêt du 7 février 1824. (*Trait. gén., tom.* 3, *pag.* 407.)

(*a*) Voyez l'art. 3 de la loi du 9 ventôse an 13, l'art. 18 de celle du 28 août 1792, et la note sur ce dernier article.

présent décret, le long des dites routes, et sur le terrain des propriétés communales ou particulières, sont reconnus appartenir aux communes ou particuliers propriétaires du terrain (*a*).

SECTION 2.

Plantations nouvelles.

88. « Toutes les routes royales non plantées et qui sont susceptibles de l'être sans inconvénient, seront plantées par les particuliers ou communes propriétaires riverains de ces routes dans la traversée de leurs propriétés respectives (*b*).

89. « Ces propriétaires ou ces communes demeureront propriétaires des arbres qu'ils auront plantés (*c*).

90. « Les plantations (*d*) seront faites au moins à la distance

---

(*a*) Tous les arbres déjà plantés sur les routes royales, en dedans des fossés et sur le terrain de la route, appartiennent à l'État, excepté ceux qui auront été plantés en vertu de la loi du 9 ventôse an 13.

Ceux qui sont plantés le long des routes sur des propriétés communales ou particulières, appartiennent aux communes ou aux particuliers.

Les plantations nouvelles sont à la charge et au profit des riverains en se conformant aux réglemens.

Les dégradations seront réparées sur poursuites administratives, et les réclamations des particuliers sont de la compétence des tribunaux. Décret du 24 janvier 1812. (SIREY, 12—2—216.)

(*b*) Voyez l'art. 1er de la loi du 9 ventôse an 13, ci-devant.

Les lois et réglemens de la grande voirie imposent aux propriétaires riverains des grandes routes l'obligation d'en planter les bords.

Un propriétaire n'est pas fondé à prétendre qu'il a ignoré cette obligation, lorsque les plantations ont été ordonnées pendant plusieurs années, et par des arrêtés successifs du préfet du département. Il n'est pas fondé à se plaindre de ce que les plantations ont été exécutées d'office, lorsqu'elles n'ont eu lieu que d'après des adjudications publiques, et qu'il est constant qu'avant l'exécution, des trous ont été ouverts sur sa propriété sans qu'il ait fait aucune réclamation. Ordonnance du Roi, du 20 février 1822 (MACAREL, *Recueil des arrêts du Conseil d'État.*)

(*c*) Voyez l'art. 3 de la loi du 9 ventôse an 13.

(*d*) Voyez les art. 2 et 5 de la même loi.

Les plantations ne peuvent plus, d'après l'art. 90 ci-dessus, être faites sur le sol des routes comme auparavant.

d'un mètre du bord extérieur des fossés, et suivant l'essence des arbres.

91. « Dans chaque département, l'ingénieur en chef remettra au préfet, avant le 1er juillet 1812, un rapport tendant à fixer celles des routes royales du département non plantées et susceptibles de l'être sans inconvénient, l'alignement des plantations à faire, route par route et commune par commune, et le délai nécessaire pour l'effectuer : il y joindra son avis sur l'essence des arbres qu'il conviendrait de choisir pour chaque localité, pour le tout devenir l'objet d'un arrêté du préfet, qui sera soumis à l'approbation du Ministre de l'intérieur par l'intermédiaire de notre directeur général (*a*).

92. « Les arbres seront reçus par les ingénieurs des ponts et chaussées, qui surveilleront toutes les opérations, et s'assureront que les propriétaires se seront conformés en tout à l'arrêté du préfet (*b*).

93. « Tous les arbres morts ou manquans seront remplacés, dans les trois derniers mois de chaque année, par le planteur, sur la seule réquisition de l'ingénieur en chef (*c*).

94. « Lorsque les plantations s'effectueront au compte et par les soins des communes propriétaires, les maires surveilleront, de concert avec les ingénieurs, toutes les opérations.

« L'entreprise en sera donnée au rabais, et à la chaleur des enchères, par voie d'adjudication publique, à moins d'une autorisation formelle du préfet de déroger à cette disposition (*d*).

« L'adjudicataire garantira pendant trois ans la plantation, et restera chargé tant de son entretien, que du remplacement des arbres morts ou manquans pendant ce temps; la garantie des trois années sera prolongée d'autant pour les arbres remplacés.

95. « A l'expiration du délai fixé, en exécution de l'art. 91, pour l'achèvement de la plantation dans chaque département, les préfets feront constater, par les ingénieurs, si les particuliers ou communes propriétaires, n'ont pas effectué les plantations auxquelles le présent décret les oblige, ou ne se sont pas

---

(*a*) Voyez l'art. 5 de la loi du 9 ventôse an 13.

(*b*) *Idem.*

(*c*) *Idem.*

(*d*) *Idem.*

conformés aux dispositions prescrites pour les alignemens et pour l'essence, la qualité et l'âge des arbres à fournir.

« Le préfet ordonnera, au vu du rapport de l'ingénieur en chef, l'adjudication des plantations non effectuées ou mal exécutées par les particuliers ou communes propriétaires ; le prix de l'adjudication sera avancé sur les fonds des travaux des routes (*a*).

96. « Les dispositions de l'article précédent sont applicables à tous particuliers ou communes propriétaires qui n'auraient pas remplacé leurs arbres morts ou manquans, aux termes de l'art. 93 du présent décret (*b*).

97. « Tous particuliers ou communes, au lieu et place desquels il aura été effectué des plantations en vertu des deux articles précédens, seront condamnés à l'amende d'un franc par pied d'arbre que l'administration aura planté à leur défaut, et ce, indépendamment de tous les frais de plantation (*c*).

98. « Le produit desdits frais et amendes sera versé, comme fonds spécial, à notre trésor royal, et affecté au service des ponts et chaussées (*d*).

Section 3.

Disposition générales.

99. « Les arbres plantés sur le terrain de la route et appartenant à l'État, ceux plantés sur les terres riveraines, soit par les communes, soit par les particuliers, en exécution du présent décret ou antérieurement, ne pourront être coupés et arrachés qu'avec l'autorisation du directeur général des ponts et chaussées, accordée sur la demande du préfet; laquelle sera formée seulement lorsque le dépérissement des arbres aura été constaté par les ingénieurs, et toujours à la charge du remplacement immédiat (*e*).

(*a*) Voyez les articles 4 et 5 de la loi du 9 ventôse an 13.

(*b*) *Idem.*

(*c*) Voyez les art. précités, et l'art. 1er de la loi du 12 mai 1825.

(*d*) Voyez les art. 4 et 5 de la loi du 9 ventôse an 13.

(*e*) Une ordonnance du Roi, du 8 août 1821, porte, art. 2. « Les arbres plantés sur les routes départementales et sur les terres

100. « La vente des arbres appartenant à l'État et de ceux appartenant aux communes sera faite par voie d'adjudication publique; le prix de ceux appartenant à l'État, sera versé, comme fonds spécial, à notre trésor royal et affecté au service des ponts et chaussées; le prix des arbres appartenant aux communes sera versé dans leurs caisses respectives (*a*).

101. « Tout propriétaire qui sera reconnu avoir coupé sans autorisation, arraché ou fait périr des arbres plantés sur son terrain, sera condamné à une amende égale à la triple valeur de l'arbre détruit (*b*).

102. « L'élagage de tous les arbres plantés sur les routes conformément aux dispositions du présent titre, sera exécuté toutes les fois qu'il en sera besoin sous la direction des ingénieurs des ponts et chaussées, en vertu d'un arrêté du préfet qui sera pris sur le rapport des ingénieurs en chef, et qui contiendra les instructions nécessaires sur la manière dont l'élagage devra être fait.

---

riveraines desdites routes, pourront être abattus, dans le cas prévu par l'art. 99 du décret du 16 décembre 1811, sur la seule autorisation du préfet. »

Voyez la loi du 12 mai 1825, et les art. 2 et 5 de celle du 9 ventôse an 13.

(*a*) 1.—D'après l'art. 3 d'une ordonnance du Roi, du 14 septembre 1823, les Ministres ne peuvent accroître par aucune recette particulière le montant des crédits affectés à leurs services. Il s'en suit qu'on ne pourrait procéder à la vente des arbres à abattre sur une route royale, ni des élagages provenant des arbres conservés, à la charge seulement, par l'adjudicataire, de fournir des matériaux à l'effet de réparer la route, pour une valeur égale au prix de l'adjudication dont il serait ainsi libéré sans paiement en numéraire. Décision du Ministre des finances, du 21 avril 1825. (*Inst. du Direct. génér. de l'enreg.*, n° 1163.)

2. — Les ventes de cette nature ne peuvent se faire qu'au profit du trésor; elles doivent être effectuées par les receveurs des domaines sans le concours d'aucun officier ministériel, mais en présence d'un délégué du préfet et d'un préposé des ponts et chaussées; et l'adjudicataire en verse le prix dans la caisse du domaine. Délibér. de l'administration de l'enregistrement du 19 juin 1827. (*Art.* 8773 *du Journal de l'enregistrement.*)

(*b*) Voyez l'art. 5 de la loi du 9 ventôse an 13 et l'ordonnance annotée sur l'art. 99 du présent décret.

« Les ingénieurs et conducteurs des ponts et chaussées sont chargés de surveiller et d'assurer l'exécution des dites instructions.

103. « Les travaux et l'élagage des arbres appartenant à l'État ou aux communes seront exécutés au rabais et par adjudication publique.

104. « La vente des branches élaguées, des arbres chablis et de ceux qui seraient en partie déracinés, sera faite par voie d'adjudication publique; le prix des bois appartenant à l'État sera versé, comme fonds spécial, à notre trésor royal, et affecté au service des ponts et chaussées; le prix des bois appartenant aux communes sera versé dans leurs caisses respectives.

105. « Les particuliers ne pourront procéder à l'élagage des arbres qui leur appartiendraient sur les grandes routes, qu'aux époques et suivant les indications contenues dans l'arrêté du préfet, et toujours sous la surveillance des agens des ponts et chaussées, sous peine de poursuites comme coupables de dommages causés aux plantations des routes.

106. « La conservation des plantations des routes est confiée à la surveillance et à la garde spéciale des cantonniers, gardes champêtres, gendarmes, agens et commissaires de police, et des maires chargés par les lois de veiller à l'exécution des réglemens de grande voirie (*a*).

(*a*) 1. — Voyez la loi du 9 floréal an 10, rapportée sous l'art. 113 du présent décret.

2. — Tous les procès-verbaux de contravention et autres actes de poursuite doivent être visés pour timbre et enregistrés en débet, sauf le recouvrement des droits sur les parties condamnées. (*Art.* 70, §. 1er, *de la loi du* 22 *frimaire an* 7; *art.* 74 *de la loi du* 25 *mars* 1817; *Inst. du Direct. génér. de l'enregistrement*, n°s 290, 415 *et* 1102.)

3. — Les procès-verbaux dressés par les maires, en cette matière, continuent d'être sujets au timbre et à l'enregistrement, même depuis la loi du 15 mai 1818; mais ces formalités n'ont lieu qu'en débet. Décision du Ministre des finances, du 16 août 1822. (*Art.* 7268 *du Journ. de l'enreg.*)

4. — Le délai pour faire enregistrer les procès-verbaux est de quatre jours, (*Art.* 20 *et* 25 *de la loi du* 22 *frimaire an* 7), à peine contre celui qui a rapporté le procès-verbal, d'une amende de 5 fr., outre la restitution du droit d'enregistrement. (*Art.* 34 *de la même loi, et art.* 10 *de celle du* 16 *juin* 1824.)

107. « Un tiers des amendes qui seront prononcées pour peine des dégâts et dommages causés aux plantations des grandes routes, appartiendra aux agens qui auront constaté le dommage; un deuxième tiers appartiendra à la commune du lieu des plantations, et l'autre tiers sera versé comme fonds spécial à notre trésor royal, et affecté au service des ponts et chaussées (a).

108. « Toutes condamnations, aux termes des articles 97, 101 et 105 du présent, seront poursuivies et prononcées, et les amendes recouvrées comme en matière de grande voirie (b).

---

5. — Le droit d'enregistrement est de deux francs pour chaque procès-verbal. (*Art.* 43, *n°* 16, *de la loi du* 28 *avril* 1816.)

(a) 1. — L'art. 466 du Code pénal et l'ordonnance du 30 décembre 1823, qui ont attribué des portions d'amendes aux communes et aux hospices, ne concernent que les amendes prononcées par les tribunaux. (*Inst. du Direct. génér. de l'enreg., nos.* 1122, 1188 *et* 1194.)

2. — Le tiers des amendes qui, aux termes de l'art. 107 ci-dessus, revient aux communes, doit leur être payé, sur mandat du préfet, par les receveurs de l'enregistrement chargés d'opérer le recouvrement de la totalité de ces amendes. Il en est de même pour le tiers revenant aux agens qui ont constaté le délit. Ces agens, porteurs du mandat, doivent en toucher le montant au bureau de l'enregistrement dans l'arrondissement duquel ils sont domiciliés. Toutefois, le paiement de ces attributions n'a lieu que sous la déduction, 1° de cinq pour cent à titre de frais de régie, 2° et des frais de poursuite tombés en non valeur. (*Inst. du Direct. génér. de l'enreg.*, n°s 415, §. 7, 801 et 936.) Voyez les notes sur les art. 114 et 115 ci-après.

(b) 1. — Voyez la loi du 29 floréal an 10, rapportée sur l'art. 113 du présent décret; l'art. 114 ci-après, et l'art. 8 de la loi du 9 ventôse an 13.

2. — La minute des arrêts de condamnation est exempte des droits de timbre et d'enregistrement, d'après l'art. 80 de la loi du 15 mai 1818, et l'extrait destiné à poursuivre le paiement des condamnations est également exempt du timbre. Mais si une expédition était requise par une partie, elle ne pourrait être délivrée qu'en papier timbré. (*Inst. du Direct. génér. de l'enreg.* n°s 415, §. 3, et 1166, §. 2.)

3. — Les expéditions et extraits des arrêtés de condamnation doivent être exactement remis par les préfets aux directeurs de l'enregistrement et des domaines : ceux-ci les transmettent aux rece-

109. « Les travaux d'entretien, de curement et de réparation des fossés des grandes routes, seront exécutés par les propriétaires riverains, d'après les indications et alignemens qui seront donnés par les agens des ponts et chaussées (*a*).

110. « Tous les travaux de curement ou d'entretien des fossés qui n'auraient pas été exécutés par les propriétaires ou locataires riverains aux époques indiquées, le seront à leurs frais par les soins des agens des ponts et chaussées, et payés sur des états approuvés et rendus exécutoires par les préfets (*b*).

111. « Toute contestation qui s'éleverait entre les ingénieurs et les particuliers sur l'exécution des deux articles précédens sera jugée par le préfet.

112. « A dater de la publication du présent décret, les cantonniers, gendarmes, gardes champêtres, conducteurs des ponts et chaussées, et autres agens appelés à la surveillance de la

---

veurs du domicile des condamnés à l'effet de poursuivre la rentrée des sommes dues. (*Inst.* n° 415, §§. 4 et 5.)

(*a*) 1. — Les fossés qui correspondent à des propriétés appartenant à l'État et dont l'administration des domaines a la régie, doivent, alors même que l'État ne possède ces propriétés que provisoirement, ou qu'il n'en jouisse qu'à titre de séquestre, être curés à la diligence et par les soins des préposés du domaine, d'après les formes réglées par le préfet. (*Inst. du Direct. génér. de l'enreg., n°* 617.)

2. — Si les fossés correspondent aux forêts, c'est aux agens forestiers à faire effectuer les travaux. (*Circul. du Direct. génér. des ponts et chaussées, du* 6 *juillet* 1812.)

3. — L'art. 2 de la loi du 12 mai 1825, ci-après transcrite, a modifié les dispositions ci-dessus, relativement aux fossés qui font partie de la propriété des routes.

(*b*) 1. — Lorsqu'il y a lieu de faire curer les fossés aux frais des riverains en retard, les rôles de recouvrement de la dépense doivent être rédigés par l'ingénieur ordinaire, visés par le sous-préfet et rendus exécutoires par le préfet. Ce magistrat doit aussi régler les taxations des percepteurs, et délivrer, après le recouvrement des fonds et au vu des États ou certificats de l'ingénieur ordinaire, visés par l'ingénieur en chef, les mandats de paiement du prix des travaux aux ouvriers qui auront été employés d'office. (*Circul. du Direct. génér. des ponts et chausséss, du* 6 *juillet* 1812.) Voyez l'art. 2 de la loi du 12 mai 1825.

police des routes, pourront affirmer leurs procès-verbaux de contravention ou délit devant le maire ou l'adjoint du lieu.

113. « Ces procès-verbaux seront adressés au sous-préfet qui ordonnera sur-le-champ, aux termes des articles 3 et 4 de la loi du 29 floréal an 10, la réparation des délits par les délinquans ou à leur charge, s'il s'agit de dégradations, dépôt de fumiers, immondices ou autres substances, et en rendra compte au préfet, en lui adressant les procès-verbaux (*a*).

(*a*) 1. — La loi du 29 floréal an 10, porte: Art. 1er : « Les contraventions en matière de grande voirie, telles qu'anticipations, dépôts de fumiers ou d'autres objets, et toutes espèces de détériorations commises sur les grandes routes, *sur les arbres qui les bordent*, sur les fossés, ouvrages d'arts et matériaux destinés à leur entretien, sur les canaux, fleuves et rivières navigables, leurs chemins de halage, francs-bords, fossés et ouvrages d'arts, seront constatées, réprimées et poursuivies par voie administrative.

Art. 2. « Les contraventions seront constatées concurremment par les maires ou adjoints, les ingénieurs des ponts-et-chaussées, leurs conducteurs, les agens de la navigation, les commissaires de police et par la gendarmerie : à cet effet, ceux des fonctionnaires publics ci-dessus désignés qui n'ont pas prêté serment en justice, le prêteront devant le préfet.

Art. 3. « Les procès-verbaux sur les contraventions seront adressés au sous-préfet, qui ordonnera, par provision et sauf le recours au préfet, ce que de droit, pour faire cesser le dommage.

Art. 4. « Il sera statué définitivement en conseil de préfecture ; les arrêtés seront exécutés sans visa ni mandement des tribunaux, nonobstant et sauf tout recours, et les individus condamnés seront contraints par l'envoi de garnisaires et saisie de meubles, en vertu des dits arrêtés, qui seront exécutoires et emporteront hypothèque. »

2. — Un tribunal de simple police n'est pas compétent pour connaître d'une contravention commise sur une route royale. Aux termes de l'art. 4 de la loi du 29 floréal an 10, l'autorité administrative est seule compétente pour statuer. Ordonnance du Roi, du 31 juillet 1822. (*Trait. gén., tom.* 3, *pag.* 65.)

3. — L'autorité administrative est, aux termes de l'art. 4 de la loi du 28 pluviôse an 8, seule compétente pour statuer sur les contestations qui peuvent naître entre les entrepreneurs des routes et les propriétaires riverains, à raison de l'extraction des matériaux pour la réparation de ces routes; et c'est à cette autorité, c'est-à-dire,

114. « Il sera statué sans délai, par les conseils de préfecture, tant sur les oppositions qui auraient été formées par les délinquans, que sur les amendes encourues par eux, nonobstant la réparation du dommage (*a*).

« Seront, en outre, renvoyés à la connaissance des tribunaux les violences, vols de matériaux, voies de fait, ou réparations de dommages réclamés par des particuliers.

115. « Un tiers des amendes de grande voirie appartiendra à l'agent qui aura constaté le délit, le deuxième tiers à la commune du lieu du délit, et le troisième tiers sera versé, comme fonds spécial, à notre trésor royal, et affecté au service des ponts et chaussées (*b*).

116. « La rentrée des amendes prononcées par les conseils de préfecture en matière de grande voirie, sera poursuivie à la diligence du receveur général du département, et dans la forme établie pour la rentrée des contributions publiques (*c*).

---

aux conseils de préfecture, à statuer sur les réclamations en indemnité des propriétaires dont les terrains ont été pris ou fouillés pour confection des chemins, canaux et autres ouvrages publics. Ordonnances du Roi, des 19 mars, 23 avril, 23 juillet, 13 août et 3 septembre 1823. (*Trait. gén.*, *tom.* 3, *pag.* 184.)

4. — Voy. les art. 1er, 2 et 3, section 6, tit. Ier, de la loi du 28 septembre — 6 octobre 1791, sur les fouilles dans les champs pour l'entretien des routes, sur la viabilité des chemins et sur leur amélioration.

(*a*) Les frais faits en matière de grande voirie sont payables par les receveurs de l'enregistrement, sur les mandats ou ordonnances des préfets, et après l'ordonnancement prescrit par l'ordonnance du 4 novembre 1824. Ces frais ne figurent point parmi les frais de justice; ils sont recouvrés sur les condamnés, ou portés en non-valeur sur le produit des amendes recouvrées. (*Instr. du Direct. gén. de l'enreg.*, *n*° 415, §. 2, *et Inst.*, *n*° 1151.) Voy. l'art. 8 de la loi du 9 ventôse an 13, et les notes sur l'art. 108 ci-devant.

(*b*) Ces amendes sont sujettes au décime pour franc établi par la loi du 6 prairial an 7, et maintenu dans tous les budjets. Le décime appartient en entier à l'État. (*Inst. du Direct. gén. de l'enreg.*, *n*° 652.) Voy. les notes sur l'art. 107 ci-devant.

(*c*) Un décret du 29 août 1813, contient ce qui suit: Art. 1er. « Le recouvrement des amendes en matière de grande voirie, dont

117. « Toutes dispositions contraires au présent décret sont abrogées. »

NOMBRE II.

LOI *du* 12 *mai* 1825, *concernant la propriété des arbres plantés sur le sol des routes royales et départementales, et le curage et l'entretien des fossés qui bordent ces routes.* (Bullet. n° 811.)

ART. 1er. « Seront reconnus appartenir aux particuliers les arbres actuellement existant sur le sol des routes royales et départementales, et que ces particuliers justifieraient avoir légitimement acquis à titre onéreux, ou avoir plantés à leurs frais, en exécution des anciens réglemens (*a*).

---

les *receveurs-généraux* étaient chargés par l'art. 116 du décret du 16 décembre 1811, sera fait, comme par le passé, par les préposés de l'enregistrement et des domaines.

Art. 2. « Le montant du recouvrement de ces amendes, sous *la déduction de la remise des receveurs et des frais tombés en non-valeurs*, sera versé d'une manière distincte dans la caisse du receveur-général, qui en comptera ainsi et de la manière prescrite par notre décret du 16 décembre 1811. » (*Inst. du Dir. gén. de l'enreg.*, *n°* 652.)

(*a*) 1. — Voy. les art. 2, 3 et 4 de la loi du 26 juillet 1790; les art. 14, 15, 16, 17 et 18 de la loi du 28 août 1792; les art. 3 et 4 de la loi du 9 ventôse an 13, et les art. 86, 87, 88, 97 et 99 du décret du 16 décembre 1811, ci-devant.

2. — Un arrêt de la Cour de cassation, chambre des requêtes, rendu le 7 juin 1827, a décidé, en rejetant le pourvoi exercé contre un jugement du tribunal d'Épernay, en date du 13 août 1825, que la propriété des arbres plantés par les ci-devant seigneurs sur les bords des chemins autres que les grandes routes ou routes royales, appartient aux propriétaires actuels du sol sur lequel ils croissent, quel que soit l'auteur des plantations, et que, dès-lors, les ci-devant seigneurs ou leurs héritiers qui ont cessé de posséder le sol, ne peuvent prétendre aucun droit à la propriété de ces arbres, ni conséquemment les faire abattre. Cet arrêt est ainsi motivé : « Attendu que le décret du 16 décembre 1811 et la loi du 12 mai 1825 n'ont point abrogé le décret du 26 juillet 1790, ni la loi du 28 août 1792; que si l'art. 7 du décret du 26 juillet 1790 dispose que les arbres, qui pourraient avoir été plantés par les ci-devant seigneurs sur les fonds mêmes des riverains, appartiendraient à ces derniers, en remboursant par eux les frais de plantation seulement,

« Toutefois, ces arbres ne pourront être abattus que lorsqu'ils donneront des signes de dépérissement, et sur une permission de l'administration.

« La permission de l'administration sera également nécessaire pour en opérer l'élagage.

« Les contestations qui pourront s'élever entre l'administration et les particuliers, relativement à la propriété des arbres plantés sur le sol des routes, seront portées devant les tribunaux ordinaires.

« Les droits de l'État y seront défendus à la diligence de l'administration des domaines (a).

---

il est vrai aussi que l'art. 14 de la loi du 28 août 1792 dispose que tous les arbres existant sur les chemins publics, autres que les grandes routes nationales, et sur les rues des villes, bourgs et villages, sont censés appartenir aux propriétaires riverains qui peuvent les couper, sans être tenus d'en payer le prix, ni de donner aucune indemnité aux ci-devant seigneurs qui les auraient plantés ; d'où il résulte que les arbres, autres que ceux qui sont plantés sur les routes royales, appartiennent aux propriétaires du sol sur lequel ils croissent, n'importe ceux qui les ont plantés, etc. » (Dalloz, 1827—1—265.)

3. — Le tribunal d'Épernay a également décidé, par le jugement précité, que l'art. 1er de la loi du 12 mai 1825 ne s'applique qu'aux arbres plantés en dedans des fossés des routes, et non aux arbres plantés en dehors. (*Voyez*, sous le nombre 3 ci-après, l'exposé des motifs de cette loi, ainsi que la discussion aux Chambres.)

(a) 1. — Un arrêt de la Cour de cassation, du 1er mai 1827, a décidé que la question de savoir qui eut, anciennement, le *droit* de planter des arbres sur un terrain, ou de savoir, en *fait*, si les arbres plantés par un seigneur, ont été plantés à titre de seigneurie, ou à titre de propriétaire, est une question *judiciaire*, non une question *administrative* ; que si une telle question s'élève incidemment devant l'autorité administrative, et qu'elle soit renvoyée par le Conseil d'Etat devant l'autorité judiciaire, cette autorité ne peut se refuser à la juger, sous prétexte qu'on ne lui demanderait qu'un simple avis, et que sa décision n'aurait pas le caractère d'un jugement. (Sirey, 27—1—269.)

2.—Une lettre du ministre des finances, écrite à M. le directeur général des domaines, le 12 mai 1826, relativement à la défense des droits de l'État dans les contestations concernant la propriété des arbres plantés sur le sol des routes, porte que « le premier examen des

2. « A dater du 1er janvier 1827, le curage et l'entretien des fossés qui font partie de la propriété des routes royales et départementales, seront opérés par les soins de l'administration publique, et sur les fonds affectés au maintien de la viabilité des routes (a). »

---

droits de propriété sur les arbres des routes est attribué à l'administration de l'intérieur, sur le motif que les plantations ont été faites par ses soins, et que souvent elle en a soldé les frais; que, d'ailleurs, dans ses mains seules, se trouvent les documens à opposer à des prétentions mal fondées; mais que, lorsqu'à défaut de documens précis, la question de propriété devient litigieuse, et que l'administration de l'intérieur a reconnu qu'il y a lieu de contester la propriété des arbres des routes aux particuliers qui la réclament, cette contestation doit être portée devant les tribunaux ordinaires; et que, comme la question intéresse le domaine public, les droits de l'Etat doivent être défendus à la diligence de l'administration des domaines.

« Que, toutefois, la loi du 12 mai 1825 n'ayant point établi de mode particulier de procédure pour les contestations en matière de plantation des routes, ces affaires doivent être instruites, suivant le mode prescrit par les lois des 5 novembre 1790 et 27 mars 1791, pour toutes les actions en justice sur les questions de propriété concernant le domaine de l'Etat. »

En conséquence de cette décision, les instances sont suivies au nom de MM. les préfets, et les directeurs des domaines concourent à l'instruction, en préparant la rédaction des mémoires à présenter aux tribunaux pour la défense des intérêts de l'Etat : les moyens sont développés à l'audience par le procureur du Roi, ainsi qu'il est usité dans toutes les affaires relatives à des questions de propriété domaniale. (*Inst. du Direct. gén. des domaines, du* 13 *juillet* 1826, n° 1193.) Voy. les *Annotations* sur l'art. 61 du Code forestier.

(a) Cet article ne s'applique qu'aux fossés qui font partie de la propriété des routes; quant à ceux qui font partie de la propriété des riverains, les art. 109, 110 et 111 du décret du 16 décembre 1811 restent en vigueur. (*Voy.* ces articles.)

NOMBRE III.

EXPOSÉ DES MOTIFS ET DISCUSSION DE LA LOI DU 12 MAI 1825.

Chambre des députés.

1. — EXPOSÉ *des motifs de la loi du* 12 *mai* 1825, *fait à la Chambre des Députés par* M. LE MINISTRE DE L'INTÉRIEUR, *dans la séance du* 16 *février précédent.*

MESSIEURS,

« Le décret du 16 décembre 1811 abandonne aux riverains les arbres au-delà du fossé qui borde les grandes routes, et renferme dans le domaine public tous ceux qui se trouvent en deçà de cette même limite. En théorie, il est facile, et surtout il est simple, de tracer entre la propriété de l'État et la propriété privée une ligne générale de démarcation. Dans la pratique, il serait quelquefois bien rigoureux de s'attacher inflexiblement à cette ligne, et de repousser par la lettre rigoureuse d'une définition législative, des demandes qui peuvent être fondées sur des titres valables. Les uns prouvent qu'ils ont planté en vertu d'arrêts qui les contraignaient à cette opération; d'autres établissent qu'il leur a été fait cession, à titre onéreux, d'arbres plantés par l'État sur les accottemens des routes, et produisent les quittances des anciens trésoriers des ponts et chaussées. Sur beaucoup de points, l'ouverture du fossé est postérieure à la plantation; et, dès-lors, l'emplacement de ce fossé ne devrait plus servir de règle au jugement de la propriété des arbres. C'est pour donner les moyens de prononcer avec justice sur de pareilles demandes, que l'art. 1er de la loi admet les particuliers à la présentation des titres sur lesquels ils basent leurs prétentions.

« Toutefois, les arbres dont ils seront reconnus propriétaires ne pourront être élagués que sur une permission donnée par l'administration. La permission de l'administration sera également nécessaire pour l'abattage, qui ne pourra d'ailleurs être effectué que lorsque les arbres donneront des signes de dépérissement. Ce n'est point ici une servitude nouvelle que nous créons. Les plantations n'ont eu place sur le bord des routes qu'à la réserve de certaines conditions, et ce sont ces conditions que nous proposons de maintenir.

« L'examen des titres est déféré aux tribunaux ordinaires. Dans des questions contentieuses où l'État est l'une des parties, nous avons cru devoir écarter positivement la compétence administrative : en matière de propriété publique, c'est à l'administration des domaines qu'il appartient plus spécialement de poursuivre et de revendiquer les droits du Gouvernement, et c'est à elle que le projet de loi confie ce soin devant les tribunaux.

« Par le second article de la loi, nous mettons à la charge de l'administration publique le curage des fossés qui bordent les grandes routes. Le curage est encore une des servitudes que l'ancienne jurisprudence imposait aux riverains, mais qui, presque partout, est resté sans exécution. L'extrême division de la propriété est venue accroître les embarras de l'administration. Des millions de parcelles aboutissent aux routes; les propriétés qui les bordent ont des longueurs très-inégales : tel domaine dont la surface est peu considérable, présente cependant à la voie publique un front étendu; tel autre domaine n'a qu'une faible dimension dans le sens de la longueur de la route, mais il s'étend au-delà des fossés sur une vaste profondeur. Le curage du fossé, très-onéreux pour la première de ces deux propriétés, ne l'est presque pas pour la seconde : ce curage est donc un impôt très-inégalement réparti; et tout impôt inégalement réparti excite des plaintes et occasione des résistances dont il est bien difficile et surtout très-long de triompher. Pendant tous ces débats, le curage n'est point effectué, les fossés s'encombrent de plus en plus, les eaux n'ont plus de voie pour s'écouler, les routes se dégradent, et les dommages, pour être réparés, entraînent bien plus de frais qu'il n'en aurait fallu pour les prévenir. Il y a donc intérêt public à laisser le curage des fossés aux soins et aux frais de l'administration, lorsque cette mesure ne serait point commandée d'ailleurs par un principe d'équité, puisque les fossés sont une partie intégrante de la route, et que leur ouverture, indispensable au maintien de la viabilité générale, est à peu-près indifférente aux riverains.

« Toutefois, Messieurs, le curage et l'entretien des fossés vont imposer encore de nouvelles charges au budget des ponts et chaussées, dont vous connaissez tous et l'insuffisance et les utiles applications; et nous comptons à l'avance sur votre assentiment lorsque l'état de nos finances nous permettra de vous proposer un accroissement de dotation pour cette branche importante de l'administration publique.

« Tels sont, Messieurs, les motifs du projet de loi que le Roi nous a donné l'ordre de vous présenter. »

2. — Rapport *fait par* M. de Calemard, *au nom de la commission chargée de l'examen du projet de loi du* 12 *mài* 1825, *à la Chambre des Députés, le* 30 *mars précédent.*

Messieurs,

« Le projet de loi sur la propriété des plantations anciennes et sur le curage des fossés qui bordent les routes royales et départementales, a été examiné avec une scrupuleuse attention par votre commission, qui m'a chargé de vous présenter le résultat de son travail.

« C'est pour la seconde fois qu'un projet de loi sur le même objet vous est apporté. Pendant la session dernière, le Gouvernement proposa, comme il le propose encore, de reconnaître le droit de propriété de certains riverains pour les arbres plantés sur le sol des routes, et de confier le curage et l'entretien des fossés aux soins de l'administration publique; mais, dans le projet de 1824, on trouvait un article qui affranchissait les particuliers de l'obligation de planter sur leurs propriétés bordant les routes, et qui laissait les arbres anciens comme les arbres nouveaux à la libre et entière disposition des propriétaires.

Une commission formée par vous, Messieurs, refusa d'admettre dans son entier ce régime purement facultatif; elle manifesta ses opinions dans un rapport lumineux fait par notre honorable collègue, M. Jacquinot-Pampelune. Le projet fut retiré ou abandonné; et, d'après celui qui nous occupe en ce moment, les plantations restent soumises à la surveillance de l'administration : elles ne pourront être élaguées ou abattues sans autorisation.

« Pendant trois siècles, la décoration des routes a été l'un des sujets constans de la sollicitude paternelle de nos Rois. Le premier monument de la législation française sur ce point est l'ordonnance de février 1522, par laquelle François Ier enjoint à tous les habitans des villages et paroisses *de planter, sur le bord des chemins publics, des ormes, afin, est-il-dit, qu'avec le temps, le Royaume puisse en être suffisamment pourvu.* Cette touchante prévoyance fut imitée par ses successeurs; l'ordonnance de 1552; celle de Blois, article 336; celle de 1731, et plusieurs arrêts du Conseil renouvellent l'injonction de planter, et déterminent ou régularisent les moyens d'exécution et de conservation. La marche suivie ne fut pas toujours et partout uniforme; quelques riverains furent autorisés à planter sur le sol même des routes, lorsque la largeur le permettait; d'autres furent obligés de placer des arbres sur leurs propres fonds; l'administration, dans certaines contrées et à certaines époques, fit les frais de la plantation, soit sur le sol de la route, soit sur celui des riverains. Il est arrivé aussi que l'élargissement des routes a placé en-deçà du fossé des arbres qui précédemment se trouvaient en de là; mais généralement et constamment l'administration dirigea le choix des essences, l'alignement et l'espacement: à elle seule fut réservé le droit de régler l'élagage et l'abattage.

« C'est à ce régime conservateur que nous sommes redevables des belles avenues qui décorent un grand nombre de nos routes : l'étranger les admire, le voyageur y trouve un ombrage protecteur pendant l'été, et des guides propres à assurer sa marche dans la saison des neiges, des brouillards ou des inondations; l'artillerie, la marine et le charronnage en tirent des frênes, des ormes et autres arbres précieux qui, venus près d'un accotement nourricier et toujours bien mûris, parce qu'ils sont bien espacés, offrent des bois de première qualité.

« La diversité d'origine des plantations et l'élargissement successif des routes, durent nécessairement donner lieu à des difficultés nombreuses et embarrassantes, relativement à la propriété des arbres : deux lois, des 15 août 1790 et 14 septembre 1792, avaient annoncé qu'il y serait statué par une loi particulière; rien cependant ne fut décidé à cette époque. Une autre loi du 9 ventôse an 13 (28 février 1805), ordonna qu'il serait fait des plantations dans l'intérieur des routes, par les riverains ou à leurs frais, et que si la largeur de la route ne permettait pas de planter sur le terrain appartenant à l'État, le riverain qui voudrait planter sur son propre fonds ne serait tenu que de faire fixer l'alignement, et aurait la libre disposition de ses arbres. La difficulté relative aux anciennes plantations fut encore ajournée.

« Les principes du Code civil ne pouvaient être invoqués pour une matière de ce genre : il porte, au contraire, que tout ce qui concerne les servitudes établies pour l'utilité publique, est régi par des lois ou réglemens particuliers (art. 650).

« Cette question, si long-temps indécise, fut enfin tranchée militairement par un décret impérial du 16 décembre 1811, qui, sans permettre d'examiner l'origine et les conditions de chacune des anciennes plantations, déclare d'une manière absolue que le fossé est la ligne de démarcation entre le domaine public et la propriété privée. Ce même décret changea le principe introduit par la loi de 1805, pour les plantations nouvelles sur le sol des particuliers; au lieu du régime facultatif qui n'avait rien produit, il adopta l'esprit des anciens réglemens qui obligent les riverains à planter, et qui soumettent les plantations à la surveillance de l'administration. Tels sont, Messieurs, les erremens de notre législation, au moment où le Gouvernement propose un projet de loi qui ne contient que deux articles, mais qui met en discussion quatre questions.

1° « Faut-il déroger au principe adopté par le réglement de 1811 sur la propriété des plantations anciennes?

« En théorie, comme définition législative, ce principe est bon; mais comme règle sans exception et pour des plantations dont on connaît la diversité des origines, il est d'une injustice évidente. Appliqué à celles qui sont au-delà du fossé, il a été très-nuisible au domaine public, puisqu'il a fait perdre à l'État la propriété d'un grand nombre de plantations magnifiques; et pour celles qui se trouvent sur le sol actuel des routes, il opérerait une véritable confiscation au préjudice d'une classe nombreuse de particuliers qui plantèrent sur le sol des routes parce qu'ils y furent autorisés ou forcés, ou qui ont acquis de l'administration même la propriété des arbres, ou qui enfin, par la transposition du fossé, ont vu passer dans le domaine public la lisière sur laquelle repose la plantation.

« On ne peut se permettre de chercher ici une compensation entre les sacrifices faits par l'État et ceux exigés en son nom; de ce qu'il fut trop généreux pour les uns, il n'en résulte pas le droit d'être usurpateur envers les autres. Il importe donc de porter remède à un état de choses qui froisse le droit de propriété, et place l'administration dans une situation embarrassante.

« Votre commission pense que le moyen de faire cesser ce double inconvénient se trouve dans la première disposition du projet de loi, qui veut que le droit des riverains puisse être reconnu lorsqu'ils auront les moyens de l'établir, et qui, dans ce cas, leur restitue la propriété des arbres.

2° « Si, à ce sujet, il s'élève des contestations entre l'administration et des particuliers, quelle est l'autorité qui doit en connaître?

« Il importe de prévenir les conflits de juridiction qui, d'après la jurisprudence relative au domaine public, pourraient s'élever entre l'autorité judiciaire et l'autorité administrative. En général, lorsqu'il est question de propriété, les tribunaux ordinaires doivent être seuls compétens; entre l'État et un particulier, il convient de placer toujours des juges indépendans; et d'ailleurs, pour peser des droits, examiner des titres, les interpréter et en régler les effets, l'autorité judiciaire doit être préférée. Le projet de loi dispose donc sagement en attribuant aux tribunaux les contestations dont il s'agit, et en confiant à l'administration des domaines le soin de soutenir les droits du Gouvernement.

« Il importe aussi que, dans la lutte entre l'État et un particulier, celui-ci ne soit point exposé à supporter des dépenses considérables. Votre commission a examiné si elle ne devait pas proposer un amendement relativement aux frais de procédure; mais elle a reconnu l'inutilité d'une disposition à ce sujet. Dans nos usages actuels, les procès de l'administration des domaines se décident sur mémoires, et au rapport d'un juge.

3° « Le principe de la propriété étant reconnu, doit-il en résulter en faveur des riverains la faculté illimitée de disposer des plantations? La question se rattache à celle de savoir s'il faut préférer un système purement facultatif au régime obligatoire qui, depuis trois cents ans, fait le droit commun de la France? Votre commission, Messieurs, a senti toute l'importance de cette question : elle s'en est occupée, non-seulement pour les arbres existans actuellement sur le sol des routes, qui font l'objet spécial du projet de loi, mais encore dans l'intérêt général de la décoration des routes; et d'accord avec la commission de 1824, elle pense que, si on livrait à la discrétion des propriétaires les anciennes plantations, on commettrait une imprudence grave : ce serait les exposer presque tous à une destruction prochaine. Ces plantations, il est vrai, ne font point partie du domaine de l'État, mais elles furent faites pour l'intérêt public, et toujours sous la condition de rester soumises à la surveillance de l'autorité. Cette condition doit être maintenue; et, comme le prescrivaient les anciens réglemens, l'administration demeure juge de l'opportunité de l'élagage et de l'abattage qui ne peut avoir lieu que pour cause de dépérissement.

« Votre commission a examiné s'il n'était pas trop rigoureux de n'autoriser la coupe des arbres qu'au moment où ils offrent des signes de dépérissement. Pourquoi ne pas permettre d'utiliser ceux qui sont parvenus à leur pleine maturité? Cette modification semblerait n'être qu'une juste concession faite au droit de propriété : toutefois, on ne peut se le dissimuler, dans l'application elle offrirait de graves inconvéniens. Le dépérissement d'un arbre se manifeste par des signes positifs; l'état de maturité n'est pas aussi facile à reconnaître. Charger l'administration de vérifier si l'arbre peut être enlevé, parce qu'il dépérit, c'est lui tracer une règle; mais l'autoriser à constater l'état de maturité, ce serait lui demander son avis sur une question fort incertaine. N'ouvrons pas une carrière à la cupidité de certains propriétaires et à la complaisance des administrateurs.

« Le projet de loi n'est relatif qu'aux anciennes plantations : son silence sur l'avenir et la proposition du système facultatif, faite à la session dernière, ont fait naître quelques inquiétudes au sujet des plantations sur le sol des particuliers ; ces inquiétudes seraient aujourd'hui sans fondement. Le décret de 1811 ordonne que toutes les routes qui peuvent être plantées *sans inconvénient*, le seront par les propriétaires riverains, sur tous les points indiqués par l'administration. Il charge les préfets de déterminer, d'après le rapport des ingénieurs, la convenance, l'alignement et l'essence : il porte que les arbres morts ou manquans doivent être remplacés dans les trois derniers mois de l'année ; enfin, il attribue à l'administration des moyens coercitifs et conservateurs. Ce décret, basé sur les anciennes ordonnances, sera jusqu'à nouvel ordre le code de la plantation des routes. Il subsiste dans toute sa force ; le projet de loi en est la preuve, puisque, pour y déroger, le Gouvernement réclame le concours des Chambres.

« La question relative aux plantations, en général, n'est donc point mise en discussion : si elle l'était, votre commission vous aurait proposé un amendement ou un article additionnel pour maintenir le régime des plantations obligées. Il ne blesse point les vrais principes du droit de propriété ; si l'ordre social assure des garanties, c'est toujours sous la condition de lui faire des sacrifices : faudrait-il abroger tous les réglemens sur la police administrative, les mines, les alignemens, la voirie, le régime forestier, et sur une foule d'autres objets, parce qu'ils apportent quelques entraves au plein exercice du droit de propriété ? Non, ce droit le plus sacré de tous est cependant subordonné à l'intérêt public ; et d'ailleurs l'obligation de planter au bord des routes est une espèce de servitude légale acquise depuis long-temps : elle ne déprécie pas les propriétés qu'elle embrasse ; elle est compensée par les grands avantages attachés au voisinage des routes. Si quelquefois l'arbre contrarie l'agriculteur, il forme par son développement un capital pour le jour où il sera abattu.

« Au surplus, ce qui s'est passé pendant la dernière session nous apprend que le Gouvernement se décidait en faveur du régime facultatif, non dans la vue de rendre un nouvel hommage au droit de propriété, mais parce qu'il espérait que cette marche ferait naître une plus grande émulation pour les plantations. Il est permis de penser, telle est au moins l'opinion unanime de votre commission, que le calcul était faux ; la loi qui prie ne sera jamais aussi puissante que celle qui ordonne.

« La commission de 1824 fit fort sagement en adoptant cette devise : *Conservons au moins ce qui existe*. Le Gouvernement a fait plus sagement encore en retirant du projet de loi l'article qui nous livrait au régime facultatif, et en rentrant dans les principes de nos anciens réglemens.

« La quatrième et dernière question est relative au curage et à l'entretien des fossés. L'art. 2 du projet de loi prend au compte de l'État, et confie aux soins de l'administration des ponts et chaussées cet objet important, qui, par le décret de 1811, avait été mis à la charge des riverains.

« Votre commission applaudit à ce changement. La propriété y trouve l'affranchissement d'une servitude ou plutôt le dégrèvement d'un impôt qui était fort inégalement réparti. Chaque riverain le supportait, non en proportion de la surface ou de la valeur de son fonds, mais suivant l'étendue de la ligne qui le séparait de la route. L'administration faisait une économie mal entendue. Le mauvais état, l'engorgement des fossés, nuisent beaucoup aux routes et causent des dégradations majeures. Le nouveau régime sur ce point est ajourné jusqu'au 1er janvier 1827. Vous partagerez, sans doute, les regrets de votre commission à cet égard; mais vous sentirez comme elle, qu'il ne suffit pas d'ordonner une dépense; il faut encore qu'elle soit classée dans les prévisions d'un budjet. Les riverains demeurent donc obligés à continuer le service jusqu'en 1827.

« Il reste à faire remarquer que l'article ne s'applique qu'aux fossés qui font partie du domaine de l'État, d'où il suit que les riverains, en conservant la propriété de ceux qui peuvent leur appartenir, doivent les entretenir de telle manière qu'ils ne causent aucun préjudice.

« L'administration des ponts et chaussées embrasse de grands intérêts et exige de grandes dépenses : par son zèle et ses lumières, elle peut beaucoup pour la prospérité publique; elle connaît sans doute tous ses devoirs; toutefois votre commission m'a chargé de déclarer, en terminant ce rapport, que si tous les agens de l'administration savaient s'éclairer par les avis des conseils-généraux de département, et s'appuyer sur leur influence ainsi que sur l'autorité des préfets, il ne pourrait en résulter que de bons effets.

« Votre commission, Messieurs, n'a fait aucun amendement; j'ai l'honneur, en son nom, de vous proposer l'adoption du projet de loi qui vous est présenté. »

DISCUSSION.

3. — M. le marquis *de Moustier*, député, ayant élevé quelques objections, M. *Becquey*, directeur général des ponts et chaussées, les a reproduites et combattues en ces termes :

« Le discours que la Chambre vient d'entendre n'est pas précisément dirigé contre les deux articles dont se compose le projet de loi soumis à votre discussion. L'orateur s'est plutôt plaint de l'omission des dispositions qu'il désirerait, qu'il n'a critiqué celles que contient le projet. Il a commencé par désirer qu'une disposition spéciale pût tellement bien régler les relations des agens des ponts et chaussées avec les propriétaires riverains des grandes routes, que jamais ces agens ne pussent commettre aucun abus, et que les propriétaires n'eussent jamais le moindre motif de plainte. Assurément, si nous connaissions un moyen qui pût faire que les nombreux agens chargés des routes, respectassent toujours, comme ils le doivent et comme nous le désirons ainsi que le préopinant, les intérêts des propriétaires, en même temps qu'ils défendraient avec zèle la propriété publique, qui est celle des routes, nous serions trop heureux; et si le préopinant avait proposé un moyen d'arriver à ce résultat satisfaisant, nous serions loin de venir le combattre. Mais, Messieurs, il ne faut pas vous étonner que les agens de l'administration et les propriétaires riverains ne soient pas toujours d'accord, puisqu'ils ont des intérêts opposés à soutenir. Au surplus, on s'est plaint bien plus souvent des usurpations commises sur les grandes routes et les chemins vicinaux, par les propriétaires riverains, qu'on ne s'est plaint d'usurpations faites pour les routes et les chemins sur les propriétés voisines. L'intérêt particulier est toujours plus soigneux et plus actif que ne l'est malheureusement l'intérêt des agens multipliés de l'administration, qui ne peuvent pas avoir tous le même soin et le même zèle.

« Quant aux faits qu'a cités le préopinant relativement à des prises de terrain sans indemnité préalable, je puis déclarer que si de telles choses se font, c'est bien à l'insu de l'administration. J'ajouterai que ce n'est que depuis le retour du Roi que l'indemnité préalable est accordée; il m'arrive chaque jour de concourir à des indemnités de cette espèce, et je sais que tous les agens de l'administration, et MM. les préfets particulièrement, s'opposent toujours à ce qu'aucun terrain ne puisse être pris dans l'intérêt public avant que l'indemnité préalable ait été réglée. S'il y a eu quelques exceptions, elles doivent nécessairement être très-rares.

« Il ne serait pas exact de comprendre au nombre de ces refus d'indemnité le cas particulier qu'a cité le préopinant. Un ingénieur des ponts et chaussées a cru qu'une portion de terrain était dans l'alignement de la route : il a pris en effet ce terrain; mais il ne l'a pris que parce qu'il croyait que c'était la propriété de la route, et je dois dire que c'était également l'opinion de son ingénieur en chef. M. le marquis de Moustier, dans les relations qu'il a eues avec moi à cet égard, m'a dit qu'il prouverait que le terrain en question n'appartenait pas à la route. Si la preuve est faite, à la bonne heure. Mais, dans tous les cas, ce fait ne peut être cité comme un exemple de prise de terrain sans indemnité préalable; et je crois qu'il serait difficile de donner des exemples de cela. Tous les jours nous sommes dans le cas d'acquérir des terrains pour les nombreux canaux qui se creusent, et ce service est fait avec la plus grande régularité, ainsi que la plupart de vous le savent.

« L'orateur a parlé du despotisme des agens des ports et chaussées, et même d'un despotisme intéressé. J'aurais espéré qu'il leur aurait rendu la justice qu'ils méritent. Ce n'est pas que je prétende dire que, dans la multitude d'agens subordonnés qu'emploie l'administration, il ne puisse se trouver quelques hommes qui se laissent séduire; mais dès qu'ils sont connus, ils sont sévèrement punis et congédiés, et les cas sont extrêmement rares. Je m'oppose donc avec force à la partie du discours du préopinant, qui tendrait à accuser de se laisser diriger par l'intérêt personnel, des hommes qui tous les jours donnent des preuves irrécusables de désintéressement, et qui sont de la plus grande utilité pour le pays.

« M. le marquis de Moustier s'est plaint de la trop grande largeur des routes. Je pense comme lui que beaucoup de routes anciennes sont trop larges : cependant, en leur donnant cette dimension, on s'est conformé à des réglemens établis spécialement pour chaque route; mais ces routes sont faites; il ne nous appartient pas de les réduire maintenant. Celles que nous construisons ne sont accusées par personne d'exagération dans leur largeur : ainsi, je n'ai rien à répondre sur ce point.

« La dernière réflexion de l'honorable préopinant porte sur ce que le projet de loi ne dispose pas à l'égard de différens points qui ont été réglés antérieurement par le décret du mois de décembre 1811. Le Gouvernement vous a proposé de statuer sur deux points dont la justice est reconnue par tout le monde, et notamment par le préopinant : il ne vous a pas proposé une législation entière et nouvelle sur la grande voirie; et je ne vois pas que, pour réparer des injustices, il soit nécessaire de reprendre une législation tout entière. Si plus tard des modifications doivent être faites à cette législation, elles vous seront proposées; mais, jusque-là, il n'y a pas lieu à s'en occuper.

« Je pense, Messieurs, avoir répondu suffisamment aux objections du préopinant, je n'insisterai pas davantage. »

4. — M. *Sallier*, député, a fait observer que les dispositions du décret de 1811 étaient trop sévères, en ce qui concerne les plantations obligées sur les propriétés qui bordent les grandes routes : mais il n'en a pas moins voté pour l'adoption du projet de loi.

5. — Alors M. *de Calemard*, rapporteur, a pris la parole et a dit :

« Après la discussion que vous venez d'entendre, la tâche du rapporteur est facile à remplir; il lui suffit de déclarer au nom de la commission qu'il persiste dans l'adoption du projet de loi, puisque les deux discours qui ont été prononcés n'attaquent en rien ses dispositions.

« Cependant je dois soumettre à la Chambre une réflexion en réponse à l'observation faite par le dernier orateur. M. Sallier a observé que les dispositions du décret de 1811 sont trop sévères en ce qui concerne les plantations obligées sur les propriétés qui bordent les grandes routes. Je déclare au nom de la commission que si toutes les dispositions du décret de 1811 étaient mises en discussion, nous vous aurions proposé des modifications à ce décret; mais il ne figure dans la discussion que relativement à la propriété des plantations anciennes faites sur le sol des grandes routes. La commission n'a pas cru devoir sortir du cercle tracé par le projet de loi. Car si nous avions eu à examiner les 118 articles dont se compose le décret de 1811, vous pensez bien que nous aurions été obligés de vous apporter un code complet sur la grande voirie.

« La commission a exprimé le vœu que le décret de 1811 continuât à recevoir son exécution relativement aux plantations obligées sur le sol des propriétés riveraines. Mais elle pense, comme l'honorable préopinant, que le Gouvernement sentira la nécessité de mettre les diverses dispositions de ce décret en harmonie avec les principes généraux de notre législation. C'est alors seulement qu'on pourra discuter toutes les questions qui se rattachent à cette vaste matière.

« Dans l'état actuel des choses, quatre questions vous sont présentées, 1° savoir s'il faut déroger au décret de 1811 qui avait usurpé toutes les plantations existantes en-deçà du fossé. Il n'y a point de doute à cet égard, puisqu'une foule de riverains ont des titres qui constatent leur droit de propriété sur ces plantations; 2° quelle est l'autorité qui doit connaître des contestations relatives à cette question de propriété, dans le cas où les riverains ne seraient pas d'accord avec l'administration? C'est l'autorité judiciaire qui sera seule compétente pour en connaître; 3° Les arbres dont la propriété est attribuée aux riverains pourront-ils être élagués et abattus suivant leur espèce?

Non; ce décret de 1811 et les anciens réglemens nous apprennent que les riverains doivent se conformer aux règles prescrites par l'administration à cet égard; il n'y a pas de difficultés à maintenir dans cette partie les dispositions du décret de 1811; 4° enfin, le curage et l'entretien du fossé doivent-ils rester à la charge des riverains, ou bien de l'administration? Sur ce point l'opinion de la chambre est formée. Elle reconnaît que cet entretien doit être à la charge de l'administration.

« Je persiste à proposer l'adoption du projet de loi.»

M. le président ayant donné lecture de l'article 1er, il a été adopté.

6.—M. le baron *Saladin*, député, a présenté et développé un amendement tendant à retrancher de l'art. 2 du projet de loi, ces mots : *à dater du 1er janvier* 1827, et à y substituer ceux-ci, *à dater de la promulgation de la présente loi*.

7.— M. *Becquey* a répondu que si on adoptait cet amendement, il faudrait prendre l'argent sur le budjet actuel des ponts et chaussées; que ce serait une réduction que ce budjet, déjà si restreint, ne saurait souffrir en ce moment, et que cette considération était suffisante pour faire rejeter l'amendement.

La Chambre a accueilli cette proposition, et adopté le projet de loi tel qu'il avait été présenté.

Chambre des Pairs.

1.—Exposé *des motifs de la loi du* 12 *mai* 1825, *présenté à la Chambre des Pairs, par* M. le ministre de l'intérieur, *dans la séance du* 6 *avril de la même année.*

Messieurs,

« Le projet de loi que nous venons présenter à votre examen, et qui a reçu déjà l'assentiment de la Chambre des Députés, se compose de deux articles.

« Le premier a pour objet de restituer aux riverains des routes, certaines plantations dont le texte du décret du 16 décembre 1811 attribue la propriété à l'État.

« Les anciennes ordonnances qui imposaient l'obligation de planter sur le bord des grandes routes, avaient offert en même temps une compensation aussi juste que naturelle d'une pareille servitude, en conférant aux planteurs la jouissance et la propriété des plantations.

« Les lois des 15 août 1790 et 14 septembre 1792 ont en

quelque sorte annulé ou du moins suspendu l'effet de ces anciennes ordonnances : elles statuent sur la propriété des arbres plantés sur les chemins autres que les grandes routes, et annoncent d'une manière explicite et positive qu'à l'égard des plantations situées sur ces dernières, il en sera décidé par une loi particulière.

« Depuis cette époque, Messieurs, la législation est restée muette jusqu'à la promulgation du décret du 16 décembre 1811, qui a tranché bien plutôt qu'il n'a jugé la question. Cet acte, dans son application, a présenté une foule d'embarras et de difficultés dont il serait superflu de vous entretenir. Il ne s'agit ici que de rectifier l'une de ses dispositions qui, dans quelques circonstances, nous semble peu équitable.

« En vertu du décret du 16 décembre 1811, les arbres au delà du fossé appartiennent au particulier, en-deçà ils appartiennent à l'État : mais l'État, de sa pleine autorité, a-t-il pu s'attribuer la propriété de certaines plantations qui existent, il est vrai, sur le sol de la route, mais qui n'y existent que par suite d'édits ou arrêts qui obligeaient les riverains à planter sous la condition expresse qu'ils jouiraient des arbres et de leurs produits. Dans certaines localités, des particuliers prouvent qu'ils possédaient à titre onéreux. Dans d'autres, les arbres ne se trouvent dans le domaine de la route que parce que ce domaine s'est agrandi postérieurement à l'origine de la plantation, aux dépens de la propriété particulière.

« Le décret de 1811 n'a prévu aucun de ces cas, il n'a laissé place à aucune réclamation. Il a posé un principe général dont la lettre rigoureuse lie l'administration, et l'arrête dans un cercle étroit et dont elle ne peut pas sortir.

« Toutefois, Messieurs, les arbres dont les riverains pourront être reconnus propriétaires ne seront pas affranchis des servitudes auxquelles sont soumises les plantations de routes. En rendant aux particuliers les bénéfices des anciens arrêts, il était juste de laisser subsister les charges énoncées dans ces mêmes arrêts, qui ne permettent pas de disposer arbitrairement des arbres qui bordent les grands chemins.

« S'il s'élève quelque difficulté sur l'interprétation des titres, les tribunaux ordinaires sont appelés à prononcer. L'État étant l'une des parties dans le procès, nous avons pensé qu'il était convenable d'écarter la compétence administrative, et d'empêcher que, sous divers prétextes d'ordre public, on ne puisse élever plus tard des conflits qui retarderaient l'issue des contestations.

« Par le second article du projet de loi, nous proposons, Messieurs, de mettre le curage des fossés qui bordent les routes, royales et départementales aux frais et aux soins de l'administration. La charge de ce curage est inhérente de temps immémorial aux propriétés riveraines des grands chemins. Sous quelques rapports, sans doute, il est facile d'expliquer les motifs des anciens réglemens qui avaient institué cette servitude; mais, d'autre part, il est impossible de ne pas reconnaître combien l'impôt qui en résulte est inégal et mal réparti; aussi est-il une cause perpétuelle de résistances et de réclamations.

« Cependant, Messieurs, le curement des fossés est une des conditions essentielles du maintien de la viabilité. L'humidité qu'entretient leur état d'encombrement dégrade les chaussées et les accotemens, et leur fait perdre toute consistance. Les ornières se forment sous le poids des voitures; les eaux, par leur séjour dans ces ornières, en augmentent la profondeur; bientôt la route est bouleversée, et sa restauration exige des frais considérables.

« Ainsi, Messieurs, en dégrevant la propriété particulière, nous augmentons, il est vrai, les dépenses du Trésor; mais ces dépenses seront profitables à la chose publique; elles pourvoieront à des travaux qui ne s'exécutent pas maintenant, ou qui ne s'exécutent que d'une manière très-imparfaite, et qui cependant sont indispensables au bon état des communications.

« Tels sont, Messieurs, les principaux motifs du projet de loi que Sa Majesté nous a donné l'ordre d'apporter à votre délibération. »

2. — Rapport *fait à la Chambre des Pairs, par* M. le duc de Laforce, *au nom de la commission chargée de l'examen du projet de loi du* 12 *mai* 1825, *dans la séance du* 3 *du même mois.*

Nobles Pairs,

« Le projet de loi sur la propriété des plantations anciennes, et sur le curage des fossés qui bordent les routes royales et départementales, a été examiné et approfondi dans tous ses détails par votre commission : elle m'a chargé d'offrir à vos Seigneuries le résultat de son travail.

« Une loi sur le même objet fut apportée l'année dernière à la Chambre des députés; elle était basée sur des facultés illimitées, laissées aux propriétaires riverains des grandes routes; ses résultats eussent été funestes pour le public, et contraires aux intérêts bien entendus des propriétaires; cette loi, dis-je, fut rejetée et retirée.

« Celle que nous avons l'honneur d'offrir à votre approbation est d'une nature toute différente; elle offre les garanties les plus positives aux propriétaires, et laisse à l'administration une sage surveillance.

« Désirant restreindre autant que possible les limites de ce rapport, votre commission se bornera à indiquer sommairement les différentes époques où des lois, ordonnances et décrets ont été portés relativement à l'objet qui est soumis à l'examen de vos Seigneuries.

« Le premier de nos Rois, qui rendit une ordonnance relative à nos plantations des grandes routes, fut François Ier. Qu'une reconnaissance éternelle soit accordée à cet héroïque monarque, qui, malgré les vicissitudes qu'une fortune aveugle lui fit éprouver, s'occupa d'un objet de cette importance! Que de bénédictions lui ont données les voyageurs fatigués, se reposant à l'ombre de ces arbres dont sa bienfaisante sollicitude prescrivit la plantation; et orna nos grandes communications!

« L'ordonnance remonte à l'année 1522 : ses successeurs suivirent son exemple, et il fut rendu diverses lois à ce sujet; et notamment en 1731.

« Comme il arrive fréquemment, les réglemens varièrent.

« Quelques propriétaires reçurent l'autorisation de planter des arbres, sous le prétexte que la largeur des routes étant exagérée, lesdites plantations ne nuiraient en rien à la voie publique.

« D'autres, moins favorisés, n'obtinrent l'assentiment de l'administration qu'à condition de placer les arbres sur leur propre fonds.

« Survinrent différentes variations de système.

« L'administration planta à ses frais les arbres, soit sur le sol même de la route, soit sur celui des propriétaires qui avoisinaient les chemins.

« Mais presque toujours la même administration fut chargée du choix des arbres, de la distance laissée entre eux, et se réserva le droit de permettre les coupes que l'on en faisait, et l'émondage.

« Nul doute que, sans ce régime conservateur, notre marine, notre artillerie, n'eussent été privées de ces bois précieux qui, nourris d'un suc abondant, offraient pour les constructions des avantages que des arbres venus dans les forêts ne présentent que bien rarement.

« Des contestations nombreuses sont résultées de l'extension donnée à la largeur des routes qui plaçaient, dans ces nouvelles limites, des arbres qui n'y avaient point été compris dans l'origine.

« Une loi du 15 août 1790, une autre du 14 septembre 1792

promettaient qu'un décret particulier sur cet objet fixerait irrévocablement les droits de chacun : il ne fut pas rendu.

« La loi du 9 ventôse an 13 prescrivit que des plantations seraient effectuées dans l'intérieur des routes par les riverains ou à leurs frais, et que si la largeur du chemin ne permettait pas de placer des arbres sur le terrain appartenant à l'État, le riverain qui voudrait planter sur son propre fonds, ne serait tenu qu'à faire fixer l'alignement, et aurait la libre disposition de ses arbres; mais cette loi ne parla pas des difficultés relatives aux anciennes plantations.

« Inutilement aurait-on pu avoir recours aux tribunaux, le Code civil portant textuellement que tout ce qui concerne les servitudes établies pour l'utilité publique, est régi par des lois et des réglemens particuliers, art. 650.

« Enfin cette question, restée si long-temps sans solution, fut décidée par le décret impérial du 16 décembre 1811; il portait que, sans qu'il fût permis de soumettre à l'examen l'origine de chacune des anciennes plantations, le fossé était la ligne de démarcation entre le domaine de l'Etat et la propriété particulière.

« Cet acte, dont la qualification est aisée à trouver, cette mesure despotique fut exécutée à la rigueur par les agens de l'administration d'alors, qui croyaient s'associer à la réputation gigantesque de leur maître, en faisant de faciles conquêtes sur les propriétés des riverains.

« Telle est, Messieurs, la législation qui nous régit, et que la loi qui nous est proposée change entièrement, et remplace par des dispositions bienfaisantes et dignes en tout du cœur paternel de Sa Majesté.

« La loi vous étant connue, je vais, le plus succinctement possible, en présenter les avantages à vos Seigneuries.

« Les droits des particuliers sont assurés, puisque ceux qui justifieront que les arbres existans actuellement sur le sol des routes royales et départementales, et qu'ils auront acquis à titre onéreux ou plantés à leurs frais, sont leur propriété.

« Les droits de l'État, qui ne sont au reste que les droits des particuliers agglomérés, sont conservés, puisque ces mêmes arbres ne pourront être abattus que lorsqu'ils donneront des signes de dépérissement; enfin le recours devant les tribunaux, en cas de contestations qui pourraient s'élever entre les particuliers et le domaine, assure les droits de la propriété.

« Une difficulté s'est présentée aux yeux de votre commission, relativement à l'article portant que les arbres ne pourront être abattus qu'au moment où les signes de vétusté apparaîtront. L'on pourrait objecter qu'il serait peut-être plus utile aux particuliers de pouvoir, après un laps de temps, abattre la totalité de leurs plantations pour les renouveler aussitôt.

« Mais, Messieurs, qui serait appelé à fixer ce laps de temps? qui déterminerait si lesdits arbres ont acquis la maturité nécessaire pour pouvoir être employés utilement? Ce seraient nécessairement les agens de l'administration. A Dieu ne plaise que je forme le moindre soupçon sur leur exactitude à remplir les devoirs qui leur sont imposés; mais ne serait-il pas possible que, par le chapitre des considérations, les arbres de tels particuliers seraient jugés bons à abattre, tandis que ceux appartenant à d'autres verraient s'écouler sur leur tête des siècles entiers? Ces considérations et plusieurs autres ont décidé votre commission à vous proposer l'acceptation dudit article.

« Relativement au curage des fossés des routes royales et départementales, mis à la charge de l'État, ce nouveau bienfait sera vivement apprécié par les propriétaires riverains et par tous ceux qui parcourent les routes, rendues plus viables par les soins que l'administration y portera, et que la négligence ou le peu de moyens des propriétaires rendaient souvent difficiles à obtenir.

« Votre commission, pour toutes les considérations détaillées dans son rapport, ne présente aucun amendement, et propose à vos Seigneuries l'adoption du projet de loi qui vous est soumis. »

DISCUSSION.

3. — *M. le président* observe qu'aucun orateur ne s'est fait inscrire pour combattre l'adoption du projet proposé par la commission spéciale dont le rapport a été entendu. Il propose en conséquence à la Chambre de passer immédiatement à la délibération des articles.

Le premier est mis en délibération et adopté.

4. — Ensuite la délibération s'établit sur l'art. 2.

Un pair, *M. le vicomte Lainé*, obtient la parole sur cet article.

« Il n'a pas la prétention, encore moins l'espérance, dit-il, d'en empêcher l'adoption; il veut seulement en faire apercevoir toutes les conséquences, et indiquer un moyen d'adoucir la charge que sa disposition va rejeter sur la généralité des contribuables. Le droit de l'État, pour obliger les propriétaires riverains à curer les fossés des grandes routes, se fonde sur des lois positives et sur un usage constant. L'exposé du ministre à l'autre Chambre en cite quelques-unes, et, dans cette enceinte, il a déclaré que, *de temps immémorial*, le curage des fossés était à la charge des riverains; ce serait donc faire parade d'une vaine érudition, que de parler des anciens édits, des vieilles ordonnances, des nouveaux décrets et même du Code civil. Les riverains ont l'avantage de la route; le plus souvent elle a été ouverte à cette condition, et quelquefois ils ont reçu une indemnité à raison du terrain qui leur a été pris et de la charge qui leur reste. Il y a donc servitude légale établie en vertu d'un contrat ou exprès ou tacite; et si l'administration voulait ouvrir des routes en de pauvres contrées, les propriétaires riverains offriraient aujourd'hui, comme autrefois, de prendre sur eux l'obligation d'entretenir les fossés. L'inégalité de la charge selon la longueur ou la largeur de la propriété près de la grande route, n'est pas une raison pour se soustraire à la servitude légale. Ou la propriété était la même quand la condition a été imposée, ou elle a été morcelée par des ventes et des partages : dans les deux cas, la servitude est due par le propriétaire qui a pris ou reçu la terre avec la charge. La difficulté de faire exécuter l'obligation ne détruit pas le droit de l'État, et il doit paraître plus difficile d'augmenter la charge des contribuables dans les pays pauvres, lorsqu'ils concourent déjà à l'entretien des grandes routes, dont ils ne profitent guère. Cependant le noble pair ne conteste pas à la loi le droit d'affranchir d'une servitude légale, contractuelle et ancienne, lorsqu'elle est due au public; mais il croit de son devoir de montrer les suites de cette munificence. La dépense du curage des fossés dans toute la France est évaluée annuellement à près de deux millions. Ce sera une charge nouvelle sur le budjet des ponts et chaussées. Les propriétaires près des grands fleuves, outre le devoir de fournir sur leurs terres le chemin de halage, sont encore assujétis à l'entretien et à la réparation des fossés et des petits ponts. Cette obligation est bien moins ancienne, bien moins légale, et il y a bien plus de justice à les affranchir de tous les frais d'entretien. L'administration perçoit sur les rivières qu'elle n'a pas creusées, un octroi de navigation, qui a cette destination naturelle. Comment, après la promulgation de l'article 2, obliger les propriétaires à recurer les fossés qui bordent les chemins vicinaux, ou à réparer dans les villes le pavé devant leurs maisons? Si la loi juge à propos d'être généreuse, elle doit avant tout être juste, et pour cela, au lieu de déverser la charge sur tous les contribuables, ne doit-elle pas chercher un moyen plus naturel de pourvoir à ces nouvelles dépenses? On s'accorde généralement à désirer une grande augmentation au budjet des ponts et chaussées, tandis qu'en même temps un sentiment universellement exprimé voudrait diminuer les contributions. La conséquence de ce double vœu n'est-elle pas d'établir, non l'ancien droit de passe, mais près des grandes villes et sur les ponts, un péage dont le produit serait appliqué à la fois à la réparation des routes et au curage des fossés? Le noble pair livre cette idée à l'administration; il se croit d'autant plus autorisé à l'énoncer, que la loi, en affranchissant les propriétaires riverains, n'attribue pas encore de nouvelles ressources aux ponts et chaussées.

25. — *M. le Ministre de l'intérieur* demande à être entendu. Il s'explique en ces termes: « Ce n'est point un acte de munificence, mais un acte de justice que le Gouvernement a cru proposer, en mettant à la charge du Trésor le curage des fossés qui bordent les grandes routes. La loi ne peut se permettre des munificences qui grèveraient la masse des contribuables. On objecte que *de temps immémorial* les propriétaires riverains supportent la servitude dont le projet tend à les affranchir. La question n'est pas de savoir si cette charge est ancienne, mais si elle est juste : car, si elle ne l'est pas, plus l'injustice a duré, plus il importe d'y mettre un terme. Or, les fossés font partie essentielle de la grande route; leur curage et leur entretien doit donc être à la charge du Trésor, ou bien il faudrait soutenir qu'une partie de la route doit être faite par les propriétaires riverains. Mais s'ils en devaient faire une partie, pourquoi ne serait-il pas mis à leur charge, et quel serait le motif de distinguer? Ils ont, dit-on, l'avantage d'une communication facile; mais pour une route dont ils profitent, combien en est-il dont ils ne profitent pas, et à l'entretien desquelles ils contribuent comme les autres citoyens? On ne peut donc les traiter plus défavorablement. Ensuite ce n'est pas seulement la justice, mais encore la nécessité qui appuie la disposition du projet. On ne peut avoir de routes en bon état qu'autant que les fossés en sont bien entretenus; et comment assurer cet entretien, s'il est laissé à la charge des particuliers? L'expérience a démontré combien sont infructueuses les poursuites dirigées contre eux à cet égard: il faut donc renoncer au système actuel, et dégrever les riverains d'une servitude dont l'exigence rigoureuse aurait l'air d'une vexation. On s'effraie de la dépense qu'entraînera l'abandon de cette servitude. Le ministre répondra d'abord qu'il y a peu de différence entre demander de l'argent aux contribuables, ou leur demander du travail, puisqu'en définitive l'un se résout en l'autre; mais que cependant les travaux mieux dirigés, se faisant avec plus d'économie, la charge dans le premier système sera moindre que dans le second. Il ajoutera que la somme de 2 millions à laquelle on évalue le curage annuel, paraît exagérée. Cette somme

sera peut-être nécessaire dans les premiers temps pour rétablir les fossés dont la dégradation a été la suite du régime actuel; mais ces fossés une fois rétablis, leur entretien n'exigera plus la même dépense. On craint enfin les conséquences de la loi proposée; on demande comment, après la promulgation, les riverains des fleuves navigables et ceux des fleuves vicinaux, continueront d'être assujétis aux charges résultantes de cette situation. La réponse est facile: le chemin de halage le long des fleuves navigables fait partie du domaine de l'État, et c'est par lui qu'il est entretenu. Si quelques ouvrages sont à la charge des riverains, c'est parce qu'ils sont établis sur leur propriété, disposition qui rentre dans le droit commun. Il en est de même des fossés qui bordent un chemin vicinal; c'est parce qu'ils sont établis sur la propriété riveraine que l'entretien en est à sa charge. Pour décider ici la question de propriété, il suffit d'observer que la terre du fossé se rejette sur le champ voisin. Le noble préopinant a pensé qu'en achetant originairement le terrain sur lequel la route est assise, on avait compris dans son évaluation le prix de la servitude imposée aux propriétés riveraines. Une pareille évaluation, le ministre ose en donner l'assurance, n'est jamais venue à la pensée d'un expert. On ne peut donc se prévaloir en faveur de l'État d'un droit qu'il n'a point acquis. Est-il plus facile de profiter d'un moyen indiqué par le même orateur pour subvenir à l'accroissement de dépense qui résultera de la loi proposée? On se rappelle les essais infructueux qui ont été faits à certaine époque pour établir en France le droit de fosse: croit-on qu'une nouvelle épreuve eût en ce moment plus de succès? Si l'on peut espérer d'acclimater parmi nous un système employé avec tant d'avantage par nos voisins, ce ne peut être que par degrés, et avec le secours de l'habitude. Les entreprises particulières de canaux, de routes ouvertes par des Compagnies, nous familiariseront avec les péages qu'aujourd'hui on tenterait vainement d'établir au profit de l'État. Le ministre, en résumant les réponses qu'il vient de faire aux objections élevées contre l'art. 2, conclut à l'adoption de cet article. »

M. le président fait observer qu'il ne résulte des objections dont il s'agit aucune proposition formelle d'amendement. Il met aux voix l'art. 2, qui est adopté dans les termes du projet.

Le projet est ensuite adopté en entier.

SECONDE PARTIE.

ANCIENNE LÉGISLATION

CONCERNANT LES FORÊTS.

Ire SECTION.

Ordonnance de Louis XIV,

SUR LE FAIT DES EAUX ET FORÊTS DU MOIS D'AOÛT 1669 (1).

Louis, par la grâce de Dieu, Roi de France et de Navarre : A tous présens et à venir, salut.

Quoique le désordre qui s'était glissé dans les Eaux et forêts de notre royaume, fût si universel et si invétéré, que le remède en paraissait presqu'impossible, néanmoins le ciel a tellement favorisé l'application de huit années que nous avons donnée au rétablissement de cette noble et précieuse partie de notre domaine, que nous la voyons aujourd'hui en état de refleurir plus que jamais, et de produire avec abondance au public tous les avantages qu'il en peut espérer, soit pour les commodités de la vie privée, soit pour les nécessités de la guerre, ou enfin pour l'ornement de la paix, et accroissement du commerce par les voyages de long cours dans toutes les parties du monde.

Mais comme il ne suffit pas d'avoir rétabli l'ordre et la discipline, si par de bons et sages réglemens on ne l'assure pour

(1) La table des *titres* est à la fin de l'Ordonnance.

en faire passer le fruit à la postérité, nous avons estimé qu'il était de notre justice, pour consommer un ouvrage si utile et si nécessaire, de nous faire rapporter toutes les ordonnances tant anciennes que nouvelles qui concernent la matière, afin que les ayant conférées avec les avis qui nous ont été envoyés des provinces par les Commissaires départis pour la réformation des Eaux et forêts, nous pussions sur le tout former un corps de lois claires, précises et certaines, qui dissipent toute l'obscurité des précédentes, et ne laissent plus de prétexte ou d'excuse à ceux qui pourront tomber en faute. A ces causes, après avoir ouï le rapport de personnes intelligentes et versées dans la matière, de l'avis de notre conseil, et de notre certaine science, pleine puissance et autorité royale, nous avons dit, déclaré et ordonné; disons, déclarons, ordonnons, et nous plaît ce qui ensuit.

TITRE Iᵉʳ. *De la Juridiction* (1) *des Eaux et forêts.*

Art. 1ᵉʳ. Les juges établis pour le fait de nos Eaux et forêts connaîtront, tant au civil qu'au criminel, de tous différends qui

---

(1) La juridiction des Eaux et forêts a été supprimée, tant par les lois des 7 et 14 septembre et 25 décembre 1790, qui ont attribué aux tribunaux ordinaires la connaissance des délits forestiers et des délits de chasse, que par la loi du 29 septembre 1791, qui a créé une *Administration des Forêts* pour veiller à la conservation des forêts de l'État, des communes et des établissemens publics.

Ensuite, ces dispositions ont elles-mêmes subi des modifications et des changemens, soit d'après le Code forestier et l'Ordonnance rendue pour son exécution, comme on l'a vu dans la première partie de cet ouvrage, soit d'après d'autres lois antérieures au Code, qui seront rappelées et analysées dans le tableau chronologique ci-après.

Enfin, les autres parties de l'Ordonnance de 1669, excepté quelques-unes des dispositions relatives à la chasse et à la pêche, sont aujourd'hui également sans objet, conformément à l'art. 218 du Code forestier, qui porte : « Sont et demeurent abrogés, pour l'avenir, toutes lois, ordonnances, édits et déclarations, arrêts du Conseil, arrêtés et décrets, et tous réglemens intervenus, à quelque époque que ce soit, sur les matières réglées par le présent Code, en tout ce qui concerne les forêts. »

Cependant cet article ajoute : « Mais les droits acquis antérieurement au présent Code seront jugés, en cas de contestation, d'après les lois, ordonnances, édits et déclarations, arrêts du Conseil, arrêtés, décrets et réglemens ci-dessus mentionnés. »

Il résulte de cette restriction, qu'il était indispensable de placer l'Ordonnance de 1669 à côté même du Code forestier, puisque, dans certaines circonstances, elle peut encore être invoquée comme Loi.

appartiennent à la matière des eaux et forêts, entre quelques personnes, et pour quelque cause qu'ils aient été intentés.

2. Déclarons faire partie de la matière qui leur est attribuée, toutes questions qui seront mues pour raison de nos forêts, bois, buissons et garennes, assiettes, ventes, coupes, délivrances et récolemens, mesures, façons, défrichement ou repeuplement de nos bois, et de ceux tenus en grurie, grairie, ségrairie, tiers et danger, apanage, engagement, usufruit, et par indivis, usages, communes, landes, marais, pâtis, pâturage, panage, paisson, glandée, assiette, motion et changement de bornes et limites dans nos bois.

3. Seront aussi de leur compétence toutes actions concernant les entreprises ou prétentions sur les rivières navigables et flottables, tant pour raison de la navigation et flottage, que des droits de pêche, passage, pontonnage et autres, soit en espèces ou en deniers, conduite, rupture, et loyers de flottes, bacs et bateaux, épaves sur l'eau, constructions et démolitions d'écluses, gords, pêcheries, et moulins assis sur les rivières, visitation de poisson, tant ès bateaux que boutiques et réservoirs, et des filets, engins et instrumens servant à la pêche, et généralement tout ce qui peut préjudicier à la navigation, charroi et flottage des bois de nos forêts, le tout néanmoins sans préjudice de la juridiction des prévôts des marchands, ès villes où ils sont en possession de connaître de tout ou de partie de ces matières, et de celles des officiers des turcies et levées, et autres qui pourraient avoir titres et possession pour en connaître.

4. Voulons pareillement qu'ils connaissent de tous différends sur le fait des îles, îlots, javeaux, attérissemens, accroissemens, alluvions, viviers, palus, bâtardeaux, chantiers, auzelées et curement de nos rivières, boires et fossés qui sont sur leurs rives.

5. Connaîtront en outre de toutes actions qui procèdent de contrats, marchés, promesses, baux, associations, tant entre marchands qu'autres pour fait de marchandise de bois de chauffage ou merrein, cendres et charbons; pourvu toutefois que les contrats, marchés, promesses, baux et associations aient été faits avant que les marchandises fussent transportées hors les bois, rivières et étangs, et non autrement.

6. S'il y a différend sur la taxe, ou sur le paiement des journées et salaires de manouvriers, bûcherons et autres artisans travaillant dans nos bois et forêts, pêcheurs, aides à bateaux passagers des bacs établis sur nos rivières, voulons qu'ils soient poursuivis et jugés aux siéges des Eaux et forêts.

7. Les mêmes siéges connaîtront de toutes causes, instances,

et procès mûs sur le fait de la chasse et de la pêche, prises des bêtes dans les forêts, et larcins de poissons sur l'eau; même informeront des querelles, excès, assassinats et meurtres commis à l'occasion de ces choses, et en instruiront, et jugeront les procès, soit entre gentilshommes, officiers, marchands, bourgeois, ouvriers, bateliers, garenniers, pêcheurs ou autres de quelque qualité que ce soit, sans distinction quelconque, leur en attribuant en tant que besoin serait, toute cour, juridiction et connaissance, et l'interdisant expressément à tous autres juges, à peine de nullité, et d'amende arbitraire contre les parties qui les auront requis de procéder; sans préjudice toutefois à la juridiction des capitaines des chasses, que nous maintenons en leurs droits, ainsi qu'il sera dit au chapitre de la chasse.

8. A l'égard des autres crimes qui ne concernent les cas et matières ci-dessus, comme vols, meurtres, rapts, brigandages, et excès sur les personnes qui passent, ils n'en pourront connaître, quoique commis dans les forêts ou sur les eaux, sinon qu'ils eussent surpris les coupables en flagrant délit, auquel cas ils en informeront et décréteront seulement, et renvoyeront incessamment le prisonnier avec les charges, en toute sûreté, aux juges à qui la connaissance en appartient par les ordonnances.

9. La compétence des juges ne se réglera point en fait d'Eaux et forêts par le domicile du défendeur, ni par aucun privilége de causes commises, ou autre quel qu'il puisse être, mais par le lieu, s'il s'agit de délits, abus et malversations, ou la situation de la forêt, et des eaux, s'il est question d'usages et de propriété, ou de l'exécution de contrats pour marchandises qui en proviennent.

10. N'entendons que dans les différends de partie à partie nos officiers des Eaux et forêts connaissent de la propriété des eaux et bois appartenant aux communautés ou particuliers, sinon lorsqu'elle sera nécessairement connexe à un fait de réformation et visitation, ou incidente et proposée pour défense contre la poursuite; mais lorsqu'il s'agira du pétitoire, ou possessoire, échanges, partages, licitations, retrait lignager ou féodal, et d'autres actions qui seront directement et principalement intentées pour raison de la propriété, hors le fait de réformation et visitation, la connaissance en appartiendra aux baillifs, sénéchaux et autres juges ordinaires.

11. Nos officiers exerceront sur les Eaux et forêts des prélats, et autres ecclésiastiques, princes, chapitres, communautés régulières, séculières ou laïques, et de tous particuliers, de quelque qualité qu'ils soient, la même juridiction qu'ils

exercent sur les nôtres, en ce qui concerne le fait des usages, délits, abus et malversations, pourvu qu'ils en aient été requis par l'une ou l'autre des parties dans les bois des particuliers, et qu'ils aient prévenu les officiers des seigneurs.

12. Dans les justices où les seigneurs auront un juge particulier pour le fait des Eaux et forêts, nos officiers ne jouiront de la prévention, que lorsqu'ils auront été requis : mais s'il n'y a qu'un juge ordinaire, ils auront la prévention et la concurrence, encore même qu'ils n'aient point été requis.

13. Si néanmoins les abus et délits avaient été commis par les bénéficiers sur les Eaux et forêts dépendans de leur bénéfice, ou par les particuliers sur celles qui leur appartiennent; en ce cas, nos officiers pourront en connaître sans qu'ils soient requis, et nonobstant qu'ils n'aient point prévenu, soit qu'il y eût un juge particulier pour le fait des Eaux et forêts, ou qu'il n'y eût que la justice ordinaire.

14. Faisons très-expresses inhibitions et défenses à tous prévôts, châtelains, viguiers, baillifs, sénéchaux, présidiaux et autres juges ordinaires, consuls, gens tenant nos Requêtes de l'hôtel et du palais, et à notre grand Conseil, même à nos Cours de parlement en première instance, de prendre connaissance des cas ci-dessus, ni d'aucun fait d'eaux, rivières, buissons, garennes, forêts, circonstances et dépendances; et à toutes communautés et particuliers, marchands ou autres, de quelqu'état et condition qu'ils soient, de poursuivre, répondre et procéder pour raison de ces choses, par-devant eux, à peine de nullité de ce qui sera fait, et d'amende arbitraire contre les parties.

15. Défendons aussi très-expressément à nos Cours de parlement et Chambres des comptes de vérifier aucunes lettres patentes sur le fait de nos Eaux et forêts, et des bois tenus en grurie, grairie, tiers et danger, apanage, engagement, usufruit, et par indivis, ou de ceux des prélats, ecclésiastiques, communautés, et gens de main-morte, qu'ils n'en aient auparavant ordonné la communication au grand-maître du département, et vû ses avis, si ce n'était que les lettres eussent été expédiées sur leurs procès-verbaux, et avis attachés sous le contre-scel.

16. Nul ne sera reçu à l'avenir dans aucun office de judicature des Eaux et forêts, qu'il n'ait subi l'interrogatoire et répondu avec suffisance et capacité aux questions qui lui seront proposées sur le contenu en la présente ordonnance par les principaux officiers des siéges où la réception sera poursuivie : Et à l'égard des greffiers, huissiers, sergens et autres officiers inférieurs, ils seront seulement interrogés sur les articles qui

concernent leurs fonctions; le tout à peine de nullité de la réception.

TITRE II. *Officiers des Maîtrises.*

Art. 1er. Les maîtres particuliers, lieutenans, nos procureurs, gardes-marteaux, et greffiers des maîtrises, auront au moins l'âge de vingt-cinq ans accomplis; seront pourvus par nous, et reçus en la table de marbre du département, information préalablement faite par le grand-maître, son lieutenant, ou autre officier du siége par lui commis, de leur vie et mœurs, religion catholique, apostolique et romaine, et capacité au fait des Eaux et forêts, à l'exception des greffiers qui seront reçus à la maîtrise.

2. Tiendront audience un jour de chacune semaine en l'auditoire des Eaux et forêts, et s'assembleront le même jour de relevée, et autres, quand besoin sera, en la chambre du conseil, pour juger les procès par écrit, et faire toutes autres expéditions ordinaires.

3. Voulons qu'en la chambre du conseil, il y ait un coffre fermant à trois clefs, pour y déposer le marteau destiné à la marque des pieds corniers, parois, arbres de lisière, baliveaux, et autres de réserve; l'une desquelles sera pour le maître, ou le lieutenant en son absence; une autre pour notre procureur, et la troisième pour le garde-marteau, sans que le marteau en puisse être tiré que de leur consentement commun, et à la charge de l'y remettre chacun jour, après que l'expédition, pour laquelle il en aura été tiré, se trouvera faite.

4. Voulons aussi que dedans, ou proche la même chambre, soient posées des armoires, pour y mettre tous les registres et papiers du greffe, desquels le grand-maître, maître particulier, notre procureur, et autres officiers, pourront prendre communication quand bon leur semblera, sans que pour quelque cause, et sous quelque prétexte que ce soit, ils les puissent déplacer, à peine de trois mille livres d'amende, et d'interdiction de leurs charges.

5. Ne pourront à l'avenir les maîtres particuliers, lieutenans, procureurs du roi, gardes-marteaux, arpenteurs et greffiers, être parens ou alliés jusqu'au degré de cousin germain inclusivement, ni tenir deux charges dans les forêts, non plus qu'aucun office de judicature ou de finance; excepté toutefois le lieutenant, auquel permettons de tenir conjointement autre office royal, soit de judicature ou de finance.

6. Ne pourront aussi donner aucune permission, soit verbalement ou par écrit, de couper ou arracher aucun bois, ni de

mettre pâturer des bestiaux en nos forêts, à peine de trois cents livres d'amende.

7. Faisons très-expresses défenses à tous officiers des forêts, de prendre aucuns bois en paiement de leurs vacations et salaires; et aux marchands, de leur en donner sous quelque prétexte que ce soit, à peine d'interdiction, et de mille livres d'amende contre les officiers, et de trois cents livres contre les marchands.

8. Défendons à tous les officiers des maîtrises, d'exercer en titre ou par commission aucun office, et de recevoir pension, ou tenir aucune ferme des seigneurs, communautés ou particuliers, directement ou indirectement, sous quelque titre ou prétexte que ce soit; mais opteront dans six mois, sinon, ce temps passé, déclarons leurs charges vacantes et impétrables : et si aucuns s'en trouvent pourvus, ils seront tenus de les résigner, et en faire pourvoir d'autres en leur place, six mois après la publication des présentes; autrement, et ce temps passé, les déclarons vacantes et impétrables.

9. Les officiers des maîtrises reçus par commission, jouiront, pendant le temps qu'elle subsistera, des mêmes honneurs, priviléges et exemptions qui sont attribués aux officiers pourvus en titre.

10. Les procès instruits en vertu de commissions ne tomberont en distribution, mais seront rapportés par les commissaires qui les auront instruits.

11. Tout officier interdit par autorité de justice des fonctions de sa charge, n'en pourra faire aucun exercice pendant l'appel ou opposition, à peine de nullité et de faux.

12. Défendons à tous ecclésiastiques et officiers de nos Parlemens, grand-Conseil, Chambre des comptes, Cours des aides, et autres nos Cours, de tenir ou exercer, soit en titre ou par commission, aucune charge dans la juridiction de nos Eaux et forêts, à peine de nullité des provisions, et de trois mille livres d'amende.

13. Les maîtres particuliers, lieutenans, procureurs du roi, gardes-marteaux, greffiers, arpenteurs et sergens à garde, seront exempts de logemens de gens de guerre, ustensiles, fournitures, contributions, subsistance, tutelle et curatelle, collecte de nos deniers, et autres charges publiques; et auront leurs causes commises, tant civiles que criminelles, au présidial du ressort; même ès villes taillables, seront taxés d'office par les commissaires départis, s'ils n'ont point privilége d'ailleurs, le tout aussi long-temps qu'ils exerceront leurs charges ou commissions.

TITRE III. *Grands-Maîtres.*

Art. 1er. Connaîtront en première instance, à la charge de l'appel, de toutes actions qui seront intentées par-devant eux, en procédant aux visites, ventes et réformations des Eaux et forêts, entre telles personnes, et en quelque cas et matière que ce soit.

2. Leur appartiendra par privilége et prérogative spéciale sur tous autres officiers des Eaux et forêts, l'exécution de toutes nos lettres patentes, ordres et mandemens sur le fait des Eaux et forêts, soit pour vente de nos bois, ou de ceux des ecclésiastiques et communautés, et pour quelqu'autre cause que ce puisse être.

3. Auront voix délibérative dans les chambres du conseil, et aux audiences des juges en dernier ressort, et leur séance à main gauche après le doyen de la chambre.

4. Pourront, en procédant à leurs visites, faire toutes sortes de réformations, et juger de tous délits, abus et malversations qu'ils trouveront avoir été commis dans leur département, soit par les officiers, ou par les particuliers, et faire le procès aux coupables.

5. Procéderont contre les officiers qu'ils trouveront en faute, par informations, décrets, saisies et arrêts de leurs personnes, et de leurs gages : instruiront, ou subdélégueront pour l'instruction, et feront leur procès, nonobstant oppositions ou appellations quelconques, jusqu'à sentence définitive inclusivement, si bon leur semble, sauf l'exécution, s'il en est appelé; sinon le porteront ou l'envoyeront en état au greffe de la table de marbre; même feront conduire l'accusé, s'il est prisonnier, aux prisons, pour y être jugé par eux, ou leurs lieutenans, suivant la rigueur des ordonnances, et cependant les interdiront de toutes fonctions, même de l'entrée des forêts, et commettront en leur place personnes capables, jusqu'à ce qu'autrement par nous en ait été ordonné.

6. A l'égard des bûcherons, charretiers, pâtres, gardes-bêtes, et autres ouvriers employés en l'exploitation et voitures des bois, les grands-maîtres auront plein pouvoir de leur faire et parfaire le procès en dernier ressort, pour raison des abus et malversations commises au fait et à l'occasion des Eaux et forêts, lesquels ils jugeront au présidial du lieu du délit, au nombre de sept juges au moins; sans qu'à l'égard de toutes autres personnes, ils puissent les juger en matière criminelle, autrement qu'à la charge de l'appel : pourront néanmoins, seuls et sans appel, destituer les sergens, commis et préposés à la garde des

forêts, garennes, chemins, prés, bois, eaux, rivières et ruisseaux, tant de nos domaines, que de ceux tenus en grurie, grairie, tiers et danger.

7. Pourvoiront par provision aux places de ceux qu'ils auront destitués, tant ès eaux, bois et garennes de nos domaines, grurie, grairie, tiers et danger, qu'en ceux des communautés séculières, et obligeront les ecclésiastiques d'y commettre chacun à son égard; sinon, en cas de refus ou négligence, y pourvoiront d'office, et donneront pour le paiement des gages toutes contraintes et ordonnances nécessaires.

8. Lorsqu'ils porteront leurs procès aux siéges présidiaux pour les juger, ils auront la première séance avec voix délibérative, et opineront les derniers, soit qu'ils soient gradués ou non, même indiqueront les jours et heures de l'assemblée; mais le président, lieutenant général, ou autre officier qui présidera, proposera et demandera les avis, recueillera les voix, et en tout dirigera l'action, ainsi qu'il est accoutumé dans les procès où le grand-maître n'est point présent.

9. Les grands-maîtres feront par chacun an une visite générale en toutes les maîtrises et gruries de leur département, de garde en garde, et de triage en triage; s'informeront de la conduite des officiers, arpenteurs, gardes, usagers, riverains, marchands ventiers, et préposés au soin des eaux et chemins, rivières, canaux, fossés publics, watregands; verront les registres de nos procureurs, gardes-marteaux, arpenteurs et sergens à garde, même ceux des greffiers, et les procès-verbaux, rapports, informations, et autres actes concernant les visites, délits, abus, entreprises, usurpations, malversations et contraventions, tant au fait des Eaux et forêts, que des chasses et pêches, pour connaître si les gardes auront fait leur rapport, le procureur du roi ses diligences, et les officiers rendu la justice, afin d'y pourvoir à leur défaut : et à cet effet seront tenus les sergens, gardes-marteaux et maîtres particuliers de représenter, sur le lieu du délit, leurs registres pour justifier des diligences, à faute de quoi seront condamnés en leurs noms, comme si eux-mêmes avaient commis le délit.

10. Le grand-maître faisant la visite des ventes à adjuger, désignera aux officiers et à l'arpenteur les lieux et cantons des triages, pour y faire les assiettes de l'année suivante, dont il dressera son procès-verbal, et en laissera une expédition au greffe pour les officiers de la maîtrise, qui seront tenus de s'y conformer ponctuellement, à peine de trois mille livres d'amende solidairement contre les contrevenans.

11. Sera tenu d'envoyer chacune année, avant le mois de juin, aux officiers des maîtrises son ordonnance et mande-

ment pour faire les assiettes des ventes, contenant la désignation des triages et cantons exprimés en son procès-verbal ci-dessus; comme aussi d'envoyer avant le mois de septembre d'autres mandemens pour désigner le jour des ventes et adjudications.

12. Fera marquer de son marteau les pieds corniers des ventes, et arbres de réserve en toutes occasions où il conviendra le faire.

13. Fera les ventes et adjudications de nos bois, tant futaie que taillis, avant le premier janvier de chacune année, pour le nombre, quantité et qualité portés par les réglemens arrêtés en notre Conseil, avec charge expresse à l'adjudicataire de payer le prix de son adjudication ès mains du receveur particulier ou général des bois s'il y en a établi; sinon au receveur général du domaine, dans les temps qui seront réglés par les grands-maîtres, sans néanmoins que le dernier terme puisse être reculé plus tard que le jour de la Saint-Jean de l'année d'après l'usance: et outre de payer ès mains du receveur un sol pour livre du prix de l'adjudication comptant, pour être la somme à laquelle il reviendra, employée au paiement des journées, taxations et droits des officiers, suivant la taxe qui leur en sera faite par le grand-maître, sur leurs simples quittances; et si le sol pour livre ne suffit, le surplus sera pris sur le fonds des ventes.

14. Ne pourront augmenter ni diminuer les ventes de leur autorité privée, et les charger d'aucun usage, chauffage, droits ou servitudes, ni même accorder ou faire délivrance de bois en espèce, ou ordonner le paiement de deniers en conséquence d'aucuns dons, à peine de privation de leur charge, et de dix mille livres d'amende.

15. Feront les récolemens par réformation le plus souvent qu'il se pourra, pour connaître si les officiers des maîtrises ont remis, dissimulé, ou trop légèrement condamné les marchands pour abus et malversations par eux commises, auquel cas ils pourront les condamner aux peines que les marchands auraient légitimement encourues.

16. Si les grands-maîtres en faisant leurs visites et réformation dans nos bois et forêts, reconnaissent des places vaines et vagues, et des bois abroutis et abougris, ils pourront les faire semer, et repeupler pour les mettre en valeur; même faire faire des fossés pour la conservation du jeune recru où besoin sera, le tout à nos frais et dépens par adjudication au rabais et moins disant: et à l'égard des récepages, ils en dresseront leurs procès-verbaux, qu'ils envoyeront au conseil pour y être pourvu.

17. Envoyeront chacune année en notre Conseil ès mains du Contrôleur-général de nos finances, trois états des ventes par eux faites : le premier contiendra la quantité des bois vendus en chacune maîtrise, forêts, triage et garde, le prix de la vente, et les charges tant en deniers qu'en bois ; le deuxième contiendra les sommes qu'ils auront taxées aux officiers des maîtrises particulières pour leurs droits, taxations, journées, et chauffages, à prendre sur le sol pour livre des ventes; et le troisième les sommes qu'ils auront taxées pour faire semer ou replanter les places vides, et réceper les bois abroutis et abougris, pour les remettre en valeur, pour façon de fossés, et autres dépenses et frais extraordinaires faits pour l'aménagement de nos forêts, dont le fonds sera pris sur les amendes et deniers qui se reçoivent par le sergent collecteur.

18. Leur défendons de permettre ni souffrir aucuns fours, fourneaux, façon de cendres, défrichemens, arrachis et enlèvemens de plans, gland et faîne de nos forêts, contre la disposition de ces présentes, à peine d'amende arbitraire, et de tous dommages et intérêts.

19. Feront dans les bois où nous avons droit de grurie, grairie, tiers et danger, et dans ceux tenus en apanage, par engagement, usufruit, et par indivis, les mêmes visites que dans nos forêts, et y procéderont aux ventes et récolemens avec les mêmes formalités que dans nos autres bois et forêts, sans souffrir qu'il soit fait aucun avantage, ou donné aucune préférence aux tresfonciers et possesseurs.

20. Tiendront bon et fidèle registre des procès-verbaux des ventes et adjudications qui seront par eux faites, des visites, provisions, commissions, instructions et destitutions d'officiers, instructions et jugemens de procès, ordonnances et actes qu'ils feront en leur charge pendant le cours de chacune visite et réformation, dont ils mettront le double à leur retour au greffe de la table de marbre, pour y avoir recours.

21. Pourront, quand bon leur semblera, faire leurs visites dans les bois et forêts dépendant des ecclésiastiques, communautés et gens de main morte, pour connaître s'il a été commis des délits et dégâts dans les futaies, et dans les coupes des taillis, si les réserves ont été faites, et l'usance à l'âge, conformément à nos ordonnances et réglemens, pour y être par eux pourvu selon l'exigence des cas.

22. Régleront les partages des eaux, bois, prés et pâtis communs, tant pour le triage prétendu par les seigneurs, que pour l'usage et la division entr'eux et les habitans : et quand besoin sera, feront les ventes, adjudications ou délivrance des

bois à couper, en interposant notre autorité par leur ministère, pour empêcher et réprimer la vexation.

23. Visiteront nos rivières navigables et flottables, ensemble les routes, pêcheries et moulins étant sur nos eaux, pour connaître s'il y a des entreprises ou usurpations qui puissent empêcher la navigation et le flottage, et y être par eux pourvu incessamment, en faisant rendre le cours des rivières libre et sans aucun empêchement.

24. Se feront fournir des états par les collecteurs des amendes de chacune maîtrise, des deniers des amendes, confiscations, arbres de délit, restitutions, dommages et intérêts adjugés dans nos bois et forêts, et ceux tenus en grurie, grairie, tiers et danger, concession, engagement, usufruit et par indivis, dont ils feront l'examen sur les rôles qui seront représentés signés du greffier, et des diligences qui auront été faites pour le recouvrement des sommes y contenues : et sera par eux pourvu à ce qui sera nécessaire en conséquence et pour le bien de nos affaires.

25. Les grands-maîtres taxeront sur les deniers de cette nature les vacations et journées extraordinaires des officiers des maîtrises, et autres personnes qu'ils emploieront, tant aux réformations que pour notre service dans nos Eaux et forêts, selon leur travail; et si par les états qui seront par eux dressés pour le paiement des taxations et droits des officiers, à prendre sur le sol pour livre des ventes ordinaires de nos bois, il se trouve manque de fonds, pourront ordonner le paiement de ce qui manquera, sur le fonds des ventes, ainsi qu'ils trouveront à propos, sans qu'aucun autre officier puisse s'ingérer d'ordonner le paiement d'aucune somme sur nos deniers des amendes ou autres, à peine de restitution du quadruple, et d'interdiction.

26. Tous les jugemens, ordonnances et actes qui seront rendus par les grands-maîtres, pendant leurs visites, seront mis aux greffes des maîtrises; et tous ceux qu'ils feront au lieu de l'établissement de la table de marbre, au greffe du siége, pour être délivrés par les greffiers, ainsi que les autres expéditions des siéges, sans qu'aucune autre personne s'y puisse entremettre, à peine de faux; et à l'égard des ordonnances qu'ils donneront de délivrance de chauffage ou autrement, et tous actes et jugemens qui seront par eux rendus en réformation, ils seront délivrés par le greffier qui sera par nous commis en chacun département, gratuitement et sans aucuns frais ni droits, à peine de concussion, sauf à leur être par nous pourvu.

27. Les grands-maîtres ne pourront prendre aucuns droits, épices, journées, salaires et vacations, sous quelque prétexte

que ce soit, de tout ce qui sera par eux fait pour raison de nos eaux, rivières, forêts, bois, buissons, bois tenus en grurie, grairie, tiers et danger, apanage, engagement, usufruit, et par indivis, même pour ceux des prélats, ecclésiastiques, communautés, et gens de main morte, à peine d'exaction et restitution du quadruple, et leur sera par nous pourvu ainsi qu'il appartiendra.

28. Enjoignons aux prévôts généraux, provinciaux, lieutenans de robe-courte, vice-baillis, leurs lieutenans, exempts et archers, et tous autres officiers de justice, de prêter main-forte à l'exécution des décrets, ordonnances et jugemens des grands-maîtres et officiers des maîtrises, sauf à leur être fait taxe par les grands-maîtres pour leurs frais et salaires extraordinaires, à prendre sur les deniers des amendes, confiscations et restitutions, quand il s'agira de nos affaires, ou sur les parties, quand il y en aura.

Titre IV. *Des Maîtres Particuliers.*

Art. 1er. Les maîtres particuliers, ou leurs lieutenans, connaîtront en première instance, à la charge de l'appel, soit de partie à partie, ou à la requête de notre procureur, tant au civil qu'au criminel, de toute la matière des Eaux et forêts et ses circonstances et dépendances, suivant les restrictions et limitations contenues ès articles de la présente ordonnance.

2. Lorsqu'ils ne seront pas gradués, le lieutenant au siége fera l'instruction et le rapport en toutes affaires civiles et criminelles, et les maîtres auront voix délibérative et la prononciation; mais où ils se trouveront gradués, le lieutenant n'aura simplement que le rapport et son suffrage; l'instruction, le jugement et la prononciation, suivant la pluralité des voix, demeurant aux maîtres, tant en l'audience, qu'en la chambre du conseil.

3. Tiendront leur audience, au moins une fois chaque semaine, au lieu accoutumé; et seront appelées les premières, les causes remises de l'audience précédente, s'il y en a; ou elles seront jugées sommairement autant qu'il se pourra, ensemble toutes autres affaires, particulièrement les procès-verbaux des gardes-marteaux, gruyers et sergens, et les amendes taxées sans remise, dont le rôle sera par eux signé, pour être mis de trois mois en trois mois entre les mains du sergent collecteur, qui sera tenu le lendemain du premier jour d'audience de chacun mois, de rapporter ses diligences et d'en rendre compte au maître particulier, à la poursuite de notre procureur, pour être incessamment pourvu ainsi qu'il appartiendra, à peine d'en demeurer responsables en leurs privés noms.

4. Ne pourront juger, soit en l'audience, ou en la chambre du conseil, ni donner aucun élargissement des prisonniers et main-levées des bestiaux saisis, que sur les conclusions de notre procureur, et de l'avis du lieutenant en la maîtrise, et du garde-marteau, s'ils sont présens à la séance.

5. Coteront et parapheront les registres de nos procureurs, gardes-marteaux, gruyers, greffiers, sergens et gardes de nos forêts, bois et buissons, et des bois en grurie, prairie, tiers et danger, possédés en apanage, engagement et par usufruit, à ce qu'il n'y puisse rien être ajouté ni diminué.

6. Feront de six mois en six mois une visite générale dans toutes nos forêts, bois et buissons, bois sujets à grurie, grairie, ségrairie, tiers et danger, et dans ceux tenus par indivis, apanage, engagement et usufruit, ensemble des rivières navigables et flottables de leurs maîtrises, assistés des gardes-marteaux et sergens, sans en exclure les lieutenans et nos procureurs ès maîtrises, qui pourront y être présens, si bon leur semble, à peine de cinq cents livres d'amende contre les maîtres, et de suspension de leurs charges pour six mois, sauf, en cas de récidive, à les mulcter plus sévèrement, ainsi que les grands-maîtres le jugeront à propos; lesquels régleront les temps de la visite, pour être faite par les lieutenans, faute par les maîtres d'y satisfaire.

7. Le procès-verbal de visite sera signé du maître particulier, et de tous les officiers présens, et contiendra les ventes ordinaires et extraordinaires qui auront été faites, de futaie ou de taillis durant le cours de l'année; l'état, âge et qualité du bois de chacune garde et triage; le nombre et essence des arbres chablis, l'état des fossés, chemins royaux, bornes et séparations; pour y apporter incessamment les remèdes que les maîtres particuliers jugeront convenables; sans que les visites générales puissent les dispenser d'en faire fréquemment de particulières, dont ils dresseront les procès-verbaux qu'ils représenteront aux grands-maîtres, pour les instruire de la conduite des riverains, gardes et sergens des forêts, marchands ventiers, leurs commis, bûcherons, ouvriers et voituriers, et de toute autre chose concernant la police et conservation de nos bois et forêts.

8. Seront tenus de juger les amendes des délits contenus dans les procès-verbaux de leurs visites, quinze jours après les avoir faits, à peine d'en demeurer responsables en leurs propres et privés noms.

9. Ordonnons aux maîtres particuliers d'arrêter et signer en présence de nos procureurs, quinzaine après chacun quartier échu, les rôles des amendes, restitutions et confiscations qui

auront été jugées au siége de la maîtrise après avoir été par eux vérifiés sur les procès-verbaux et jugemens rendus au siége, et iceux faire délivrer au sergent collecteur, à la diligence de nos procureurs, à peine de demeurer responsables des sommes contenues dans les rôles.

10. Les maîtres particuliers feront les récolemens des ventes usées dans nos forêts, bois et buissons, six semaines après le temps de coupe et vidange expiré, et les adjudications des bois taillis qui sont en grurie, grairie, tiers et danger, par indivis, apanage, engagement et usufruit, chablis, arbres de délit, menus marchés, panages et glandées, ainsi et aux termes qu'il est par nous ordonné : et seront tenus avant le premier décembre de chacune année, de dresser un état des surmesures et outrepasses qu'ils auront trouvées lors du récolement des ventes de nos bois et des bois taillis en grurie, grairie, tiers et danger, des chablis et arbres de délit qu'ils auront vendus pendant le cours de l'année, et des adjudications qui auront été par eux faites des panages et glandées; lequel état contiendra les sommes par le détail de chacune nature, le nom des adjudicataires et cautions, qui sera signé du lieutenant, notre procureur, du garde-marteau et greffier de la maîtrise; duquel ils délivreront autant au receveur général des bois, s'il y en a d'établi, ou du domaine, pour en faire le recouvrement; et en envoyeront autant au grand-maître avant le quinzième décembre, afin de le comprendre dans l'état général qu'il est tenu de faire du produit de nos forêts, pour être par lui envoyé à notre Conseil ès mains du Contrôleur général de nos finances; le tout à peine contre les maîtres d'interdiction de leurs charges, et d'amende arbitraire.

11. Pourront en outre visiter (assistés comme dessus) toutes les fois qu'ils le jugeront nécessaire, ou qu'il leur sera ordonné par le grand-maître, les bois et forêts appartenant dans l'étendue de leurs maîtrises, aux prélats et autres ecclésiastiques, commandeurs, communautés, tant régulières que séculières, maladeries, hôpitaux et gens de main-morte, et en dresser leurs procès-verbaux en la même manière, et sur les mêmes peines que nous leur avons ci-devant prescrites pour les nôtres.

12. Seront tenus d'envoyer au grand-maître autant des procès-verbaux des visites générales signés d'eux, et des autres officiers de la maîtrise, un mois après qu'elles auront été faites, à peine de trois cents livres d'amende contre le maître, privation de ses gages, que le receveur des bois ou du domaine ne pourra payer ni employer en son compte, qu'en rapportant la certification des grands-maîtres que les procès-verbaux leur auront été remis.

TITRE V. *Lieutenant.*

Art. 1er. Le lieutenant sera gradué, et fera, en l'absence du maître, les mêmes fonctions, tant dans nos bois et forêts, bois en grurie, grairie, tiers et danger, et en ceux des apanagistes, engagistes et usufruitiers, pour les visites, assiettes, ventes, adjudications, et récolemens, qu'en l'audience et en la chambre du conseil pour juger les affaires, et partout ailleurs; auquel cas, pour les actes qu'il fera pour nous, il aura les deux tiers des droits, taxations et émolumens que prendrait le maître s'il était présent; et pour les particuliers, il en sera payé suivant les réglemens, et à proportion du travail.

2. Si le maître n'est pas gradué, le lieutenant aura préférablement toute l'instruction des affaires qui concerneront les Eaux et forêts, et qui seront entre particuliers de partie à partie, ou à la requête de notre procureur.

3. Sera tenu de résider dans la ville où sera le siége de la maîtrise, sans en pouvoir désemparer, particulièrement aux jours et heures d'audience, qu'après avoir averti le maître ou le garde-marteau, afin qu'ils suppléent en son absence pour l'administration de la justice; en sorte que le siége soit toujours rempli, à peine de privation de ses gages.

4. Si un mois après le temps qui sera prescrit aux maîtres particuliers pour leurs visites générales, ils ne les ont faites, le lieutenant sera tenu de faire une visite générale des eaux et forêts de la maîtrise, assisté des officiers, ainsi qu'il est dit au chapitre du maître particulier, et sous les mêmes peines qui ont été indictes contre lui.

TITRE VI. *Procureur du Roi.*

Art. 1er. Notre procureur sera gradué, et fera l'exercice de sa charge, tant au siége de la maîtrise que de la grurie.

2. Sera tenu d'avoir trois registres séparés et différens, dont le premier contiendra l'état de toutes les oppositions qu'il aura formées, et de celles qui lui auront été signifiées ou au greffe de la maîtrise, pour quelque cause que ce soit, et des appellations qui auront été interjetées des jugemens, sentences et ordonnances rendues au siége, les noms des parties, les jours qu'elles auront été signifiées, et par lui envoyées au procureur général, et qu'il en aura été donné avis au grand-maître : le second sera chargé de toutes les conclusions préparatoires et définitives qu'il aura données; et le troisième, de toutes les af-

faires concernant les bois tenus en grurie, grairie, tiers et danger, et par indivis, et des apanagistes, engagistes et usufruitiers, de ceux des ecclésiastiques et communautés qui se trouveront dans le détroit de la maîtrise.

3. Aucun exploit ou procès-verbal ne sera rapporté, ni aucune main levée, renvoi ou absolution donnée, que sur ses conclusions verbales ou par écrit, selon la diversité ou disposition des matières, à peine contre les maîtres et autres officiers contrevenans, de cinq cents livres d'amende et d'interdiction, même de privation en récidive.

4. Sera tenu de donner, sans aucun délai ni retardement, ses conclusions préparatoires et définitives sur les procès-verbaux de visites des officiers, rapports des gardes-marteaux, sergens à garde, et généralement sur tous les actes qui lui seront présentés, concernant les abus, malversations, désordres et entreprises faites sur nos Eaux et forêts, bois tenus en grurie, grairie, tiers et danger, et par indivis, et dans ceux possédés à titre d'apanage, engagement et usufruit, et pour tout ce qui regarde notre service, et de poursuivre les jugemens et condamnations sur ses conclusions, à peine d'en demeurer responsable en son privé nom.

5. Sera tenu de dresser chacun mois un état des appellations qui auront été interjetées, et lui auront été signifiées, ou au greffe du siége où les jugemens et condamnations auront été rendus pour raison de nos Eaux et forêts, bois et buissons, et bois tenus en grurie, grairie, tiers et danger, et par indivis, ou possédés à titre d'apanage, engagement et usufruit, qu'il envoyera trois jours après à notre procureur au siége de la Table de marbre, avec les pièces et des mémoires instructifs pour la conservation de nos droits et intérêts; et s'il ne lui est signifié dans le temps de trois mois du jour des appellations signifiées des sentences ou jugemens de décharge des condamnations, il en fera poursuivre l'exécution à sa requête, à peine d'en répondre en son propre et privé nom.

6. Tiendra la main à ce que les papiers du greffe soient exactement déposés dans les armoires qui seront destinées à cet effet; et que le garde-marteau, les arpenteurs et sergens à garde aient des registres reliés pour enregistrer tous les procès-verbaux qui seront par eux faits, lesquels registres seront cotés, paraphés et arrêtés de lui, qu'il fera représenter quand besoin sera.

7. Sera tenu faire toutes les instances et poursuites nécessaires pour parvenir aux assiettes, martelages, ventes, adjudications et récolemens de nos bois, et la recherche et punition des délits, abus et malversations, sur les avis qui lui seront

donnés, dans la huitaine après que les rapports auront été mis au greffe, à peine de privation de ses gages pour la première fois, et de perte de sa charge avec amende arbitraire en récidive.

8. Les assiettes, adjudications, récolemens, et tous autres actes ne pourront être différés, s'il n'est jugé à propos par le grand-maître, sous prétexte de remontrances et réquisitions, qui auront été faites par notre procureur, sauf à réparer aux frais et dépens de l'officier contrevenant, si la réquisition se trouve bien fondée au siége où il envoyera l'acte de sa remontrance ou opposition, dont il sera tenu de donner avis à notre procureur général dans les quinze jours de l'expédition délivrée, à peine de répondre du préjudice que nous aurons souffert par sa négligence, en son propre et privé nom.

9. S'il se passait en l'audience, assiette ou récolement des ventes et ailleurs, aucuns abus, ou quelque chose à notre préjudice, ou qu'il fût fait par le grand-maître, maître particulier, et officiers de la maîtrise et grurie, des procédures et expéditions contraires à nos ordonnances et réglemens, et à leur devoir, il sera tenu d'en faire à l'instant remontrance, et de demander acte, qui ne pourra être refusé par le juge qui sera présent, sous aucun prétexte, à peine d'interdiction de sa charge, dont lui sera délivré expédition par le greffier sans remise, à peine de cinq cents livres d'amende.

10. Les rôles des amendes, confiscations, restitutions et autres condamnations seront faits, signés et arrêtés par les officiers de trois en trois mois, à sa poursuite et diligence, et mis quinzaine après chaque quartier échu, ès mains du sergent collecteur des amendes, pour en faire le recouvrement à sa requête, dont il retirera autant sous le seing du greffier, et au pied il fera mettre le reçu par le sergent collecteur, et lui fera rendre raison le lendemain du premier jour d'audience de chacun mois par-devant le maître particulier ou lieutenant en la maîtrise, des diligences qu'il aura faites pour parvenir au recouvrement : et s'il se trouve du défaut, négligence, ou autre manquement aux poursuites du sergent collecteur, il prendra contre lui telles conclusions qu'il verra bon être, pour sur le tout être pourvu ce qu'il appartiendra.

11. Lui seront communiqués tous les décrets qui se feront en justice, dénombremens, aveux, apcensivemens, afféagemens, contrats de ventes, déclarations, titres nouveaux, reconnaissances, et aliénations des immeubles et héritages de toute nature, situés dans l'enceinte, et joignant nos bois et forêts, pour en donner avis aux grands-maîtres, et suivant leurs ordres et instructions, les blâmer, si besoin est, et empêcher que rien ne

soit vendu, aliéné ou afféagé, qui dépende de nos domaines, ou qui puisse préjudicier à nos droits, ou établir servitude sur nos bois et forêts; à peine de nullité de tous les actes et contrats qui seront faits sans cette formalité, lesquels ne feront aucune foi contre nous pour l'établissement d'aucuns droits prétendus par les particuliers, ni pour la propriété des héritages y contenus, qui pourront être par nous contestés; et si notre procureur donne de son mouvement quelque consentement, il en demeurera responsable envers nous, et de tous nos dépens, dommages et intérêts.

12. Il aura l'une des clefs du coffre dans lequel sera mis le marteau servant à la marque des pieds corniers, baliveaux et autres, sans souffrir qu'il en soit marqué qu'en sa présence; et aura soin de le faire remettre en sa place, à la fin de chacune expédition.

Titre VII. *Garde-Marteau.*

Art. 1er. Assistera aux audiences et en la Chambre du conseil, au jugement des affaires, où il aura voix délibérative, avec le maître et le lieutenant, et en leur absence administrera la justice à l'exclusion de tous avocats et praticiens, si par nous, par le grand-maître, ou son lieutenant à la Table de marbre, il n'en est autrement ordonné, et s'il n'est question de juger sur ses rapports.

2. Fera tous martelages dans nos forêts, bois et buissons en l'étendue de la maîtrise, même dans les lieux où il y aura des gruyers, à quoi il vaquera en personne, sans liberté de commettre ou les confier à autre, sinon pour cause d'empêchement légitime : auquel cas il sera tenu d'en avertir le maître et procureur du Roi pour y être pourvu en son lieu.

3. Il aura un marteau particulier pour marquer les chablis et arbres de délit, qu'il ne confiera jamais à aucune personne, pour les inconvéniens qui en pourraient arriver, dont il demeurera responsable, et dressera des procès-verbaux sur son registre, qui contiendront tous les arbres qu'il aura marqués, leur grosseur, qualité et essence, lesquels il fera signer par les sergens à garde, et les mettra au greffe de la maîtrise trois jours après, sur les mêmes peines.

4. Tiendra registre des martelages de pieds corniers, baliveaux et autres arbres qu'il marquera, dont il sera dressé des procès-verbaux, contenant leur nombre, qualité, grosseur et essence, par le maître ou son lieutenant, qui seront par eux signés et par notre procureur, garde-marteau, sergent de la garde et du greffier, et d'autres procès-verbaux de la recon-

naissance qui sera faite des arbres marqués, lors du récolement des ventes.

5. Outre l'assistance qu'il sera tenu de rendre aux visites des grands-maîtres, des maîtres particuliers, et autres officiers, il fera une visite par chacun mois en toutes les gardes de nos forêts, bois et buissons, bois en grurie, grairie, tiers et danger, possédés par indivis, et à titre d'apanage, engagement et usufruit de la maîtrise, pour voir et connaître si les gardes ont rapporté fidèlement tous les délits qui y seront faits; à l'effet de quoi ils seront tenus de l'assister lors des visites : et en fera encore une autre de quinzaine en quinzaine des ventes ouvertes, et en leurs réponses; ensemble des routes et chemins servant à la voiture du bois, pour connaître de l'exploitation et des abus, délits et contraventions, dont il dressera ses procès-verbaux sur son registre, qu'il fera signer par ses sergens à garde, et par les facteurs ou gardes-ventes, pour être par lui trois jours après mis au greffe, dont il demeurera déchargé; et après avoir été communiqués à notre procureur, seront rapportés et jugés au premier jour d'audience, à peine pour la première fois de radiation de ses gages, et en récidive de privation de sa charge.

TITRE VIII. *Greffier.*

Art. 1er. Le greffier aura huit registres, cotés et paraphés par le maître ou son lieutenant, et par notre procureur.

2. Le premier sera pour l'insinuation des édits, déclarations, arrêts, réglemens et ordonnances, provisions, commissions, réceptions, instructions et destitutions d'officiers et gardes de la maîtrise.

3. Le second, des procès-verbaux et actes d'assiettes, martelages, publications, enchères, adjudications et récolemens des ventes ordinaires et extraordinaires de futaie, taillis et autres natures de bois, même des bois chablis et de délit, apanages et glandées, tant de nos bois et forêts, que de bois tenus en grurie, grairie, tiers et danger, indivis, apanage, usufruit, et par engagement, dans lequel sera aussi employé l'état qui sera dressé chacune année par les maîtres particuliers de tout ce qui nous doit revenir dans chacune maîtrise; lesquels procès-verbaux et actes seront signés par le maître, notre procureur, garde-marteau, receveur particulier de nos bois, s'il y en a d'établi, ou du domaine, et par les autres officiers qui les auront faits.

4. Le troisième, des procès-verbaux de visite des maîtres particuliers, de leurs lieutenans, gardes-marteaux et gruyers,

des rapports des gardes et sergens, qui seront par eux signés sur le registre, à mesure qu'ils auront été faits ou présentés, sans retardement, ou changement de dates, et des confiscations, amendes, restitutions, dommages et intérêts adjugés en conséquence.

5. Le quatrième, des causes d'audience, auquel seront transcrits les jugemens rendus sur plaidoyers et procès par écrit, afin d'y avoir recours et obvier au divertissement des minutes.

6. Le cinquième contiendra les contrats des ventes volontaires ou judiciaires, dénombremens, aveux, arrentemens, et déclarations des immeubles et héritages assis au-dedans de l'enceinte de nos forêts, ensemble les contredits et empêchemens, ou consentemens qui y seront donnés par notre procureur.

7. Le sixième, de tous les actes et procédures qui regarderont la navigation et le flottage sur les rivières, la pêche et la chasse.

8. Et le septième, de ce qui pourra être fait pour les bois des ecclésiastiques, communautés, gens de main-morte, et particuliers, au cas dont il est parlé au premier chapitre de la juridiction; et le huitième sera pour le dépôt de tout ce qui sera apporté ou consigné au greffe.

9. Les greffiers des maîtrises feront de trois mois en trois mois au plus tard, quinzaine après chacun quartier, les rôles des amendes adjugées dans les siéges de leur établissement, dans lesquels ils pourront employer cinq sols sur chacun article de condamnation pour le droit de sentence et deux sols pour le droit de chacun défaut qui sera donné, et sept sols six deniers pour le salaire du sergent, sur le rapport duquel il y aura eu condamnation : desquels droits ils seront payés par le sergent collecteur à proportion de la recette actuelle, sans que les greffiers puissent prétendre aucuns salaires sous prétexte de la grosse des rôles, ni autrement; et en délivreront deux expéditions en bonne forme à nos procureurs, dont l'une leur demeurera, et l'autre sera fournie huit jours après au sergent collecteur pour en faire le recouvrement.

10. Ne pourront prendre plus grand salaire pour les expéditions qu'ils délivreront, que de trois sols pour chacun rôle de papier, et quinze sols pour rôle de parchemin, qui sera rempli du nombre de lignes, mots et syllabes porté par l'ordonnance; et pour les autres droits des instructions, ils seront ci-après réglés sur les avis des grands-maîtres, après avoir entendu les officiers des maîtrises, sans qu'ils puissent prendre aucuns salaires pour celles qui seront délivrées à nos procureurs, ou à

nos autres officiers pour nos affaires, ni mettre en parchemin aucunes expéditions, sinon les sentences définitives rendues sur vu des pièces.

11. Si par fraude ou autrement le greffier omet d'employer aucuns articles des procès-verbaux de visites et rapports dans ses registres, et des condamnations dans les rôles, il sera tenu de payer le quadruple à notre profit pour la première fois, et destitué de sa charge en récidive.

12. Le greffier sortant d'exercice sera tenu de remettre en l'armoire qui sera pour ce mise en la chambre de la maîtrise, les registres, et toutes autres pièces du greffe, dont il sera dressé un inventaire par le maître ou le lieutenant, et notre procureur, qui sera signé du greffier, et certifié que par dol ou autrement il ne retient aucune pièce; et le tout sera mis ès mains du greffier ou commis qui succédera, lequel s'en chargera au pied du même inventaire, sans que les héritiers puissent les retenir ni aucunes pièces, sous quelque prétexte que ce soit; et ainsi successivement; mais il leur sera payé moitié des émolumens des expéditions qui seront délivrées par le greffier en exercice, qui retiendra l'autre moitié pour ses salaires, et de ses clercs et commis.

13. Les veuves, enfans ou héritiers des greffiers et commis décédés demeureront responsables des registres et pièces du greffe, jusqu'à ce qu'ils les aient remis en la forme ci-dessus, et en cas de rétention, seront contraints par toutes voies, même par corps, à les remettre incessamment, à la diligence de nos procureurs, à peine d'en demeurer responsables en leurs noms.

Titre IX. *Gruyers.*

Art. 1er. Les gruyers auront un lieu fixe pour y tenir leur siége, à jour et heure certaine, en chacune semaine, et feront résidence dans le détroit de la grurie, le plus près des bois que faire se pourra, à peine de perte de leurs gages et d'interdiction.

2. Auront un marteau particulier, duquel ils marqueront les arbres de délit et les chablis.

3. Ne pourront juger que des délits dont l'amende sera fixée par nos ordonnances à la somme de douze livres et au-dessous : mais si elle était arbitraire, ou excédante cette somme, ils seront tenus de renvoyer la cause et les parties par-devant le maître particulier de leur grurie, à peine de cinq cents livres d'amende pour la première fois, et d'interdiction pour la récidive.

4. Visiteront de quinzaine en quinzaine les Eaux et forêts de leurs gruries en la même sorte et manière que les officiers des maîtrises doivent procéder à leurs visites ; feront les mêmes observations et rapports des délits, dégâts, abroutissemens, malversations, abatis de baliveaux, pieds corniers, arbres de lisières et autres réserves, bornes, fossés, généralement tout ce qui aura été fait contre l'ordre établi par le présent réglement.

5. Les sergens à garde des bois de leur grurie leur porteront les rapports de tous les délits, les affirmeront, et feront registrer au greffe, vingt-quatre heures après la connaissance du fait; et les gruyers renvoyeront à la maîtrise ceux qui pourront donner lieu aux condamnations excédant douze livres.

6. Auront un registre coté et paraphé par le maître particulier, ou lieutenant, et notre procureur, dans lequel ils transcriront les procès-verbaux de leurs visites, observations, marques et reconnaissances, les rapports des sergens à garde, et tous les autres actes de leur charge, qu'ils feront signer par les sergens; et trois jours après chacun acte, ils jugeront les articles de leur compétence, et renvoyeront une expédition, sous leur seing, des autres au greffe de la maîtrise; feront procès-verbaux indéfiniment de toutes matières, informeront, décréteront et arrêteront en flagrant délit, tant pour nos Eaux et forêts, bois et buissons de leur détroit, que pour les bois tenus en grurie, grairie, tiers et danger, indivis, apanage, usufruit et par engagement, et des communautés.

7. Répondront des délits, abroutissemens et désordres qui arriveront ès bois et forêts de leur grurie ; et seront tenus des amendes et restitutions que les délinquans et usurpateurs auraient encourues, faute d'avoir pourvu par condamnation jusqu'à douze livres, ou par le défaut d'en avoir envoyé les procès-verbaux et avis au greffier de la maîtrise, huit jours après le délit commis ou usurpation faite.

8. Délivreront de trois mois en trois mois les rôles des amendes qu'ils auront jugées, signés d'eux et du greffier à notre procureur de la maîtrise, pour être par lui fournis au collecteur des amendes, pour en faire le recouvrement, dans lesquels il sera employé sur chacun article de condamnation, trois sols pour le greffier, et trois sols pour le sergent à garde, dont ils seront payés ainsi qu'il est dit pour la maîtrise.

9. Leur défendons expressément de disposer des amendes de leurs gruries sous aucun prétexte, à peine d'interdiction,

sauf à leur être fait taxe par le grand-maître pour leurs diligences et vacations extraordinaires, à prendre sur les deniers provenant de celles contenues en leurs rôles, ainsi qu'il appartiendra.

TITRE X. *Des Huissiers Audienciers, Gardes Généraux, Sergens et Gardes des Forêts et des Bois tenus en Grurie, Grairie, Ségrairie, Tiers et Danger, et par Indivis.*

Art. 1er. Avons rétabli et rétablissons deux huissiers audienciers en chacune de nos maîtrises, qui rendront alternativement de huitaine en huitaine le service en l'audience, et seront substitués aux occasions dans nos forêts à la place des sergens à garde interdits, malades, ou décédés, pour y faire leurs mêmes fonctions par les ordres du grand-maître, ou en son absence des officiers de la maîtrise : et jouiront des mêmes privilèges et exemptions accordés aux sergens à garde, et des mêmes gages, à proportion néanmoins du temps qu'ils auront servi ès forêts en la place de ceux auxquels ils auront été substitués.

2. Ne seront reçus aucuns sergens à garde que sur information de vie et mœurs par témoins qui seront administrés par notre procureur en la maîtrise, et qu'ils ne sachent lire et écrire, même qu'ils n'en aient fait expérience en présence des officiers du siége.

3. Supprimons les sergens traversiers, maîtres, gardes, surgardes, routiers et sergens dangereux de toutes nos Eaux et forêts et bois, et des bois tenus en grurie, grairie, tiers et danger, indivis, apanage, engagement et usufruit; sauf à pourvoir à leur indemnité, ainsi que de raison : et en leur lieu, voulons qu'il soit par nous établi des gardes généraux à cheval de nos rivières, forêts, bois et buissons ci-dessus; lesquels porteront des casaques brodées de nos armes, pour les faire reconnaître : et leur sera par nous fait fonds de gages raisonnables, suivant les états qui en seront arrêtés en notre Conseil sur les avis des grands-maîtres.

4. Les gardes généraux à cheval de nos Eaux et forêts, marcheront incessamment dans nos forêts et bois, et le long des rivières, suivant les ordres et instructions qui leur seront donnés par les grands-maîtres, chacun dans son département, afin de tenir les gardes ordinaires dans leur devoir : prêteront main-forte aux gardes particuliers; feront toutes sortes de captures et rapports aux maîtrises dans l'étendue desquelles les délits auront été commis, en la manière que font les autres

gardes; seront à la suite des grands-maîtres en tel nombre, et quand ils jugeront à propos; exécuteront leurs commandemens, jugemens et ordonnances, ceux des maîtrises particulières, et généralement feront tous actes et exploits pour raison de nos eaux, rivières, forêts, bois et buissons, et autres ci-dessus.

5. Et au lieu des sergens dangereux, il sera par nous établi des sergens à garde de nos rivières et de nos bois qui leur étaient commis, lesquels feront les mêmes fonctions que ceux de nos autres bois et forêts.

6. Les sergens seront tous assidus chacun en leur garde, et ne pourront s'en absenter que pour cause de maladie ou autre excuse légitime, après avoir eu la permission du maître et de notre procureur, afin qu'ils y commettent ou substituent le plus prochain garde, ou autre personne en leur place.

7. Auront chacun un registre coté par nombres, et paraphé du maître particulier et de notre procureur, contenant les procès-verbaux de leurs visites, rapports, exploits, et tous autres actes de leurs charges; ensemble l'extrait de la vente ordinaire et extraordinaire, et l'état, tour, qualité et valeur des arbres chablis ou encroués, et généralement de tout ce qui sera fait pour ou contre notre service dans l'étendue de leurs gardes.

8. Le nombre des sergens sera divisé en deux parties, qui comparaîtront alternativement à l'audience de la maîtrise ou de la grurie, même aux assises, suivant l'ordre des officiers, pour les informer de l'état de leurs gardes, y présenter, affirmer, et faire enregistrer les rapports qu'ils pourront lors avoir en leurs mains, sur lesquels voulons que les officiers puissent condamner à peine pécuniaire, quoiqu'il n'y ait aucune preuve ni information, pourvu que les parties accusées ne proposent point de cause suffisante de récusation.

9. Les sergens répondront des délits, dégâts, abus et abroutissemens qui se trouveront en leurs gardes, et seront condamnés en l'amende, restitution, et aux intérêts, comme le seraient les délinquans, faute d'avoir fait leur rapport, et icelui mis au greffe de la maîtrise ou grurie, deux jours au plus tard après le délit commis, et faute de nommer dans leur rapport les délinquans, et d'exprimer les lieux où les bois et arbres de délit auront été trouvés, le nombre et la qualité des bêtes surprises en faisant le dommage, et déclarer ceux à qui elles appartiendront.

10. Feront de trois mois en trois mois un rapport du nombre des bornes étant autour, et faisant les limites de nos bois et forêts, de leur état, de celui des fossés et haies étant en

leur garde, contenant les défauts qu'ils y auront remarqués, lesquels ils mettront au greffe de la maîtrise, pour y être pourvu; et faute de donner sur ce les avis et éclaircissemens nécessaires, en demeureront responsables, et seront punis d'amende, ou de destitution, ou de l'un et de l'autre ensemble, selon qu'il sera jugé plus convenable par les officiers, eu égard à la qualité du fait.

11. Seront tenus de demeurer à demi-lieue de leur garde, et ne sera aucun admis de nouveau, ou continué, qu'après avoir donné bonne et suffisante caution, jusqu'à la somme de trois cents livres, qui sera reçue avec notre procureur, pour sûreté des amendes, restitutions et dommages, dont il pourrait être responsable ou condamné.

12. Ne pourront faire commerce de bois, tenir ateliers ou amas en leurs maisons, prendre vente, ou s'associer avec les marchands, tenir cabaret ou hôtellerie, ni boire avec les délinquans qui leur seront connus, à peine de cent livres d'amende pour la première fois, et de plus grande avec destitution en récidive.

13. Leur permettons de porter des pistolets, tant pour la conservation de nos bois, que pour la sûreté de leurs personnes, des passans et voituriers : défendons à toutes personnes de leur méfaire, ou de les troubler en la fonction de leurs charges, à peine d'être punis suivant la rigueur de nos ordonnances.

14. S'il se trouvait qu'ils eussent abusé de leurs armes, chassé ou tiré aucun gibier de quelque espèce que ce soit dans nos forêts, ou à la campagne, ils seront punis par amende, destitution de leurs charges, ou bannissement des forêts, même de punition corporelle, s'il y échet.

15. Les sergens généraux et à garde de nos bois, forêts, rivières, plaines et plaisirs, ne pourront faire aucuns exploits que pour les Eaux et forêts, et chasses, à peine de faux : révoquant à cet effet toutes lettres et ampliations que nous pourrions leur avoir accordées.

TITRE XI. *Arpenteurs.*

Art. 1ᵉʳ. Sera par nous choisi et commis un arpenteur, homme d'expérience et de probité reconnue, en chacun département, pour être à la suite du grand-maître, pendant qu'il fera ses visites, adjudications et réformations, et par ses ordres faire tous les arpentages, mesures et récolemens ordinaires ou de réformation, et deux autres en chacun bailliage ou maîtrise.

2. Ils ne seront reçus que sur information de vie et mœurs, et donneront caution jusqu'à mille livres, qui sera reçue par le grand-maître, pour assurance des abus et malversations qu'ils pourraient commettre en leur exercice, avant que de s'immiscer.

3. Feront de toutes les assiettes des ventes un plan figuré, sur lequel ils désigneront les pieds corniers avec leurs témoins, les arbres de lisière ou de parois, leur nombre, qualité, et toutes les marques qui y auront été faites, la distance des pieds corniers en pieds corniers, l'emprunt tant de la droite ligne que de l'angle, et des circonstances nécessaires pour servir à la reconnaissance ou conservation de tous les arbres réservés lors du récolement.

4. Feront tous les arpentages et mesures qui écherront en leur détroit, tant pour nos bois, fonds et domaines, que pour ceux tenus en grurie, grairie, tiers et danger, apanage, engagement, usufruit et par indivis, même pour ceux des ecclésiastiques, communautés et gens de main-morte; ensemble pour tout ce qui sera ordonné par autorité de justice pour quelque cause que ce soit, préférablement à tous autres arpenteurs, à peine de nullité; laissant aux particuliers la liberté de s'en servir en tous actes, mesures et délivrances volontaires, ou d'autres mesureurs, à leur choix, ainsi que bon leur semblera.

5. Sera tenu l'arpenteur du grand-maître de le suivre lorsqu'il lui sera ordonné, et de faire par ses ordres toutes assiettes de ventes, arpentages, mesurages, récolemens, plans, figures, assiettes et reconnaissances de bornes, lisières ou fossés, et généralement tous actes de sa profession, et d'en tenir bon et fidèle registre, dont il mettra le double avec autant des plans et figures ès mains du grand-maître, et au greffe de la maîtrise, huit jours après la consommation de l'ouvrage, et en retirera décharge, à peine d'interdiction pour la première fois, et de privation en récidive.

6. Si les arpenteurs d'une maîtrise étaient absens ou malades, les officiers en donneront avis aux officiers de la maîtrise voisine, qui seront tenus d'envoyer leurs arpenteurs ordinaires, ou l'un d'eux, selon qu'ils en seront requis: ce que nous leur enjoignons de faire sous les mêmes peines: et faisons défenses aux officiers de se servir d'autres arpenteurs que ceux par nous pourvus ou commis, à peine de nullité, et de demeurer responsables.

7. Seront tenus de visiter, chacune année, tous les fossés, bornes et arbres de lisières, séparant et fermant nos forêts et bois dans lesquels nous avons intérêt, pour connaître s'il y a quelque chose de rempli, changé, coupé, arraché ou trans-

porté; et s'il est besoin, feront les assiettes, remises et remplacemens de bornes qui auront été arrachées et transportées, ou qui manqueront, suivant les ordres des grands-maîtres et jugemens des officiers, et marqueront tous les alignemens des fossés à faire et à relever, dont ils feront procès-verbal sur leur registre signé du sergent de la garde, et en mettront autant, trois jours après la visite, au greffe de la maîtrise, à peine d'interdiction pour la première fois, et de punition en récidive.

8. Si aucun des arpenteurs avait, par connivence, faveur ou corruption, celé un transport ou arrachement de bornes, souffert ou fait lui-même changement de pieds corniers, il sera dès la première fois privé de sa commission, condamné à l'amende de cinq cents livres et banni pour toujours de nos forêts, sans que les officiers puissent modérer ou différer la condamnation, à peine de perte de leurs offices.

Titre XII. *Assises.*

Art. 1er. Les maîtres particuliers ou leurs lieutenans tiendront leurs assises ou hauts-jours deux fois l'année aux jours et lieux publics accoutumés, où seront tenus d'assister tous les officiers des maîtrises, gruries et grairies, à peine de vingt livres d'amende contre les défaillans, s'il n'y a excuse légitime.

2. Le chapitre des assises contenu dans le réglement général sera lu et publié à l'entrée et ouverture des assises.

3. Les assises ne pourront être prolongées au-delà de deux jours, pendant lesquels les forêts demeureront fermées; et si quelqu'un y entrait, il sera mulcté d'amende; et s'il y commettait délit, il en sera puni comme voleur.

4. Notre procureur formera ses plaintes contre ceux qui auront commis fautes, sur lesquelles sera fait droit le plus promptement que faire se pourra, parties ouïes ou duement appelées.

5. Il fera aussi ses remontrances sur les abus qui seront venus à sa connaissance, auxquels sera pourvu selon l'exigence des cas.

6. Sera fait registre par les greffiers de tout ce qui aura été requis et ordonné pour la police des forêts; et seront tenus les maîtres et officiers se conformer à ces présentes; et s'il y avait quelque chose qu'il fût besoin d'expliquer ou innover, ils en donneront incessamment avis au grand-maître et à notre procureur de la Table de marbre, pour, sur leur avis, y être par nous pourvu.

7. Toutes les condamnations et jugemens qui interviendront pendant le temps des assises et hauts-jours, seront rédigés par le greffier sur son registre, qui sera signé par le maître, le lieutenant et notre procureur avant que de se séparer.

8. Tous les rapports envoyés ou portés aux assises seront jugés par le maître en l'audience, de l'avis des lieutenant et garde-marteau ; et s'il s'y présente quelque cause qui mérite d'être instruite, elle sera renvoyée au premier jour d'audience, au siége ordinaire de la maîtrise, pour en être l'instruction faite par le maître ou son lieutenant.

9. Les marchands et facteurs pourront faire leurs plaintes contre ceux qui les auront troublés en l'exploitation de leurs ventes, et fait quelque exaction ou violence, sur lesquelles sera fait droit, ainsi qu'il appartiendra.

10. Les officiers, ouvriers, marchands, facteurs, et tous autres obligés de comparoir aux assises, ne pourront être condamnés qu'avec connaissance de cause, à proportion des délits, et pour des motifs et raisons qui seront insérés dans les jugemens, sans que les officiers les puissent taxer à certaines sommes pour être déchargés, sur peine de nullité et d'amende arbitraire.

11. Défendons aux officiers qui tiendront les assises, de se taxer, prendre ni recevoir aucune chose en argent, présens, ou équivalent, sous prétexte d'épices, et signatures des jugemens qu'ils y rendront, vacations ni autrement, en quelque sorte que ce soit, sur peine de concussion.

12. Huit jours avant l'ouverture des assises, seront tenus les pêcheurs de l'étendue de chacune maîtrise, assignés par exploits séparés, pour chacun à leurs personnes ou domiciles par le sergent garde-pêche, d'y comparaître pour élire des maîtres de communauté.

TITRE XIII. *Table de Marbre et Juges en dernier Ressort.*

Art. 1er. Les Tables de marbre de nos palais de Paris, Rouen et autres, jugeront tous les procès civils et criminels concernant le fonds et propriété de nos Eaux et forêts, îles et rivières, bois tenus en gruric, grairie, ségrairie, tiers et danger, apanage, usufruit, engagement et par indivis, et tous ceux qui leur seront portés ou envoyés par les grands-maîtres des Eaux et forêts de leur département ; à la charge néanmoins de l'appel aux parlemens où ils ressortissent ès cas sujets à l'appel.

2. Connaîtront aussi de toutes les appellations de sentences et jugemens rendus par les officiers des maîtrises et autres ju-

ges inférieurs de leur ressort : comme aussi des jugemens émanés de justices seigneuriales concernant la matière des Eaux et forêts ; et leur défendons très-expressément de surseoir l'exécution des jugemens rendus pour délits, malversations, confiscations et destitutions dont il sera appelé, à peine d'interdiction et d'amende arbitraire.

3. Les appellations des grands-maîtres, leurs lieutenans et autres officiers des Tables de marbre, seront relevées et jugées en nos Cours de parlement en la manière ordinaire, ès cas qui ne seront point de la compétence des juges établis pour juger en dernier ressort.

4. Si néanmoins il y avait appel d'un jugement rendu en l'une de nos maîtrises, touchant le fonds de nos bois et forêts, et de ceux tenus en grurie, grairie, ségrairie, tiers et danger, indivis, apanage, engagement et usufruit, voulons qu'il puisse être relevé directement et jugé en notre Cour de parlement où il ressortit, sans passer par le degré intermédiat de notre Table de marbre.

5. Toutes appellations de jugemens rendus sur le fait d'usage, abus, délits et malversations commises dans nos Eaux et forêts, ou en celles de nos sujets, seront jugées au siége de la Table de marbre par les juges établis pour y juger en dernier ressort, soit qu'il y échoie mort civile ou naturelle, ou toute autre peine.

6. Les grands-maîtres pourront assister à toutes audiences, jugemens, réglemens et déclarations qui se feront aux siéges des Tables de marbre, y présideront en l'absence des juges en dernier ressort, et auront voix délibérative, et tous les actes, sentences et jugemens qui y seront rendus, seront intitulés du nom et qualité de grands-maîtres, soit qu'ils soient présens ou absens.

7. Laissons en la liberté de nos procureurs ès maîtrises, de poursuivre sur les lieux par-devant nos officiers des Eaux et forêts, ou de faire assigner directement par-devant les grands-maîtres ou au siége de la Table de marbre, les communautés ou particuliers qu'ils prétendront avoir entrepris ou usurpé sur nos eaux, rivières, bois et forêts, et autres dans lesquelles nous prétendrons droit ; à la charge néanmoins que les officiers des Tables de marbre renvoyeront toutes instructions à ceux de la maîtrise ou de la plus prochaine, sans qu'ils puissent la retenir, ni commettre aucun d'entr'eux pour instruire ou faire descente sur les lieux.

8. Ne pourront les lieutenans et officiers des Tables de marbre entreprendre aucune réformation, s'ils n'ont été par nous commis, ou par le grand-maître ; si toutefois le cas requé-

rait célérité, et que les grands-maîtres fussent éloignés de plus de dix lieues du siége où le désordre serait commis, ils pourront faire l'instruction après avoir pris leur attache, et donner les jugemens interlocutoires, sans qu'ils puissent passer outre au jugement définitif, qu'en présence des grands-maîtres.

9. Ne pourront aussi décréter sur simples procès-verbaux ou informations faites par huissiers et sergens, ni donner et adresser leurs commissions qu'aux officiers des maîtrises, ou autres juges royaux, ès lieux où il n'y a pas de siége des Eaux et forêts, à peine de nullité, et de répondre des dommages et intérêts des parties.

10. Ne pourront aussi, lorsqu'il y aura lieu de décréter ou assigner sur le rapport des charges, procès-verbaux ou informations des officiers commis, obliger les parties de comparaître aux siéges des Tables de marbre pous y être ouïes, et procéder aux récolemens et confrontations; mais seront tenus de renvoyer l'instruction au même officier qui aura informé, ou autre de la plus prochaine maîtrise, s'il y avait cause de suspicion ou de récusation, pour faire le procès jusques à jugement définitif exclusivement, à peine de nullité, et des dépens, dommages et intérêts des parties.

11. Les maîtres particuliers, lieutenans, nos procureurs et gardes-marteaux, seront reçus aux siéges des Tables de marbre, information préalablement faite de leurs vies et mœurs sur les lieux par le grand-maître, ou autre officier des Eaux et forêts par lui commis; et paieront pour tous frais, épices et vacations, douze livres aux juges, huit livres à notre procureur, pareille somme au greffier, et six livres aux huissiers pour chacun officier, et ce pour tous actes et expéditions : faisant très-expresses défenses aux officiers des Tables de marbre de prendre plus grande somme, ni recevoir aucun présent sous quelque prétexte que ce soit, à peine de concussion.

Titre XIV. *Des Appellations.*

Art. 1er. Les appellations des gruries ne pourront être relevées directement à la Table de marbre; mais elles passeront nécessairement par le degré des maîtrises, où elles seront tenues de les juger définitivement sur-le-champ.

2. Elles seront relevées et poursuivies dans la quinzaine de la condamnation, sinon la sentence s'exécutera par provision; et le mois écoulé sans appel ou sans poursuite, elle passera en force de chose jugée en dernier ressort.

3. L'appel des maîtres particuliers sera relevé immédiate-

ment aux siéges de nos Tables de marbre dans le mois de la sentence prononcée ou signifiée à la partie, et mis en état de juger dans les trois mois de la prononciation ou signification, sinon la condamnation exécutée en dernier ressort, soit qu'il y ait appel ou non : auquel effet enjoignons aux juges de nos Tables de marbre, qui en seront chargés, d'en faire le rapport dans un mois pour tout délai, après qu'ils leur auront été distribués, à peine d'en répondre en leurs propres et privés noms.

4. Si toutefois la sentence contenait quelque peine afflictive ou infamante, la faculté d'en appeler ne se prescrira que par l'espace de vingt années ; mais après les trois mois ci-dessus préfinis, elle s'exécutera pour les amendes pécuniaires et condamnations civiles, sans qu'à cet égard elle puisse être réformée.

5. Ne pourront les appellations des grands-maîtres ou leurs lieutenans de la Table de marbre, être relevées ailleurs qu'en nos Cours de parlement : et voulons que le temps de les relever et de les juger soit pareil, tant au civil qu'au criminel, à celui qui a été prescrit pour les appellations des maîtres particuliers ; sinon, que leurs jugemens soient exécutés en la forme et manière établie par les articles précédens.

6. Tous jugemens interlocutoires rendus par les grands-maîtres ou maîtres particuliers, seront exécutés sans préjudice de l'appel, tant en matière civile que criminelle, nonobstant qu'il fût qualifié de juge incompétent, pourvu toutefois que le cas soit réparable en définitive.

7. Les jugemens et sentences définitives des grands-maîtres, qui n'excéderont point la somme de deux cents livres en principal, ou vingt livres de rente, et celle des maîtres particuliers cent livres, ou dix livres de rente, seront exécutées par provision, sans préjudice de l'appel.

8. Les appellations des gruyers et autres officiers des seigneurs particuliers sur le fait des Eaux et forêts seront relevées directement aux siéges des Tables de marbre, et jugées dans le temps contenu au troisième article, et jusqu'à ce il sera sursis à l'exécution de leurs jugemens définitifs.

9. Toutes appellations de sentences rendues en l'audience, et sur des procès-verbaux de visite et rapports, seront plaidées en l'audience de nos siéges des Tables de marbre : mais si elles sont intervenues sur des appointemens en droit, les parties concluront sur les appellations comme en procès par écrit.

10. Permettons aux parties de relever leurs appellations par lettres ou requête, à leur choix.

TITRE XV. *De l'Assiette, Balivage, Martelage et Vente des Bois.*

Art. 1er. Il ne sera fait aucune vente dans nos forêts, bois et buissons, soit de futaie ou de taillis, que suivant le réglement qui en sera arrêté en notre Conseil, ou sur lettres-patentes bien et duement registrées en nos Cour de parlement et Chambre des comptes, à peine de restitution du quadruple de la valeur des bois vendus, contre les adjudicataires, et contre les ordonnateurs, de perte de leurs charges.

2. Les adjudications des ventes de nos bois, tant en futaie que taillis, ne pourront être faites à l'avenir que par les grands-maîtres, faisant défenses aux officiers des maîtrises de reconnaître autres personnes, à peine de répondre en leur nom.

3. Toutes adjudications de nos bois, soit futaie ou taillis, seront faites dans les auditoires où se tient la justice ordinaire des Eaux et forêts, et ne le pourront être ailleurs, à peine de nullité, et de dix mille livres d'amende contre le grand-maître, ou autre qui aura contrevenu.

4. Les grands-maîtres feront chacune année, avant les adjudications de nos bois, leurs visites des ventes assises pour être adjugées, dans lesquelles ils seront accompagnés de l'arpenteur à ce destiné, auquel ils désigneront les bois à asseoir pour l'année suivante, lui marqueront en quelle forme la mesure en sera faite pour notre plus grand profit et avantage, dont ils dresseront leurs procès-verbaux qu'ils feront signer par le maître ou le lieutenant, notre procureur, le garde-marteau, et les sergens à garde; une expédition desquels sera délivrée à l'arpenteur pour lui servir de règle, à laquelle il sera tenu de se conformer, à peine d'interdiction; et une autre sera mise au greffe de la maîtrise; et quinze jours après son retour dans la principale ville de son département, il mettra un état général de toutes les assiettes au greffe de la Table de marbre pour y avoir recours.

5. Chacune année le grand-maître expédiera ses mandemens et ordonnances, pour les assiettes des ventes ordinaires de nos bois et forêts, conformément aux réglemens arrêtés en notre Conseil, où il emploiera le nombre d'arpens et l'essence du bois à vendre, dans lequel il désignera par le détail les gardes et triages, autant qu'il lui sera possible, suivant les observations qu'il aura faites dans le procès-verbal de sa visite, qu'il enverra aux officiers de la maîtrise avant le premier juin de chacune année, qui seront tenus incontinent après de s'assem-

bler et prendre jour entre eux pour faire les assiettes, qui seront faites en leur présence par l'arpenteur.

6. L'arpenteur fera en présence du sergent de la garde les tranchées et layes nécessaires pour le mesurage; marquera de son marteau le plus près de terre que faire se pourra dans les angles, tel nombre de pieds corniers, arbres de lisières et parois qu'il estimera convenable, avec désignation du côté sur lequel il aura fait des faces pour imprimer son marteau, le nôtre, et celui du grand-maître; fera mention, s'il a emprunté quelques arbres pour servir de pieds corniers, de leur âge, qualité, nature et grosseur, et de leur distance des uns aux autres par perches et pieds; comme aussi observera les noms des ventes où il les aura prises, s'il y a des places vides avec leur contenence; et sera tenu de se servir au moins de l'un des pieds corniers de l'ancienne vente, dressera les plans et figures de la pièce qu'il aura assise: et de tout fera son procès-verbal qui sera signé des sergens et gardes, et mettra une expédition au greffe de la maîtrise, trois jours après l'avoir fait, qui sera paraphée du maître et de notre procureur, avec mention du jour qu'elle aura été apportée, et une autre expédition en sera par lui incessamment envoyée au grand-maître.

7. Défendons aux arpenteurs et sergens à garde de faire les routes plus larges de trois pieds pour passer les porte-perches et les marchands qui iront visiter les ventes, à peine de cent livres d'amende, et de la restitution du double de la valeur du bois abattu.

8. Les bois abattus dans les layes et tranchées ne pourront être enlevés, mais demeureront au profit de l'adjudicataire et lui appartiendront, sans que les arpenteurs ni les sergens y puissent prétendre aucune part; leur faisant défenses de les enlever, à peine de cent livres d'amende et d'interdiction, et aux riverains sous quelque prétexte que ce soit, à peine de punition exemplaire.

9. Les arbres de lisière et de paroi seront marqués de notre marteau et de celui de l'arpenteur sur une face, à la différence des pieds corniers qui le seront sur chaque face qui regardera la vente.

10. Ne pourront les arpenteurs mesurer plus grande ni moindre quantité dans chacun triage, que celle qui leur aura été prescrite par le grand-maître pour l'assiette, sous prétexte de rendre la figure plus régulière, ou pour quelqu'autre considération que ce puisse être; en sorte que le plus ou le moins ne puisse excéder un arpent sur vingt, et ainsi à proportion, à peine d'interdiction, et d'amende arbitraire qui sera réglée par

le grand-maître : et s'il tombait jusques à trois fois dans cette erreur, il sera interdit et déclaré incapable de faire la fonction d'arpenteur.

11. Le procès-verbal de l'arpenteur étant au greffe, il en sera délivré autant au garde-marteau pour le martelage qui se fera en présence des officiers de la maîtrise, et sera à cet effet notre marteau délivré au garde-marteau par ceux qui en auront la clef, qui se transportera avec les officiers aux triages où les ventes auront été assises ; et par leur avis, il fera choix de dix arbres en chacun arpent de futaie ou haut recru, des plus vifs, de la plus belle venue de chêne, s'il se peut, brin de bois, et de grosseur compétente, qu'il marquera pour baliveaux de notre marteau, avec les pieds corniers tournans et arbres de lisière, et incontinent après le martelage, sera le marteau remis et enfermé dans sa boîte.

12. Lorsque les adjudications des coupes de nos bois taillis seront faites, tous les baliveaux anciens et modernes qui s'y trouveront seront réservés avec ceux de l'âge ; et s'il se trouvait que les baliveaux pour leur quantité et grosseur empêchassent par l'ombrage, ou autrement, le taillis de pousser et de croître, les grands-maîtres en dresseront leurs procès-verbaux, qu'ils envoyeront avec leurs avis en notre Conseil ès mains du Contrôleur-général des finances, pour y être par nous pourvu, ainsi qu'il appartiendra.

13. Ne sera donné aucun bois par forme de remplage sous prétexte de places vides et de chemins qui seront rencontrés dans les ventes ; mais l'adjudication en sera faite en l'état qu'elles se trouveront, à peine de restitution du quadruple contre les marchands qui auront obtenu le remplage, et de trois mille livres d'amende, avec privation de charge contre les officiers qui l'auront donné.

14. Les ventes ne pourront être changées en tout ou en partie, sous quelque prétexte que ce soit, après l'adjudication, sur peine de punition exemplaire contre les officiers et perte de leurs charges, et de restitution du quadruple du prix des ventes changées, et d'amende contre les marchands, sans que cette peine puisse être modérée sous quelque prétexte que ce soit.

15. Révoquons les droits de cire et de greffe : mais les ventes de nos bois seront faites à l'avenir à la charge de payer seulement le sol pour livre, par les adjudicataires, du prix principal de leur adjudication, ès mains du receveur particulier ou général des bois, s'il y en a, ou du domaine ; pour sur la somme à laquelle il reviendra, être les officiers des maîtrises et gruries payés de leurs droits, journées et taxations, suivant

les états qui en seront arrêtés par les grands-maîtres, sur lesquels et les quittances des officiers, les sommes y contenues seront passées et allouées en la dépense des comptes des receveurs.

19. Si le fonds du sol pour livre n'est suffisant, le grand-maître pourra prendre le supplément sur le fonds des ventes, sans que les officiers puissent recevoir aucune chose que par les mains des receveurs, à peine de restitution du quadruple, et d'interdiction de leurs charges.

17. Les jours pour les adjudications des ventes ayant été indiqués par les grands-maîtres aux officiers des maîtrises, ils en feront faire les publications, et notre procureur sera tenu d'envoyer incessamment des billets proclamatoires aux lieux ordinaires, contenant le nombre d'arpens, la situation, la qualité, les réserves, le jour, le lieu, l'heure, et par-devant qui les ventes se feront.

18. Le jour suivant de chacune publication, les huissiers et sergens qui auront vaqué à faire les publications et affiches, seront tenus d'en rapporter à notre procureur les procès-verbaux signés d'eux et de leurs recors, avec les certificats des curés ou vicaires des paroisses, pour être représentés et affirmés véritables avant l'adjudication des ventes, par-devant le grand-maître ou le commissaire qui sera préposé pour les faire; et seront tenus les curés ou vicaires de délivrer gratuitement leurs certifications, à peine de cent livres d'amende, payable par saisie de leur temporel.

19. Il y aura au moins huitaine franche entre la dernière publication et l'adjudication.

20. Seront toutes personnes reçues à mettre leurs enchères; si toutefois un enchérisseur était notoirement insolvable, les receveurs de nos bois ou du domaine pourront lui demander les noms de ses cautions; et s'il n'en a point, à l'audience le receveur en donnera avis au grand-maître, pour y pourvoir ainsi qu'il avisera bon être.

21. Ne pourront à l'avenir aucuns ecclésiastiques, gentilshommes, gouverneurs des villes et places, capitaines des châteaux et maisons royales, leurs lieutenans et officiers, magistrats de police et de finance, faisant fonctions de juges ou de nos procureurs dans nos justices, se rendre adjudicataires, directement ou par association, des ventes qui se feront dans nos bois, pour le tout ou partie, ni en prendre de rétrocessions, ou se rendre pleiges et cautions des adjudicataires, sous leur nom ou sous celui d'aucunes personnes interposées, à peine de confiscation des ventes, ou du prix pour lequel elles auront été faites, et d'être déchus de leurs priviléges, déclarés roturiers et

imposés à la taille, et de privation de charges contre nos officiers qui auront fait ou consenti l'adjudication, ou souffert l'exploitation, même de plus grandes peines s'il y échet.

22. Défendons pareillement aux officiers de nos forêts et chasses, tant ceux des maîtrises où se feront les ventes, que tous autres de quelque département qu'ils soient, sans distinction, et à leurs enfans, gendres, frères, beaux-frères, oncles, neveux et cousins germains, de prendre part aux adjudications, soit comme parties principales, associés, pleiges ou cautions, à peine contre les officiers adjudicataires de confiscation des ventes et privation de leurs charges, d'amende arbitraire; et d'être bannis du ressort de la maîtrise où ils feront leur résidence, et contre leurs parens et alliés, de pareille peine de confiscation et d'amende arbitraire.

23. Les marchands adjudicataires, ni autres particuliers, de quelque qualité que ce soit, ne pourront faire aucunes associations secrètes, ni empêcher par voies indirectes les enchères sur nos bois; et où ils se trouveraient convaincus de monopole ou complot concerté entr'eux par parole ou par écrit de ne point enchérir les uns sur les autres, voulons qu'outre la confiscation des ventes, ils soient condamnés en une amende arbitraire, qui ne pourra être au-dessous de mille livres, et bannis des forêts.

24. L'adjudicataire ne pourra avoir plus de trois associés, lesquels il sera tenu de nommer au greffe de la maîtrise dans la huitaine de l'adjudication; ensemble y mettre une expédition du traité de leur association, et d'y faire, lui et ses associés, leur soumission de satisfaire à toutes les charges de l'adjudication, à peine de mille livres d'amende contre lui, et de déchéance de la société contre les associés.

25. Il sera libre aux marchands de renoncer à leurs enchères au greffe de la maîtrise dans le lendemain midi du jour de l'adjudication, en le faisant signer dans cet intervalle au précédent enchérisseur au domicile par lui élu, et au receveur auquel ils payeront comptant leurs folles enchères.

26. Au cas qu'il y ait révocation d'enchères, les précédens enchérisseurs seront graduellement et successivement subrogés aux lieux et places de ceux qui auront révoqué leurs enchères; et toutes personnes qui enchériront seront tenues d'élire domicile au lieu où les adjudications seront faites, tant pour la validité des actes qui doivent suivre l'adjudication, que pour l'exécution de leurs enchères, révocations et adjudications, tiercement et demi-tiercement, et de tous autres actes qu'il sera nécessaire de faire; et à faute d'en élire, les assignations leur

seront faites au greffe de la maîtrise, qui seront réputées valables.

27. Si le marchand adjudicataire se désistait de son enchère, et renonçait à la vente, il sera arrêté jusqu'à ce qu'il ait payé ou donné bonne caution de sa folle enchère, et la vente retournera au précédent enchérisseur, et successivement de l'un à l'autre, ainsi qu'il a été ci-devant prescrit.

28. Les adjudications seront signées sur-le-champ par le marchand, grand-maître, ou celui qui aura fait l'adjudication; ensemble par le maître particulier, notre procureur, et les autres officiers de la maîtrise, sur le registre du greffier, immédiatement au bas de l'acte, et sans qu'il soit laissé aucun blanc entre la fin du texte de l'adjudication et les signatures; et seront chacun des feuillets, sur lesquels seront employées les réceptions d'enchères et adjudications, paraphés par le grand-maître.

29. Les marchands adjudicataires seront tenus dans la huitaine du jour de l'adjudication, avant commencer l'usance des ventes, de donner bonne et suffisante caution, et certificateur, qui seront reçus par le receveur; et à son refus, par le maître et notre procureur, lesquels s'obligeront solidairement de payer ès mains du receveur de nos bois, s'il y en a, ou du domaine, le prix principal en deux paiemens égaux, qui seront faits dans les temps portés par le cahier des charges, et outre de satisfaire aux autres charges, clauses et conditions y mentionnées.

30. Le receveur sera tenu, la huitaine passée, de faire signifier incessamment, et dans le jour, à celui qui était le pénultième enchérisseur, qu'il est substitué au lieu et place de l'adjudicataire qui aura manqué de donner caution, et que dès ce moment l'adjudication est à sa charge.

31. Toutes personnes non prohibées pourront enchérir, tiercer et doubler les ventes pour tous les triages en général, ou chacun en particulier, ainsi qu'ils auront été adjugés, dans le lendemain midi du jour de l'adjudication; après lequel temps il n'y aura plus de lieu au tiercement et doublement, sous quelque prétexte, et pour quelque considération que ce puisse être.

32. Les tiercemens et doublemens seront faits au greffe dans le temps ci-dessus préfini, et signifiés le même jour aux marchands adjudicataires et receveurs, en parlant à leurs personnes ou domiciles, s'il en a été élu, sinon au greffe de la maîtrise, par exploit, qui contiendra ponctuellement l'heure en laquelle il aura été donné, et le nom de ceux à qui les sergens auront parlé, à peine de nullité de l'exploit.

33. Le tiercement est une enchère qui augmente du tiers le prix de la vente, et fait le quart sur le total; et le demi-tiercement une autre enchère sur le tiercement, qui est de la moitié du tiers; en sorte que si le prix de l'adjudication est de quinze cents livres, le tiercement sera de cinq cents livres, et le demi-tiercement de deux cents cinquante livres.

34. Enjoignons aux greffiers de marquer le jour et l'heure précise dans les actes qu'ils dresseront, et délivreront sur les adjudications, tiercemens et doublemens, à peine de trois cents livres d'amende, et de tous dépens, dommages et intérêts pour la première fois, et pour la seconde, de pareille peine et de privation de leurs charges.

35. Le demi-tiercement ne sera reçu que sur le tiercement; mais on pourra d'une seule enchère faire le tiercement et demi-tiercement, ce qui s'appelle doublement, lequel étant signifié en la forme ci-dessus prescrite à l'adjudicataire, il sera reçu à y mettre une simple enchère; et sur cette enchère l'adjudicataire, et le tierceur et doubleur seront reçus à enchérir l'un sur l'autre entr'eux seulement, et la vente demeurera au dernier enchérisseur, sans plus revenir; ce qui sera fait par-devant le grand-maître, ou le commissaire qui aura fait l'adjudication, s'ils sont sur les lieux, sinon par-devant les officiers de la maîtrise.

36. Après que les marchands auront fourni leurs cautions et certificateurs, le receveur leur donnera ses certificats pour les représenter, et faire registrer au greffe sans frais, dont une expédition sera mise ès mains des gardes-marteaux, auxquels et aux officiers nous défendons de souffrir qu'aucunes coupes soient commencées, qu'ils n'aient vu et fait registrer le certificat du receveur, à peine d'en répondre en leurs propres et privés noms.

37. L'adjudicataire des bois de futaie dans nos forêts, dans lesquelles ils s'emploient en ouvrage, sera tenu d'avoir un marteau, dont il mettra l'empreinte au greffe, pour marquer le bois qu'il vendra en pied, sans qu'il puisse en débiter de cette qualité, qu'ils n'aient cette marque, et d'avoir, lui, ses facteurs ou gardes-ventes, un registre dans lequel seront écrits les noms, surnoms et domiciles de ceux auxquels ils vendront du bois, la quantité et le prix, à peine de cent livres d'amende et de confiscation; sans que plusieurs associés puissent avoir plus d'un marteau, ni marquer d'autres bois que ceux de leurs ventes, à peine d'être punis comme faussaires.

38. Si néanmoins un marchand avait plusieurs ventes, et que, pour la distance des lieux, il fût obligé d'y tenir différens registres; en ce cas, il pourra avoir autant de marteaux que de

registres, et de même marque, pourvu qu'il en ait fait faire procès-verbal et empreinte, comme il est dit ci-dessus.

39. Les facteurs et gardes-ventes établis par les marchands pour l'usance et débit de leurs ventes, prêteront le serment entre les mains du grand-maître, du maître particulier, ou du lieutenant, sans aucuns frais ni droits; feront leur rapport des délits qui seront commis à la réponse de leurs ventes, qu'ils feront signer par deux témoins, ou attester (en cas qu'ils ne puissent signer) par-devant l'un des juges de la maîtrise, à peine de nullité; et si le délit est fait de nuit, à feu ou à scie, le procès-verbal du facteur fera foi, après l'avoir attesté véritable par serment, lesquels procès-verbaux ils mettront au greffe, et en retireront le certificat du greffier, pour le plus tard trois jours après que les délits auront été commis; et en ce faisant, les marchands en demeureront déchargés, et les délinquans condamnés en l'amende au pied le tour, ainsi que des autres délits, par les officiers de la maîtrise, à la diligence de notre procureur, dans huitaine du jour du rapport, à peine d'en répondre en leurs noms.

40. Les bois, tant de futaie que taillis, seront coupés et abattus dans le quinzième d'avril, et le temps des vidanges réglé par le grand-maître, suivant la possibilité des forêts, à peine d'amende arbitraire, et de confiscation des marchandises contre les adjudicataires, sans que les officiers puissent accorder aucune prorogation pour coupes et vidanges, sous pareille peine d'amende arbitraire, et de privation de leurs charges.

41. Si toutefois les marchands étaient obligés par de justes considérations de demander quelque prorogation de délai, pour couper et vider les ventes, ils se pourvoiront en notre conseil, pour, au rapport du Contrôleur général de nos finances, leur être par nous pourvu de ce qu'il appartiendra sur les avis des grands-maîtres.

42. Les futaies seront coupées le plus bas que faire se pourra, et les taillis abattus à la coignée à fleur de terre, sans les écuisser ni éclater, en sorte que les brins des cépées n'excèdent la superficie de la terre, s'il est possible, et que tous les anciens nœuds recouverts, et causés par les précédentes coupes, ne paraissent aucunement.

43. Les arbres seront abattus en sorte qu'ils tombent dans les ventes, sans endommager les arbres retenus, à peine de nos dommages et intérêts contre le marchand; et s'il arrivait que les arbres abattus demeurassent encroués, les marchands ne pourront faire abattre l'arbre sur lequel celui qui sera tombé se trouvera encroué, sans la permission du grand-maître ou des officiers, après avoir pourvu à notre indemnité.

44. Les bois de cépées ne seront abattus et coupés à la serpe ou à la scie, mais seulement à la cognée, à peine contre les marchands qui les exploiteront, de cent livres d'amende, et de confiscation de leurs marchandises et outils des ouvriers.

45. Enjoignons aux adjudicataires de faire couper, recéper et ravaler le plus près de terre que faire se pourra, toutes les souches et estocs de bois pillés et abougris étant dans les ventes; et aux officiers d'y avoir l'œil, et tenir la main, à peine de suspension de leurs charges.

46. Si pendant l'usance des ventes aucuns des arbres réservés et marqués étaient arrachés ou abattus par les vents et orages, ou par autre accident, les marchands, ou leurs facteurs les laisseront sur la place, et en donneront incessamment avis au sergent à garde, qui sera tenu d'en avertir le garde-marteau, pour se transporter ensemble sur les lieux, afin d'en dresser leurs procès-verbaux, qu'ils présenteront aussitôt aux officiers de la maîtrise, pour en marquer d'autres, le tout sans frais.

47. Les temps des coupes des bois et vidanges désignés par les adjudications étant expirés, s'il se trouve des bois dans les ventes sur pied et abattus, ils seront confisqués à notre profit, et le gisant incessamment transporté hors de la forêt.

48. Ne pourront les marchands adjudicataires retenir dans leurs ventes d'autres bois que ceux qui en proviendront, à peine d'être punis comme s'ils avaient volé les bois ainsi retirés contre notre prohibition.

49. Nul marchand, ou autre personne, ne pourra faire travailler nuitamment, ni les jours de fête, dans les ventes en coupe, ni y prendre et enlever du bois, sur peine de cent livres d'amende.

50. Avant que de faire exploiter les ventes, les marchands pourront faire procéder au souchetage par-devant le maître particulier, en présence du garde-marteau et du sergent à garde, par deux experts, desquels l'un sera nommé par notre procureur de la maîtrise, et l'autre de leur part, dont il sera dressé procès-verbal, sans frais ni droits, à peine de concussion; à la réserve des journées des soucheteurs, qui seront taxées par le maître, et payées par le sergent collecteur des amendes; dans lequel procès-verbal seront employés le nombre de souches qui auront été trouvées, leur qualité et grosseur, et demeurera au greffe de la maîtrise, pour y avoir recours, et s'en servir lors du récolement.

51. Les marchands demeureront responsables de tous les délits qui se feront à l'ouie de la cognée aux environs de leurs ventes, estimés pour les bois de cinquante ans, et au-dessus, à

cinquante perches; et à vingt-cinq perches, pour ceux depuis cinquante ans et au-dessous, si les marchands ou leurs facteurs n'en font leur rapport.

52. Le transport, passage, voiture ou flottage des bois, tant par terre que par eau, ne pourra être empêché ou arrêté sous quelque prétexte de droits de travers, péages, pontonnage, ou autres, par quelque particulier que ce soit, à peine de répondre de tous les dépens, dommages et intérêts des marchands; sauf à ceux qui prétendent avoir titre pour lever aucuns droits, de se pourvoir par-devant le grand-maître, qui y pourvoira ainsi qu'il appartiendra.

Titre XVI. *Récolemens.*

Art. 1er. Les récolemens de toutes les ventes se feront pour le plus tard six semaines après les temps de vidanges expirés, par les maîtres particuliers, en présence de notre procureur, du garde-marteau, greffier, sergent de la garde, arpenteur et soucheteur, qui auront fait l'arpentage et souchetage, et du lieutenant, si bon lui semble, sans qu'il puisse prendre aucuns droits qu'en l'absence du maître; et à cet effet, seront les marchands adjudicataires mandés huit jours auparavant, pour convenir du jour, et d'autres arpenteurs et soucheteurs, pour faire nouvel arpentage, et souchetage des ventes.

2. Lorsque les arpenteurs et soucheteurs, tant les premiers que ceux qui auront été nommés à l'effet du récolement, seront arrivés sur les lieux, les procès-verbaux d'assiette, arpentage, balivage et souchetage qui auront été faits pour l'adjudication des ventes, seront représentés, et reconnaîtront les arbres réservés par les procès-verbaux et par les adjudications; et pour cet effet, les officiers visiteront exactement les ventes de bout en bout en toutes leurs parties, les pieds corniers, parois, lisières et baliveaux, afin de connaître si elles auront été bien coupées, usées, vidées et nettoyées, dont ils dresseront leurs procès-verbaux, contenant le détail des entreprises, malversations, défauts et manquemens qu'ils auront reconnus, et ce qui manquera des arbres retenus et réservés par les procès-verbaux de martelage et balivage.

3. Notre procureur en la maîtrise nommera de sa part un arpenteur et soucheteur, et le marchand aussi un arpenteur et soucheteur de la sienne; mais si le marchand faisait difficulté, ou était refusant d'en convenir, il sera passé outre par l'arpenteur et soucheteur nommé par notre procureur, et le rapport réputé contradictoire.

4. Le souchetage sera fait aux environs et dans la réponse des

ventes, en présence des marchands, s'ils y veulent assister; et de notre procureur, du garde-marteau, et sergent à garde, qui dresseront leurs procès-verbaux, contenant le détail des souches qu'ils auront trouvées, et des délits qui seront commis pendant l'exploitation, arbre par arbre, avec mention de leur qualité, nature, essence et grosseur; leur défendant d'en omettre, à peine, contre les soucheteurs, du quadruple de la valeur des délits qu'ils n'auront pas rapportés dans leurs procès-verbaux, lesquels ils seront tenus de mettre au greffe vingt-quatre heures après les avoir faits.

5. Les procès-verbaux du second souchetage seront répétés et confrontés sur ceux du premier, et la différence qui se trouvera des uns aux autres, remarquée par le menu et en détail; auquel effet seront représentés tous les procès-verbaux de décharge qui auront été faits par les marchands et leurs facteurs, et observé les défauts et malversations qui se trouveront avoir été commises pendant l'usance et exploitation de leurs ventes, dont ils n'auront été valablement déchargés.

6. Le procès-verbal de réarpentage contiendra précisément la quantité d'arpens et de perches que les arpenteurs auront trouvée en la vente réarpentée; et, s'il se trouve quelque entreprise ou outre-passe au-delà des pieds corniers, ils la mesureront, en feront la description exacte, et la distingueront dans la figure qui sera par eux dressée.

7. Après que notre procureur en la maîtrise aura pris communication des procès-verbaux faits par les officiers arpenteurs et soucheteurs, il donnera ses conclusions par écrit sur ce qui en résultera, et les fera signifier aux marchands, qui seront tenus d'y répondre aussi par écrit dans trois jours; et le tout mis au greffe, et jugé à la première audience par le maître particulier, avec le lieutenant et le garde-marteau, sans que, pour le congé de Cour, les officiers puissent prendre aucunes épices ni autres droits que ceux qui leur seront taxés par le grand-maître, à prendre sur le sol pour livre, à peine de concussion.

8. Si par les procès-verbaux de réarpentage, il se trouve de la surmesure entre les pieds corniers, le marchand sera condamné de la payer à proportion du prix principal et des charges de sa vente; et, s'il s'en trouve moins, ce qui défaudra lui sera rabattu à proportion sur le prix de son adjudication, ou remboursé en argent sur les ventes de l'année suivante, sans qu'il soit permis de donner récompense en bois, ni de faire compensation en espèce de surmesure avec le manque de mesure.

9. S'il se rencontre quelqu'outre-passe ou entreprise au-delà

des pieds corniers, le marchand sera condamné de payer le quadruple, à raison du prix principal de son adjudication, au cas que les bois où elle est faite soient de même essence que celui de la vente; et, s'ils étaient de meilleure nature, qualité et plus âgés, il sera tenu d'en payer l'amende, et restitution au pied le tour.

10. L'adjudicataire qui ne représentera point les baliveaux, arbres de lisière, parois, tournans et pieds corniers laissés à sa garde, sera tenu de les payer, ainsi qu'il est dit au chapitre des amendes.

11. Tous marchands adjudicataires seront tenus à la fin de l'exploitation de leurs ventes, de rapporter les marteaux dont ils se sont servis, pour être rompus.

12. Si, par le jugement qui interviendra, le congé de Cour était accordé aux marchands, notre procureur en fera incessamment délivrer autant au garde-marteau, afin qu'il fasse remettre la vente en la garde du sergent; et, au cas qu'il n'y ait qu'une amende ou peine pécuniaire, il sera tenu d'en faire délivrer des expéditions à ceux qui seront chargés du recouvrement de nos deniers; et, si le jugement portait quelque condamnation contre les marchands ou autres, il sera tenu d'en poursuivre l'exécution, sur peine d'en répondre en son nom.

Titre XVII. *Ventes des Chablis et menus Marchés.*

Art. 1er. S'il se trouve quelques arbres qui aient été abattus, arrachés ou rompus par l'impétuosité des vents, ou par quelques autres accidens, le sergent à garde dressera procès-verbal sur son registre de leur qualité, nature et grosseur, et du lieu où il les aura trouvés, et observera si en tombant ils en ont rompu ou touché d'autres par leur chûte; duquel il sera tenu de mettre une expédition sous son seing au greffe de la maîtrise, trois jours après, dont il retirera décharge du greffier, à peine de cinquante livres d'amende.

2. Le garde-marteau et le sergent à garde veilleront à la conservation des bois chablis, et empêcheront qu'ils ne soient pris, enlevés ou ébranchés par les usagers et autres, sous prétexte de coutume et usage, quel qu'il puisse être; et, en cas qu'il s'en rencontre de coupés par troncs ou ébranchés, ils en feront leur rapport, de même que s'ils avaient été abattus sur pied, et les officiers les condamneront au pied le tour, à peine d'amende arbitraire, et d'en répondre en leurs noms.

3. Aussitôt que les officiers auront été avertis, ils se transporteront sur les lieux, accompagnés du garde-marteau et du

sergent, avec son procès-verbal, pour voir les arbres chablis, et reconnaître si le rapport du sergent est fidèle; lesquels seront marqués de notre marteau, à peine d'amende arbitraire, et d'en répondre en leurs privés noms.

4. Les arbres chablis ne pourront être réservés ni façonnés sous prétexte de les aménager ou débiter en autre temps pour notre profit, mais seront vendus incessamment en l'état qu'ils se trouveront, et l'adjudication faite en l'auditoire de la justice des Eaux et forêts par le grand-maître ou par les officiers de la maîtrise, à l'extinction des feux, après deux publications faites à l'audience ou marché du lieu, et aux prônes des messes par les curés de la paroisse du siége de la maîtrise, et des villes et villages des environs de la forêt; et, pour cet effet, billets proclamatoires seront envoyés et affiches mises, ainsi qu'il a été prescrit pour les ventes ordinaires : et le temps de vidange ne sera que d'un mois pour le plus, à peine de nullité, et de confiscation des bois vendus.

5. Défendons au garde-marteau de marquer, et aux officiers de vendre aucuns arbres en estant, sous prétexte qu'ils auraient été fourchés ou ébranchés par la chûte des chablis; mais voulons qu'ils soient conservés, à peine d'amende arbitraire.

6. Incontinent après la vente des chablis, et l'adjudication des menus marchés, il en sera dressé un état pour être délivré dans la huitaine, par le greffier, au receveur des bois, s'il y en a, ou du domaine, qui en doit faire la recette.

7. Les vacations des officiers et du greffier, tant pour la reconnaissance et martelage, que pour l'adjudication des chablis et arbres de délit, seront taxées par les grands-maîtres lorsqu'ils seront sur les lieux, selon le travail, et à proportion du temps, à prendre sur les amendes et deniers, dont le sergent-collecteur fait le recouvrement; auquel effet ils leur représenteront leurs procès-verbaux, ordonnances, et autres actes; et seront les deniers du prix des bois chablis payés au receveur, et par lui au receveur général, et compris dans son état de recouvrement, ainsi que le prix principal de nos bois.

TITRE XVIII. *Des Ventes et Adjudication des Panages, Glandées et Paissons.*

Art. 1er. Lorsqu'il y aura suffisamment de glands et de faînes pour faire ventes de glandée, sans incommoder les forêts, le maître particulier ou le lieutenant, et notre procureur, visiteront la glandée en la présence du garde-marteau et des sergens à garde; dresseront procès-verbal du nombre des porcs qui pourront être mis en panage dans les forêts de la maîtrise, avec un état du nombre qui y sera mis par les usagers et officiers; et leur sera fait taxe de leurs salaires par le grand-maître étant sur les lieux, pour en être payés sur les deniers provenant des amendes et autres deniers, dont le sergent-collecteur fait le recouvrement sur leurs simples quittances, lesquelles rapportant avec les ordonnances, les sommes seront allouées partout où il appartiendra.

2. L'adjudication se fera à l'audience avant le quinzième septembre, à l'extinction des feux, au plus haut et dernier enchérisseur, après publications, ainsi qu'il est dit pour les chablis, avec charge expresse de payer le prix ès mains du receveur aux termes y contenus, de bailler caution, et de souffrir par l'adjudicataire la quantité des porcs qui aura été réglée, tant pour les usagers qu'officiers.

3. La glandée ne sera ouverte que depuis le premier octobre jusqu'au premier février; et ne pourront les usagers, officiers et adjudicataires y mettre leurs porcs en plus grand nombre que celui compris dans l'adjudication, et après les avoir fait marquer au feu, et déposé au greffe l'original de la marque, sur peine de cent livres d'amende, et de confiscation de ce qui se trouvera excéder le nombre, ou marqué de fausse marque.

4. Défendons à toutes personnes, autres que ceux employés dans l'état qui sera arrêté en notre Conseil, d'envoyer ou mettre leurs porcs en glandée dans nos forêts, s'ils n'en ont le pouvoir du marchand adjudicataire, à peine de cent livres d'amende et de confiscation, moitié à notre profit et l'autre moitié au profit du marchand; et demeureront les propriétaires responsables de ceux qu'ils commettront pour la garde de leurs porcs.

Titre XIX. *Des droits de Pâturage et Panage.*

Art. 1er. Permettons aux communautés, habitans, particuliers usagers dénommés en l'état arrêté en notre Conseil, d'exercer leurs droits de panage et pâturage pour leurs porcs et bêtes aumailles, dans toutes nos forêts, bois et buissons, aux lieux qui auront été déclarés défensables par les grands-maîtres faisant leurs visites, ou sur les avis des officiers des maîtrises, et dans toutes les landes et bruyères dépendantes de nos domaines.

2. Les habitans usagers donneront déclaration du nombre et de la quantité des bestiaux qu'ils possèdent ou tiennent à loua-

ge, dont sera fait rôle contenant le nom de ceux à qui ils appartiendront, lequel sera porté au siége de la maîtrise, pour être transcrit en un registre qui sera tenu au greffe, et paraphé du maître et de notre procureur.

3. Les officiers assigneront à chacune paroisse, hameau, village ou communauté usagère, une contrée particulière, la plus commode qu'il se pourra, en laquelle, ès lieux défensables seulement, les bestiaux puissent être menés et gardés séparément, sans mélange de troupeaux d'autres lieux; le tout à peine de confiscation des bestiaux, et d'amende arbitraire contre les pâtres, et de privation de leurs charges contre les officiers et gardes qui permettront ou souffriront le contraire; et seront toutes les délivrances faites sans frais ni droits, à peine de concussion.

4. La déclaration des contrées et de la liberté d'y envoyer en pâturage, sera publiée aux prônes des messes des paroisses usagères, l'un des dimanches du mois de février de chacune année, à la diligence de notre procureur; et sera le certificat du curé ou du sergent mis au greffe de la maîtrise à sa diligence, et registré sur le registre ci-dessus, sans frais, avec défenses aux usagers, et tous autres, d'envoyer paître leurs bestiaux ès autres lieux, à peine de confiscation, et de privation de leurs usages.

5. Les coutumes, franchises, usages, pâturages et panages, seront réduits aux fiefs et maisons usagères seulement, suivant les états qui en ont été faits par les commissaires qui ont travaillé aux reformations, ou qui seront ci-après dressés pour les grands-maîtres, aux maîtrises où il n'y a pas été pourvu : le nombre des bestiaux sera pareillement réglé par les grands-maîtres, eu égard à l'état et possibilité des forêts.

6. Tous les bestiaux appartenant aux usagers d'une même paroisse ou hameau ayant droit d'usage, seront marqués d'une même marque, dont l'empreinte sera mise au greffe avant que de les pouvoir envoyer au pâturage, et chacun jour assemblés en un lieu qui sera destiné pour chacun bourg, village ou hameau, en un seul troupeau, et conduite par un seul chemin, qui sera désigné par les officiers de la maîtrise le plus commode et le mieux defendu, sans qu'il soit permis de changer et prendre une autre route allant et retournant, à peine de confiscation des bestiaux, amende arbitraire contre les propriétaires des bestiaux, et de punition exemplaire, contre les pâtres et gardes.

7. Les particuliers seront tenus de mettre au col de leurs bestiaux des clochettes dont le son puisse avertir des lieux où ils pourront s'échapper et faire dégât, afin que les pâtres y

courent, et que les gardes se saisissent des bêtes écartées et trouvées en dommage hors les cantons désignés et publiés défensables.

8. Ne sera loisible à aucun habitant de mener ses bestiaux à garde séparée, ni les envoyer en la forêt par sa femme, ses enfans ou domestiques, à peine de dix livres d'amende pour la première fois, confiscation pour la seconde, et pour la troisième, de privation de tout usage; ce qui sera pareillement observé à l'égard des seigneurs, ecclésiastiques, gentilshommes, et autres personnes indistinctement qui jouiront du droit comme habitant, nonobstant les droits de troupeau à part, et toutes coutumes ou possessions contraires.

9. Les pâtres et gardes seront choisis et nommés annuellement, à la diligence des procureurs d'office ou syndics de chacune paroisse, ou principaux habitans des hameaux et villages, par les habitans assemblés en présence du juge des lieux, qui en délivrera acte sans frais, ou du notaire ou tabellion, et demeurera la communauté responsable de ceux qui seront choisis.

10. Ne pourront les particuliers usagers prêter leurs noms et maisons aux marchands et habitans des villes et paroisses voisines, pour y retirer leurs bestiaux; et, s'il s'y en trouvait qui fussent ainsi retirés, ou donnés frauduleusement par déclaration, ils seront confisqués, et l'usager condamné pour la première fois en l'amende de cinquante livres, et, en cas de récidive, privé de tout usage.

11. Défendons à tout particulier d'envoyer leurs bestiaux en pâturage sous prétexte de baux et congés des officiers, receveurs ou fermiers du domaine, même des engagistes ou usufruitiers, à peine de confiscation des bestiaux trouvés en pâturage, et de cent livres d'amende.

12. S'il y avait de jeunes rejets en futaie ou taillis le long des routes ou chemins où les bestiaux passeront pour aller ès lieux destinés au pâturage, en sorte que le brout ne se pût sûrement empêcher, les officiers tiendront la main à ce qu'il soit fait des fossés suffisamment larges et profonds pour leur conservation, ou les anciens relevés et entretenus aux frais et dépens des communautés usagères par contribution, à proportion du nombre des bêtes qu'elles envoyeront en pâturage.

13. Défendons pareillement aux habitans des paroisses usagères, et à toutes personnes ayant droit de panage dans nos forêts et bois, ou en ceux des ecclésiastiques, communautés et particuliers, d'y mener ou envoyer bêtes à laine, chèvres, brebis et moutons, ni même ès landes et bruyères, places vai-

nes et vagues aux rives des bois et forêts, à peine de confiscation des bestiaux, et de trois livres d'amende pour chacune bête; et seront les bergers et gardes de telles bêtes condamnés en l'amende de dix livres pour la première fois, fustigés et bannis du ressort de la maîtrise en cas de récidive, et demeureront les maîtres propriétaires des bestiaux et pères de famille, responsables civilement des condamnations rendues contre les bergers.

14. Les habitans des maisons usagères jouiront du droit de pâturage et panage pour les bestiaux de leur nourriture seulement, et non pour ceux dont ils feront trafic et commerce, à peine d'amende et confiscation.

15. Le maître particulier ne pourra mettre plus de huit porcs à la glandée, et le lieutenant, notre procureur et garde-marteau, chacun six; le greffier quatre, et le sergent à garde trois, à peine de confiscation : le tout au cas qu'ils soient actuellement résidans, et non autrement.

TITRE XX. *Des Chauffages et autres Usages de Bois, tant à bâtir qu'à réparer.*

Art. 1er. Révoquons et supprimons tous et chacun les droits de chauffage dont nos forêts sont à présent chargées, de quelque nature et condition qu'ils soient.

2. Voulons néanmoins que ceux qui en possèdent pour cause d'échanges, indemnités, et qui justifieront d'une possession avant l'année 1560, ou autrement, à titre onéreux, soient dédommagés suivant l'évaluation qui en sera faite en notre Conseil; et jusques à l'actuel remboursement, seront payés annuellement, sur le prix des ventes, de la valeur de leurs chauffages.

3. Voulons aussi que les chauffages attribués aux officiers de nos Eaux et forêts par édits ou déclarations, en conséquence de finance par eux payée, soient évalués en notre Conseil, pour en être remboursés ou payés annuellement de la valeur sur le prix des ventes, suivant l'état qui en sera par nous arrêté.

4. Les communautés et particuliers qui jouissaient du droit de chauffage, à cause de redevances et prestations en deniers ou espèces, services personnels de garde, corvées, ou autres charges, en demeureront libres et déchargés en conséquence de la présente révocation.

5. Et, à l'égard des chauffages donnés et accordés par nous, nos prédécesseurs, fondateurs et bienfaiteurs, pour causes de fondations et dotations faites aux églises, chapitres, abbayes,

monastères, hôpitaux, maladeries, et autres communautés ecclésiastiques, séculières et régulières, voulons qu'ils leur soient conservés en espèce, suivant les états qui en ont été ou seront ci-après arrêtés en notre Conseil, eu égard à la possibilité de nos forêts; et, où elles se trouveraient dégradées et ruinées, en sorte qu'elles ne les pussent porter sans un notable préjudice et diminution de nos revenus, la valeur en sera liquidée en notre Conseil sur les avis des grands-maîtres, et employée dans nos états, pour être payée en argent par chacun an sur le prix des ventes, sans diminution ni retranchement.

6. Les religieux, hôpitaux et communautés, qui ont chauffage par aumône de nous ou de nos prédécesseurs, n'en auront à l'avenir aucune délivrance en espèce, mais seulement en deniers, dont le fonds sera fait dans nos états, au chapitre des fiefs et aumônes.

7. Sera fait un état général en notre Conseil de tous les chauffages en espèce ou en argent, contenant le nom des usagers, le nombre et la qualité des bois, et sur quelles forêts ils doivent être fournis, dont seront envoyées des expéditions à la Chambre des comptes, et aux grands-maîtres, qui feront mettre des extraits aux greffes des maîtrises particulières, de ceux dont les forêts de leurs dépendances seront chargées, pour être délivrés conformément à nos états et ordonnances, sans qu'ils puissent être augmentés, sur peine, contre les ordonnateurs, de privation de leurs charges, et de restitution du quadruple contre ceux qui les auront reçus.

8. Si aucuns des officiers de nos Eaux et forêts étaient convaincus d'avoir reçu ou exigé des marchands, de leurs facteurs ou commis, aucun bois sous prétexte de chauffage, ou tel autre qu'il soit, au préjudice de nos défenses, ordonnons au grand-maître de les punir selon la rigueur de nos ordonnances.

9. Les officiers ne seront payés des sommes qui leur seront réglées par nos états, au lieu de leur chauffage, s'ils ne servent et font résidence actuelle; pourquoi seront obligés d'apporter aux receveurs les certificats et attestations des grands-maîtres.

10. Révoquons en outre, éteignons et supprimons, tout bois d'usages à bâtir et réparer, pour quelque cause et sous quelque prétexte que la concession en ait été faite, nonobstant toutes confirmations, lettres, titres et possessions, sauf, s'il se trouvait qu'ils eussent été acquis ou concédés à titre de fondation, dotation, ou par une possession justifiée avant l'année 1560, ou autrement à titre onéreux, de pourvoir à l'indemnité ou décharge des intéressés, ainsi que de raison.

11. Ne sera fait à l'avenir aucun don ni attribution de chauffage, pour quelque cause que ce soit; et si, par importunité ou autrement, aucunes lettres ou brevets en avaient été accordés et expédiés, défendons à nos Cours de parlement, Chambre des comptes, grands-maîtres et officiers, d'y avoir égard.

Titre XXI. *Des Bois à bâtir pour les Maisons royales, et Bâtimens de mer.*

Art. 1er. Ne sera fait aucune vente extraordinaire par arpent ni par pieds d'arbres, pour constructions et réparations de nos maisons royales ou bâtimens de mer; mais pourra le grand-maître charger l'adjudicataire des ventes ordinaires de nos forêts, de fournir le bois nécessaire pour ces ouvrages, en lui payant le prix suivant l'estimation qui en sera faite par l'avis de gens à ce connaissans, sur le devis des entrepreneurs ou architectes, et conformément à l'état arrêté par le Surintendant de nos bâtimens, ou par le Contrôleur général de nos finances expédié en bonne et due forme; lequel état sera inséré dans le cahier des charges, et mis au greffe de la maîtrise.

2. Si toutefois on avait besoin d'aucunes pièces de telle grosseur et longueur qu'elles ne se pussent trouver dans les ventes ordinaires, en ce cas, le grand-maître, sur les états qui en seront arrêtés en notre Conseil, et lettres-patentes duement vérifiées, en pourra marquer et faire abattre dans nos forêts, ès lieux moins dommageables; et, s'il n'y en trouvait pas, les fera choisir et prendre dans les bois de nos sujets, tant ecclésiastiques qu'autres, sans distinction de qualité; à la charge de payer la juste valeur qui sera estimée par experts, dont notre procureur en la maîtrise et les parties conviendront par-devant le grand-maître, lequel, au défaut ou refus, en nommera d'office.

3. Défendons au grand-maître de procéder au martelage des bois ainsi nécessaires, hors les ventes ordinaires, qu'en vertu de lettres patentes expédiées en conformité des états et avis du Surintendant de nos bâtimens, ou Contrôleur général de nos finances, en exécution desquelles, et après l'enregistrement au Parlement et Chambre des comptes du ressort de la maîtrise, il se transportera sur les lieux, fera procès-verbal du nombre, situation, âge, tour et qualité des arbres choisis, et les marquera, tant de notre marteau que du sien, en présence des officiers et de l'entrepreneur des ouvrages, ou autre préposé pour la délivrance; signera le procès-verbal avec tous les assis-

tans, et le fera transcrire à l'instant sur le registre de la maîtrise, dont le greffier délivrera gratuitement une expédition à ceux qui auront charge d'exploiter les bois.

4. Les arbres qui pourraient se trouver abattus et rompus par la chûte ou vidange des pièces retenues, seront pareillement marqués de notre marteau, et de celui du grand-maître, lequel, après avoir fait son procès-verbal de leur âge, tour et qualité, même de leur valeur au rapport d'experts, en la même forme ci-dessus prescrite, les délivrera à l'entrepreneur, pour en faire état à notre profit, et les enlever incessamment, sans souffrir qu'il soit commis aucun abus ni délit par les ouvriers qu'il emploiera, dont il demeurera responsable.

5. Les branchages, copeaux et remanens des arbres ainsi retenus pour nos bâtimens, et de ceux qui se trouveront abattus et rompus par leur chûte et passage, seront vendus au siége de la maîtrise avec les formalités prescrites pour la vente des chablis, et le prix payé au receveur des bois ou du domaine, sans que les bûcherons puissent les emporter, ni en disposer sous prétexte de fouée ou autrement, à peine d'amende arbitraire et de restitution du double de la valeur, dont l'entrepreneur sera pareillement responsable.

6. Ceux qui feront couper et ouvrer les arbres ci-dessus exprimés, fourniront autant de la délivrance au garde-marteau de la maîtrise, et au sergent en la garde duquel ils auront été marqués, pour faire mention, chacun sur son registre, de leur nombre, hauteur, grosseur et qualité, du temps qu'ils auront été enlevés, et des noms de ceux qui les auront fait transporter.

7. S'il se marquait plus de bois qu'il n'en sera besoin, l'entrepreneur ou celui qui aura la conduite de l'ouvrage, après avoir pris le nécessaire, fera et signera sur le registre du greffe de la maîtrise sa déclaration de ce qui en pourra rester, afin que la marque soit effacée dans trois jours au plus tard, de l'excédant qui serait encore sur pied; et, s'il était abattu, il sera vendu à notre profit, et le prix payé à notre receveur pour en compter.

Titre XXII. *Des Eaux, Forêts, Bois et Garennes tenus à titre de douaire, concession, engagement et usufruit.*

Art. 1er. Défendons à toutes personnes, sans exception ni distinction de qualité, de s'immiscer en la jouissance des eaux, bois et forêts de notre domaine, tenus à titre de douaire concession, engagement, usufruit ou autrement, en telle manière, sous tel titre et prétexte que ce soit, si les grands-maîtres, chacun en son département, n'ont auparavant visité les lieux, et fait procès-verbal de l'état où ils se trouvent, contenant en détail l'âge, nature et qualité des bois, l'état, l'essence et le nombre des baliveaux sur taillis distinctement par gardes ou triages, la consistance et valeur des coupes ordinaires par estimation et rapport des six dernières adjudications.

2. Voulons que le procès-verbal contienne aussi l'état des garennes, rivières, étangs, forges, fourneaux, écluses, pertuis, bondes, vannages, décharges et chaussées, avec description des réparations qu'il y conviendrait faire à dire d'experts, dont les douairiers, donataires, usufruitiers et engagistes conviendront avec notre procureur ès Eaux et forêts par-devant le grand-maître, qui fera signer le tout par les officiers de la maîtrise et les parties intéressées, ou leur agent et procureur spécialement fondé, pour être mis et enregistré dans la quinzaine en son greffe et en celui de la maîtrise, au ressort de laquelle les eaux et bois se trouveront assis.

3. Ne pourront les engagistes jouir à leur égard de l'effet de leurs contrats et adjudications, que les eaux, bois et garennes en dépendantes, ne soient préalablement évaluées en la Chambre des comptes en la présence du grand-maître, ou sur les avis et procès-verbaux par lui sur ce faits, à peine de dix mille livres d'amende, et de réunion des eaux et bois engagés à notre domaine.

4. Aussitôt que le terme de la jouissance expirera, nouvelles visites, estimations et reconnaissances seront faites par le grand-maître, avec mêmes formalités, les engagistes, usufruitiers, ou leurs héritiers présens ou duement appelés, de l'état et consistance de toutes les choses contenues au premier procès-verbal, pour, en cas qu'il se trouve des dégradations, dépérissemens ou changemens préjudiciables, obliger ceux qui ont possédé, leurs successeurs et ayans cause, de remettre incessamment tout en état, et nous en indemniser au pied du tour, conformément aux ordonnances en ce qui concerne les bois, et pour le surplus à dire d'experts qui seront convenus ou nommés d'office.

5. Les douairiers, donataires, usufruitiers et engagistes, ne pourront disposer d'aucune futaie, arbres anciens, modernes ou baliveaux sur taillis, même de l'âge du bois, réservés ès dernières ventes, ni des chablis, arbres de délit, amendes, restitutions, confiscations en provenant; mais le tout demeurera entièrement à notre profit, et sera payé au receveur de nos domaines ou de nos bois, ès lieux où nous en avons établi, pour nous en compter, ainsi que des autres deniers de leurs

charges, nonobstant toutes lettres vérifiées, clauses, dons, arrêts, contrats, adjudications, usages et possessions contraires.

6. Ne pourront aussi ni leurs fermiers, procureurs, agens et receveurs, prendre ou faire couper aucuns arbres anciens, modernes ou baliveaux sur taillis, par arpent ou par pied, pour entretien et réparations des maisons, moulins et bâtimens dépendant du même domaine, ou sous aucun autre prétexte, qu'en vertu de lettres bien et duement registrées ès Cour de parlement et Chambre des comptes du ressort, sur les avis et procès-verbaux du grand-maître, à peine de privation, de l'amende, et restitution au pied du tour contre les possesseurs, et de condamnation solidaire aux mêmes amendes et restitutions, tant contre leurs fermiers, agens et receveurs, que contre les marchands et entrepreneurs qui les auraient exploités, et d'interdiction contre les officiers qui en feraient la délivrance, outre les mêmes amendes, restitutions, dommages et intérêts, sans modération et sans recours.

7. Feront observer en l'usance des eaux et bois dont ils jouissent dans nos domaines, les mêmes conditions et réserves qui se doivent observer en l'usance des eaux et bois que nous possédons; et seront les ventes et adjudications faites par nos officiers ès Eaux et forêts avec les formalités prescrites par la présente ordonnance, sans qu'aucun fermier ou marchand puisse s'immiscer qu'en vertu des assiettes, martelages et délivrances ainsi faites par nos officiers, à peine de trois mille livres d'amende contre chacun contrevenant, et de confiscation des ventes.

8. Nos grands-maîtres et officiers des maîtrises particulières auront la même connaissance et juridiction sur les eaux et forêts des ecclésiastiques, commandeurs de Saint Jean de Jérusalem, administrateurs, communautés et gens de main-morte, assises dans l'étendue de nos domaines engagés, concédés ou tenus à quelque titre que ce soit, qu'ils ont et doivent avoir ès domaines dont nous jouissons, sans que les engagistes, usufruitiers et possesseurs ou leurs officiers puissent s'en entremettre sans aucun prétexte, non plus qu'ès bois tenus en grurie, grairie, tiers et danger, s'ils ne font partie de leurs dons ou contrats.

TITRE XXIII. *Des Bois en Grurie, Grairie, Tiers et Danger.*

Art. 1er. En tous les bois sujets aux droits de grurie, grairie, tiers et danger, la justice et tous les profits qui en procèdent nous appartiennent; ensemble la chasse, paisson et glandée privativement à tous autres, si ce n'était qu'à l'égard de la paisson et glandée, il y eût titre au contraire.

2. Les parts et portions que nous prenons lors de la coupe et usances des bois sujets aux droits de grurie et grairie, seront levées et perçues à notre profit en espèce ou en argent, suivant l'ancien usage de chacune maîtrise où ils sont situés, sans qu'il soit rien changé ni innové à cet égard ; et ne pourront être les bois de cette qualité vendus que par le ministère de nos officiers, et avec les mêmes formalités que nos autres bois et forêts.

3. Le tiers et danger sera levé et payé selon la coutume ancienne, qui est de distraire à notre profit sur le total de la vente, soit en espèce ou en deniers, à notre choix, le tiers et le dixième; en sorte que, si l'adjudication est de trente arpens pour une somme de trois cents livres, nous en ayions dix arpens pour le tiers de trente, et trois pour le dixième de la même quantité, qui feront treize arpens sur trente; ou, si nous le prenons en argent, cent livres pour le tiers de trois cents livres, et trente livres pour le dixième de la même somme de trois cents livres.

4. S'il se trouve quelques bois dans notre province de Normandie, pour lesquels les particuliers aient titre et possession de ne payer qu'une partie de ce droit, à savoir le tiers simplement, ou seulement le danger qui est le dixième, voulons qu'il n'y soit rien innové à cet égard.

5. Les possesseurs des bois sujets à tiers et danger pourront prendre par leurs mains, pour leur usage, du bois des neuf espèces contenues en l'article neuvième de la charte normande du roi Louis X, de l'année 1315, qui sont saulx, morsaulx, épines, puisnes, seur, aulnes, genêts, genévres et ronces, et le bois mort en cime et racine ou gisant.

6. Déclarons le droit de tiers et danger dans les bois de notre province de Normandie, imprescriptible et inaliénable, comme faisant partie de l'ancien domaine de notre couronne.

7. Tous bois situés en Normandie, hors ceux plantés à la main, et les morts bois exceptés par la charte normande, seront sujets à ce droit si les possesseurs ne sont fondés en titres authentiques et usages contraires.

8. Les droits de propriété par indivis avec autres seigneurs, et ceux de grurie, grairie, tiers et danger, ne pourront être donnés, vendus ni aliénés en tout ou partie, ni même donnés à ferme, pour telle cause et prétexte que ce soit, renouvelant, en tant que besoin serait, la prohibition contenue à cet effet au dixième article de l'ordonnance de Moulins, sans même qu'à

l'avenir tels droits puissent être engagés ou affermés; mais leur produit ordinaire sera donné en recouvrement au receveur des bois ou du domaine, dont ils compteront, ainsi que des deniers provenant des ventes de nos forêts.

9. Les grands-maîtres et officiers des maîtrises particulières connaîtront de tous délits, abus et malversations qui seront commises dans les bois de cette qualité non partagés, tant pour la police, vente et conservation, que pour la justice et pour la chasse.

10. Les ventes ordinaires seront faites par le grand-maître ou par les officiers de la maîtrise, avec les mêmes formes qui se doivent observer pour l'assiette, martelage, balivage, publications, adjudication, doublement, tiercement et récolement de nos bois, et les extraordinaires par le grand-maître seulement, en vertu de nos lettres-patentes duement registrées, à peine de restitution, de privation de tous droits contre les possesseurs, amende arbitraire et confiscation des ventes contre les marchands.

11. Il sera procédé à la vente des chablis rompus ou arrachés, en la manière ordonnée pour nos bois, à la charge de nous payer sur le prix la même part qui nous appartient dans nos ventes ordinaires.

12. Toutes les amendes et confiscations qui seront adjugées pour ces bois nous appartiendront entièrement, sans que les possesseurs y puissent rien prétendre; mais ils auront la même part aux restitutions, dommages et intérêts qu'ils ont droit et coutume d'avoir aux ventes.

13. Les réserves des baliveaux dans les taillis, et les mêmes peines et condamnations prescrites pour nos bois, seront faites et exécutées pour ceux tenus en grurie, grairie, tiers et danger : enjoignons aux officiers d'y tenir exactement la main, et voulons que leurs droits soient payés sur le prix total des ventes, suivant la taxe qui en sera faite par le grand-maître.

14. Sera fait un registre paraphé du maître et de notre procureur, de toutes les ventes, adjudications et récolemens, sur lequel tous les officiers présens signeront, avec les possesseurs ou leurs procureurs, et les marchands ou leurs facteurs s'ils savent signer.

15. Il y aura dans chacune maîtrise un ou plusieurs sergens, selon le nombre et la distance des bois tenus par indivis et en grurie, grairie, tiers et danger, pour y faire la garde et les rapports des délits, abus et malversations, ainsi que ceux préposés dans nos forêts.

16. Ne pourront les possesseurs prendre aucun arbre vif

sans la marque et délivrance du grand-maître, lequel à l'instant en fera couper et vendre à notre profit pour la valeur à proportion de nos droits.

17. Lorsqu'il se fera des ventes ordinaires, les possesseurs prendront leur chauffage sur leur part de la vente; mais, s'il n'y avait pas de vente ouverte, aucun chauffage ne pourra être pris qu'en bois mort ou mort-bois des neuf espèces.

18. Les grands-maîtres visiteront chacune année tous les bois de cette qualité, se feront représenter les registres tenus et jugemens donnés sur les délits et malversations, avec l'état des ventes et récolemens, et y feront la réformation lorsqu'elle sera par eux jugée nécessaire.

19. Les maîtres particuliers ou leurs lieutenans seront obligés d'y faire visite avec nos procureurs, du moins une fois l'année, les gardes-marteaux de six mois en six mois, et les sergens sans discontinuation, dont ils feront procès-verbal chacun à leur égard, et le mettront incessamment au greffe de la maîtrise; le tout à peine de privation de leurs charges, et de répondre en leurs noms des délits, abus et malversations.

20. Ordonnons que, dans six mois du jour de la publication des présentes, il sera fait arpentage, figure et description de toutes les forêts, bois et buissons où nous avons droit, tant par indivis que grurie, grairie, tiers et danger, par l'arpenteur de la maîtrise, à la diligence de nos procureurs chacun en son ressort, et en présence des parties intéressées, du garde-marteau ou gruyer et du sergent à garde, dont le procès-verbal et figure seront enregistrés au greffe.

21. Les maîtres, ou lieutenans en leur absence, feront aussi dans le même temps, avec nos procureurs, procès-verbal du nombre, situation et continence des bois de cette qualité, avec expression de l'essence et l'âge des bois dont ils sont plantés, et des droits que nous y avons; signeront et mettront le tout au greffe de la maîtrise, et en envoyeront autant au grand-maître qui sur ce fera l'état général de son département, dont il envoyera une expédition au Conseil ès mains du Contrôleur général de nos finances, et une autre au greffe de la Table de marbre.

22. Tous les frais des arpentages, figures, description et procès-verbaux seront taxés par le grand-maître distinctement pour chacun bois, et payés sur le prix total de la première vente qui s'y fera; au moyen de quoi la charge en sera portée par nous et les possesseurs avec juste proportion des différens intérêts.

23. S'il se trouve par les procès-verbaux aucune usurpation

ou défrichement entrepris sans notre expresse permission, les auteurs seront condamnés à rétablir les choses en leur premier état, et ès amendes, restitutions, dommages et intérêts, suivant la rigueur de nos ordonnances.

TITRE XXIV. *Des Bois appartenant aux Ecclésiastiques et Gens de main-morte.*

Art. 1er. Tous les prélats, abbés, prieurs, officiers et communautés ecclésiastiques tant séculières que régulières, économes, administrateurs, recteurs et principaux de colléges, hôpitaux et maladeries, commandeurs et procureurs de l'ordre de Saint-Jean de Jérusalem, seront tenus de faire arpenter, figurer et borner leurs bois dans six mois, à compter du jour de la publication des présentes, et d'en mettre quinze jours après, aux greffes des maîtrises, les procès-verbaux, avec les plans et figures sur lesquels seront marquées les bornes selon leur juste assiette et distance; sinon, les six mois passés, il y sera pourvu à la diligence de nos procureurs en chacune maîtrise, aux frais des défaillans, qui seront contraints au paiement par saisie de leur temporel, suivant la taxe que nous voulons en être faite par les grands-maîtres.

2. Voulons que, conformément à l'ordonnance de l'année 1573, confirmée par celle de 1597, la quatrième partie au moins des bois dépendans des évêchés, abbayes, bénéfices, commanderies et communautés ecclésiastiques, soit toujours en nature de futaie; et, s'il ne se trouvait aucune futaie en toute l'étendue de leurs bois, ou que celle qui y est à présent fût au-dessous de la quatrième partie de la totalité, ce qui manquera sera pris dans leurs taillis jusqu'à la concurrence de la quatrième partie, pour être réservée à croître en futaie, dont le choix et triage sera fait par les grands-maîtres aux endroits les plus propres, et où le fonds pourra mieux en porter, qui sera séparé du reste des taillis par bornes et limites, et réputé de pareille nature et qualité, sans qu'il soit permis d'en user ou couper aucuns arbres que par les formes prescrites pour la futaie.

3. Après les réserves distraites et séparées, le surplus des bois taillis sera réglé en coupes ordinaires de dix ans au moins, avec charge expresse de laisser seize baliveaux de l'âge du bois en chacun arpent, outre tous les anciens et modernes, qui seront pareillement réputés futaies, et comme tels réservés dans toutes les coupes ordinaires, sans qu'en aucun cas on y puisse toucher qu'en vertu de nos lettres-patentes bien et duement vérifiées, ainsi qu'il sera dit ci-après.

4. Les ecclésiastiques, communautés, commandeurs, économes, recteurs et administrateurs ne pourront couper aucun arbre de futaie ou baliveau sur taillis, ni toucher au quart mis en réserve, ou rien entreprendre au-delà des coupes ordinaires et réglées, sinon en vertu de lettres-patentes bien et duement registrées, à peine d'amende arbitraire envers nous, et de restitution du quadruple de la valeur des bois coupés ou vendus, laquelle, si elle excède cinq cents livres, elle sera employée en fonds pour le bénéfice, collége, commanderie, maladerie ou autre communauté, et le revenu appliqué à l'hôpital des lieux pendant la vie ou la possession des bénéficiers, commandeurs, recteurs ou administrateurs contrevenans; et, si la restitution était moindre de cinq cents livres, elle appartiendra entièrement à l'hôpital.

5. Nos lettres ne seront octroyées pour ventes de futaies ou baliveaux réservés, qu'en cas d'incendies, ruines, démolitions, pertes et accidens extraordinaires arrivés par forfait, guerre ou cas fortuit, et non par le fait ou faute des bénéficiers et administrateurs, qui pour y parvenir feront leurs remontrances au grand-maître, lequel informera des causes et de la nécessité, visitera les lieux en présence de notre procureur en la maîtrise, fera priser par experts les réparations nécessaires, et envoyera au Conseil, ès mains du Contrôleur général de nos finances, son procès-verbal, qui contiendra au vrai la valeur, l'état et qualité des bois qu'on demandera permission de couper, ensemble le nombre et la qualité de ce qui en restera au bénéfice ou à la communauté, et son avis, lequel sera joint avec le procès-verbal aux lettres sous le contre-scel.

6. L'exécution de nos lettres pour coupes extraordinaires ès bois des ecclésiastiques et communautés, ne pourra être faite que par le grand-maître, qui fera procéder en sa présence aux assiettes, martelages, et fera les adjudications et récolemens avec les mêmes formalités observées pour nos bois, taxera les frais et droits de nos officiers et autres par lui employés, selon leur travail, dont ils seront payés sur le prix de l'adjudication.

7. Enjoignons aux ecclésiastiques et communautés de charger expressément leurs fermiers, économes, receveurs, marchands et adjudicataires, de faire en leurs bois les mêmes réserves ordonnées dans les nôtres, et voulons qu'elles soient faites par les receveurs, fermiers ou marchands, au nombre et en la forme ordonnée, quoiqu'ils n'y fussent pas obligés par leurs baux, marchés et adjudication, à peine d'amende arbitraire à notre profit, confiscation du prix des ventes et des bois

abattus, avec restitution, dommages et intérêts au profit du bénéfice ou communauté, dont sera fait fonds, et le revenu affecté à l'hôpital plus prochain des lieux pendant la vie du bénéficier.

8. L'adjudicataire des bois ainsi vendus consignera le prix ès mains d'un notable bourgeois commis par le grand-maître sous la nomination des ecclésiastiques, commandeurs, économes, recteurs et administrateurs, pour être payé à l'entrepreneur, lequel ne sera déchargé des réparations qu'après avoir fait recevoir ses ouvrages par l'avis de gens à ce connaissant.

9. Sera l'adjudicataire tenu d'observer en l'exploitation tout ce qui est prescrit pour celle de nos bois par la présente ordonnance, et de faire procéder au récolement aussitôt que le terme de vidange sera expiré, à peine d'amende arbitraire, et de demeurer chargé des délits qui se commettront dans la vente et dans les réponses, sans recours ni modération.

10. Tous les contrats, lettres, procès-verbaux, et tous autres actes concernant les visites, estimations, devis, permissions, assiettes, martelages, adjudications, récolement et réceptions d'ouvrages, seront mis et enregistrés tant au greffe du grand-maître qu'en celui de la maîtrise, pour y avoir recours quand besoin sera.

11. Les mêmes amendes, peines et condamnations ordonnées par ces présentes pour nos Eaux et forêts, auront lieu pour les eaux et forêts des ecclésiastiques, communautés et gens de main-morte, même pour la chasse et la pêche, à l'effet de quoi pourront les parties se pourvoir par-devant les grands-maîtres et officiers, sans qu'aucune personne de telle qualité qu'elle soit, soit fondée ni reçue à en décliner la juridiction.

12. Pourront nos officiers visiter, quand bon leur semblera, sans aucuns frais ni droits, les eaux, bois et forêts des ecclésiastiques, commandeurs, hôpitaux et communautés; et s'ils y trouvent des malversations, abus ou contraventions à l'ordonnance, ils en feront leurs procès-verbaux, sur lesquels y sera pourvu par le grand-maître en connaissance de cause.

TITRE XXV. *Des Bois, Prés, Marais, Landes, Pâtis, Pêcheries, et autres biens appartenant aux Communautés et Habitans des paroisses.*

Art. 1er. Tous les bois dépendant des paroisses et communautés d'habitans seront arpentés, figurés et bornés dans six mois, à la diligence des syndics, et les procès-verbaux et figures incessamment portés aux greffes des maîtrises; à quoi nous enjoignons à nos procureurs de tenir exactement la main.

2. Le quart des bois communs sera réservé pour croître en futaie dans les meilleurs fonds et lieux plus commodes, par triage et désignation du grand-maître, ou des officiers de la maîtrise par son ordre.

3. Ce qui restera, la réserve étant faite, sera réglé en coupes ordinaires de taillis au moins de dix ans, avec marque et retenue de seize baliveaux de l'âge du bois en chacun arpent, des plus beaux brins de chêne, hêtres ou autres de la meilleure essence, outre et par-dessus les anciens, modernes et fruitiers.

4. Si néanmoins les bois étaient de la concession gratuite des seigneurs, sans charge d'aucun cens, redevance, prestation ou servitude, le tiers en pourra être distrait et séparé à leur profit en cas qu'ils le demandent, et que les deux autres suffisent pour l'usage de la paroisse, sinon le partage n'aura lieu; mais les seigneurs et les habitans jouiront en commun comme auparavant : ce qui sera pareillement observé pour les prés, marais, îles, pâtis, landes, bruyères et grasses pâtures, où les seigneurs n'auront autre droit que l'usage, et d'envoyer leurs bestiaux en pâture, comme premiers habitans, sans part ni triage, s'ils ne sont de leur concession, sans prestation, redevance ou servitude.

5. La concession ne pourra être réputée gratuite de la part des seigneurs, si les habitans justifient du contraire par l'acquisition qu'ils en ont faite, et s'ils ne sont tenus d'aucune charge; mais, s'ils en faisaient ou payaient quelque reconnaissance en argent, corvées ou autrement, la concession passera pour onéreuse quoique les habitans n'en montrent pas le titre, et empêchera toute distraction au profit des seigneurs qui jouiront seulement de leurs usages et chauffages, ainsi qu'il est accoutumé.

6. Les seigneurs qui auront leurs triages ne pourront rien prétendre à la part des habitans, et n'y auront aucun droit d'usage, chauffage ou pâturage, pour eux ni leurs fermiers, domestiques, chevaux et bestiaux; mais elle demeurera à la communauté, franche et déchargée de tout autre usage et servitude.

7. Si, dans les pâtures, marais, prés et pâtis échus aux triages des habitans, ou tenus en commun sans partage, il se trouvait quelques endroits inutiles et superflus dont la communauté pût profiter sans incommoder le pâturage, ils pourront être donnés à ferme après un résultat d'assemblée faite dans les formes, pour une, deux ou trois années, par adjudication des

officiers des lieux, sans frais, et le prix employé aux réparations des paroisses, dont les habitans sont tenus, ou autres urgentes affaires de la communauté.

8. Défendons aux seigneurs, maires, échevins, syndics, marguilliers et habitans des paroisses sans distinction, de faire aucune coupe ou triage du quart réservé pour la futaie, et aux officiers de le permettre ou souffrir, à peine de deux mille livres d'amende contre chacun particulier contrevenant, et en outre contre les officiers, de privation de leurs charges; sauf, en cas d'incendie ou ruine notable des églises, portes, ponts, murs et autres lieux publics, à se pourvoir pour obtenir nos lettres, ainsi qu'il est ordonné pour les ecclésiastiques.

9. L'assiette des coupes ordinaires sera faite sans frais par le juge des lieux, en présence du procureur d'office, du syndic et de deux députés de la paroisse, et les pieds corniers, arbres de lisière et baliveaux, marqués du marteau de la seigneurie, qui sera conservé dans un coffre à trois clefs, une pour le juge, l'autre pour le procureur fiscal, et la troisième pour le syndic de la communauté.

10. Le juge pourra commettre pour l'assiette l'arpenteur ordinaire, ou tel autre qu'il jugera plus commode; mais le récolement se fera par l'arpenteur juré de la maîtrise, dont les salaires seront modérément taxés suivant son travail, le tout à peine de nullité, cinq cents livres d'amende et d'interdiction contre le juge qui contreviendrait.

11. Les coupes seront faites à titre et aire, à fleur de terre, par gens entendus, choisis aux frais de la communauté, et capables de répondre de la mauvaise exploitation, pour être ensuite distribuées suivant la coutume; et, en cas de plainte ou contestation sur le partage ou distribution, le grand-maître y pourvoira en faisant ses visites.

12. Si, pour le plus grand avantage de la communauté, il était jugé à propos par le grand-maître qu'il se fît vente des coupes ordinaires, il en renvoyera l'adjudication au juge du lieu, qui sera tenu d'y procéder avec les formalités prescrites pour la vente de nos bois, s'il n'y avait siége de maîtrise ou gruric dans la même paroisse, auquel cas nos officiers feront la vente sans frais, et sans que les deniers puissent être employés qu'aux réparations extraordinaires, ou affaires urgentes de la communauté, à peine de répétition du quadruple, et de cinq cents livres d'amende contre les maire, échevins, syndic ou principaux habitans qui les auront divertis.

13. Les bois abroutis seront recepés aux frais de la communauté, et tenus en défends comme tous les autres taillis, jusqu'à

ce que le rejet soit au moins de six ans, sur les peines réglées à cet égard pour nos forêts.

14. Enjoignons aux habitans de préposer annuellement un ou plusieurs gardes pour la conservation de leurs bois communs; faute de quoi le juge des lieux y pourvoira, et taxera d'office les salaires qui seront payés par la communauté.

15. Les gardes feront le serment et leurs rapports par-devant les officiers des maîtrises ou gruries, si leur résidence n'était éloignée que de quatre lieues; mais, au cas que le siége soit dans une plus grande distance, le serment et les rapports se feront par-devant le juge ordinaire des lieux, qui sera tenu de se conformer, pour l'instruction et jugement des abus et délits, aux formes et peines prescrites pour les abus et délits commis dans nos bois.

16. Pourront nos officiers faire visites, quand bon leur semblera, dans les bois des paroisses, pour connaître de la bonne ou mauvaise exploitation, et, s'ils y trouvaient des délits, abus, négligences ou malversations du fait des particuliers ou des officiers, gardes et syndics, les reprimeront par amendes et peines, suivant la rigueur de nos ordonnances; auquel cas ils auront leurs droits et vacations sur les amendes et restitutions adjugées suivant la taxe qui en sera faite par le grand-maître.

17. La part des habitans en la pêche sera donnée par adjudication en l'audience, ou place ordinaire à tenir les plaids, par le juge des lieux en présence du procureur d'office et du syndic de la paroisse, au plus offrant et dernier enchérisseur, sans frais ni droits, après publication aux prônes des messes paroissiales des deux dimanches précédens, et aux deux marchés publics, pour être le prix de l'adjudication employé aux réparations de l'église, et autres dont les habitans peuvent être tenus, ou aux nécessités plus pressantes de la communauté.

18. Défendons à tous particuliers habitans, autres que les adjudicataires qui ne pourront être que deux en chacune paroisse, de pêcher en aucune sorte, même à la ligne, à la main ou au panier ès eaux, rivières, étangs, fossés, marais et pêcheries communes, nonobstant toutes coutumes et possessions contraires, à peine de trente livres d'amende, un mois de prison pour la première fois, et de cent livres d'amende, avec bannissement de la paroisse, en récidive.

19. Tous partages entre les seigneurs et les communautés seront faits par les grands-maîtres en connaissance de cause, sur les titres représentés, par avis et rapport d'experts; et se

paieront les frais par les seigneurs et par les habitans, à proportion du droit qu'ils auront en la chose partagée.

20. Les grands-maîtres et officiers de la maîtrise instruiront et jugeront sommairement les différends qui pourraient survenir en exécution du partage des bois, prés, pâtis et eaux communes, entre les seigneurs, officiers, syndics, députés ou particuliers habitans, sans que les juges ordinaires des lieux en puissent connaître.

21. Toutes amendes et confiscations qui s'adjugeront pour les eaux, prés, pâtis et bois communs contre les particuliers, appartiendront au seigneur haut-justicier, et les restitutions, dommages et intérêts à la communauté, excepté les cas de réformation, dans lesquels toutes amendes et confiscations nous appartiendront, et les dommages et intérêts à la paroisse.

22. Voulons que les restitutions, dommages et intérêts adjugés aux communautés pour entreprises faites, abus ou délits commis en leurs bois, eaux et usages, soient mises ès mains du syndic, ou d'un notable habitant qui sera nommé à cet effet à la pluralité des suffrages, pour être le tout employé, comme dessus, aux réparations et nécessités publiques, à peine de cinq cents livres d'amende, et de restitution du quadruple contre ceux qui en auraient autrement ordonné ou disposé.

Titre XXVI. *Des Bois appartenant aux Particuliers.*

Art. 1er. Enjoignons à tous nos sujets sans exception ni différence, de régler la coupe de leurs bois taillis au moins à dix années, avec réserve de seize baliveaux en chacun arpent, et seront tenus d'en réserver aussi dix des ventes ordinaires de futaie, pour en disposer néanmoins à leur profit, après l'âge de quarante ans pour les taillis et de six vingts ans pour la futaie; et qu'au surplus, ils observent en l'exploitation ce qui est prescrit pour l'usance de nos bois, aux peines portées par les ordonnances.

2. Permettons aux grands-maîtres et autres officiers des Eaux et forêts, la visite et inspection dans les bois des particuliers, pour y faire observer la présente ordonnance et réprimer les contraventions, sans qu'ils y exercent autre juridiction, et prennent connaissance des ventes, garde, police et délits ordinaires, s'ils n'en sont requis par les propriétaires.

3. Ne pourront ceux qui possèdent bois de haute futaie, assis à dix lieues de la mer, et deux des rivières navigables, les vendre ou faire exploiter, qu'ils n'en aient, six mois auparavant, donné avis au Contrôleur général des finances et au grand-maî-

tre, à peine de trois mille livres d'amende, et de confiscation des bois coupés ou vendus.

4. Les possesseurs des bois joignant nos forêts, à titre de propriété ou d'usufruit, seront tenus de déclarer au greffe de la maîtrise le nombre et la qualité qu'ils en voudront vendre chacune année, à peine d'amende arbitraire et de confiscation.

5. Sera libre à tous nos sujets de faire punir les délinquans en leurs bois, garennes, étangs et rivières, même pour la chasse et pour la pêche, des mêmes peines et réparations ordonnées par ces présentes pour nos eaux et forêts, chasses et pêcheries; et à cet effet, se pourvoir, si bon leur semble, par-devant le grand-maître et les officiers de la maîtrise, auxquels, en tant que besoin serait, nous en attribuons la connaissance et juridiction.

TITRE XXVII. *De la Police et conservation des Forêts, Eaux et Rivières.*

Art. 1er. Réitérons la prohibition faite par l'ordonnance de Moulins de faire aucunes aliénations à l'avenir, de quelque partie que ce soit, de nos forêts, bois et buissons, à peine, contre les officiers, de privation de leurs charges, et de dix mille livres d'amende contre les acquéreurs, outre la réunion à notre domaine, et confiscation à notre profit de tout ce qui pourrait avoir été semé, planté ou bâti sur les places de cette qualité.

2. Tous arbres de réserve et baliveaux sur taillis seront à l'avenir réputés faire partie du fonds de nos bois et forêts, sans que les douairiers, donataires, engagistes, usufruitiers et leurs receveurs ou fermiers y puissent rien prétendre, ni aux amendes qui en proviendront.

3. Les grands-maîtres, faisant leurs visites, seront tenus de faire mention dans leurs procès-verbaux, de toutes les places vides non aliénées ni données à titre de cens ou d'afféage, qu'ils auront trouvées dans l'enclos et aux reins de nos forêts, pour être pourvu, sur leurs avis, à la semence et repeuplement, ou à ce qui sera convenable à l'état et au bien de nos affaires.

4. Tous les riverains possédant bois joignant nos forêts et buissons, seront tenus de les séparer des nôtres par des fossés ayant quatre pieds de largeur et cinq pieds de profondeur, qu'ils entretiendront en cet état, à peine de réunion.

5. Nos officiers des maîtrises, faisant leurs visites, feront mention dans leurs procès-verbaux de l'état des bornes et

fossés entre nous et les riverains, et réparer les entreprises et changemens qu'ils reconnaîtront y avoir été faits depuis leur dernière visite; même feront mention, dans leur procès-verbal de visite suivante, du rétablissement des choses dans leur premier état, et des jugemens qu'ils auront rendus contre les coupables, à peine d'en demeurer responsables solidairement en leurs privés noms.

6. Défendons à toutes personnes de planter bois à cent perches de nos forêts, sans notre permission expresse, à peine de cinq cents livres d'amende et de confiscation de leurs bois, qui seront arrachés ou coupés.

7. Nos procureurs ès maîtrises auront communication, par les mains des poursuivans criées, de tous procès-verbaux de criées, affiches et publications qui se feront à l'avenir de maisons, terres, bois, et autres héritages en fief ou roture, assis dans l'enclos, aux rives et à cent perches de nos forêts, bois et buissons, qui, pour cet effet, seront mises au greffe des maîtrises du moins quinzaine avant l'adjudication des décrets, lesquels feront mention expresse de leur consentement ou opposition, à peine de nullité; et le juge qui les aura adjugés sans cette formalité, ou avant le jugement de l'opposition, en cas qu'il y en ait eu de formée, condamné en mille livres d'amende pour la première fois, en deux mille livres pour la seconde, et privation de sa charge en récidive,

8. Seront aussi communiqués à nos procureurs ès maîtrises tous aveux et dénombremens, contrats d'acquisition et déclarations d'héritages tenus en censives dans l'enclos, et à cent perches de nos forêts, bois et buissons, sans qu'ils puissent être reçus, vérifiés, enregistrés ou ensaisinés par nos officiers en la Chambre des comptes, Bureau des finances, ni par les seigneurs dominans et censiers, leurs fermiers, receveurs ou officiers, qu'après cette communication ou consentement de nos procureurs, ou le jugement de l'opposition, s'il y en a eu, dont sera fait mention par les actes de réception, enregistrement et ensaisinement, sur les peines ci-dessus contre les officiers, de réunion de droits féodaux et censives contre les seigneurs, et de confiscation de biens donnés par aveux et déclarations contre les particuliers qui les auront faits sans cette formalité.

9. Dans les communications qui seront faites à nos procureurs des maîtrises, tous les héritages joints aux forêts ainsi saisis, ou acquis et donnés par aveu et dénombrement, seront exprimés avec leur consistance, quantité d'arpens, nature et qualité, et, si besoin est, réarpentés par l'arpenteur-juré de la maîtrise, dont le procès-verbal sera affirmé par-devant le maî-

tre particulier, et registré au greffe sans frais, en cas que l'expression faite par l'acte de communication soit fidèle, mais aux frais des parties qui se trouveront en fraude pour l'arpentage seulement, dont il sera payé suivant la taxe qui en sera faite par le maître particulier.

10. Enjoignons à nos procureurs de donner, dans quinzaine du jour que les pièces auront été mises au greffe, leurs conclusions par écrit, et, en cas d'opposition, de les faire signifier dans le même temps aux poursuivans criées, acquéreurs, tenanciers, et autres y ayant droit, pour y répondre dans la huitaine, et être incessamment procédé à l'instruction et jugement de l'opposition par le grand-maître ou par les officiers de la maîtrise, sans aucuns frais ni droits, à peine de répondre du tout en leurs noms.

11. Faisons très-expresses défenses d'arracher aucuns plants de chênes, charmes ou autres bois dans nos forêts, sans notre permission et attache du grand-maître, à peine de punition exemplaire et de cinq cents livres d'amende.

12. Défendons à toutes personnes d'enlever, dans l'étendue et aux reins de nos forêts, sables, terres, marnes ou argiles, ni d'y faire faire de la chaux à cent perches de distance, sans notre permission expresse, et aux officiers de le souffrir, sur peine de cinq cents livres d'amende et de confiscation des chevaux et harnais.

13. Ne sera fait aucune délivrance de taillis ou menu bois, vert ou sec, de telle qualité ou valeur qu'ils puissent être, aux poudriers et salpêtriers, auxquels, et aux commissaires des poudres et salpêtres, faisons très-expresses inhibitions et défenses d'en prendre sous aucun prétexte, à peine de cinq cents livres d'amende pour la première fois, du double et de punition exemplaire en récidive, nonobstant édits, déclarations, arrêts, permissions et concessions contraires.

14. Nulle mesure n'aura lieu, et ne sera employée dans nos bois et forêts, et en ceux tenus par indivis, grurie, grairie, ségrairie, tiers et danger, apanage, engagement, usufruit et même des ecclésiastiques, communautés et particuliers nos sujets, sans aucuns excepter, que la mesure de douze lignes pour pouce, douze pouces pour pieds, vingt-deux pieds pour perche, et cent perches pour arpent, à peine de mille livres d'amende, nonobstant et sans avoir égard à tous usages et possessions contraires, auxquels avons dérogé, dérogeons, et voulons qu'au greffe de chacune maîtrise et autre justice il soit mis un étalon de la mesure ci-dessus prescrite.

15. Dans toutes nos forêts et bois, et ceux des ecclésiastiques, particuliers, et autres dénommés en l'article ci-dessus,

il ne sera fait aucune livraison de bois à brûler, soit en oas de vente ou délivrance de chauffages, à autre mesure qu'à la corde, qui aura huit pieds de long, quatre de haut, les bûches de trois pieds et demi de longueur, compris la taille, le bois de cotterets de deux pieds de longueur, et le cotteret de dix-sept à dix-huit pouces de grosseur, abrogeant les rottées, mesures, moules, sommes, charges, voies, et toutes autres mesures contraires.

16. Seront laissées et conservées au greffe de chacune maîtrise, des cartes, figures et descriptions approuvées par le grand-maître, de nos bois, buissons et forêts, et de ceux tenus par indivis, grurie, grairie, ségrairie, tiers et danger, apanage, engagement et usufruit, qui sont dans l'étendue de leur ressort, et autant dans les greffes des Tables de marbre; le tout à la diligence des maîtres particuliers et nos procureurs, à peine de radiation de leurs gages.

17. Toutes maisons bâties sur perches dans l'enceinte, aux reins et à demi-lieue des forêts, par des vagabonds et inutiles, seront incessamment démolies, et leur sera fait défenses d'en bâtir à l'avenir dans la distance de deux lieues de nos bois et forêts, sur peine de punition corporelle.

18. Défendons à toutes personnes de faire construire à l'avenir aucuns châteaux, fermes et maisons dans l'enclos, aux rives et à demi-lieue de nos forêts, sans espérance d'aucune remise ni modération des peines d'amende, et des confiscations du fonds et des bâtimens.

19. Défendons aux marchands ventiers, usagers, et à toutes autres personnes, de faire cendres dans nos forêts ni dans celles des ecclésiastiques ou communautés, aux usufruitiers et à nos officiers de le souffrir, à peine d'amende arbitraire, et de confiscation des bois vendus, ouvrages et outils, et privation de charges contre les officiers, s'il n'y a lettres-patentes vérifiées sur l'avis des grands-maîtres.

20. Les marchés, qui se feront en vertu de lettres-patentes, seront enregistrés aux greffes des maîtrises, et ne pourront les cendres être faites qu'aux places et endroits designés aux marchands par les grands-maîtres ou officiers.

21. Faisons défenses à toutes autres personnes de tenir ateliers de cendres, ni en faire ailleurs que dans les ventes, ou en faire transporter que les tonneaux ne soient marqués du marteau du marchand, sur peine d'amende arbitraire et de confiscation.

22. Défendons à toutes personnes de charmer ou brûler les arbres, ni d'en enlever l'écorce, sous peine de punition corporelle; et seront les fosses à charbon placées aux endroits les

plus vides et les plus éloignés des arbres et du recru, et les marchands tenus les repeupler et resemer, s'il est jugé à propos par le grand-maître, avant qu'ils puissent obtenir leur congé de cour, à peine d'amende arbitraire.

23. Les cerceliers, vanniers, tourneurs, sabotiers, et autres de pareille condition, ne pourront tenir ateliers dans la distance de demi-lieue de nos forêts, à peine de confiscation de leurs marchandises, et de cent livres d'amende.

24. Enjoignons aux officiers des maîtrises d'empêcher le débit du bois de délit ès villes fermées qui sont à la distance de deux lieues de nos forêts; et, à cet effet, leur permettons de faire perquisition, dans les maisons, des bois de merrein et à bâtir, qu'ils auront eu avis y avoir été portés, pour y être par eux pourvu ainsi qu'il appartiendra; et pourront les gardes de nos forêts, en présence d'un officier de la maîtrise, ou, au défaut, en la présence du juge ordinaire, de notre procureur ou du procureur d'office, faire les mêmes visites, dont ils dresseront leurs procès-verbaux qu'ils rapporteront aux greffes des maîtrises; et seront les coupables punis par les grands-maîtres ou officiers de la maîtrise, suivant la rigueur de nos ordonnances.

25. Ordonnons que les monastères, gouverneurs des places, commandant les troupes, seigneurs et gentilshommes, feront ouverture des portes des villes et châteaux aux grands-maîtres, maîtres particuliers, lieutenans, et nos procureurs, pour faire toutes les recherches, perquisitions et procédures qu'ils trouveront à propos pour notre service, et mettront ès mains de nos officiers, tous accusés de délit commis ès forêts, même les cavaliers et soldats passans, ou tenant garnison, à la première réquisition qui leur en sera faite, sans qu'ils les puissent retenir ou garder, nonobstant tous priviléges, et sous aucun prétexte de justice militaire, police ou autrement, à peine de désobéissance, et de répondre en leurs propres et privés noms des amendes, restitutions et intérêts.

26. Défendons à tous marchands adjudicataires de nos bois, ou ceux des particuliers joignant nos forêts, et même aux propriétaires qui les feront user, d'en donner aux bûcherons et autres ouvriers pour leurs salaires, à peine de répondre de tous les délits qui se commettront dans nos forêts pendant les usances et jusques au récolement des ventes; et aux bûcherons et autres ouvriers travaillant dans nos forêts, d'emporter, sortant des ateliers, aucun bois scié, fendu ou d'autre nature, à peine de cinquante livres d'amende pour la première fois, et de punition en récidive.

27. Faisons défenses aux usagers, et à tous autres, d'abat-

tre la glandée, faîne et autres fruits des arbres, les amasser ni emporter, ni ceux qui seront tombés, sous prétexte d'usages ou autrement, à peine de cent livres d'amende.

28. Et à tous marchands de peler les bois de leurs ventes étant debout et sur pied, sur peine de cinq cents livres d'amende et de confiscation.

29. Ne pourront les marchands ni leurs associés tenir aucuns ateliers et loges, ni faire ouvrer bois ailleurs que dans les ventes, sur peine de cent livres d'amende et de confiscation.

30. Ceux qui habitent les maisons situées dans nos forêts et sur leurs rives, ne pourront y faire commerce, ni tenir ateliers de bois, ni en faire plus grand amas que ce qui est nécessaire pour leur chauffage, à peine de confiscation, d'amende arbitraire, et de démolition de leurs maisons.

31. Ne pourront les sergens à garde, ni autres officiers de nos forêts, tenir taverne, ni exercer aucun métier où l'on emploie du bois, à peine de destitution et de cinquante livres d'amende, outre la confiscation des bois qui se trouveront en leurs maisons.

32. Faisons aussi défenses à toutes personnes de porter et allumer feu, en quelque saison que ce soit, dans nos forêts, landes et bruyères, et celles des communautés et particuliers, à peine de punition corporelle et d'amende arbitraire, outre les réparations des dommages que l'incendie pourrait avoir causés, dont les communautés et autres qui ont choisi les gardes demeureront civilement responsables.

33. Abrogeons les permissions et droits de feu, loges et toutes délivrances d'arbres, perches, mort-bois, sec ou vert en estant, sans qu'il soit permis à aucuns usagers, de telle condition qu'ils soient, d'en prendre ou faire couper, et d'en enlever autre que gisant, nonobstant tous titres, arrêts et priviléges contraires, qui demeurent nuls et révoqués, à peine, contre les contrevenans, d'amende, restitution, dommages et intérêts, et de privation de droit d'usage.

34. Les usagers et autres personnes trouvées de nuit dans les forêts hors les routes et grands chemins, avec serpes, haches, scies ou coignées, seront emprisonnés et condamnés pour la première fois en six livres d'amende, vingt livres pour la seconde, et pour la troisième bannis de la forêt.

35. Aussitôt qu'une personne aura été déclarée inutile, notre procureur lui fera faire commandement et à sa famille de sortir et s'éloigner à deux lieues de nos forêts, avec défenses à toutes personnes de les retirer dans l'étendue de cette distance; ce qui sera publié au prône; et où, après la publication, quel-

ques personnes de la paroisse se trouveraient avoir donné retraite, seront condamnées en trois cents livres d'amende, et outre demeureront responsables de toutes les amendes qui seront jugées contre les inutiles.

36. Ordonnons que, dans trois mois après la publication des présentes, il sera fait un rôle exact en chacune maîtrise, du nom de tous les vagabonds et inutiles qui auront été employés plusieurs fois sur les rôles précédens, lesquels seront tenus de se retirer incessamment à deux lieues de nos forêts, à peine d'être mis au carcan trois jours de marchés consécutifs, et d'un mois de prison.

37. Si les gardes-marteaux ou sergens à garde les emploient dans leurs procès-verbaux, après qu'ils auront été déclarés inutiles et vagabonds en conséquence d'aucuns de leurs rapports précédens, ils seront eux-mêmes condamnés et contraints au paiement des sommes et amendes dont ils se trouveront chargés.

38. Sera envoyé un état contenant le nom et la description de tous les inutiles et vagabonds d'une maîtrise, aux greffes des autres maîtrises voisines; et, s'il se trouve que, pour n'être pas reconnus, ils aient changé de nom, voulons qu'ils soient condamnés aux galères s'ils y peuvent servir, sinon en telles autres peines corporelles et exemplaires qui seront arbitrées par nos officiers des forêts.

39. Enjoignons à nos procureurs des maîtrises de faire incessamment arrêter les inutiles et vagabonds de la qualité ci-dessus, et de les faire enlever des prisons des lieux dans la huitaine du jour qu'ils auront été arrêtés, pour être à leur requête et diligence conduits dans les prisons des villes où la chaîne a accoutumé de passer, les plus proches du lieu de la maîtrise, pour y être attachés; laquelle conduite sera faite par les vice-baillis, lieutenans-criminels de robe-courte, ou prevôts des maréchaux, à la première sommation qui leur en sera faite à la requête de nos procureurs des maîtrises : ce que nous leur enjoignons et à leurs lieutenans, exempts et archers, à peine de perte de leurs charges; et seront les frais et salaires payés sur les deniers des amendes et confiscations, suivant la taxe qui en sera faite par le grand-maître.

40. Ne seront tirés terres, sables et autres matériaux, à six toises près des rivières navigables, à peine de cent livres d'amende.

41. Déclarons la propriété de tous les fleuves et rivières portant bateaux de leur fonds, sans artifices et ouvrages de mains dans notre royaume et terres de notre obéissance, faire partie du domaine de notre couronne, nonobstant tous

titres et possessions contraires, sauf les droits de pêche, moulins, bacs, et autres usages que les particuliers peuvent y avoir par titres et possessions valables, auxquels ils seront maintenus.

42. Nul, soit propriétaire ou engagiste, ne pourra faire moulins, bâtardeaux, écluses, gords, pertuis, murs, plants d'arbres, amas de pierres, de terre et de fascines, ni autres édifices ou empêchemens nuisibles au cours de l'eau, dans les fleuves et rivières navigables et flottables, ni même y jeter aucunes ordures, immondices, ou les amasser sur les quais et rivages, à peine d'amende arbitraire : enjoignons à toutes personnes de les ôter dans trois mois du jour de la publication des présentes; et, si aucuns se trouvent subsister après ce temps, voulons qu'ils soient incessamment ôtés et levés à la diligence de nos procureurs des maîtrises, aux frais et dépens de ceux qui les auront faits ou causés, sur peine de cinq cents livres d'amende, tant contre les particuliers, que contre le juge et notre procureur qui auront négligé de le faire, et de répondre en leurs privés noms des dommages et intérêts.

43. Ceux qui ont fait bâtir des moulins, écluses, vannes, gords et autres édifices dans l'étendue des fleuves et rivières navigables et flottables, sans en avoir obtenu la permission de nous ou de nos prédécesseurs, seront tenus de les démolir, sinon le seront à leurs frais et dépens.

44. Défendons à toutes personnes de détourner l'eau des rivières navigables et flottables, ou d'en affaiblir et altérer le cours par tranchées, fossés et canaux, à peine contre les contrevenans d'être punis comme usurpateurs, et les choses réparées à leurs dépens.

45. Réglons et fixons le chômage de chacun moulin qui se trouvera établi sur les rivières navigables et flottables, avec droits, titres et concessions, à quarante sols pour le temps de vingt-quatre heures, qui seront payés aux propriétaires des moulins, ou leurs fermiers et meuniers, par ceux qui causeront le chômage pour leur navigation et le flottage, faisant très-expresses défenses à toutes personnes d'en exiger davantage, ni retarder en aucune manière la navigation et le flottage, à peine de mille livres d'amende, outre les dommages et intérêts, frais et dépens qui seront réglés par nos officiers des maîtrises, sans qu'il puisse y être apporté aucune modération.

46. S'il arrive différend pour les droits de chômage des moulins et salaires des maîtres de ponts, et gardes de pertuis, portes et écluses des rivières navigables et flottables, ils seront réglés par le grand-maître ou les officiers de la maîtrise en son

absence, les marchands trafiquans, et les propriétaires et meuniers préalablement ouïs, si besoin est; et ce qui sera par eux ordonné, exécuté par provision, nonobstant et sans préjudice de l'appel.

TITRE XXVIII. *Des Routes et Chemins royaux ès Forêts, et Marche-pieds des Rivières.*

Art. 1er. En toutes les forêts de passage où il y a et doit avoir grand chemin royal servant aux coches, carrosses, messagers et rouliers de ville à autre, les grandes routes auront au moins soixante-douze pieds de largeur; et où elles se trouveraient en avoir davantage, elles seront conservées en leur entier.

2. S'il était jugé nécessaire de faire de nouvelles routes pour la facilité du commerce et la sûreté publique en aucunes de nos forêts, les grands-maîtres feront leurs procès-verbaux d'alignement, et du nombre, essence et valeur des bois qu'il faudrait couper à cet effet, qu'ils envoyeront avec leurs avis à notre Conseil ès mains du Contrôleur général de nos finances, pour y être par nous pourvu.

3. Ordonnons que, dans six mois du jour de la publication des présentes, tous bois, épines et broussailles qui se trouveront dans l'espace de soixante pieds ès grands chemins servant au passage des coches et carrosses publics, tant de nos forêts que de celles des ecclésiastiques, communautés, seigneurs et particuliers, seront essartés et coupés, en sorte que le chemin soit libre et plus sûr, le tout à nos frais ès forêts de notre domaine, et aux frais des ecclésiastiques, communautés et particuliers dans les bois de leur dépendance.

4. Voulons que, les six mois passés, ceux qui se trouveront en demeure soient mulctés d'amende arbitraire, et contraints, par saisie de leurs biens, au paiement tant du prix des ouvrages nécessaires pour l'essartement, dont l'adjudication sera faite au moins disant au siége de la maîtrise, que des frais et dépens faits après les six mois, qui seront taxés par le grand-maître.

5. Les arbres et bois qu'il conviendra couper dans nos forêts pour mettre les routes en largeur suffisante, seront vendus ainsi que le grand-maître avisera pour notre plus grand profit, et ceux des ecclésiastiques et communautés leur demeureront en compensation de la dépense qu'ils auront à faire pour l'essartement.

6. Ordonnons que dans les angles ou coins des places croisées, triviaires et biviaires, qui se rencontrent ès grandes

routes et chemins royaux des forêts, nos officiers des maîtrises feront incessamment planter des croix, poteaux ou pyramides à nos frais, ès bois qui nous appartiennent, et pour les autres, aux frais des villes plus voisines et intéressées, avec inscriptions et marques apparentes du lieu où chacun chemin conduit, sans qu'il soit permis à aucunes personnes de rompre, emporter, lacérer ou biffer telles croix, poteaux, inscriptions et marques, à peine de trois cents livres d'amende, et de punition exemplaire.

7. Les propriétaires des héritages aboutissant aux rivières navigables, laisseront le long des bords vingt-quatre pieds au moins de place en largeur pour chemin royal et trait des chevaux, sans qu'ils puissent planter arbres, ni tenir clôture ou haie plus près que trente pieds du côté que les bateaux se tirent, et dix pieds de l'autre bord, à peine de cinq cents livres d'amende, confiscation des arbres, et d'être les contrevenans contraints à réparer et remettre les chemins en état à leurs frais.

Titre XXIX. *Droits de Péage, Travers et autres.*

Art. 1er. Supprimons tous les droits qui ont été établis depuis cent années sans titre sur les rivières, et défendons de les lever sous tel prétexte que ce soit, à peine d'exaction et de répétition du quadruple au profit des marchands et passans contre les seigneurs ou leurs fermiers; voulant que toutes barrières, digues, chaînes et autres empêchemens aux chemins, levées, ponts, passages, rivières, écluses et pertuis pour la perception de ces droits, soient ôtés et rompus.

2. A l'égard des péages et droits établis avant les cent années par titres légitimes, dont la possession n'aura point été interrompue, ordonnons que les ecclésiastiques, seigneurs et propriétaires de quelque qualité qu'ils soient, justifieront de leur droit et de leur possession par-devant le grand-maître, pour, sur ses procès-verbaux, être par nous pourvu en notre Conseil, au rapport du Contrôleur général de nos finances, ainsi qu'il appartiendra.

3. Défendons aux propriétaires, fermiers, receveurs et péagers de saisir et arrêter les chevaux, équipages, bateaux et nacelles, faute de paiement des droits qui seront compris dans la pancarte qui sera faite et approuvée : pourront seulement saisir les meubles, marchandises et denrées jusques à la concurrence de ce qui sera légitimement dû par estimation raisonnable, et y établir commissaire pour être procédé à la vente, s'il y échet.

4. En cas de contravention, il sera dressé à l'instant procès-verbal, et procédé sommairement à la décision par le premier officier des Eaux et forêts du lieu, et, s'il n'y en a pas, par le juge ordinaire sans épices et sans frais, sauf à se pourvoir au siége de la maîtrise en cas de vexation, où nous voulons qu'elle soit promptement et sévèrement réparée, avec condamnation d'amende et des dommages et intérêts du retard et séjour des passans contre les fermiers et péagers qui se trouveront mal fondés.

5. N'entendons qu'aucuns de ces droits soient réservés, même avec titre et possession, où il n'y a point de chaussées, bacs, écluses et ponts à entretenir, et à la charge des seigneurs et propriétaires.

6. Toutes ordonnances et jugemens des grands-maîtres et officiers des Eaux et forêts au sujet des droits de péage sur les précédens empêchemens ès ports, ponts, pertuis et écluses, seront exécutés par provision, nonobstant et sans préjudice de l'appel.

7. Ordonnons que des droits légitimement établis par titre et possession avant cent années, il soit fait une pancarte, laquelle sera mise et attachée sur des poteaux aux entrées des ponts, passages et pertuis où les droits sont prétendus, sans les pouvoir autrement lever ni excéder sous aucun prétexte, nonobstant tout usage contraire, à peine de punition exemplaire contre les contrevenans, même de restitution du quadruple envers les marchands, outre l'amende arbitraire envers nous.

TITRE XXX. *Des Chasses* (1).

Art. 1er. Les ordonnances des rois nos prédécesseurs, sur le fait des chasses, et spécialement celles des mois de juin 1601 et juillet 1607, seront observées en toutes leurs dispositions, auxquelles nous n'aurons point dérogé, et qui ne contiendront rien de contraire à ces présentes.

2. Défendons à nos juges et à tous autres de condamner au dernier supplice pour le fait de chasse, de quelque qualité que soit la contravention, s'il n'y a d'autre crime mêlé qui puisse mériter cette peine, nonobstant l'article XIV de l'ordon-

(1) La législation et la jurisprudence relatives à la chasse, aux permis de port d'armes de chasse et à la louveterie, feront l'objet de la troisième partie de cet ouvrage.

nance de 1601, auquel nous dérogeons expressément à cet égard.

3. Interdisons à toutes personnes, sans distinction de qualité, de temps ni de lieu, l'usage des armes à feu brisées par la crosse ou par le canon, et des cannes et bâtons creusés, même d'en porter sous quelque prétexte que ce puisse être, et à tous ouvriers d'en fabriquer et façonner, à peine contre les particuliers de cent livres d'amende, outre la confiscation, pour la première fois, et de punition corporelle pour la seconde; et contre les ouvriers, de punition corporelle pour la première fois.

4. Faisons aussi défenses à toutes personnes de chasser à feu, et d'entrer ou demeurer de nuit dans nos forêts, bois et buissons en dépendant, ni même dans les bois des particuliers avec armes à feu, à peine de cent livres d'amende, et de punition corporelle, s'il y échet.

5. Pourront néanmoins nos sujets de la qualité requise par les édits et ordonnances, passant par les grands chemins des forêts et bois, porter des pistolets et autres armes non prohibées, pour la défense et conservation de leurs personnes.

6. Pourront pareillement les gardes des plaines et les sergens à garde de nos bois, lorsqu'ils feront leurs charges, étant couverts et revêtus des casaques de nos livrées, et non autrement, y porter pistolets, tant de nuit que de jour, pour la défense de leurs personnes.

7. Ne pourront les gardes-plaines de nos capitaineries, tant à pied qu'à cheval, porter aucune arquebuse à rouet ou fusil dans nos forêts et plaines, s'ils ne sont à la suite de leurs capitaines ou lieutenans, à peine de cinquante livres d'amende et de destitution de leurs charges.

8. Défendons à toutes personnes de prendre en nos forêts, garennes, buissons et plaisirs, aucunes aires d'oiseaux de quelque espèce que ce soit, et en tout autre lieu, les œufs de cailles, perdrix et faisans, à peine de cent livres pour la première fois, du double pour la seconde, et du fouet et bannissement à six lieues de la forêt, pendant cinq ans, pour la troisième.

9. Les sergens à garde où se trouveront des aires d'oiseaux, seront chargés de leur conservation par acte particulier, et en demeureront responsables.

10. Voulons que ceux qui seront convaincus d'avoir ouvert et ruiné les hallons ou rabouillères qui sont dans nos garennes ou en celles de nos sujets, soient punis comme voleurs.

11. Les officiers de nos chasses seront tenus, dans six mois

après la publication des présentes, de faire fouiller et renverser tous les terriers de lapins qui se trouveront dans nos forêts, à peine de cinq cents livres d'amende et de suspension de leurs charges pour un an; et en cas qu'ils y manquassent dans ce temps, enjoignons aux maîtres particuliers, leurs lieutenans, nos procureurs et autres officiers de nos maîtrises, de le faire incessamment, et de prendre des lapins avec furets et poches, sous les mêmes peines.

12. Tous tendeurs de lacs, tirasses, tonnelles, traîneaux, bricoles de corde et fil d'archal, pièces et pans de rets, collets, alliers de fil ou de soie, seront condamnés au fouet pour la première fois, et en trente livres d'amende; et pour la seconde, fustigés, flétris et bannis pour cinq ans hors l'étendue de la maîtrise, soit qu'ils aient commis délit dans nos forêts, garennes et terres de notre domaine, ou celles des ecclésiastiques, communautés et particuliers de notre royaume sans exception.

13. Faisons très-expresses inhibitions et défenses à tous seigneurs, gentilshommes, hauts-justiciers, et autres personnes de quelque qualité et condition qu'ils soient, de tirer ou chasser à bruit dans nos forêts, buissons, garennes et plaines, s'ils n'en ont titre ou permission, à peine, contre les seigneurs, de désobeissance et de quinze cents livres d'amende, et contre les roturiers, des amendes et autres condamnations indictes par l'Édit de 1601, à la réserve de la peine de mort ci-dessus abolie à cet égard.

14. Permettons néanmoins à tous seigneurs, gentilshommes et nobles, de chasser noblement à force de chiens et oiseaux dans leurs forêts, buissons, garennes et plaines, pourvu qu'ils soient éloignés d'une lieue de nos plaisirs, même aux chevreuils et bêtes noires, dans la distance de trois lieues.

15. Leur permettons aussi de tirer de l'arquebuse sur toute sorte d'oiseaux de passage et de gibier, hors le cerf et la biche, à une lieue de nos plaisirs, tant sur leurs terres que sur nos étangs, marais et rivières.

16. Interdisons la chasse aux chiens couchans en tous lieux, et l'usage de tirer en volant, à trois lieues près de nos plaisirs, à peine de deux cents livres d'amende pour la première fois, du double pour la seconde, et du triple pour la troisième, outre le bannissement à perpétuité hors l'étendue de la maîtrise.

17. La liberté de tirer en volant, à trois lieues de distance de nos plaisirs, ne sera que pour les seigneurs, gentilshommes, nobles ou seigneurs des paroisses.

18. Défendons à tous gentilshommes et autres ayant droit

de chasse, de chasser à pied ou à cheval avec chiens ou oiseaux, sur terres ensemencées, depuis que le blé sera en tuyaux, et dans les vignes depuis le premier jour de mai jusqu'après la dépouille, à peine de privation de leur droit de chasse, cinq cents livres d'amende, et de tous dépens, dommages et intérêts envers les propriétaires ou usufruitiers.

19. Nul ne pourra établir garenne à l'avenir, s'il n'en a le droit par ses aveux et dénombremens, possession ou autres titres suffisans, à peine de cinq cents livres d'amende, et en outre la garenne détruite et ruinée à ses dépens.

20. Défendons à toutes personnes de quelque qualité et condition qu'elles soient, de chasser à l'arquebuse ou avec chiens, dans l'étendue des capitaineries de nos maisons royales de Saint-Germain-en-Laye, Fontainebleau, Chambort, Vincennes, Livry, Compiégne, bois de Boulogne et Varennes du Louvre, même aux seigneurs hauts-justiciers et tous autres, quoique fondés en titres ou permissions générales ou particulières, déclarations, édits et arrêts, que nous révoquons à cet égard, sauf à nous d'accorder de nouvelles permissions, ou renouveler les anciennes, en faveur de qui bon nous semblera.

21. Nos sujets qui ont parcs, jardins, vergers et autres héritages, clos de murs dans l'étendue des capitaineries de nos maisons royales, ne pourront faire en leurs murailles aucuns trous, coulisses, ni autre passage qui puisse y donner l'entrée au gibier, à peine de dix livres d'amende; et, s'il y en avait aucuns de faits présentement, leur enjoignons de les boucher incessamment sur la même peine.

22. N'entendons toutefois comprendre dans la prohibition ci-dessus les trous ou arches qui servent au cours des ruisseaux, ni les chantepleures, ventouses et autres ouvertures nécessaires à l'écoulement des eaux, lesquelles subsisteront en leur entier.

23. Défendons à tous nos sujets ayant des îles, prés et bourgognes sans clôture, dans l'étendue des capitaineries de Saint-Germain-en-Laye, Fontainebleau, Vincennes, Livry, Compiégne, Chambort et Varennes du Louvre, de les faire faucher avant le jour de Saint-Jean-Baptiste, à peine de confiscation et d'amende arbitraire.

24. Faisons défenses à toutes personnes de faire à l'avenir aucuns parcs et clôtures d'héritages en maçonnerie dans l'étendue des plaines de nos maisons royales, sans notre permission expresse.

25. N'entendons néanmoins obliger nos sujets à demander permission d'enclore les héritages qu'ils ont derrière leurs mai-

sons situées dans les bourgs, villages et hameaux hors des plaines, lesquels ils pourront faire fermer de murs, si bon leur semble, sans que nos capitaines en puissent empêcher.

26. Déclarons tous seigneurs hauts-justiciers, soit qu'ils aient censives ou non, en droit de pouvoir chasser dans l'étendue de leur haute justice, quoique le fief de la paroisse appartînt à un autre, sans néanmoins qu'ils puissent y envoyer chasser aucuns de leurs domestiques ou autres personnes de leur part, ni empêcher le propriétaire du fief de la paroisse de chasser aussi dans l'étendue de son fief.

27. Si la haute justice était démembrée et divisée entre plusieurs enfans ou particuliers, celui seul à qui appartiendra la principale portion aura droit de chasser dans l'étendue de sa justice, à l'exclusion des autres co-justiciers qui n'auront part au fief; et si les portions étaient égales, celle qui procéderait du partage de l'aîné aurait cette prérogative à cet égard seulement, et sans tirer à conséquence pour leurs autres droits.

28. Faisons défenses aux marchands, artisans, bourgeois et habitans des villes, bourgs, paroisses, villages et hameaux, paysans et roturiers, de quelque état et qualité qu'ils soient, non possédant fiefs, seigneurie et haute-justice, de chasser en quelque lieu, sorte et manière, et sur quelque gibier de poil ou de plume que ce puisse être, à peine de cent livres d'amende pour la première fois, du double pour la seconde, et pour la troisième, d'être attachés trois heures au carcan du lieu de leur résidence, à jour de marché, et bannis durant trois années du ressort de la maîtrise, sans que, pour quelque cause que ce soit, les juges puissent remettre ou modérer la peine, à peine d'interdiction.

29. Les capitaines des chasses, leurs lieutenans et nos procureurs ès capitaineries, seront reçus au siége de la Table de marbre, et les greffiers, huissiers et gardes, tant à pied qu'à cheval, par-devant les capitaines ou leurs lieutenans, après information de vie, mœurs, religion catholique, apostolique et romaine, fidélité et affection à notre service; et pour chacune réception, sera payé au greffier, pour la grosse de l'information et enregistrement des provisions, six livres seulement; exceptons néanmoins les officiers des capitaineries de nos maisons royales ci-dessous nommées.

30. Ordonnons que, dans trois mois du jour de la publication des présentes, tous capitaines, lieutenans et autres officiers de chasse qui prétendent juridiction, fors et excepté ceux de nos maisons royales ci-dessous exprimées, représenteront, par-devant le grand-maître de chacun département, leurs titres d'é-

rection ou établissement, et leurs provisions et actes de réception, pour être, sur son avis, par nous pourvu en notre Conseil, au rapport du Contrôleur général de nos finances, à la conservation ou réduction, ainsi qu'il appartiendra; et, faute de les représenter dans ce temps, défenses d'exercer, à peine de faux.

31. Voulons que nos officiers des Eaux et forêts, et les capitaines des chasses, connaissent concurremment et par prévention entr'eux, en ce qui regarde la capture des délinquans, saisie des armes, bâtons, chiens, filets et engins défendus, contravention à la présente ordonnance et information première seulement; mais, quant à l'instruction et jugement, ils appartiendront au lieutenant de robe-longue, à la poursuite et diligence de nos procureurs, sans néanmoins qu'ils puissent exclure les capitaines et lieutenans des chasses d'assister à l'une et à l'autre, si bon leur semble, et d'y avoir leur séance et voix délibérative; savoir, le capitaine avant le maître, et le lieutenant du capitaine avant celui de la maîtrise, ès cas ci-dessus seulement.

32. Exceptons toutefois les capitaines des chasses de nos maisons royales de Saint-Germain-en-Laye, Fontainebleau, Chambort, bois de Boulogne, Varennes du Louvre et Livry, que nous maintenons, et, en tant que besoin serait, confirmons dans leurs titres et possessions d'instruire et juger, à la diligence de nos procureurs en ces capitaineries, tous procès civils et criminels pour fait de chasse, en appelant avec eux les lieutenans de robe-longue, et autres juges et avocats pour conseil.

33. Exceptons aussi les capitaines des chasses de nos maisons royales de Vincennes et Compiègne, et ceux dont les états ont été par nous envoyés à la Cour des Aides depuis la révocation, auxquels nous attribuons pareille juridiction qu'à ceux de Saint-Germain-en-Laye, Fontainebleau, Chambort et Varennes du Louvre.

34. Si quelques particuliers riverains de nos forêts, ou autres, de quelque qualité qu'ils soient, troublaient les officiers de nos chasses dans leur fonction, ou leur faisaient quelque violence pour se maintenir dans le droit de chasse qu'ils y pourraient avoir usurpé, voulons qu'ils soient condamnés pour la première fois à la somme de trois mille livres d'amende, et, en cas de récidive, privés de tous droits de chasse sur leurs terres riveraines, sauf néanmoins une peine plus sévère si la violence était qualifiée.

25. Quant aux prêtres, moines et religieux qui tomberaient dans cette faute, et n'auraient pas de quoi satisfaire à l'amende,

il leur sera défendu, pour la première fois, de demeurer plus près des forêts, bois, plaines et buissons, que de quatre lieues, et, en cas de récidive, en seront éloignés de dix lieues, par saisie de leur temporel, et par toutes autres voies raisonnables, conformément à la déclaration de François Ier du mois de mars de l'année 1515.

36. Les jugemens rendus par les capitaines des chasses de nos maisons royales, qui contiendront peine afflictive, seront signés sur la minute qui demeurera au greffe de la capitainerie, du lieutenant de robe-longue, et des autres qui auront été appelés pour conseil, et mention faite dans les expéditions qui en seront délivrées, de leurs noms et qualités, à peine de nullité.

37. Les condamnations qui n'excéderont point la somme de soixante livres pour toutes restitutions et réparations, sans autre peine ni amende, seront exécutées par provision et sans préjudice de l'appel.

38. S'il y a appel d'un jugement rendu pour le fait de chasse, et que la condamnation ne soit que d'une amende pécuniaire, pour laquelle l'appelant se trouvât emprisonné, il ne pourra être élargi pendant l'appel qu'en consignant l'amende.

39. Les sergens à garde de nos forêts, et gardes-plaines de nos plaisirs, ne pourront faire aucuns exploits que pour le fait de nos Eaux et forêts et chasses, à peine de faux, révoquant, pour cet effet, toutes lettres d'ampliation que nous leur pourrions avoir accordées.

40. La collecte des amendes adjugées ès capitaineries des chasses de nos maisons royales ci-dessus nommées, sera faite par les sergens-collecteurs des amendes des lieux, lesquels fourniront chacune année un état de leur recette et dépense au grand-maître, dans lequel pourra être employé jusqu'à la somme de trois cents livres pour nos capitaines ou leurs lieutenans, pour les frais extraordinaires de procès et de justice de leurs capitaineries, et pourront taxer aux gardes-chasses leurs salaires pour leurs rapports sur les deniers des amendes, dont le revenant-bon sera mis entre les mains du receveur de nos bois ou de notre domaine, pour le payer et en compter comme des autres deniers de son maniement : défendons à tous greffiers, sergens, gardes-chasses et autres officiers, de s'immiscer en la collecte des amendes des chasses ; pourquoi, à cet égard, sera observé ce qui est ordonné pour les amendes de nos forêts.

41. Supprimons toutes charges de prévôt, commissaires et contrôleurs généraux et particuliers des chasses, ensemble

tous les officiers qui pourraient avoir été par eux commis sous quelque titre que ce soit, faisant défenses aux uns et aux autres d'en continuer l'exercice, à peine de faux, de mille livres d'amende, et de tous dépens, dommages et intérêts des parties.

TITRE XXXI. *De la Pêche* (1).

Art. 1er. Défendons à toutes personnes, autres que maîtres pêcheurs reçus ès siéges des maîtrises par les maîtres particuliers ou leurs lieutenans, de pêcher sur fleuves et rivières navigables, à peine de cinquante livres d'amende et de confiscation du poisson, filets et autres instrumens de pêche pour la première fois, et pour la seconde, de cent livres d'amende, outre pareille confiscation, même de punition plus sévère s'il y échet.

2. Nul ne pourra être reçu maître pêcheur, qu'il n'ait au moins l'âge de vingt ans.

3. Les maîtres pêcheurs de chacune ville ou port, où ils seront au nombre de huit et au-dessus, éliront tous les ans, aux assises qui se tiendront par les maîtres particuliers ou leurs lieutenans, un maître de communauté qui aura l'œil sur eux, et avertira les officiers des maîtrises des abus qu'ils commettront; et aux lieux où il y en aura moins que huit, ils convoqueront ceux des deux ou trois plus prochains ports ou villes, pour tous ensemble en nommer un d'entr'eux qui fera la même charge, le tout sans frais, et sans exaction de deniers, présens ou festins, à peine de punition exemplaire et d'amende arbitraire.

4. Défendons à tous pêcheurs de pêcher aux jours de dimanche et de fête, sous peine de quarante livres d'amende, et, pour cet effet, leur enjoignons expressément d'apporter tous les samedis et veilles de fêtes, incontinent après le soleil couché, au logis du maître de communauté, tous leurs engins et harnais, lesquels ne leur seront rendus que le lendemain du dimanche ou fête après soleil levé, à peine de cinquante livres d'amende, et d'interdiction de la pêche pour un an.

5. Leur défendons pareillement de pêcher en quelques jours et saisons que ce puisse être, à autre heure que depuis le lever du soleil jusqu'à son coucher, sinon aux arches des ponts, aux moulins et aux gords où se tendent des dideaux, auxquels lieux ils pourront pêcher tant de nuit que de jour, pourvu

(1) Voyez, dans la quatrième partie, la législation et la jurisprudence concernant la pêche.

que ce ne soit à jour de dimanche ou fête, ou autres défendus.

6. Les pêcheurs ne pourront pêcher pendant le temps de frai ; savoir, aux rivières où la truite abonde sur tous les autres poissons, depuis le premier février jusqu'à la mi-mars ; et aux autres, depuis le premier avril jusqu'au premier de juin, à peine, pour la première fois, de vingt livres d'amende et d'un mois de prison, et du double de l'amende et de deux mois de prison pour la seconde, et du carcan, fouet et bannissement du ressort de la maîtrise pendant cinq années, pour la troisième.

7. Exceptons toutefois de la prohibition contenue en l'article, la pêche aux saumons, aloses et lamproies, qui sera continuée en la manière accoutumée.

8. Ne pourront aussi mettre bires ou nasses d'osier à bout des dideaux, pendant le temps de frai, à peine de vingt livres d'amende, et de confiscation du harnais pour la première fois, et d'être privé de la pêche pendant un an pour la seconde.

9. Leur permettons néanmoins d'y mettre des chausses ou sacs du moule de dix-huit lignes en carré, et non autrement, sur les mêmes peines; mais, après le temps de frai passé, ils y pourront mettre des bires ou nasses d'osier à jour, dont les verges seront éloignées les unes des autres de douze lignes au moins.

10. Faisons très-expresses défenses aux maîtres pêcheurs de se servir d'aucuns engins et harnais prohibés par les anciennes ordonnances sur le fait de la pêche, et en outre de ceux appelés giles, tramail, furet, épervier, chaslon et sabre, dont elles ne font point de mention, et de tous autres qui pourraient être inventés au dépeuplement des rivières; comme aussi d'aller au barandage, et mettre des bacs en rivières, à peine de cent livres d'amende pour la première fois, et de punition corporelle pour la seconde.

11. Leur défendons en outre de bouiller avec bouilles ou rabots, tant sur les chevrins, racines, saules, osiers, terriers et arches, qu'en autres lieux, ou de mettre lignes avec échets et amorces vives; ensemble de porter chaînes et clairons en leurs batelets, et d'aller à la fare, ou de pêcher dans les noues avec filets, et d'y bouiller pour prendre le poisson et le frai qui a pu y être porté par le débordement des rivières, sous quelque prétexte, en quelque temps et manière que ce soit, à peine de cinquante livres d'amende contre les contrevenans, et d'être bannis des rivières pour trois ans, et de trois cents livres con-

tre les maîtres particuliers ou leurs lieutenans, qui en auront donné la permission.

12. Les pêcheurs rejetteront en rivières les truites, carpes, barbeaux, brêmes et mouniers qu'ils auront pris, ayant moins de six pouces entre l'œil et la queue; et les tanches, perches et gardons qui en auront moins de cinq, à peine de cent livres d'amende, et confiscation contre les pêcheurs et marchands qui en auront vendu ou acheté.

13. Voulons qu'il y ait en chacune maîtrise un coin, dans lequel l'écusson de nos armes sera gravé, et autour le nom de la maîtrise, duquel on se servira pour sceller en plomb les harnais ou engins des pêcheurs, qui ne pourront s'en servir que le sceau n'y soit apposé, à peine de confiscation et de vingt livres d'amende; et sera fait registre des harnais qui auront été marqués, ensemble du jour et du nom du pêcheur qui les aura fait marquer, sans que pour ce nos officiers puissent prendre aucuns salaires.

14. Défendons à toutes personnes de jeter dans les rivières aucune chaux, noix vomique, coque de levant, mommie, et autres drogues ou appât, à peine de punition corporelle.

15. Faisons inhibitions à tous mariniers, contre-maîtres, gouverneurs et autres compagnons de rivière, conduisant leurs nefs, bateaux, besognes, marnois, flettes ou nacelles, d'avoir aucuns engins à pêcher, soit de ceux permis ou défendus, tant par les anciennes ordonnances que par ces présentes, à peine de cent livres d'amende et de confiscation des engins.

16. Ordonnons que toutes les espaves qui seront pêchées sur les fleuves et rivières navigables, soient garrées sur terre, et que les pêcheurs en donnent avis aux sergens et gardes-pêches, qui seront tenus d'en dresser procès-verbal, et de les donner en garde à personnes solvables qui s'en chargeront, dont notre procureur prendra communication au greffe aussitôt qu'il y aura été porté par le sergent ou garde-pêche, et en fera faire la lecture à la première audience; sur quoi le maître ou son lieutenant ordonnera que, si dans un mois les espaves ne sont demandées et réclamées, elles seront vendues à notre profit, au plus offrant et dernier enchérisseur, et les deniers en provenant mis ès mains de nos receveurs, sauf à les délivrer à celui qui les réclamera, un mois après la vente, s'il est ainsi ordonné, en connaissance de cause.

17. Défendons de prendre et enlever les espaves sans la permission des officiers de nos maîtrises, après la reconnaissance qui en aura été faite, et qu'ils aient été jugés à celui qui les réclame.

18. Faisons défenses à toutes personnes d'aller sur les mares, étangs et fossés lorsqu'ils seront glacés, pour en rompre la glace et y faire des trous, ni d'y porter flambeaux, brandons et autres feux, à peine d'être punis comme de vol.

19. Les ecclésiastiques, seigneurs, gentilshommes et communautés qui ont droit de pêche dans les rivières, seront tenus d'observer et faire observer le présent réglement par leurs domestiques et pêcheurs, auxquels ils auront affermé le droit, à peine de privation de leur droit.

20. Leur enjoignons de donner pareillement, par déclaration, à nos procureurs ès maîtrises, les noms, surnoms et demeures des pêcheurs auxquels ils auront fait bail de leur pêche; laquelle déclaration sera registrée au greffe de la maîtrise où les pêcheurs seront tenus de prêter le serment, et d'élire annuellement, par-devant les maîtres particuliers ou leurs lieutenans tenant leurs assises, des maîtres de communauté, ainsi que les pêcheurs de nos Eaux, pour être par eux gardé et observé pareil ordre que par les pêcheurs de nos maîtrises.

21. Pour le rempoissonnement de nos étangs, le carpeau aura six pouces au moins, la tanche cinq, et la perche quatre; et à l'égard du brocheton, il sera de tel échantillon que l'adjudicataire voudra, mais il ne se jettera aux étangs, mares et fossés, qu'un an après leur empoissonnement; ce qui sera observé pour les étangs, mares et fossés des ecclésiastiques et communautés, de même que pour les nôtres : enjoignons aux officiers des maîtrises d'y tenir la main, sans pouvoir prétendre aucuns frais ni droits, à peine de concussion.

22. Tous les maîtres pêcheurs de nos rivières, et ceux des particuliers qui ont droit de pêche sur les fleuves et rivières navigables, répondront pour les délits qu'ils y commettront, par-devant les officiers des maîtrises, et non par-devant les juges des seigneurs, auxquels en interdisons la connaissance, et seront condamnés suivant la rigueur de nos ordonnances.

23. Seront commis, en chacune maîtrise, des sergens pour la conservation des Eaux et pêches, en nombre suffisant, avec gages, et suivant le réglement qui sera fait en notre Conseil par l'avis des grands-maîtres, pour être journellement sur les fleuves et rivières, veiller sur les pêcheurs à ce qu'ils ne contreviennent à nos ordonnances; et en cas de contravention, saisiront les engins, et les envoyeront avec leurs procès-verbaux aux greffes des maîtrises, même assigneront au premier jour les délinquans pour y répondre.

24. Permettons aux maîtres, lieutenans et nos procureurs, de visiter les rivières, bannetons, boutiques et étuis des

pêcheurs ; et s'ils y trouvent du poisson qui ne soit pas de la longueur et échantillon ci-dessus prescrite, ils feront procès-verbal de la qualité et quantité qu'ils en auront trouvées, et assigneront les pêcheurs pour répondre du délit, le tout sans frais.

25. Si les officiers des maîtrises trouvent des engins et harnais défendus, ils les feront brûler, à l'issue de leur audience, au-devant de la porte de leur auditoire, et condamneront les pêcheurs sur qui ils auront été saisis, aux peines ci-devant déclarées, sans les pouvoir modérer, à peine de suspension de leurs charges pour un an.

26. Toutes les amendes jugées pour raison des rivières navigables et flottables, et pour toutes nos Eaux, seront reçues à notre profit par le sergent-collecteur des amendes dans chacune maîtrise ou département, pour lesquelles il en sera usé comme pour celles de nos forêts ; et ce qui nous en reviendra sera payé ès mains du receveur, et par lui au receveur général, comme les autres deniers de sa charge.

Titre XXXII. *Des Peines, Amendes, Restitutions, Dommages et Intérêts, et Confiscations.*

Art. 1er. L'amende ordinaire pour délits commis depuis le lever jusqu'au coucher du soleil, sans feu et sans scie, par personnes privées n'ayant charges, usages, ateliers ou commerce dans nos forêts, bois et garennes, sera la première fois de quatre livres pour chacun pied de tour de chêne et de tous arbres fruitiers indistinctement, même du châtaignier ; cinquante sols pour chacun pied de tour de saulx, hêtre, orme, tillot, sapin, charme et frêne ; et trente sols pour pied d'arbre de toute autre espèce vert, en étant, sec ou abattu ; et sera le tout pris et mesuré à demi-pied près de terre.

2. Ceux qui auront éhoupé, ébranché et déshonoré des arbres, payeront la même amende au pied le tour, que s'ils les avaient abattus par le pied.

3. Pour chacune charretée de merrein, bois carré de sciage ou de charpenterie, l'amende sera de quatre-vingts livres ; pour la charretée de bois de chauffage, quinze livres : pour la somme ou charge de cheval ou bourrique, quatre livres ; et pour le fagot ou fouée, vingt sols.

4. Pour étalons, baliveaux, parois, arbres de lisière, et autres arbres de réserve, cinquante livres ; pour pied cornier, marqué de notre marteau, abattu, cent livres, et deux cents livres pour pied cornier arraché et déplacé : réduisons néanmoins l'amende pour baliveaux de l'âge du bois réservé dans les taillis au-dessous de vingt ans, à dix livres.

5. Si les délits se trouvent avoir été commis depuis le coucher jusqu'au lever du soleil, par scie ou par feu, soit par les officiers des forêts ou des chasses, arpenteurs, layeurs, gardes, usagers, coutumiers, pâtres, paissonniers, marchands ventiers et leurs facteurs, gardes-ventes, bûcherons, charbonniers, charretiers, maîtres de forges, fourneaux, tuiliers, briquetiers, et tous autres employés à l'exploitation des forêts et les ateliers des bois en provenant, l'amende sera double.

6. Voulons que toutes les personnes ci-dessus soient privées en cas de récidive; savoir, les officiers, de leurs charges, les marchands, de leurs ventes, et les usagers de leurs droits et coutumes, et que tous soient bannis à perpétuité des forêts, sans qu'ils puissent espérer aucunes lettres de pardon, rétablissement, commutation et rappel de ban, que nous défendons à notre amé et féal chancelier de sceller, et à tous juges d'entériner, nonobstant commandement ou jussions contraires, déclarant dès-à-présent nulles et de nul effet et valeur toutes celles qui pourraient être obtenues.

7. Demeureront les marchands, maîtres de forges, fermiers, usagers, riverains ou autres occupant les maisons, fermes et autres héritages dans l'enclos et à deux lieues de nos forêts, responsables civilement de leurs commis, charretiers, pâtres et domestiques.

8. Et d'autant que les amendes au pied du tour ont été réglées selon la valeur et état des bois de l'année 1518, depuis laquelle ils sont montés à beaucoup plus haut prix, ordonnons que, conformément à l'ordonnance faite par Henri III en l'année 1588, et aux arrêts et réglemens des mois de septembre 1601, juin 1602 et octobre 1623, les restitutions, dommages et intérêts seront adjugés de tous délits, au moins à pareille somme que portera l'amende.

9. Outre l'amende, restitution, dommages et intérêts, il y aura toujours confiscation de chevaux, bourriques et harnais, qui se trouveront chargés de bois de délit, et des scies, haches, serpes, coignées, et autres outils dont les particuliers coupables et complices seront trouvés saisis.

10. Les bestiaux trouvés en délit, ou hors des lieux des routes et chemins désignés, seront pareillement confisqués; et où les bêtes ne pourraient être saisies, les propriétaires seront condamnés en l'amende, qui sera de vingt livres pour chacun cheval, bœuf ou vache; cent sols pour chacun veau, et trois livres pour mouton ou brebis; le double pour la seconde fois; et pour la troisième, le quadruple de l'amende, bannissement des forêts contre les pâtres, et autres gardes et conducteurs, desquelles, en tout cas, les maîtres, pères, chefs de famille

propriétaires, fermiers et locataires des maisons y résidant, demeureront civilement responsables.

11. Il sera procédé sans délai à la vente des bestiaux pris en délit, et confisqués, au plus offrant et dernier enchérisseur, au jour de marché, à leur juste valeur, à la diligence de nos procureurs des maîtrises, et s'il arrivait que, par l'autorité des propriétaires, il ne se trouvât point d'enchérisseurs, nos procureurs en feront dresser procès-verbal par les maîtres ou leurs lieutenans; et seront les bestiaux par eux envoyés vendre aux marchés des villes où ils trouveront plus à propos pour notre avantage et utilité.

12. Toutes personnes privées coupant ou amassant de jour des herbages, glands ou faînes, de telle nature et âge que ce soit, et les emportant des forêts, boquetaux, garennes et buissons, seront condamnées pour la première fois à l'amende; savoir, pour faix à col, cent sols; pour charge de cheval ou bourrique, vingt livres, et pour harnais, quarante livres; le double pour la seconde, et la troisième, bannissement des forêts, même du ressort de la maîtrise, et en tout cas confiscation des chevaux, bourriques et harnais qui se trouveront chargés.

13. Toutes personnes qui auront coupé, arraché et emporté arbres, branches ou feuillages de nos forêts, bois et garennes, et des ecclésiastiques, communautés ou particuliers, pour noces, fêtes et confréries, seront punis de l'amende et restitution, dommages et intérêts, selon le tour et qualité des bois, ainsi qu'ils le seraient en autre délit.

14. Défendons aux officiers d'arbitrer les amendes et peines, ni les prononcer moindres que ce qu'elles sont réglées par la présente ordonnance, ou les modérer ou changer après le jugement, à peine de répétition contre eux, de suspension de leurs charges pour la première fois, et de privation en récidive.

15. Ne sera fait don, remise ou modération, pour telle cause que ce soit, des amendes, restitutions, intérêts et confiscations avant qu'elles soient jugées, ni après, pour quelque personne que ce puisse être: défendons d'en expédier lettres ou brevets, et aux Parlemens et Chambres des comptes de les registrer et y avoir égard, et aux grands-maîtres et officiers des maîtrises de les exécuter, à peine de privation de leurs charges, et d'en répondre en leurs propres et privés noms.

16. Ne pourront les amendes de nos bois en futaie ou taillis, et des bois en grurie, grairie, tiers et danger, et par indivis, paissons et glandées, garennes, eaux et rivières, être affermées ni engagées sous quelque prétexte que ce soit; et, s'il s'en trou-

vait de comprises en aucuns engagemens, baux et adjudications, nous les déclarons nuls et de nul effet : voulons qu'elles soient levées à notre profit, avec les restitutions, confiscations et autres condamnations à nous appartenant, par les sergens-collecteurs des maîtrises, et par eux payées aux receveurs, ainsi qu'il est ordonné par ces présentes.

17. Les amendes qui seront adjugées par nos commissaires et officiers en réformation ou autrement, à la diligence de nos procureurs généraux ou leurs substituts, pour délits, abus, usurpations, outrepasses, surmesures et contraventions ès Eaux et forêts des ecclésiastiques, commandeurs hôpitaux, maladeries et communautés, et en ceux qui en dépendent par le droit de grurie, grairie ou autrement, nous appartiendront sans exception ni distinction ; et seront les rôles mis et laissés ès mains des sergens-collecteurs de chacune maîtrise, pour en faire le recouvrement, et en compter ainsi et aux termes et peines, que pour les amendes adjugées pour nos Eaux et forêts.

18. Les amendes et peines pour les omissions et délits des officiers, marchands, usagers et coutumiers, maîtres des fours, forges et fourneaux, d'ateliers et maisons, fermiers, adjudicataires, riverains, communautés, pâtres et autres ayant direction, usage, commerce et entrée dans les forêts, seront reçues par le sergent-collecteur des amendes de chacune maîtrise, et les condamnations et rôles exécutés en la forme et manière prescrite par différens chapitres de la présente ordonnance, et les condamnés contraints au paiement par toutes voies, même par emprisonnement de leurs personnes.

19. Les collecteurs des amendes seront tenus d'émarger leurs rôles de ce qu'ils recevront, et en outre d'en donner quittance, sur peine de restitution du quadruple des sommes dont ils n'auront donné quittance.

20. Demeurera le collecteur responsable des amendes, restitutions, intérêts et confiscations contenues aux rôles, faute par lui, dans trois mois, après qu'ils lui auront été délivrés, de justifier des exploits de perquisitions d'insolvabilité des débiteurs, et de diligences suffisantes et valables.

21. Les diligences ne seront point réputées suffisantes, ni les exploits de carence de biens, bons et valables pour la décharge des collecteurs des amendes, s'ils ne sont signés et certifiés par les curés ou vicaires, ou par le juge des lieux, sur la représentation du rôle des tailles et du sel, sauf à en être fait nouvelle justification par les officiers et notre procureur, en cas de soupçon de fraude, dans lequel la vérification en sera faite aux

frais des sergens-collecteurs, qui seront en outre condamnés au quadruple.

22. Les collecteurs des amendes ne seront point déchargés de la collecte des amendes et condamnations, nonobstant toutes diligences et perquisitions, qu'après avoir chacune année fourni état au grand-maître de leur recette et diligence, qui seront justifiées sur les rôles par eux présentés avec les pièces, et après avoir ouï notre procureur, et sur le tout rendu jugement, pour ordonner que les parties seront passées en non-valeurs; ce que nous enjoignons aux grands-maîtres de faire, et à nos procureurs de le requérir, à peine d'en répondre en leurs noms.

23. Lorsqu'il y aura eu appel des condamnations d'amende, les collecteurs préposés dans les maîtrises en feront le recouvrement après que l'appel aura été jugé, soit que les amendes aient été augmentées ou moderées au siége de la Table de marbre ou ailleurs : défendons à tous autres de s'immiscer en la recette et collecte, à peine de mille livres d'amende.

24. Aura le collecteur des amendes deux sols pour livre, pour ses taxations du recouvrement et recette actuelle qu'il fera.

25. Les amendes ne pourront être prescrites que par dix ans, nonobstant tous usages et coutumes contraires.

26. S'il arrivait que les officiers fussent convaincus d'avoir commis supposition ou fraude dans leurs rapports et procédures, ils seront condamnés au quadruple, privés de leurs charges, bannis des forêts, et punis corporellement comme fauteurs et prévaricateurs, et les gardes qui auront fait le rapport, envoyés aux galères perpétuelles sans aucune modération.

27. Les charges et offices des Eaux et forêts demeureront spécialement affectés, et privativement à toutes autres dettes et hypothèques, aux restitutions, dommages et intérêts, amendes et dépens adjugés pour délits, négligences et malversations des officiers qui les possèdent.

28. Toutes amendes, restitutions, dommages et intérêts et confiscations, seront adjugés ès Eaux et bois des ecclésiastiques, commanderies, maladeries, hôpitaux, communautés et particuliers, et les condamnés et redevables exécutés en la même manière que pour celles qui auront été prononcées sur le fait de nos Eaux et forêts. Si donnons en mandement, à nos amés et féaux conseillers les gens tenans notre Cour de parlement et Chambre de nos comptes à Paris, que ces présentes ils fassent lire, publier et enregistrer, et le contenu en icelles garder, observer et entretenir, sans permettre qu'il y soit contrevenu en

aucune sorte et manière que ce soit; CAR tel est notre plaisir, nonobstant tous édits, déclarations, ordonnances, réglemens, arrêts, et autres choses à ce contraires, auxquelles et aux dérogatoires y contenues, nous avons dérogé et dérogeons par ces dites présentes : et afin que ce soit chose ferme et stable à toujours, nous y avons fait mettre notre scel. DONNÉ à Saint-Germain-en-Laye, au mois d'août, l'an de grace mil six cent soixante-neuf, et de notre règne le vingt-septième. *Signé*, LOUIS. *Et plus bas*, par le Roi, COLBERT. Et à côté est écrit : *Visa*, SEGUIER.

Lue, publiée, registrée, ouïe, et ce requérant le procureur général du roi, pour être exécutée selon sa forme et teneur. Fait en Parlement, le Roi y séant en son lit de justice, le 13 *août* 1669. Signé, DU TILLET.

Lue, publiée et registrée en la Chambre des comptes, etc., le 13 *août* 1669. Signé, RICHER.

TABLE DES TITRES

CONTENUS DANS L'ORDONNANCE DE 1669.

IIE SECTION.

Tableau Chronologique et Analytique

DES LOIS FORESTIÈRES DEPUIS 1789 JUSQU'EN 1827.

1789. 3 novembre. PROCLAMATION DU ROI pour la conservation des forêts et bois. « Défenses à toutes personnes de ne plus à l'avenir entrer dans les forêts et bois, par attroupemens ou particulièrement, pour y commettre aucuns délits. » (Collection des lois in-4°, tom. 1er, pag. 309.)

— 27 novembre. LETTRES PATENTES par lesquelles Sa Majesté ordonne l'exécution de deux décrets de l'Assemblée nationale, des 7 et 14 novembre, relatifs à la conservation des biens ecclésiastiques, et notamment des bois. « Les officiers des maîtrises doivent veiller à ce qu'il ne soit fait aucune coupe de bois contraire aux réglemens. » (*Idem*, tom. 1er, pag. 345.)

— ... Décembre. LETTRES PATENTES DU ROI sur un décret de l'Assemblée nationale, concernant les délits qui se commettent dans les forêts et bois. « Les forêts, bois et arbres sont mis sous la sauvegarde de la nation et de la loi, comme sous celle des tribunaux, etc. » (*Idem*, tom. 1er, pag. 382.)

1790..... Janvier. LETTRES PATENTES DU ROI sur les décrets de l'Assemblée nationale, des 19 et 21 décembre 1789, concernant la caisse d'escompte. « Les domaines de la Couronne, à l'exception des *forêts* et des maisons royales dont nous voudrons nous réserver la jouissance, seront mis en vente, ainsi qu'une quantité de *domaines ecclésiastiques* suffisante pour former ensemble la valeur de quatre cents millions. » Art. 10. (*Idem*, tom. 1er, pag. 460.) Voy. le décret du 25 juillet 1790.

— 11 mars. DÉCRET concernant les oppositions mises par les municipalités, à la coupe des bois dépendant d'établissemens ecclésiastiques. (Mémorial forestier, tom. 1, pag. 7.)

— 15-28 mars. DÉCRET général concernant les droits féodaux. « Les droits sur les bois et arbres futaies, têtards et fruitiers, coupés ou vendus pour être coupés, sont abolis sans indemnité. » — « Le droit de triage établi par l'art. 4, titre 25 de l'ordonnance de 1669, est aboli pour l'avenir, etc. » (Coll. in-4°, tom. 1er, pag. 631.) Sans préjudice des actions en cantonnement. (Décret des 19-27 septembre 1790.) Voy. le décret des 15-25 mai 1790, celui du 10 juin 1793, et l'arrêté du 30 messidor an XI.

1790. 26 mars. LETTRES PATENTES DU ROI, sur le décret de l'Assemblée nationale du 18, comprenant les dispositions pour prévenir et arrêter les abus relatifs aux bois et forêts domaniaux, et dépendant d'établissemens ecclésiastiques. (Coll. in-4°, tom. 1er, pag. 614.)

— 14 mai. DÉCRET concernant l'aliénation des domaines nationaux, leur vente aux municipalités, et leurs reventes aux particuliers. Le titre 1er, art. 3, excepte de la vente des biens, les bois sur lesquels il sera statué par une loi particulière. Le titre 3, art. 5, fixe la quotité des paiemens pour les acquéreurs de bois. (*Idem*, tom. 1er, pag. 1105.) Voy. à la date du 25 juillet 1790.

— 15-25 mai. DÉCRET portant interprétation des articles 30 et 31 du titre 2 du décret du 15 mars, concernant le droit de triage. Voy. le décret du 19 septembre 1790. (*Idem*, tom. 1er, pag. 843.)

— 17-27 mai. DÉCRET contre les voies de fait commises dans les forêts de Rambouillet, Poissy, St.-Léger, Montfort et autres lieux circonvoisins. (Coll. de Baudouin, pag. 401.)

— 31 mai. LETTRES PATENTES DU ROI, sur un décret de l'Assemblée nationale du 21 mai 1790, concernant la distribution des bois communaux en usance. Cette distribution doit avoir lieu comme par le passé. (Coll. in-4°, tom. 1er, 2e partie, page 863.)

— 3 juin. LETTRES PATENTES sur le décret du 31 mai 1790, relatif à l'instruction pour la vente des quatre cents millions de domaines nationaux. Obligations imposées aux municipalités, relativement aux portions de bois aménagées ou non. (*Idem*, tom. 1er, pag. 873.)

— 25 juillet. LETTRES PATENTES sur les décrets de l'Assemblée nationale des 25, 26, 29 juin, et 9 juillet 1790, concernant l'aliénation de tous les domaines nationaux, autres que les *forêts* sur lesquelles il sera statué par un décret particulier. (*Idem*, tom. 1er, pag. 1105.) Voyez le décret du 23 août 1790.

— 26 juillet — 15 août. DÉCRET relatif aux droits de propriété et de voirie sur les chemins publics, rues et places de villages, bourgs, villes et *arbres* en dépendant. (Coll. in-4°, tom. 1er, page 1168.) Voyez la proclamation ci-après.

1790. 12-20 août. PROCLAMATION DU ROI, sur l'instruction de l'Assemblée nationale, concernant les fonctions des assemblées administratives, les droits de chasse, les domaines et *bois*. (*Idem*, tom. 1er, page 1197.)

— 12-20 août. INSTRUCTION de l'Assemblée nationale, sur les fonctions des assemblées administratives. « L'Assemblée nationale n'a pu s'occuper des réformes que peut exiger l'administration des domaines et bois. Il en est de même de la juridiction des eaux et forêts qui subsiste toujours, et qui n'a encore perdu que la seule attribution des délits de chasse. » (*Idem*, pag. 1240.)

— 17 — 24 août. DÉCRET sur des plaintes faites par les officiers des maîtrises des Eaux et forêts des départemens du Calvados et de la Manche. Ce décret pose le principe qu'un acte, quoique qualifié *jugement, doit être regardé comme non avenu,* lorsqu'il a été rendu par des gens qui n'avaient pas le caractère de juges. (Coll. de Baudouin, pag. 203.)

— 23 août. LETTRES PATENTES DU ROI, sur le décret de l'Assemblée nationale du 6 août 1790, qui excepte les grandes masses de bois et forêts nationales, de l'aliénation des biens nationaux. (Coll. in-4°, tome 1er, pag. 1312.) Voyez la loi du 2 nivôse an IV.

— 7 — 11 septembre. DÉCRET additionnel à celui du 16 août, sur l'organisation judiciaire. « En matière d'Eaux et forêts, les actions pour la punition et réparation des délits seront portées devant les juges de district, qui auront aussi l'exécution des réglemens concernant les bois des particuliers. » Art. 7. (*Idem*, tom. 2, pag. 25.)

—17, 19, 20, 27 septembre. LOI relative aux frais de poursuite criminelle. Art. 8. « Il n'est nullement préjudicié, par l'abolition du triage, aux actions en cantonnement, de la part des propriétaires, contre les usagers de bois, prés, marais et terrains vains et vagues, lesquelles continueront à être exercées comme ci-devant dans les cas de droit. » Voy. les décrets des 15-28 mars, et 15-25 mai 1790. (Coll. de Baudouin, pag. 110.)

— 23, 28 octobre et 5 novembre. LOI sur la désignation des biens nationaux à vendre dès-à-présent. « Sont exceptés de la vente, quant à présent, les *bois et forêts* dont la conservation a été arrêtée par le décret du 6 août. » (Coll. in-4°, tom. 2, pag. 392.) Voy. à la date du 23 août 1790.

— 22 novembre — 1er décembre. LOI relative aux domaines nationaux. « Les grandes masses de bois et forêts nationales demeurent exceptées de la vente et aliénation des biens nationaux, permise ou ordonnée par le présent décret et autres décrets antérieurs. (Coll. in-4°, tom. 2, pag. 645.) Voy. les lettres patentes du 23 août 1790.

1790. 22 novembre — 1er décembre. Loi concernant la contribution foncière. Mode d'évaluation des bois qui sont ou non en coupe réglée. Exemption pour les terrains qui seront plantés ou semés en bois. Voy. la loi du 20 juillet 1791. (*Idem*, tom. 2, pag. 657.)

5 — 19 décembre. Loi relative au droit d'enregistrement. Droit pour les ventes des coupes des bois nationaux ou autres. (*Idem*, tom. 2, pag. 953.) Voy. les lois des 22 frimaire an 7 et 28 avril 1816.

— 25 décembre. Loi qui ordonne que les délits commis ou qui se commettront dans les bois et forêts, seront poursuivis avec la plus grande célérité. (*Idem*, tom. 2, pag. 1041.)

1791. 5 janvier. Loi concernant le rapport des gardes pour délits commis dans les bois. « Il n'est pas dérogé, quant à présent, à l'usage observé dans quelques départemens, de faire rédiger par le greffier du juge de paix les rapports concernant les délits commis dans les bois. » (*Idem*, tom. 3, pag. 55.)

— 19 janvier. Loi relative aux ventes et adjudications des bois nationaux, aux bois de marine, etc. « Avant l'ouverture des adjudications, les préposés de la marine seront admis, comme par le passé, à marquer, dans les forêts nationales, les bois propres à la marine. (*Idem*, tom. 3, pag. 203.)

— 16 février. Loi sur la gendarmerie. Elle est chargée de saisir les dévastateurs de bois, les chasseurs masqués, etc. Voy. la loi du 28 germinal an XI. (*Idem*, tom. 3, pag. 502.)

— 16 — 27 mars. Loi relative aux ci-devant droits de chauffage, pâturage et usages qui s'exerçaient dans les bois et autres domaines nationaux, et qui déclare nulles toutes ventes qui auraient pu avoir été faites de ces mêmes droits. (*Idem*, tom. 3, pag. 1121.)

— 26 mai — 1er juin. Loi sur la liste civile. « Sont réservés au Roi les bois et forêts composant les grand et petit parcs de Versailles, Marly, Meudon, etc. » Voy. pour les contributions la loi du 8 novembre 1814. (*Idem*, tom. 4, pag. 1001.)

— 20 juillet. Loi relative à l'évaluation des bois et forêts et des tourbières, pour l'assiette de la contribution foncière. (*Idem*, tom. 5, pag. 396.) Voy. les lois des 1er décembre 1790, 3 et 11 frimaire an VII, et 19 ventôse an IX.

1791. 22 juillet. Loi relative à l'organisation d'une police municipale, et aux dégâts commis dans les bois. (Coll. in-4°, tom. 5, pag. 424.) Voy. la loi du 6 octobre 1791.

— 13 septembre. Décret qui déclare n'y avoir lieu à délibérer sur les pétitions relatives aux droits de grurie perçus dans le département du Loiret, et à la dîme du ci-devant Calaisis. (Dupin, Lois forestières, pag. 102.)

— 29 septembre. Loi sur l'administration forestière. Titre 1er. Des bois soumis au régime forestier, etc. (Collect. in-4°, tom. 5, pag. 1391.) Voy. la loi du 16 nivôse an IX, et le décret du 26 août 1824.

— 29 septembre. Décret concernant le nombre, la répartition et le traitement des agens de la conservation générale des forêts. La moitié du produit des amendes pourra être distribuée aux gardes, etc. (Dupin, Lois forestières, pag. 102.) Voy. la loi du 2 ventôse an XII.

— 6 octobre. Loi concernant les biens et usages ruraux, et la police rurale. Tit. 1er. Des biens et usages ruraux. Sect. 1, des principes généraux sur la propriété territoriale; sect. 2, des baux des biens de campagne; sect. 3, des diverses propriétés rurales; sect. 4, des troupeaux, des clôtures, du parcours et de la vaine pâture; sect. 5, des récoltes; sect. 6, des chemins; sect. 7, des gardes champêtres. Titre 2. De la police rurale, etc. (Coll. in-4°, tom. 6, page 60.)

— 6 octobre. Code pénal, 2e partie, tit. 2, sect. 2. Peine de mort contre quiconque sera convaincu d'avoir par malice ou vengeance, et à dessein de nuire à autrui, mis le feu à des forêts, bois, taillis, etc. (*Idem*, tom. 6, pag. 110.)

1792. 19 juin. Décret portant que les forêts affectées aux différentes salines seront régies par l'administration forestière. (Dupin, Lois forestières, pag. 134.)

— 13 juillet. Loi relative aux échangistes de forêts ci-devant domaniales, dont les échanges ne sont pas encore consommés. (Coll. in-4°, tom. 9, pag. 586.) Voy. la loi du 27 août 1792.

— 30 juillet - 1er août. Décret qui déclare rachetables les cens et redevances dus par les habitans de Mescinthal, propriétaires de maisons, verreries, etc. L'article 2 ordonne la délivrance d'une quantité suffisante de bois aux habitans. (*Idem*, tom. 10, pag. 12.)

— 31 juillet - 3 août. Loi portant création de trois cents millions d'assignats. « Il sera vendu la coupe des quarts de réserve et futaies faisant partie des bois ci-devant ecclésiastiques, et le fonds des bois épars, etc. » (Coll. in-4°, tom. 10, pag. 48.)

1792. 27 août. Loi relative aux échangistes des biens ci-devant domaniaux. « Les échangistes dont les échanges ont été confirmés par les décrets de l'Assemblée nationale pourront disposer, comme propriétaires incommutables, de toutes coupes ordinaires des bois quelconques, en se conformant aux lois forestières. » (*Idem*, tom. 10, pag. 692.) Voy. la loi du 13 juillet 1792, celle du 7 nivôse an V, et celle du 14 ventôse an VII.

28 août - 14 septembre. Loi qui rétablit les communes et les citoyens dans les propriétés dont ils ont été dépouillés par l'effet de la puissance féodale. Voy. à la date du 14 septembre 1792. (Baudrillart, Régl. forest., tom. 1, pag. 518.)

— 3 septembre. Loi relative aux biens concédés à titre d'engagement par l'ancien gouvernement. Révocation des concessions. (Memorial forestier, tom. 1er, pag 135.) Voy. la loi du 1er décembre 1790, celle du 10 frimaire an II, celle du 14 ventôse an VII, et celle du 11 pluviôse an XII.

— 23 septembre. Loi qui prononce la nullité des contrats de vente de différentes portions de la forêt de Senonches, faits en 1771, 1772, 1773 et 1774. (Coll. in-4°, tom. 2, pag. 129.)

— 14 septembre. Loi qui rétablit les communes et les citoyens dans les propriétés et droits dont ils ont été dépouillés par l'effet de la puissance féodale. (*Idem*, tom. 10, p. 712.) Voy. à la date du 28 août 1792.

— 6 novembre. Décret pour l'acquisition de vingt-deux arpens de bois pour la république. (Coll. de Baudouin, page 152.) *Nota*. Il résulte de ce décret qu'il faut une loi pour *acheter* au nom de l'État, comme il en faut une pour *vendre*.

— 15 novembre. Décret qui ordonne le changement des empreintes de tous les marteaux employés pour les opérations relatives à l'administration des bois nationaux. (Coll. in-4°, tom. 12, pag. 198.) *Nota*. Ce changement a eu lieu à chaque changement de gouvernement.

1793. 1er février. Décret de la Convention nationale qui autorise le ministre de la marine à faire exploiter dans les forêts de Corse les bois propres à la construction. (Coll. in-4°, tom. 13, pag. 208.)

— 11 avril. Décret portant que la vente et l'adjudication des bois appartenant aux ci-devant domaine et corps ecclésiastiques, seront faites par les directoires de district. (Coll. in-4°, tom. 14, pag. 108) *Nota*. Les directoires de district sont remplacés par les sous-préfets. Voy. l'arrêté du 28 frimaire an VI.

1793. 10 juin. DÉCRET concernant le mode de partage des biens communaux. « Sont exceptés du partage, les bois communaux. » « Le droit de triage est aboli. » (Coll. in-4°, tom. 14, page 646.) Voy. le décret du 15 mars 1790, et celui du 26 nivôse an II.

— 13 - 14 juin. DÉCRET portant que les lois relatives à l'administration des bois nationaux auront leur exécution à l'égard des bois des émigrés. (Baudrillart, tom. 1, pag. 521.)

— 30 juin. DÉCRET concernant la recette, la comptabilité et l'emploi des fonds provenant de la vente des bois appartenant à des communautés d'habitans. « La régie de l'enregistrement et des domaines ne s'immiscera plus dans la recette du prix des ventes des bois qui appartiennent à des communautés d'habitans, etc. » (Coll. in-4°, tom. 14, pag. 378.) Voy. la loi du 13 messidor an II.

—27 juillet. DÉCRET qui autorise le ministre de la marine à faire marquer et exploiter, dans les forêts nationales, les bois propres à la construction des vaisseaux. (Collect. in-4°, tom. 15, pag. 278.) Voy. le décret du 4 octobre 1793.

— 2 octobre. DÉCRET qui ordonne que les procès des communes, à raison des bois communaux et patrimoniaux, seront jugés par la voie de l'arbitrage. (Dépôt des lois, n° 1633.)

— 4 octobre. DÉCRET qui autorise le ministre de la marine à faire marquer, dans les bois des particuliers, tous les arbres propres au service de la marine. (Coll. in-4°, tom. 16, page 115.) Voy. le décret du 27 juillet 1793.

— 23 novembre. (3 frimaire an 2.) DÉCRET portant qu'il sera nommé une commission chargée de présenter un projet de lois forestières. (Coll. de Baudouin, pag. 20.)

— 30 novembre. (10 frimaire an II.) DÉCRET relatif aux domaines nationaux engagés ou aliénés. Révocation de toutes aliénations, etc. « Lorsqu'il se trouvera des forêts et bois dans l'étendue desdits domaines, la régie de l'enregistrement en préviendra les préposés à la conservation des bois et forêts, lesquels seront tenus d'en prendre de suite possession. » (Collect. in-4°, tom. 16, pag. 571.) Voy. les lois des 1er décembre 1790, 22 frimaire an III, et 14 ventôse an VII.

1794. 15 janvier. (26 nivôse an II.) DÉCRET portant que les bois actuellement coupés, provenant des biens communaux, doivent se partager par tête, conformément à la loi du 10 juin 1793. (*Idem*, tom. 17, pag. 206.) Voy. le décret du

28 ventôse an II, l'arrêté du 19 frimaire an X, et l'avis du Conseil d'État du 20 juillet 1807.

1794. 15 février. (27 pluviôse an II.) Décret qui prononce que les procès-verbaux dressés par les gardes et autres agens forestiers, des délits commis dans les forêts, ne pourront être déclarés nuls pour défaut d'enregistrement, etc. (Collect. in-4o, tom 17, pag. 429.) Le même principe existe encore aujourd'hui.

— 18 mars. (28 ventôse an II.) Décret sur le partage par tête des bois dépendant des biens communaux. (Collect. de Baudouin, pag. 259.) Voy. le décret du 26 nivôse an II, et l'avis du Conseil d'État du 20 juillet 1807.

— 1er juillet. (13 messidor an II.) Loi qui ordonne le versement à la trésorerie nationale des fonds provenant de la vente des quarts de réserve des bois appartenant aux communes. (Bulletin des lois, no 69, 1ère sér.) Voy. le décret du 30 juin 1793, et l'ordonnance du 31 mars 1825.

— 29 août. (12 fructidor an II.) Loi qui permet à tous particuliers d'aller ramasser les glands, les faînes et autres fruits sauvages, dans les forêts et bois appartenant à la République. (Bull. no 257.)

— 14 septembre. (28 fructidor an II.) Loi qui défend d'introduire les porcs, jusqu'au 1er frimaire, dans les bois nationaux où se trouvent des hêtres, et ordonne que la faîne de la récolte sera convertie en huile. (*Idem*, no 315.)

— 12 décembre. (22 frimaire an III.) Loi qui suspend l'exécution de celle du 10 frimaire an II, concernant les domaines engagés. Voy. la loi du 14 ventôse an VII.

— 1795. 18 mai. (29 floréal an III.) Loi qui fixe les droits de balivage ou martelage à percevoir pour les coupes de bois. (Bull. no 864.)

— 8 juillet. (20 messidor an III.) Loi relative à l'établissement de gardes-champêtres dans toutes les communes rurales de la République, et à la manière de déterminer le prix de la restitution et de l'amende à l'égard des délits commis dans les forêts. (*Idem*, no 941.) Voy. l'ordonnance du 29 novembre 1820.

— 15 septembre. (29 fructidor an III.) Loi qui ordonne aux huissiers de faire les significations de tous actes et jugemens relatifs aux délits forestiers. (*Idem*, no 1105.) Voy. l'avis du Conseil d'État du 16 mai 1807.

1795. 25 octobre. (3 brumaire an IV.) Code des delits et des peines. Art. 39. « Il y a, pour la conservation des bois et fo- « rêts, des gardes forestiers, dans les lieux déterminés, etc. » Art. 40. « Tout propriétaire a le droit d'avoir pour la conser- « vation de ses propriétés un garde-champêtre ou forestier, etc. » (Voy. l'Ordonn. du 29 novembre 1820.)

— 26 octobre. (4 brumaire an IV.) Arrêté du comité des finances, qui attribue à la régie de l'enregistrement, la régie des bois appartenant à la république. (Cir. de l'Adm. de l'Enreg. no 825.) Voy. la loi du 16 nivôse an 9.

— 19 décembre. (28 frimaire an IV.) Arrêté du Directoire qui autorise les administrations municipales de canton, dans les communes où étaient les administrations de district, à procéder aux adjudications des coupes de bois nationaux et des communes. Voy. le décret du 11 avril 1793. (Dupin, Lois forestières, pag. 181.)

— 23 décembre. (2 nivôse an IV.) Loi qui ordonne la vente des bois dépendant des domaines nationaux d'une contenance moindre de quinze mille ares, ou 300 arpens forestiers environ. (Bull. n° 72, 2e sér.) Voy. le décret du 23 août 1790, la loi du 28 ventôse an IV, et le sénatus-consulte du 28 floréal an X.

1796. 18 mars. (28 ventôse an IV.) Loi portant création de deux milliards quatre cent millions de mandats territoriaux, et qui excepte de la vente des domaines affectés aux mandats les bois et forêts au-dessus de 300 arpens. (Bull. n° 252.) Voy. la loi du 2 nivôse an IV.

— 26 juillet. (8 thermidor an IV.) Arrêté qui ordonne que nulles coupes de quarts de réserve ou autres bois, autres que les coupes ordinaires, en conformité des procès-verbaux de leur aménagement, ne pourront être faites sans autorisation du pouvoir exécutif. (*Idem*, n° 571.)

— 3 août. (16 thermidor an IV.) Loi relative à la prestation de serment des gardes forestiers, des experts, etc. « Cette formalité peut avoir lieu devant le juge de paix, etc. » (*Idem*, n° 581.)

— 10 août. (23 thermidor an IV.) Loi relative à la répression des délits ruraux et forestiers. Art. 1er. « Les procès-verbaux des gardes-champêtres et forestiers ne seront pas soumis à la formalité de l'enregistrement, etc. » Art. 2. « La peine pour tout délit rural ou forestier ne pourra être au-dessous de trois journées de travail ou de trois jours d'emprisonnement. » (Bull. n° 601.) Voy. la loi du 22 frimaire an VII, en ce qui concerne l'enregistrement des procès-verbaux.

1796. 24 décembre. (4 nivôse an V.) ARRÊTÉ du Directoire exécutif concernant les perquisitions des bois coupés en délit, ou volés. (*Idem*, n° 912.) Voy. l'arrêté du 26 nivôse an V.

— 27 décembre. (7 nivôse an V.) LOI portant que les échangistes dépossédés seront rétablis dans la jouissance des objets par eux donnés en échange. (Mém. forest., tom. 1, pag. 296.) Voy. la loi du 27 août 1792, et celle du 11 pluviôse an XII.

— 1797. 15 janvier. (26 nivôse an V.) ARRÊTÉ du Directoire exécutif qui déclare applicables à la recherche des bois volés sur les rivières ou ruisseaux flottables ou navigables, les dispositions de l'arrêté du 4 nivôse présent mois. (Bull. n° 976.)

— 23 juillet. (5 thermidor an V.) ARRÊTÉ concernant les adjudications des coupes de bois nationaux. (*Idem*, n° 1309.) Voy. les arrêtés des 1er fructidor an VII, et 27 frimaire an XI.

— 26 septembre. (5 vendémiaire an VI.) ARRÊTÉ qui déclare que le pâturage des bestiaux dans les forêts nationales de l'ancien domaine, est interdit à tous particuliers riverains qui ne justifieront pas être du nombre des usagers reconnus et conservés dans les états anciennement arrêtés par le ci-devant Conseil, etc. (*Idem*, n° 1454.)

— 1798. 7 février. (19 pluviôse an VI.) ARRÊTÉ concernant les bois riverains des forêts nationales. « L'exécution des art. 4 et 5, titre 27, de l'ordonnance de 1669, est recommandée aux agens forestiers et aux administrations centrales, etc. » (*Idem*, n° 1712.)

— 13 février. (25 pluviôse an VI.) ARRÊTÉ contenant des mesures pour prévenir les incendies dans les forêts nationales. (*Idem*, n° 1725.)

— 17 avril. (28 germinal an VI.) LOI relative à la gendarmerie nationale. Elle est chargée de saisir les dévastateurs des bois, etc. (*Idem*, n° 1805.) Voy. le décret du 16 février 1791 et l'ordonnance du 29 octobre 1820.

— 23 novembre. (3 frimaire an VII.) LOI relative à la répartition, à l'assiette et au recouvrement de la contribution foncière. Mode d'évaluation des bois. Art. 67 et suivans. (*Idem*, n° 2197.) Voy. les lois des 1er décembre 1790, 29 juillet 1791 et 11 frimaire an VII. Les forêts et bois nationaux sont exempts des contributions. (Loi du 19 ventôse an IX.)

1798. 1er décembre. (11 frimaire an VII.) Loi qui détermine le mode administratif des recettes et dépenses départementales, municipales et communales. Art. 5. « Quant à la contribution foncière des bois communaux, et aux frais de leurs gardes, il y sera pourvu par la vente annuelle d'une portion suffisante de bois d'usage, etc. » (Bull. n° 2219.) Voy. les lois des 1er décembre 1790, 20 juillet 1791 et 3 frimaire an VII.

— 12 décembre. (22 frimaire an VII.) Loi sur l'enregistrement. Le délai pour l'enregistrement des procès-verbaux des gardes est de quatre jours. Ces procès-verbaux s'enregistrent en débet. Les actes d'affirmation sont exempts de l'enregistrement. Le droit pour les ventes des coupes de bois est de 2 pour cent. (*Idem*, n° 2224.) Voy. la loi du 28 avril 1816.

1799. 4 mars. (14 ventôse an VII.) Loi relative aux domaines engagés par l'ancien gouvernement. Révocation des aliénations postérieures à la publication de l'édit du mois de février 1566, etc. (Coll. de Baudouin, pag. 382.) Voy. la loi du 3 septembre 1792, et celles des 10 frimaire an II, 22 frimaire an III, et 12 mars 1820.

— 18 août. (1er fructidor an VII.) ARRÊTÉ sur le mode du paiement du prix principal des adjudications de coupes de bois nationaux. (Bull. n° 3216.) Voy. l'arrêté du 27 frimaire an XI.

1800. 2 décembre. (11 frimaire an IX.) Loi portant (art. 1er) que les communes qui ont obtenu des jugemens arbitraux contre la République, touchant la propriété de forêts prétendues nationales, et qui ne les ont pas produits, avec les pièces justificatives, dans le délai de la loi du 28 brumaire an VII, auront, à compter de la publication de la présente, un délai de six mois, passé lequel lesdits jugemens seront regardés comme non avenus, etc. (*Idem*, n° 413, 3e sér.)

1801. 6 janvier. (16 nivôse an IX.) Loi relative à l'organisation d'une nouvelle administration forestière. Art. 1er. « La partie administrative des bois et forêts sera séparée de la régie de l'enregistrement, et confiée à cinq administrateurs qui résideront à Paris, etc. » (*Idem*, n° 454.) Voy. l'ordonnance du 26 août 1824.

— 26 janvier. (6 pluviôse an IX.) ARRÊTÉ qui fixe le nombre, les arrondissemens et la résidence des conservateurs des bois et forêts. (*Idem*, n° 498.) Voy. l'ordonnance du 25 août 1824.

— 10 mars. (19 ventôse an IX.) Loi portant que les bois et forêts nationaux ne paieront point de contributions. (*Idem*, n° 570.) Voy. la loi du 3 frimaire an VII. Les bois sont toutefois assujétis aux subventions nécessaires pour la réparation des chemins vicinaux. Loi du 28 juillet 1824. Voy. la loi du 6 novembre 1813.

1801. 5 avril. (15 germinal an IX.) Arrêté qui règle l'uniforme des administrateurs et agens forestiers. (Bull. n° 622.)

— 2 juillet. (13 messidor an IX.) Arrêté relatif à la plantation en bois des dunes des côtes de la Gascogne. (*Idem*, n° 735.)

— 10 décembre. (19 frimaire an X.) Arrêté relatif au mode de partage des bois communaux d'affouage. « Le partage se fera par *tête* d'habitant, conformément à la déclaration du 13 juin 1724 et à la loi du 26 nivôse an II. » (*Idem*, n° 1054.) Le partage se fait aujourd'hui par *feu*. Avis du Conseil d'État du 20 juillet 1807.

1802. 8 mars. (17 ventôse an X.) Arrêté qui attribue aux gardes, conformément à l'art. 15 du dernier titre de la loi du 29 septembre 1791, la moitié du produit net des amendes. (Dupin, Lois forestières, pag. 239.) Voy. la loi du 2 ventôse an XII.

— 10 mars. (19 ventôse an X.) Arrêté qui soumet les bois appartenant aux communes au même régime que les bois de l'État. (Bull. n° 1315.) Il en est de même des bois appartenant aux établissemens publics. (Circ. du 8 germinal an X, n° 78.) Voy. la loi du 29 septembre 1791, tit. XII.

— 20 mars. (29 ventôse an X.) Arrêté portant défense de faire des coupes extraordinaires dans les bois dont les acquisitions sont attaquées comme illégales. (Baudrillart, tom. 1er, pag. 573.)

— 26 avril. (6 floréal an X.) Sénatus-consulte relatif aux émigrés. L'art. 17 excepte de la restitution à faire aux émigrés les bois et forêts excédant trois cents arpens, et déclarés inaliénables par les lois antérieures. Voy. la loi du 2 nivôse an IV, et celle du 5 décembre 1814.

— 18 mai. (28 floréal an X.) Loi relative aux juges de paix. Art. 11. « L'affirmation des procès-verbaux des gardes-champêtres et forestiers, continuera d'être reçue par le juge de paix, etc. » (Bull. n° 1596.)

— 19 mai. (29 floréal an X.) Loi portant que les contraventions en matière de grande voirie, telles qu'anticipations et toutes espèces de détériorations commises sur les grandes routes, sur les *arbres* qui les bordent, etc., seront constatées, réprimées et poursuivies par voie administrative, etc. (*Idem*, n° 1606.) Voy. la loi du 12 mai 1825.

1802. 16 juillet. (27 messidor an X.) ARRÊTÉ relatif aux forêts des quatre départemens de la rive gauche du Rhin. Cet arrêté rappelle toutes les précautions à prendre pour la conservation des forêts. (Bull. n° 1836.)

— 20 novembre. (29 vendémiaire an XI.) ARRÊTÉ concernant la recherche et reconnaissance des chênes qui peuvent fournir des courbes pour la marine, et des autres arbres propres à la construction. (*Idem*, n° 2050.) Voy. l'arrêté du 24 messidor an XI.

— 18 décembre. (27 frimaire an XI.) ARRÊTÉ qui fixe le mode suivant lequel les coupes de bois doivent être payées. Voy. l'arrêté du 1er fructidor an VII, et le décret du 11 thermidor an XII. (Dupin, Lois forestières, pag. 257.)

1803. 17 février. (28 pluviôse an XI.) ARRÊTÉ portant que l'administration générale des forêts est autorisée à traduire devant les tribunaux, sans avoir recours à la décision du Conseil d'État, les agens qui lui sont subordonnés. (Bull. n° 2321.)

— 19 mars. (28 ventôse an XI.) LOI relative aux droits de pâturage, panage et autres usages dans les forêts nationales. Délai de six mois accordé aux usagers pour produire leurs titres. Ceux des usagers dont les droits ont été reconnus et fixés par les états arrêtés au ci-devant Conseil, sont dispensés de cette formalité. (*Idem*, n° 2535.) Voy. la loi du 19 germinal an XI et celle du 14 ventôse an XII.

— 9 avril. (19 germinal an XI.) LOI concernant les communes auxquelles les tribunaux ont adjugé des droits de propriété ou d'usage dans les forêts nationales. Délai de six mois accordé aux communes pour produire les jugemens rendus en leur faveur. (*Idem*, n° 2669.) Voy. la loi du 28 ventôse an XI.

— 29 avril. (9 floréal an XI.) LOI relative aux bois des particuliers, à la garde des bois communaux et des établissemens publics, et à l'organisation des gardes des bois domaniaux et de ceux des communes. « Pendant 25 ans, aucun bois ne pourra être arraché et défriché que six mois après déclaration, etc. » (*Idem*, n° 2753.)

— 18 mai. (28 floréal an XI.) ARRÊTÉ relatif au martelage des arbres propres au service de la marine. (*Idem*, n° 2770.)

— 13 juillet. (24 messidor an XI.) ARRÊTÉ qui autorise le ministre de la marine à faire marquer dans les forêts domaniales, communales et des particuliers, à trois myriamètres des rivières flottables et navigables, les pins et sapins nécessaires au service extraordinaire de la marine. (Dupin, Lois forest. pag. 272.)

1803. 19 juillet. (30 messidor an XI.) Arrêté qui déclare que les lois portant suppression générale de toutes prestations seigneuriales et droits féodaux, comprennent le droit de grurie. (Dupin, Lois forestières, pag. 273.) Voy. la loi du 28 mars 1790, et l'avis du Conseil d'État des 14-17 ventôse an XIII.

— 12 septembre. (25 fructidor an XI.) Arrêté relatif à la réserve du bois de bourdaine, pour la confection du charbon propre à la fabrication de la poudre. (Bull. no 3170.) Voy. le décret du 16 floréal an XIII.

— 7 novembre. (15 brumaire an XII.) Arrêté portant que les fermiers des forges de Port-Brillet, (Mayenne); de Martigne, Moisdon, la Hunaudière, (Loire-Inférieure et Ille-et-Vilaine), sont autorisés à faire pacager les chevaux servant au transport de leurs mines et charbons, dans les cantons de la forêt du Pertre, qui, chaque année, sont déclarés défensables. (Dupin, Lois Forestières, pag. 281.) Voyez l'ordonnance du 9 février 1825.

— 30 novembre. (8 frimaire an XII.) Sénatus-Consulte portant réglement sur l'entrée en possession et le mode d'administration des domaines et bois affectés à la dotation du sénat, et des biens formant la dotation des sénatoreries. (Bull no 3377.)

— 1804. 8 janvier. (17 nivôse an XII.) Arrêté relatif au mode de paiement des salaires des gardes de bois communaux. (*Idem*, no 3497.)

— 1er février. (11 pluviôse an XII.) Loi sur les engagemens et échanges de bois nationaux. Délai de trois mois accordé à tous engagistes, échangistes ou autres concessionnaires de bois et forêts dont les concessions sont révoquées par les lois des 3 septembre 1792 et 14 ventôse an VII, pour produire leurs titres, etc. (*Idem*, no 3562.) Voy. les lois des 27 août 1792, 7 nivôse an V, 15 mai 1818, et 12 mars 1820, et l'avis du Conseil-d'État du 12 floréal an XIII.

— 22 février. (2 ventôse an XII.) Loi portant qu'à compter du 1er vendémiaire an XII, le produit des amendes forestières, déduction faite de tous les frais de poursuites et de recouvrement, pourra être réparti annuellement entre les agens forestiers, à titre d'indemnité: il est dérogé à cet égard à l'art. 15 du titre 15 de la loi du 29 septembre 1791. (*Idem*, no 3627.) Voy. l'arrêté du 17 ventôse an X.

— 5 mars. (14 ventôse an XII.) Loi qui proroge pendant six

mois le délai accordé par la loi du 28 ventôse an XI, pour la production des titres relatifs aux droits d'usage, dans les forêts nationales. (Bull. n°. 3661.)

1804. 19 mars. (28 ventôse an XII.) ARRÊTÉ qui ordonne que les bois compris dans la dotation de la Légion d'Honneur, seront administrés par les officiers forestiers, comme ceux des usufruitiers et des Communes. (Dupin, Lois forestières, pag. 291.) Voy. le décret du 18 septembre 1806.

— 2 juin. (13 prairial an XII.) DÉCRET IMPÉRIAL contenant des actes d'indulgence et de bienfaisance. Mise en liberté des individus qui ne seraient plus détenus que pour le paiement de l'amende et des frais. (Bull. n° 6, 4e sér.)

— 12 juin. (23 prairial an XII.) DÉCRET sur un conflit d'attribution relatif à l'établissement prohibé d'un moulin à scie dans un bois communal. L'arrêté du préfet qui avait élevé le conflit a été annulé, et l'affaire est restée soumise aux tribunaux. (*Idem*, n 24.)

— 30 juillet. (11 thermidor an XII.) DÉCRET relatif aux traites à souscrire par les adjudicataires de coupes de bois domaniaux, à l'assistance des receveurs-généraux aux ventes, et aux obligations qu'ils doivent fournir au trésor. (Dupin, Lois forestières, page 295.) Voyez l'arrêté du 27 frimaire an XI.

— 31 octobre. (9 brumaire an XIII.) DÉCRET relatif aux biens communaux. Mode de jouissance relativement à ceux qui n'ont pas été partagés en vertu de la loi du 10 juin 1793. (Bull. n° 365.)

— 1805. 7 janvier. (17 nivôse an XIII.) DÉCRET portant que les droits de pâturage ou parcours dans les bois et forêts appartenant à l'état, aux établissemens publics, ou aux particuliers, ne peuvent être exercés que dans les parties qui auront été déclarées défensables. (*Idem*, n° 449.) Voy. l'avis du Conseil-d'État du 18 brumaire an XIV.

— 28 février. (9 ventôse an XIII.) LOI portant que les grandes routes non plantées, et susceptibles d'être plantées, le seront en arbres forestiers ou fruitiers, suivant les localités, par les propriétaires riverains, etc. Art. 7. « Nul ne pourra planter sur le bord des chemins vicinaux, même dans sa propriété, sans leur conserver la largeur fixée par l'art 6. » (*Idem*, n° 587.) Voy les lois des 29 floréal an X, 28 juillet 1824, et 12 mai 1825.

— 8 mars. (17 ventôse an XIII.) AVIS du Conseil d'État

(du 14 ventôse an XIII) portant que les droits de grurie, tiers et danger, ne peuvent être réclamés qu'autant qu'ils avaient pour cause la concession du fonds, sans mélange de droits féodaux. (Baudrillart, tom. 2, pag. 10.) Voy. l'arrêté du 30 messidor an XI.

1805. 2 mai. (12 floréal an XIII.) Avis du Conseil d'État relatif à l'estimation des bois, dont les engagistes acquerront la propriété incommutable. « Dans l'expertise des bois, il doit être formé deux prix, l'un, du quart de la valeur du bois, non compris la futaie; l'autre, de la totalité de la valeur de la futaie; et les engagistes, pour devenir propriétaires de la futaie et du taillis, doivent payer le montant des deux estimations. » (Dupin, Lois forestières, pag. 381.) Voy. la loi du 11 pluviôse an XII.

— 6 mai. (16 floréal an XIII.) Décret qui étend le rayon dans lequel l'administration des poudres et salpêtres est autorisée à faire couper les bois de bourdaine. Ce rayon est porté de six à quinze myriamètres. (Bull. n° 719.) Voy. l'arrêté du 25 fructidor an XI.

— 28 juin. (9 messidor an XIII.) Décret contenant une nouvelle division de l'Empire en arrondissemens forestiers de la marine. (*Idem*, n° 832.)

— 18 août. (30 thermidor an XIII.) Décret portant que l'exploitation en jardinant, n'est permise que dans les forêts de sapins et celles mêlées de hêtres et de sapins. (Dupin, Lois forestières, pag. 305.) Cette disposition ne s'applique pas aux arbres épars. (Circul. du 20 août 1806, n° 334.)

— 9 novembre. (18 brumaire an XIV.) Avis du Conseil-d'État sur ces questions : 1° quelle peine encourt l'usager qui introduit des bestiaux dans les bois non défensables? 2° deux propriétaires qui ont un droit réciproque de parcours sur leurs bois, peuvent-ils y introduire des bestiaux avant que les bois aient été déclarés défensables? 3° un particulier peut-il être empêché d'introduire ses bestiaux dans ses propres bois avant qu'ils soient défensables? 4° Enfin à qui appartient-il de déclarer le temps où les bois sont défensables? (Bull. n° 1173.) Voy. le décret du 17 nivôse an XIII.

— 13 novembre. (22 brumaire an XIV.) Avis sur les maisons d'habitation et ateliers existant dans le voisinage des forêts. (*Idem*, n° 1139.) Voy. l'ordonnance du 11 juin 1817.

— 7 décembre. (16 frimaire an XIV.) Décret qui annule un arrêté du préfet du département de la Sarthe, relatif à la police des bois. Le préfet ne pouvait déterminer l'âge avant lequel les bois pourront être déclarés défensables; c'est à l'administration des forêts qu'il appartient de prononcer à cet égard. (Moniteur, ann. 1806, n° 55.)

1805. 7 décembre. (16 frimaire an XIV.) DÉCRET qui déclare valable une déclaration de command faite par un adjudicataire de coupe de bois. (Baudrillart, 3e liv., pag 47.)

Nota. La faculté d'élire un command se trouve aujourd'hui consacrée par le cahier des charges.

1806. 17 janvier. DÉCRET sur les pensions de retraite des agens et employés de l'administration forestière. Voy. l'ordonnance du 12 janvier 1825.

— 21 mars. DÉCRET qui ordonne, pour la formation d'un fonds commun de travaux publics, un prélèvement de vingt-cinq pour cent sur le produit des coupes des quarts en réserve des bois communaux. (Bull. n° 1396.)

— 22 mars. LOI concernant l'attribution donnée aux agens supérieurs de l'administration forestière, pour la poursuite des délits commis dans les forêts de l'État ou de la Couronne, par des agens ou préposés de cette administration. (*Idem*, n° 1438.)

— 22 mars. LOI relative au mode de paiement des gardes des bois des communes qui n'ont pas de revenus. (*Idem*, n° 1437.) Voy. le décret du 31 janvier 1813.

— 23 mai. DÉCRET qui établit près l'administration générale des bois et forêts douze inspecteurs généraux. (Moniteur, n° 147.) Voy. l'ordonnance du 22 novembre 1820.

— 11 juin. DÉCRET concernant les rapports entre les fonctions des gardes-champêtres et celles de la gendarmerie. Art. 7. « Les sous-préfets désignent aux préfets et ceux-ci à l'administration forestière, les gardes-champêtres qui méritent d'être appelés aux fonctions de gardes forestiers. » (Bull. n° 1656.) Voy. l'Ordonn. du 29 novembre 1820.

— 18 juillet. DÉCRET dont il résulte que les contestations entre l'État et les particuliers, relatives à la propriété d'un bien ou d'un droit foncier, (dans l'espèce il s'agissait d'un bois), sont de la compétence des tribunaux. (Dupin, Lois forestières, pag. 325.)

— 18 septembre. DÉCRET concernant l'administration des parcs et jardins clos de murs, faisant partie des chefs-lieux de cohortes de la Légion-d'Honneur. Ces objets sont exceptés des dispositions de l'arrêté du 28 ventôse an XII. (Bull. nº 2432.)

1807. 23 avril. DÉCRET qui renvoie aux tribunaux, comme présentant une véritable question de propriété, l'appréciation des titres en vertu desquels des communes ou des particuliers réclament des droits d'usage dans les forêts, lorsque ces titres sont contestés. (Dupin, Lois forestières, pag 327.)

— 16 mai. AVIS du Conseil d'État portant que les gardes généraux et particuliers des forêts peuvent, conformément aux art. 14 et 15, tit. 10, de l'ordonnance de 1669, faire toute signification d'exploits en matière de bois et forêts, sans pouvoir néanmoins procéder aux saisies et exécutions, etc. (Bull. nº 2469.) Voy. le décret du 1er avril 1808, concernant la taxe de ces significations.

— 20 juillet. AVIS du conseil d'état portant qu'un partage de biens communaux entre deux communes doit être fait à raison du nombre de feux. (Dupin, Lois forestières, pag. 332.) Voy. l'avis du conseil d'état du 26 avril 1808, qui applique ce mode de partage aux bois. Auparavant, le partage se faisait par têtes. Voy. le décret du 26 nivôse an II, l'arrêté du 19 frimaire an X, ainsi que le décret du 6 juin 1811.

— 16 septembre. LOI relative au dessèchement des marais. « Lorsqu'il y aura lieu d'ouvrir ou de perfectionner une route, ou des moyens de navigation dont l'objet sera d'exploiter avec économie des *forêts* ou *bois*, toutes les propriétés de cette espèce, générales, communales ou privées, qui devront en profiter, seront appelées à contribuer proportionnellement à la dépense, etc. » (Bull. nº 2797.) Voy. la loi du 28 juillet 1824, sur les chemins vicinaux.

— 18 septembre. AVIS du Conseil d'État sur le rejet d'une demande en remise ou modération d'une amende prononcée pour contravention aux lois concernant les arbres destinés au service de la marine. Cet avis est fondé sur la loi du 9 floréal an XI, et sur l'arrêté du 28 du même mois, qui rappelle les dispositions de l'arrêt du conseil du 23 juillet 1748. (*Idem*, nº 2806.)

1808. 11 janvier. DÉCRET relatif aux adjudications de coupes de bois. Il ne peut être enlevé des coupes destinées au flottage, aucun bois de 54 millim. de diamètre ou 162 millim. de circonférence et au-dessus, qu'au préalable il n'ait été procédé au comptage du nombre de stères que ces coupes ont produit, etc. (Baudrillart, Réglemens forestiers, tom. 2.)

1808. 1er avril. Décret qui porte que tous les actes des gardes forestiers, dans lesquels ils remplacent les huissiers, seront taxés comme ceux faits par les huissiers des juges de paix. (Bull. n° 3256.) Voy. le décret du 16 mai 1807.

— 26 avril. Avis du Conseil d'État sur le mode de partage des bois possédés en indivis par plusieurs communes. Les partages se font par feux, c'est-à-dire par chef de famille ayant domicile. (*Idem*, n° 3432.) Voyez l'avis du 20 juillet 1807, et le decret du 6 juin 1811.

— 29 mai. Avis du Conseil d'État portant que, lorsqu'en vertu de la loi du 10 juin 1793, il s'est opéré un changement dans le mode de jouissance des biens communaux d'une commune, et que ce changement a été exécuté, les demandes d'un nouveau mode de jouissance doivent être présentées au conseil de préfecture, et soumises de droit, comme les affaires de biens communaux, au Conseil d'État. (*Idem*, n° 3434.) Voy. le décret du 20 novembre 1809, qui annule un partage comme irrégulier.

— 20 juillet. Décret concernant les indications que doivent contenir les procès-verbaux d'expertise en matière de partage de bois indivis entre le gouvernement et des particuliers, et sur demande en échange ou aliénation. (*Idem*, n° 3588.)

— 17 novembre. Code d'instruction criminelle. Les gardes forestiers sont considérés comme officiers de police judiciaire. Ils remettent leurs procès-verbaux dans le délai fixé par l'art. 15, etc.

1809. 30 janvier. Avis du Conseil d'État sur les déclarations de command de la part des acquéreurs de bois de l'État. La faculté d'élire des commands ne peut être exercée qu'au profit d'un seul indivividu. En cas de déchéance des acquéreurs, l'administration n'est pas tenue de maintenir les baux consentis à un prix inférieur à celui des baux précédens. (Bull. n° 4189.)

— 17 février. Décret concernant les biens cédés à la caisse d'amortissement. Ces biens ne sont plus censés faire partie du domaine public. (*Idem*, n° 4134.) Voy. l'avis du 5 août 1809.

— 4 mai. Décret relatif à la conservation des bois affectés à la dotation des majorats. « Les bois futaies seront coupés, quand ils seront dans les taillis, dans les cas où ils le sont dans les forêts domaniales; et quand ils seront en réserve ou en pièce sans taillis, ils seront aménagés; enfin, si leur étendue ne permet pas l'aménagement, ils ne pourront être coupés qu'après autorisation donnée en Conseil d'État. » (Bull. no 5251.) Voy. l'avis du 5 août 1809.

1809. 18 juin. Décret qui assigne une place particulière aux agens de l'administration forestière, dans les audiences des tribunaux correctionnels. (*Idem*, no 4442.)

Les agens forestiers de l'apanage d'Orléans jouissent du même droit. (Circul. du garde des sceaux, du 10 mai 1817.)

— 5 août. Avis du Conseil d'État relatif au régime des bois affectés aux majorats. « L'administration des forêts doit se borner à veiller à ce que le titulaire d'un majorat jouisse en bon père de famille; elle doit seulement constater les dégradations et anticipations de coupes lorsqu'elles ont lieu. » (Bull. no 4487.) Voy. le statut du 4 mai 1809.

— 15 septembre. Décret qui accorde à l'artillerie les mêmes droits que ceux que la marine exerce dans les forêts de l'État, pour les approvisionnemens de ses arsenaux. (Dupin, Lois forestières, pag. 354.)

— 20 novembre. Décret qui annule un arrêté du conseil de préfecture du département de Saône-et-Loire, qui a déclaré valable le partage des biens communaux de la commune de Vièvre. (Dupin, Lois forestières, pag. 355.) Voy. l'avis du 29 mai 1808.

1810. 30 janvier. Sénatus-Consulte relatif à la dotation de la Couronne. « Les bois et forêts dépendant de la Couronne sont exploités conformément aux lois et réglemens sur l'administration forestière. Il en est de même des bois et forêts dépendant des apanages. » (Bull. no 5141.)

— 12 février. Code pénal. La peine de la réclusion est prononcée pour les vols de bois dans les ventes.

— 24 mars. Décret qui renvoie aux tribunaux civils les questions de propriété élevées à l'occasion d'une poursuite correctionnelle contre le sieur Mouflette, prévenu d'avoir usurpé un chemin séparant son domaine d'une forêt domaniale. (Dupin, Lois forestières, pag. 358.)

— 25 mars. Décret qui proclame une amnistie pour les délits forestiers commis avant la publication du présent décret. (Bull. no 5311.) Voy. l'avis du 26 juin 1810 et la déclaration du Roi du 11 juillet 1814.

— 26 juin. Avis du Conseil d'État portant que l'amnistie

prononcée par le décret du 25 mars précédent, n'est point applicable aux abus et malversations commis par les adjudicataires de bois dans les exploitations, etc. (Bull. n° 5581.) Voy. la déclaration du Roi du 11 juillet 1814.

1810. 19 juillet. DÉCRET portant que l'art. 12 du titre 32 de l'ordonnance de 1669 est applicable au cas d'enlèvement des feuilles mortes. (Bull. n° 5741.)

— 14 décembre. DÉCRET qui prescrit les mesures à prendre pour l'ensemencement, la plantation et la culture des végétaux les plus favorables à la fixation des dunes. (Dupin, Lois forestières, pag. 367.)

1811. 2 février. DÉCRET qui charge les gardes généraux des forêts du recouvrement des amendes pour délits forestiers. (Bull. n° 6516.) *Nota*. Le ministre des finances a décidé, le 24 novembre 1817, que, conformément à l'art. 23 du titre 9 de la loi du 29 septembre 1791, le recouvrement des amendes serait fait par les receveurs de l'enregistrement.

— 8 mars. DÉCRET qui affecte divers emplois civils, notamment dans l'administration des forêts, aux militaires admis à la retraite, ou réformés pour cause d'infirmités ou de blessures. (Bull. n° 6568.)

— 12 avril. DÉCRET qui annule un arrêté du préfet de Seine-et-Marne, au sujet des contestations élevées entre un adjudicataire de coupes de bois et un fournisseur de la marine, et renvoie l'affaire aux tribunaux ordinaires, seuls compétens pour connaître des difficultés relatives à la coupe et à la vente des bois. Voy. le décret du 17 août 1813. (Baudrillart, tom. 2, pag. 424.)

— 15 avril. DÉCRET relatif aux formalités qui doivent précéder et suivre l'abattage des arbres futaies, épars ou en plein bois, appartenant à des particuliers. (Bull. n° 6678.) Voy. le décret du 6 novembre 1813 et les ordonnances des 28 août 1816 et 22 septembre 1819.

— 24 avril. DÉCRET concernant l'organisation administrative et judiciaire de la Corse. « L'administrtion des forêts fera partie des attributions du ministre de la marine, conformément au décret du 13 mars 1811. » (Bull. n° 6699.)

— 6 juin. DÉCRET portant que le mode de jouissance des biens communaux ne peut être réglé qu'en Conseil d'État. (Bull. n° 6973.) Voy. le décret du 20 juillet 1807.

— 18 juillet. DÉCRET contenant réglement pour l'administration de la justice en matière criminelle, de police correctionnelle et de simple police, et TARIF général des frais. L'article 50 règle à 25 centimes le droit des extraits délivrés par les greffiers en matière forestière. (Bull. nº 7035.) Voy. le décret du 7 avril 1813.

1811. 16 décembre. DÉCRET portant réglement général sur la construction, la réparation, la plantation et l'entretien des routes. (Bull. nº 7524.) Voy. l'ordonnance du 8 août 1821, et la loi du 12 mai 1825.

1812. 4 février. AVIS du Conseil d'État, approuvé le 8, concernant le maintien des lois sur la police rurale et *forestière*, et l'abrogation des anciens réglemens sur des matières réglées par le Code pénal. (Bull. nº 7688.)

— 28 mai. DÉCRET portant que le propriétaire d'un *bois* qui a été vendu comme national, sans aucune opposition, ne peut redemander ce bien à l'acquéreur, mais seulement se pourvoir, ainsi que de droit, pour obtenir un dédommagement, s'il y a lieu. (Dupin, Lois forestières, pag. 390.)

— 11 juillet. DÉCRET qui détermine la forme et les conditions des actes d'échange avec le domaine de la Couronne. (Bull. nº 8121.)

— 14 juillet. DÉCRET qui fixe le mode de répartition et de recouvrement de la contribution à payer par les propriétaires des mines et *forêts* dans les départemens de l'Allier, du Cher, de Loir-et-Cher et d'Indre-et-Loire, pour les travaux relatifs à la navigation du Cher. (Bull. nº 8162.)

1813. 17 janvier. DÉCRET qui statue sur le pourvoi des habitans de la commune de Tourmont, contre un arrêté du préfet du Jura, par lequel il était enjoint à ladite commune de comprendre dans la distribution de son affouage de 1811 les habitans du hameau des Soupois. « En principe, la réunion des communes ne doit porter aucune atteinte à leurs droits respectifs de propriété. » (Bull. nº 8610.)

— 21 janvier. DÉCRET portant que, lorsque les parties ne sont pas d'accord sur la fixation du lieu du cantonnement, en remplacement de droits d'usage, elles doivent être renvoyées devant les tribunaux, pour y être statué. (Baudrillart, tom. 2, pag. 539.)

— 31 janvier. DÉCRET relatif au mode d'acquittement des salaires des gardes des bois communaux qui sont à la charge des communes. (Bull. nº 8703.) Voy. la loi du 22 mars 1806.

— 7 avril. DÉCRET qui modifie celui du 18 juin 1811, contenant réglement des frais de justice en matière criminelle, correctionnelle et de simple police. Il n'est dû aucuns frais de voyage aux gardes-forestiers pour la remise de leurs procès-verbaux, etc. (Bull. nº 9106.)

1813. 14 avril. SÉNATUS-CONSULTE qui autorise l'échange de bois dépendant du domaine de la Couronne avec une forêt du domaine impérial. (Bull. nº 9114.) *Nota*. Il résulte de cet acte, qu'aujourd'hui, pour faire un semblable échange, il faudrait une loi. En effet, échanger, c'est aliéner.

— 28 avril. DÉCRET portant établissement, à compter du 1er juillet 1813, d'un droit de péage sur les *bois* qui seront conduits et empilés au port de Bellevault, département de la Nièvre. (Bull. nº 9124.)

— 17 août. DÉCRET portant que la connaissance des contestations auxquelles donnent lieu les adjudications de coupes de bois et les tiercemens, appartiennent aux tribunaux. (Dupin, Lois forestières, pag. 406.) Voy. le décret du 12 avril 1811, et l'ordonnance du 11 décembre 1814.

— 6 novembre. DÉCRET concernant les particuliers propriétaires de bois taillis ou autres, dans les îles, sur les rives, et à quinze kilomètres du cours du Rhin, qui voudront faire des abattages dans lesdits bois. La déclaration de volonté d'abattre doit être faite trois mois d'avance, etc. (Bull. nº 9830.)

— 6 novembre. DÉCRET portant que les bois et forêts du domaine de la Couronne, du domaine privé et du domaine extraordinaire, les bois et forêts faisant partie des apanages des princes de la famille impériale, et les forêts impériales en général, contribueront au paiement de la taxe établie pour les routes départementales. (Bull. nº 9836.) Voy. la loi du 28 juillet 1824, relative aux chemins vicinaux, et celle du 19 ventôse an IX.

— 6 novembre. DÉCRET sur la conservation et administration des biens que possède le clergé. « Les titulaires ayant des bois dans leur dotation, en jouiront conformément à l'art. 590 du Code civil, si ce sont des bois taillis : quant aux arbres futaies réunis en bois ou épars, ils devront se conformer à ce qui est ordonné pour les bois des communes. » (Bull. nº 9860.)

1814. 10 mai. ORDONNANCE DU ROI qui déclare nulles les ventes de bois qui auraient été faites de l'autorité des commandans des puissances alliées, postérieurement aux conventions du 23 avril 1814. (Dupin, Lois forestières, pag. 412.)

— 11 juillet. DÉCLARATION DU ROI qui accorde une amnistie

pour les délits commis dans les forêts de l'État, et dans celles des communes et établissemens publics. (Bull. no 194, 5e sér.) Voy. l'avis du 26 juin 1810.

1814. 23 septembre. Loi sur les finances. Art. 18. « Les bois qui cesseront de faire partie du domaine public, accroîtront le contingent des communes où ils seront situés, et seront, d'après une matrice particulière, cotisés comme les autres bois de la commune, etc. » Art. 31. « Il sera vendu jusqu'à concurrence de 300 mille hectares de bois de l'État pour l'amortissement des obligations du trésor, etc. » (Bull. no 300.) Voy. les ordon. des 7 octobre 1814 et 16 juillet 1815, et les lois des 28 avril 1816 et 25 mars 1817.

— 7 octobre. Ordonnance du roi qui détermine le mode de vente et de paiement des bois dont l'aliénation est ordonnée par la loi du 23 septembre 1814. (Bull. no 372.) Voy. l'ordon. du 16 juillet 1815.

— 8 novembre. Loi relative à la liste civile et à la dotation de la Couronne. Les bois et forêts faisant partie de la dotation de la Couronne, sont exploités conformément aux lois et réglemens concernant l'administration forestière. (Bull. no 414.)

— 5 décembre. Loi relative aux biens non vendus des émigrés. (Bull. no 488.) Voy. le sénatus-consulte du 6 floréal an X.

— 11 décembre. Ordonnance du roi qui décide que les tribunaux doivent connaître des contestations relatives aux adjudications des coupes de bois. (Dupin, Lois forestières, pag. 431.) Voy. le décret du 17 août 1813, et l'ordon. du 6 mars 1816.

1815. 29 mai. Décret impérial qui accorde aux propriétaires de maisons d'habitation, fabriques, usines et bâtimens en dépendant, détruits par la guerre, des bois de construction pour leur réédification. (Bull. no 249, 6e sér.)

— 16 juillet. Ordonnance du roi relative aux ventes de bois de l'État. Les adjudications faites du 20 mars au 7 juillet 1815, sont maintenues. Les ventes continueront à avoir lieu conformément à la loi du 23 septembre 1814, et à l'ordonnance du 7 octobre suivant. (Bull. no 15, 7e sér.) Voy. la loi du 28 avril 1816.

— 6 septembre. Ordonnance du roi portant que divers prélèvemens prescrits pour les années 1814 et 1815, continueront à avoir lieu pendant 1816, notamment celui de 50 pour cent sur les fonds provenant des coupes de quart en réserve, ou autres coupes extraordinaires des bois communaux. (Bull. no 110.)

1816. 10 février. Ordonnance du roi dont il résulte que l'avis du Conseil d'État du 18 juin 1809, qui attribue aux conseils de préfecture le jugement des usurpations de terrains communaux, n'est applicable que lorsque la qualité communale du terrain n'est pas contestée; et que, dans le cas contraire, les tribunaux ordinaires sont juges de la question de propriété. (Dupin, Lois forestières, pag. 440.)

1816. 6 mars. ORDONNANCE DU ROI portant que les contestations élevées soit sur l'adjudication des coupes de bois domaniaux, soit sur le paiement de ces adjudications, sont du ressort des tribunaux. (Bull. n° 496.) Voy. l'ord. du 11 déc. 1814.

— 28 avril. LOI sur les finances. Art. 15. « La vente des *bois* de l'État cessera d'avoir lieu, et les biens des communes non encore vendus seront remis à leur disposition, comme ils l'étaient avant les lois des 20 mars 1813 et 23 septembre 1814. »

Art. 43. « Sont sujets au droit fixe de 2 francs, les procès-verbaux et rapports des gardes, etc. »

Art. 116. « La condition mise par la loi du 5 décembre 1814 à la restitution des biens provenant d'émigrés, qui ont été cédés à la caisse d'amortissement, est révoquée : ces biens seront rendus aux propriétaires..... etc. A l'égard des biens à restituer qui consisteraient en *domaines engagés*, la loi du 11 pluviôse an XII, et le § 2 de l'art. 15 de celle du 14 ventôse an 7 sont rapportés. Les possesseurs réintégrés ne seront assujétis qu'à l'exécution des autres dispositions de cette dernière loi. La présente disposition sera commune à tous les *engagistes*. (Bull. n° 632.) Voy. les lois des 27 mars 1817 et 15 mai 1818.

— 22 mai. ORDONNANCE DU ROI portant que les actes et procès-verbaux des gardes forestiers (autres que ceux des particuliers) continueront à être visés pour timbre et enregistrés en débet. (Bull. n° 731).

— 28 août. ORDONNANCE DU ROI concernant le martelage et la conservation des bois nécessaires aux constructions navales. (Bull. n° 1159.) Voy. l'ordonnance du 22 septembre 1819.

— 28 août. RÉGLEMENT relatif à l'exécution du service des martelages et exploitations des bois destinés au service de la marine dans les quatre directions forestières du royaume. (Bull. n° 1160.) *Nota.* Ce réglement, en ce qui concerne les particuliers, a été révoqué par l'ordonnance du 22 septembre 1819.

— 28 août. ORDONNANCE DU ROI concernant la nouvelle division des forêts du royaume en quatre directions, pour l'exploitation des bois destinés aux constructions navales. (Bull. n° 1161.) Voy. l'ord. du 22 septembre 1819.

— 28 août. RÉGLEMENT concernant l'organisation du personnel dans les quatre divisions forestières de la marine, le nombre, les grades, classes, traitemens, soldes, vacations et frais divers des agens employés aux martelages dans les forêts du royaume. (Bull. n° 1213.) Voy. le réglement du 9 janvier 1818.

1816. 23 octobre. ORDONNANCE DU ROI qui prescrit quelques modifications dans les règles suivies jusqu'à présent pour le versement, l'emploi et le recouvrement des traites souscrites par les adjudicataires des coupes dans les bois de l'État. « Les traites doivent être remises sans délai par les directeurs des domaines au receveur général de leur département. » (Bull. n° 1286.)

1817. 10 janvier. AVIS du comité des finances portant que le ministre de ce département doit prescrire à l'administration forestière de ne pas s'opposer à la coupe des bois de futaie ou taillis des particuliers, avant l'âge de 10 ans. Approuvé par le ministre le 15 février suivant. (Dupin, Lois forestières, pag. 483.) Voy. l'ordonnance du 22 septembre 1819.

—7 mars. ORDONNANCE DU ROI qui défend, sous les peines portées par les lois, de faire, sans l'autorisation de S. M., aucune coupe dans les quarts de réserve des bois des communes, hôpitaux et autres établissemens publics. (Bull. n° 1885.)

— 25 mars. LOI sur les finances. Art. 50. « Les bois qui n'auraient pas été compris dans les rôles particuliers de 1815 et 1816, et qui cesseraient ultérieurement de faire partie du domaine de l'État, seront cotisés comme tous les autres bois de même nature, etc. » Art. 143. « Tous les bois de l'État sont affectés à la caisse d'amortissement, à l'exception de la quantité nécessaire pour former un revenu net de 4 millions de rente, dont il sera disposé par le roi pour la dotation des établissemens ecclésiastiques, etc. » (Bull. n° 1879.) Voy. la loi du 23 septembre 1814, et l'ordonnance du 10 décembre 1817.

— 17 mai. ORDONNANCE DU ROI concernant la *réunion* de l'administration des forêts à la direction générale de l'enregistrement et des domaines. (Bull. n° 2118.) Voy. l'ordonnance du 11 octobre 1820, qui rétablit cette administration.

— 4 juin. ORDONNANCE DU ROI portant établissement de six conservations forestières, à Paris, Rouen, Laon, Nancy, Colmar et Dijon. (Bull. n° 2176.) Voy. l'ordonnance du 11 octobre 1820.

— 11 juin. ORDONNANCE DU ROI qui confirme un arrêté du préfet du Bas-Rhin, en ce qu'il prescrit la destruction d'œuvres nouvelles, faites sans autorisation par le sieur Eberhard, près d'une forêt domaniale, à une distance prohibée par les lois; annule, pour cause d'incompétence, la partie du même arrêté qui ordonne la démolition d'une maison antérieurement possédée par le requérant, et renvoie devant les tribunaux pour faire juger la question de propriété de ladite maison. (Bull. n° 2323.) Voy. l'avis du Conseil d'État du 22 brumaire an XIV.

1817. 13 août. ORDONNANCE DU ROI qui accorde amnistie aux individus poursuivis correctionnellement, ou condamnés à des peines correctionnelles, pour les délits auxquels la rareté des subsistances a pu les entraîner depuis le 1er septembre 1816, jusqu'à ce jour. (Bull. n° 2519.) Voy. l'ordonnance du 28 mai 1825.

— 24 novembre. DÉCISION du ministre des finances portant que le recouvrement des amendes sera fait par les receveurs de l'enregistrement, à compter du 1er janvier 1818. (Inst. du directeur général de l'enregistr., n° 813.) Voy. le décret du 2 février 1811.

— 10 décembre. ORDONNANCE DU ROI qui prescrit des mesures pour la mise en vente de la partie des bois affectés à la dotation de la caisse d'amortissement, dont la loi du 25 mars 1817 a autorisé l'aliénation à partir de 1818. (Bull. n° 3278.)

1818. 9 janvier. RÉGLEMENT concernant la répartition, le nombre, les grades, classes, traitemens, solde, supplémens, indemnités, etc., etc., des officiers du génie maritime, maîtres, contremaîtres, et autres agens employés dans les directions forestières de la marine. (Bull. n° 3585.) Voy. le réglement du 28 août 1816.

— 15 mai. LOI concernant les échangistes. Les dispositions de l'art. 116 de la loi du 28 avril 1816, concernant les engagistes, sont déclarées communes aux échangistes des forêts au-dessus de 150 hectares dont les échanges n'étaient pas consommés avant le 1er janvier 1789, etc. Il leur est accordé un délai de 3 mois pour faire les déclaration et soumission prescrites par la loi du 14 ventôse an VII, etc. (Bull. n° 4131.) Voy. les lois des 11 pluviôse an XII et 12 mars 1820.

1819. 23 juin. ORDONNANCE DU ROI relative à la réintégration des communes dans leurs droits sur les biens communaux usurpés. « Les administrations locales doivent s'occuper, sans délai, de la recherche et de la reconnaissance des terrains usurpés sur les communes depuis la loi du 10 juin 1793, etc. » (Bull. n° 6842.)

— 22 septembre. ORDONNANCE DU ROI qui révoque, en ce qui concerne les particuliers, l'ordonnance du 28 août 1816, et le réglement y annexé, sur le martelage des bois propres aux constructions navales. (Bull. n° 9753.)

1820. 12 mars. Loi sur la libération des diverses classes d'acquéreurs du domaine de l'État. — Titre 2. Libération des concessionnaires, engagistes et échangistes. Art. 9. « A l'expiration de trente années, à compter de la publication de la loi du 14 ventôse an VII, les domaines provenant de l'État, cédés à titre d'engagement ou d'échange antérieurement à la loi du 1er décembre 1790, autres que ceux pour lesquels auraient été faites, ou seraient faites jusqu'à l'expiration desdites trente années, les significations et réserves réglées par les art. 7 et 8, sont déclarées propriétés incommutables entre les mains des possesseurs actuels, etc. » (Bull. no 8369.)

1820. 4 octobre. Ordonnance du roi par laquelle S. M. continue à permettre l'exportation, par le cours de la Meuse, des écorces à tan, charbons de bois et perches provenant des forêts des Ardennes. (Bull. no 9617.)

— 11 octobre. Ordonnance du roi concernant le rétablissement de l'administration des forêts. (Bull. no 9618.) Voyez l'ordonnance du 17 mai 1817, et celle du 26 août 1824.

— 11 octobre. Ordonnance du roi portant nomination des administrateurs des forêts, et du secrétaire général de la même administration. (Bull. no 9619.) Voy. l'ordonnance du 26 août 1824.

— 20 octobre. Ordonnance du roi portant amnistie pour les délits forestiers commis antérieurement au 29 septembre précédent. (Bull. no 9717.) Voy. l'ordonnance du 28 mai 1825.

— 22 novembre. Ordonnance du roi contenant une nouvelle organisation du royaume en vingt arrondissemens forestiers. (Baudrillart, tom. 2, pag. 881.)

— 22 novembre. Arrêté du ministre des finances relatif au classement des arrondissemens forestiers. (*Idem.*, tom. 2, p. 883.)

— 22 novembre. Ordonnance du roi qui réduit à quatre le nombre des inspecteurs généraux des forêts, et leur adjoint un géomètre vérificateur général des arpentages. (*Idem.*, tom. 2, pag. 881.) *Nota.* Les inspecteurs généraux ont été supprimés par ordonnance du 26 août 1824.

— 29 novembre. Ordonnance du roi qui détermine un mode pour la nomination et la révocation des gardes-champêtres. (Bull. no 9729.)

1821. 8 août. Ordonnance portant (art. 4) que les arbres plantés sur les routes départementales et sur les terres riveraines desdites routes, pourront être abattus, dans les cas prévus par l'art. 99 du décret du 16 décembre 1811, sur la seule autorisation du préfet. (Bull. n° 11116.) Voy. la loi du 12 mai 1825.

1821. 5 septembre. ORDONNANCE relative à l'emploi des fonds provenant des coupes extraordinaires des bois des communes, des hôpitaux et autres établissemens publics, dont l'adjudication n'excédera pas la somme de mille francs. (Bull. n° 11264.) Voy. l'ordonnance du 31 mars 1825.

— 12 octobre. ORDONNANCE DU ROI qui permet aux hommes infirmes, aux femmes et aux enfans des communes riveraines, de ramasser du bois dans les forêts de la Couronne. Voy. l'ordonnance du 2 février 1825.

1823. 8 août. AVIS du Conseil d'État portant qu'aucune loi n'autorise la restitution des bois qui ont appartenu aux missions étrangères. (Baudrillart, 6e liv., pag. 160.)

1824. 28 juillet. LOI relative aux chemins vicinaux. « Toutes les fois qu'un chemin sera habituellement ou temporairement dégradé par des exploitations de...... forêts......, il pourra y avoir lieu à obliger les entrepreneurs ou propriétaires à des subventions particulières....... Les propriétés de l'État et de la Couronne contribueront aux dépenses des chemins communaux, etc. » (Bull. n° 17435.)

— 26 août. ORDONNANCE DU ROI contenant une nouvelle organisation de l'administration des forêts. (Bull. n° 17590.)

— 26 août. ORDONNANCE qui nomme MM. le marquis de Bouthillier, directeur général, Chauvet, Marcotte et du Teil, administrateurs. (*Idem*, n° 17591.)

— 1er décembre. ORDONNANCE DU ROI qui établit à Nancy l'École Royale forestière créée par l'ordonnance du 26 août 1824, et qui contient organisation de cette école. (Bull. n° 109, 8e sér.) Voy. l'ordonnance du 27 septembre 1826.

1825. 12 janvier. ORDONNANCE DU ROI portant réglement général sur les pensions de retraite des fonctionnaires et employés du département des finances. Les gardes à cheval et les gardes à pied de l'administration des forêts sont au nombre des employés du service actif qui ont droit à la retraite après 25 ans de service. (Bull. n° 438.)

— 2 février. ORDONNANCE DU ROI portant que l'ordonnance du 12 octobre 1821, qui permet aux hommes infirmes, aux femmes et aux enfans des communes riveraines de ramasser du bois dans les forêts de la Couronne, ne préjudicie point aux droits de jouissance qui seraient établis sur des titres. (Baudrillart, pag. 326, 8e livr.)

1825. 9 février. ORDONNANCE DU ROI qui apporte des modifications à l'arrêté du gouvernement du 15 brumaire an XII, concernant le pâturage, dans plusieurs forêts de l'État, des chevaux nécessaires à la vidange des coupes. (*Idem*, pag. 332, 8. liv.)

— 31 mars. ORDONNANCE DU ROI relative au recouvrement, à titre de placement en compte courant au trésor royal, du quart du produit des coupes extraordinaires des bois des communes et établissemens publics dont l'adjudication excédera cinq mille francs. (Bull. n° 681.) Voyez l'ordonnance du 5 septembre 1821.

— 12 mai. LOI concernant la propriété des arbres plantés sur le sol des routes royales et départementales. (Bull. no 811.) Voy. la loi du 8 août 1821.

— 28 mai. ORDONNANCE DU ROI portant amnistie pour tous délits ou contraventions relatifs aux lois sur les forêts ou sur la pêche commis antérieurement au 29 mai de la présente année. (Bull. n° 956.)

1826. 27 septembre. ORDONNANCE DU ROI portant que les élèves de l'École forestière seront dispensés du service militaire, conformément à l'art. 15 de la loi du 10 mars 1818. (Bull. no 3847.) Voy. les ordonnances des 26 août et 1er décembre 1824.

TROISIÈME PARTIE.

DE LA CHASSE,

DES PERMIS DE PORT D'ARMES ET DE LA LOUVETERIE.

Ire SECTION.

De la Chasse, des Poudres de Chasse, et des Gardes champêtres.

« La chasse, dit M. Favart de Langlade, dans son *Répertoire de la nouvelle législation*, au mot *Chasse*, est l'un des plus anciens modes d'acquérir la propriété que la nature ait enseignés à l'homme. Dès que les fruits spontanés de la terre lui devinrent insuffisans, il dut penser à se nourrir des animaux qu'il put atteindre, et devenus ainsi les fruits de son adresse et de son industrie, ils lui appartinrent au plus légitime de tous les titres. De droit naturel, la chasse appartient donc à tous les hommes.

« A Athènes et à Rome, continue le même auteur, la chasse fut l'un des attributs de la propriété. Ce principe fut également suivi au commencement de notre monarchie; la loi salique le suppose évidemment. Mais lorsque les seigneurs eurent usurpé la puissance publique, en organisant la féodalité, le droit de chasse fut séparé du droit de propriété, pour en faire une espèce de droit réel, annexé à la seigneurie et à la haute justice. Il fallut posséder des fiefs pour avoir le droit de chasser même sur ses terres, ainsi qu'on le voit dans Pothier, *Traité du Droit de propriété*, n°s 27 et suivans. Alors nos lois devinrent bar-

bares, au point qu'un laboureur pouvait être envoyé aux galères, et même puni de mort pour avoir tué une perdrix dans son champ. (Voy. notamment l'ordonnance du mois de juin 1601.) »

Aujourd'hui, cette partie de la législation se trouve établie sur ses véritables bases; et, d'après l'art. 715 du Code civil, la faculté de chasser est réglée par des lois particulières.

Ce sont ces lois qui vont faire l'objet, tant de la présente section, que des deux sections suivantes.

§. 1er. DE LA CHASSE.

DÉCRET *relatif à l'abolition du régime féodal, des droits de chasse et priviléges, etc.*

Des 4, 5, 7, 8 et 11 août 1789.

ART. 1er. L'Assemblée nationale détruit entièrement le régime féodal, et décrète que, dans les droits et devoirs tant féodaux que censuels, ceux qui tiennent à la main-morte réelle ou personnelle et à la servitude personnelle, et ceux qui les représentent, sont abolis sans indemnité (*a*), et tous les autres dé-

---

(*a*) 1. — La Convention nationale, après avoir entendu la lecture d'une délibération prise par l'administration du département de la Charente le 20 de ce mois, qui réfère à la Convention nationale la question de savoir si le droit de pêche est compris dans l'abolition générale des droits féodaux, et sur la proposition d'un membre, passe à l'ordre du jour, motivé sur ce que les droits exclusifs de pêche et de chasse étaient des droits féodaux abolis par les lois précédentes comme tous les autres. (*Décret du* 30 *juillet* 1793.)

2. — Un ci-devant seigneur de fief ne peut aujourd'hui reprendre et continuer, comme propriétaire, des poursuites qu'il avait commencées en qualité de seigneur, pour raison d'une prétendue contravention à son droit exclusif de chasse. C'est le cas d'appliquer l'article 12 de la loi du 25 août 1792, qui abolit tous procès intentés et non décidés par jugement en dernier ressort, relatifs à des droits féodaux. Cassation, arrêt du 20 Frimaire an 3. (*Recueil de Sirey, tom.* 7, *part.* 2, *pag.* 825.)

3. — La suppression du droit seigneurial de chasse, prononcée par les lois destructives de la féodalité, donne lieu à la réduction d'une rente formant le prix d'un usufruit acquis avant la révolution, et dans lequel était compris un droit de chasse. Ici s'applique l'article 38 du titre 2 de la loi du 15 mai 1790. Cassation, arrêt du 26 Pluviôse an 12. (*Idem*, 7 — 2 — 825.)

clarés rachetables; et le prix et le mode du rachat seront fixés par l'Assemblée nationale. Ceux desdits droits qui ne sont point supprimés par ce décret, continueront néanmoins à être perçus jusqu'au remboursement.

2. Le droit exclusif des fuies et colombiers est aboli : les pigeons seront enfermés aux époques fixées par les communautés; et, durant ce temps, ils seront regardés comme gibier, et chacun aura le droit de les tuer sur son terrain (*b*).

3. Le droit exclusif de la chasse et des garennes ouvertes est pareillement aboli; et tout propriétaire a le droit de détruire et faire détruire, seulement sur ses possessions, toute espèce de gibier, sauf à se conformer aux lois de police qui

---

(*b*) 1.—Les pigeons qui passent dans un autre colombier, appartiennent au propriétaire de ce colombier, pourvu qu'ils n'y aient point été attirés par fraude ou artifice. (*Art.* 564 *du Code civil.*)

2. — Le fait de laisser sortir des pigeons en temps prohibé n'est qualifié délit par aucune loi; il ne peut en conséquence donner lieu à des poursuites devant la justice. Cassation, arrêts des 6 août et 30 octobre 1813. (*Sirey*, 16 — 1 — 24.) Voyez le nombre 4 ci-après.

3 — Pendant le temps fixé pour que les pigeons soient renfermés, chaque propriétaire a droit de les tuer sur son terrain. Ils sont alors regardés comme gibier. Cassation, arrêt du 27 juillet 1820. (*Sirey*, 20 — 1 — 404, et 21 — 1 — 426.)

4. — La sortie des pigeons pendant le temps où ils doivent être renfermés, n'est point considérée comme délit ni contravention, et l'on ne peut, pour ce fait, poursuivre le propriétaire devant les tribunaux de police. Cassation, arrêts des 27 septembre et 5 octobre 1821. (*Trait.gén. des eaux et forêts*, *par* BAUDRILLART, *tom.* 2, *pag.* 954.) Voyez le nombre 2 ci-dessus.

5. — Les pigeons de colombier ne sont déclarés gibier que durant le temps pendant lequel les réglemens administratifs ordonnent de les tenir renfermés; hors de ce temps, ils sont immeubles par destination : tuer alors ces oiseaux ou se les approprier, c'est commettre le délit de soustraction frauduleuse. Cassation, arrêt du 20 septembre 1823. (*Idem*, *tom.* 3, *pag.* 166.)

6. — On ne doit pas toujours regarder comme gibier tous les animaux que l'on trouve à la chasse : par exemple, lorsqu'un perroquet, un serin, s'envole de chez son maître, on ne doit pas le tuer. (POTHIER, *Trait. de la Prop.*, n. 57.)

pourront être faites relativement à la sûreté publique (c).

Toutes capitaineries, même royales, et toutes réserves de chasses, sous quelque dénomination que ce soit, sont pareillement abolies; et il sera pourvu, par des moyens compatibles avec le respect dû aux propriétés et à la liberté, à la conservation des plaisirs personnels du Roi. (*Collection des Lois in-4°*, tom. 1er, pag. 108.) Voy. le décret du 14 septembre 1790.

LETTRES PATENTES DU ROI *concernant la chasse* (*d*).

Des 21, 22, 28 et 30 avril 1790.

L'Assemblée nationale, considérant que, par ses décrets

(*c*) 1. — Les lapins qui passent, sans y être attirés par artifice, d'une garenne dans une autre, appartiennent au propriétaire de celle-ci. (*Art.* 574 *du Code civil.*)

2. — Le propriétaire d'un bois où il existe une grande quantité de lapins, est responsable des dommages qu'ils causent aux propriétés voisines. Cassation, arrêts des 11 mai 1807 et 3 janvier 1810. (*Trait. gén., tom.* 2, *pag.* 322.)

3. — Le propriétaire d'un bois où il existe beaucoup de lapins est responsable des dommages qu'ils causent aux terres voisines, lorsqu'il néglige de les détruire ou qu'il refuse aux propriétaires riverains la permission de les détruire eux-mêmes. Cassation, arrêt du 14 septembre 1816. (*Idem, tom.* 2, *pag.* 691.)

4. — Mais le propriétaire d'un bois où il existe beaucoup de lapins, ne peut être responsable du dommage causé par ces animaux aux terres voisines, lorsqu'il n'y a eu de sa part ni négligence à les détruire, ni opposition à ce que les propriétaires les détruisissent eux-mêmes.

Les gardes champêtres ne sont pas compétens pour constater ces dommages, et s'ils en dressent des procès-verbaux, ces actes ne peuvent faire foi contre le propriétaire du bois : il faut que les dégâts soient constatés par des expertises contradictoires.

Le propriétaire d'un bois, aux lapins de qui on impute le dommage causé aux terres voisines, est fondé à requérir la mise en cause du propriétaire d'un autre bois dont il prétend que les lapins sont les véritables auteurs du dommage. S'il ne l'a requise en première instance, il est recevable à la requérir en cause d'appel. Cassation, arrêt du 19 avril 1814. (*Idem, tom.* 2, *pag.* 612.)

(*d*) 1. — Le propriétaire peut louer le droit de chasse, comme toute des 4, 5, 7, 8 et 11 août 1789, le droit exclusif de la chasse est aboli, et le droit rendu à tout propriétaire de détruire ou faire détruire, *sur ses possessions seulement*, toute espèce de gibier, sauf à se conformer aux lois de police qui pourraient être faites relativement à la sûreté publique; mais que, par un abus répréhensible de cette disposition, la chasse est devenue une source de désordres, qui, s'ils se prolongeaient davantage, pourraient devenir funestes aux récoltes, dont il est si-instant d'assurer la conservation, a, par provision et en attendant que

---

autre chose qui est dans le commerce; il peut se le réserver dans les baux. (*Rép. de jurisp., verb. bail*, § 1er.) Voy. le décret du 25 prairial an 13, qui permet d'affermer la chasse dans les bois communaux.

2. — La chasse appartient aux usufruitiers et aux emphytéotes, à l'exclusion des propriétaires fonciers. (PROUDHON, *Traité de l'usufruit, tom.* 3, *n°* 1209.)

3. — Les propriétaires peuvent se cantonner entre eux; il n'y a pas de cantonnement forcé. (FOURNEL, *Lois rurales, page* 95, *Ier vol.*)

4. — Le droit de chasse est une dépendance du droit de propriété, qui n'est pas censé compris dans le bail d'un domaine, et qui n'appartient au fermier qu'autant qu'il lui a été expressément conféré par le propriétaire. Paris, arrêt du 19 mars 1812. (DUPIN, *Lois forestières, pag.* 783.) Cet arrêt a beaucoup de contradicteurs. Voyez le nomb. 6 ci-après.

5. — Un fermier a qualité pour porter plainte à raison d'un délit de chasse commis sur le terrain qui lui est affermé. Arrêt de la cour de Bruxelles, du 6 novembre 1822. (DALLOZ, *Ier vol. supp., page* 518.) *Nota.* Quoique cette cour ne soit pas un tribunal français, ses arrêts n'en ont pas moins une grande autorité.

6. — Le fermier n'a pas qualité pour porter plainte à raison du délit de chasse commis sur le terrain qui lui est affermé. — Il n'a action que pour réparation du dommage qui aurait été causé à ses récoltes, et cette action est une simple action civile. Angers, arrêt du 14 août 1826. (SIREY, 1827, *pag.* 4.) Voyez le nomb. 4 ci-devant.

7. — Le propriétaire du fonds n'a aucun droit au gibier tué par le délinquant sur le terrain non clos; mais la quantité et la nature du gibier peuvent être prises en considération pour le taux des dommages-intérêts. (*Rép. de jurisp., verb. gibier.*)

l'ordre de ses travaux lui permette de plus grands développemens sur cette matière, décrété, les 22, 23 et 28 de ce mois, et nous voulons et ordonnons ce qui suit :

ART. 1er. Il est défendu à toutes personnes de chasser, en quelque temps et de quelque manière que ce soit, sur le terrain d'autrui, sans son consentement, à peine de vingt livres d'amende envers la commune du lieu, et d'une indemnité de dix livres envers le propriétaire des fruits sans préjudice de plus grands dommages-intérêts, s'il y échoit (*e*).

---

8. — Il en est autrement du gibier tué dans un terrain clos. (FOURNEL, *Lois rurales*, *Ier vol.*, *pag.* 93.)

9. — Le propriétaire qui fait lever le gibier sur son fonds, ou le chasseur qui a blessé un animal sur le terrain où il a le droit de chasse, n'a pas le droit de poursuivre l'animal sur le fonds voisin. Rouen, arrêt du 20 octobre 1825. (*Journal des arrêts des cours royales de Rouen et de Caen.*)

10. — Celui qui doit passer sur la terre d'autrui pour arriver à la sienne, doit tenir ses chiens couplés ou attachés. (*Rép. de jurisp.*, *verb. chasse.*)

11. — Personne n'a le droit de tuer un chien poursuivant le gibier : ce fait donne lieu à une réparation civile. (HOUEL, *Cod. de la chasse*, *page* 20.)

(*e*) 1. — Lorsque le fermier n'a pas le droit de chasse, il ne peut porter des armes de chasse, ni tirer des animaux même non considérés comme gibier, sans la permission du propriétaire. Cassation, arrêt du 13 novembre 1818. (DALLOZ, *Supp. à la jurisp. gén.*, *Ier vol.*, *pag.* 514.)

2. — Les tribunaux ne peuvent se dispenser de prononcer l'amende, sans violer la loi et commettre un excès de pouvoir. Cassation, arrêt du 13 octobre 1808. (*Idem*, *Ier vol. supp.*, *pag.* 520.)

3. — Un délit de chasse est passible d'une amende, outre l'indemnité due au propriétaire du terrain sur lequel on a chassé. Cassation, arrêt du 13 octobre 1808. (*Trait. gén.*, *tom.* 2, *pag.* 234.)

4. — Le délit de chasse, soit sur le terrain d'autrui, soit en un temps prohibé, est puni, non par le décret du 4 mai 1812, mais par la loi du 22 — 30 avril 1790. Cassation, arrêt du 15 octobre 1813. (SIREY, 14—1—69.)

5. — Le fait de chasse avec des chiens lévriers, sur le terrain d'autrui, ne comporte pas de poursuites correctionnelles, si la chasse

Défenses sont pareillement faites, sous ladite peine de vingt livres d'amende, aux propriétaires ou possesseurs, de chasser dans leurs terres non closes, même en jachères, à compter du jour de la publication des présentes, jusqu'au 1er septembre prochain, pour les terres qui seront alors dépouillées, et pour les autres terres, jusqu'après la dépouille entière des fruits ; sauf à chaque département à fixer, pour l'avenir, le temps dans lequel la chasse sera libre, dans son arrondissement, aux propriétaires, sur leurs terres non closes.

---

a eu lieu en un temps non prohibé, et si le propriétaire du terrain ne s'est pas constitué partie civile. Cassation, arrêt du 22 juin 1815. (Sirey, 15—1—197.)

6. — Il suffit qu'un homme ait été trouvé sur le terrain d'autrui, portant une arme et dans l'attitude d'un chasseur, pour qu'il y ait délit de chasse. La prohibition de la chasse sur le terrain d'autrui, sans la permission du propriétaire, comprend la chasse aux oiseaux comme celle de tout autre gibier. Il ne suffit donc pas qu'un individu trouvé chassant dise qu'il chasse aux corneilles pour être acquitté. Cassation, arrêt du 13 novembre 1818. (Dupin, *Lois forestières*, *pag.* 783.)

7. — Le meurtre volontaire, accompagné ou suivi du délit de chasse en temps prohibé et sans permis de port d'armes, est puni de la peine capitale, suivant l'art. 305 du Code pénal. Cassation, arrêt du 21 mars 1822. (*Journal du palais*, *pag.* 512.) Voy le nomb. 11 de la note (*h*) ci-après, 2e section.

8. — Il y a fait de chasse de la part de celui qui tire des coups de fusil sur du gibier, de l'intérieur d'une cabane en feuillage, servant d'abri ou de poste pour épier le gibier..., même en supposant que la cabane pût être considérée comme maison habitée, dans le sens de l'art. 390 du Code pénal. Cassation, arrêt du 7 mars 1823. (Sirey, 23—1—241.) Voyez le nomb. 10 ci-après.

9. — Lorsque la terre est couverte de récoltes, il est défendu, même au propriétaire, de chasser quand le terrain n'est pas clos de murs ou haies vives. Cassation, arrêt du 24 avril 1823. (Houel, *Code de la chasse*, *pag.* 12.)

10. — Il y a fait de chasse de la part de celui qui tire des coups de fusil sur le gibier, de l'intérieur d'une cabane en feuillage servant d'abri ou de poste au chasseur pour épier et abattre le gibier.

2. L'amende et l'indemnité ci-dessus statuées contre celui qui aura chassé sur le terrain d'autrui, seront portées respectivement à trente livres et à quinze livres, quand le terrain sera clos de murs et de haies, et à quarante livres et vingt livres, dans le cas où le terrain clos tiendrait immédiatement à une habitation, sans entendre rien innover aux dispositions des autres lois qui protègent la sûreté des citoyens et de leurs propriétés, et qui défendent de violer les clôtures, et notamment celles des lieux qui forment leur domicile ou qui y sont attachés.

3. Chacune de ces différentes peines sera doublée en cas de récidive : elle sera triplée, s'il survient une troisième contravention, et la même progression sera suivie pour les contraventions ultérieures, le tout dans le courant de la même année seulement.

4. Le contrevenant qui n'aura pas, huitaine après la signification du jugement, satisfait à l'amende prononcée contre lui, sera contraint par corps, et détenu en prison pendant vingt-quatre heures, pour la première fois; pour la seconde fois, pendant huit jours; et pour la troisième et ultérieure contravention, pendant trois mois (*f*).

On ne peut dire que les coups de fusil ont été tirés *d'une maison habitée*. Cassation, arrêt du 20 juin 1823. (SIREY, 23—1—383.) Voyez le nomb. 8 ci-devant.

11. — Lorsque plusieurs individus chassent en temps prohibé, il y a autant de délits particuliers, qu'il y a de délinquans; en sorte que l'amende et l'indemnité doivent être prononcées contre chacun d'eux personnellement. Cassation, arrêt du 17 juillet 1823. (DALLOZ, *pag.* 373.)

12. — La faculté exclusive de chasser les oiseaux aquatiques peut être, par une clause expresse du cahier des charges, comprise dans les baux de pêche. Cette chasse fait partie de la police des rivières confiée à l'administration des forêts. Décis. du ministre des finances du 2 juillet 1812. (DUPIN, *Lois forestières*, *pag.* 783.)

13. — L'adjudicataire de la pêche qui, par une clause de son bail, jouit de la faculté de chasser les oiseaux aquatiques, ne peut la céder aux sous-amodiateurs; il ne doit l'exercer que dans son bateau et sur le cours de la rivière compris dans son cantonnement, et qu'autant qu'il est porteur d'un permis de port d'armes. Il ne peut non plus chasser avec des engins prohibés. (*Circul. du 4 septembre* 1812, *n*° 476.)

(*f*) 1. — Les poursuites pour le recouvrement des amendes et

5. Dans tous les cas, les armes avec lesquelles la contravention aura été commise, seront confisquées, sans néanmoins que les gardes puissent désarmer les chasseurs (g).

---

confiscations sont faites au nom du procureur du roi, par le directeur de la régie de l'enregistrement et des domaines. (*Art.* 197 *du Code d'instruct. crim.*)

2. — L'exécution des condamnations à l'amende, aux restitutions, aux dommages-intérêts et aux frais, pourra être poursuivie par la voie de la contrainte par corps. (*Art.* 52 *du Code pénal.*)

3. — Dans ce cas, s'il s'agit d'un délit, le condamné pourra, sur la preuve acquise par les voies de droit, de son absolue insolvabilité, obtenir sa liberté provisoire lorsque l'emprisonnement aura duré six mois; sauf, dans tous les cas, à reprendre la contrainte par corps, s'il lui survient quelque moyen de solvabilité. (*Art.* 53.)

(*g*) 1. — Il n'est pas permis au garde-chasse de fouiller qui que ce soit, sous prétexte qu'il le soupçonne d'avoir du gibier, ni de faire des visites domiciliaires pour le même objet. (*Rép. de Jurisp., verb. Gibier.*)

2. — Une ordonnance du roi du 23 janvier 1820, a autorisé la mise en jugement d'un garde forestier, prévenu d'avoir, avec violence, désarmé un chasseur. (Sirey, 20—2—203.)

3. — Le délit de chasse en temps prohibé, commis par un propriétaire, même sur son terrain, doit être puni indépendamment de l'amende déterminée par la loi, de la confiscation de l'arme avec laquelle il a chassé. Peu importe, à cet égard, que l'officier qui a dressé procès-verbal du délit n'y ait point déclaré saisir l'arme du chasseur. Peu importe encore qu'un permis de port d'armes eût été préalablement accordé au délinquant, par l'autorité administrative. Cassation, arrêt du 10 février 1809. (Sirey, 7—2—824.)

4. — Le fusil brisé est interdit, même aux propriétaires, dans toute espèce de chasse, à peine de 100 francs d'amende. (*Ord. de* 1669, *tit.* 30, *art.* 3.)

5. — L'usage à la chasse et la vente du fer en grenaille sont défendus à peine de 100 francs d'amende contre les chasseurs, et de 300 francs contre les fabricans ou marchands. Arrêt du conseil du 4 septembre 1731. (*Manuel des chasseurs*, 2e *éd.*, *pag.* 124.)

6. — La chasse dans les forêts avec des torches ou des perches enflammées est interdite; il est même défendu d'entrer et de rester de nuit dans les bois et forêts avec des armes à feu. (*Ordon. de* 1669, *tit.* 30, *art.* 4; *tit.* 27, *art.* 32; *art.* 484 *du Code pénal.*)

6. Les pères et mères répondront des délits de leurs enfans mineurs de vingt ans, non mariés et domiciliés avec eux, sans pouvoir néanmoins être contraints par corps (*h*).

7. Si les délinquans sont déguisés ou masqués, ou s'ils n'ont aucun domicile connu dans le royaume, ils seront arrêtés sur-le-champ à la réquisition de la municipalité (*i*).

8. Les peines et contraintes ci-dessus seront prononcées sommairement et à l'audience, par la municipalité (*j*) du lieu du

---

(*h*) 1. — Tous les individus condamnés pour un même délit, sont tenus solidairement des amendes, des restitutions, des dommages-intérêts et des frais. (*Art.* 55 *du Code pénal.*)

2. — Un propriétaire est civilement responsable des délits de son garde-chasse, commis dans l'exercice de ses fonctions. (*Art.* 1384 *du Code civil.* FOURNEL, *Lois rurales*, 2e *vol.*, *pag.* 15.)

(*i*) 1. — La gendarmerie est chargée de saisir les chasseurs masqués, et de dresser des procès-verbaux contre tous individus en contravention aux lois et réglemens sur la chasse. (*Ord. du* 29 *octobre* 1820, *art.* 179.)

2. — Un avis du Conseil d'État des 10 — 17 mai 1811, porte que les gens non domiciliés, vagabonds et sans aveu doivent être examinés et poursuivis par la gendarmerie et tous officiers de police, lorsqu'ils sont porteurs d'armes, à l'effet d'être désarmés et même traduits devant les tribunaux, pour être condamnés, suivant les cas, aux peines portées par les lois et réglemens. (*Bulletin*, 4e *série*, no 6769.)

(*j*) 1. — Les délits de chasse emportant une amende au-dessus de la valeur de trois journées de travail, ne peuvent être de la compétence des tribunaux de police simple. Cassation, arrêts des 3 avril et 10 octobre 1806. (*Trait. gén.*, *tom.* 2, *pag.* 71 et 94. SIREY, 7 — 2 — 824.)

2. — Ils sont de la compétence des tribunaux correctionnels. Cassation, arrêts des 8 fructidor an 11, 10 octobre 1806 et 15 mars 1810. (*Trait. gén.*, *tom.* 1, *pag.* 652, *et tom.* 2, *pag.* 49 *et* 331.) Voy. également l'art. 1er du décret du 4 mai 1812.

3. — La juridiction des tribunaux correctionnels s'étend même sur les militaires présens sous les drapeaux, ainsi qu'il résulte d'un avis du Conseil d'État du 30 frimaire an 14, approuvé le 4 janvier 1806. (*Bulletin*, 5e *série*, no 1241.)

4. — Chasser sur le terrain d'autrui, et sans le consentement du propriétaire, c'est commettre un délit de la compétence de la police correctionnelle, quand bien même celui qui chasse serait muni d'une

délit, d'après les rapports des *gardes messiers, baugards ou gardes champêtres*, sauf l'appel, ainsi qu'il a été réglé par le décret de l'Assemblée nationale, du 23 mars dernier, que nous avons accepté : elles ne pourront l'être que, soit sur la plainte du propriétaire ou autre partie intéressée, soit même,

---

permission de port d'armes, et qu'il chasserait dans un temps non prohibé. Les tribunaux ne peuvent s'empêcher d'appliquer à ce délit l'amende voulue par les articles 1 et 2 de la loi du 22—30 avril 1790. Cassation, arrêt du 13 octobre 1808. (Sirey, 17 — 1 — 87.)

5. — Le ministère public est tenu de poursuivre d'office le délit de chasse, s'il a été commis en temps prohibé. Mais si le fait de chasse a eu lieu en temps non prohibé, il n'y a délit qu'à défaut de consentement du propriétaire; en sorte que si celui-ci ne réclame pas, le ministère public n'a point le droit d'agir. Cassation, arrêt du 10 juillet 1807. (Sirey, 1808, *pag.* 449.)

6. — Celui qui a chassé, dans un temps non prohibé, sur le terrain d'autrui, sans le consentement du propriétaire, ne peut pour cela seul être poursuivi d'office par le ministère public, hors le cas où il n'aurait point été muni d'un permis de port d'armes. Cassation, arrêt du 12 février 1808. (Sirey, 8 — 1 — 258.)

7. — La chasse, en temps permis, sur le terrain d'autrui, n'est un délit qu'autant qu'il n'y a pas autorisation du propriétaire. S'il y a autorisation du propriétaire, quelque dommage qu'ait commis le chasseur, le tribunal correctionnel ne peut en connaître. La justice répressive ne connaît des intérêts civils qu'accessoirement à l'application des peines. Cassation, arrêt du 13 juillet 1810. (Sirey, 10 — 1 — 197.)

8. — L'administration forestière a qualité pour poursuivre un délit de chasse commis dans un bois communal, par la raison que les bois des communes sont soumis au régime forestier. Cassation, arrêts des 21 prairial an 11 et 28 janvier 1808. (*Bull. crim., pag.* 29 *et* 271.)

9. — Mais un agent forestier est sans qualité pour poursuivre un délit commis dans une chasse affermée. Cassation, arrêt du 28 juillet 1809. (*Trait. gén., tom.* 2, *pag.* 292.)

10. — Le ministère public ne peut être condamné aux dépens. Cassation, arrêt du 11 octobre 1821. (*Idem, tom.* 2, *pag.* 957.)

11. — Le garde champêtre ne peut également être condamné personnellement aux dépens du procès. Cassation, arrêt du 27 juin 1812. (*Journal des audiences*, 1823, *pag.* 348.)

dans le cas où l'on aurait chassé en temps prohibé, sur la seule poursuite du procureur de la commune.

9. A cet effet, le conseil général de chaque commune est autorisé à établir un ou plusieurs gardes messiers, baugards ou gardes champêtres, qui seront reçus et assermentés par la municipalité, sans préjudice de la garde des bois et forêts qui se fera comme par le passé, jusqu'à ce qu'il en ait été autrement ordonné (*k*).

10. Lesdits rapports seront, ou dressés par écrit, ou faits de vive voix, au greffe de la municipalité, où il en sera tenu registre. Dans l'un et l'autre cas, ils seront affirmés (*l*) entre les mains

---

(*k*) 1. — Voyez l'ordonnance du 29 novembre 1820, qui détermine un mode pour la nomination et la révocation des gardes champêtres.

2. — Les fermiers ont, comme les propriétaires, le droit de nommer pour leurs récoltes un garde particulier. Cassation, arrêt du 27 brumaire an 11. (Sirey, 3 — 2 — 392.)

(*l*) 1. — Les procès-verbaux des gardes champêtres, quand il s'agit de délit, sont remis au procureur du roi. (*Code d'inst. crim.*, *art.* 20.)

2. — Tout préposé qui a caractère d'officier de police judiciaire, ne peut retirer ni annuler les procès-verbaux qu'il a rédigés, à peine de prévarication. Cassation, arrêt du 6 vendémiaire an 10. (*Trait. gén.*, *tom.* 1, *pag.* 553.)

3. — Les gardes forestiers doivent nécessairement savoir lire et écrire, étant obligés de rédiger eux-mêmes leurs procès-verbaux. (*Circul. du* 9 *mars* 1807, *n°* 350.)

4. — Les gardes champêtres qui ne rédigent pas *les procès-verbaux de leur propre main* doivent, les faire rédiger par les fonctionnaires désignés par la loi. Les procès-verbaux des gardes rédigés par une personne sans qualité ne font pas foi en justice. Cassation, arrêt du 1er juillet 1813. (Sirey, 17 — 1 — 322.)

5. — Un procès-verbal de délit forestier, signé par un garde, mais non écrit par lui, ni par un fonctionnaire ayant caractère public, est nul. Cassation, arrêt du 12 avril 1817. (*Trait. gén.*, *tom.* 2, *pag.* 711.)

6. — Les agens et gardes forestiers ne peuvent même, lorsque le délit a été commis dans leur arrondissement, rédiger et écrire pour un autre garde le procès-verbal qui constate ce délit. Cassation, arrêt du 2 décembre 1819. (*Idem*, *tom.* 2, *pag.* 814.)

d'un officier municipal, dans les vingt-quatre heures du délit

---

7. Un procès-verbal qui n'est écrit ni par le garde qui a reconnu le délit, ni par aucun des officiers du pouvoir administratif ou de l'ordre judiciaire désignés par la loi, bien qu'il soit signé et affirmé par le garde, n'a pas le caractère de légalité nécessaire pour servir de base à une condamnation. Cassation, arrêt du 26 juillet 1821. (*Trait. gén.*, *tom.* 2, *pag.* 938.)

8. — Le garde champêtre qui ne sait pas écrire peut faire écrire son procès-verbal par le greffier de la justice de paix du canton où le délit a été commis. Lyon, arrêt du 8 décembre 1825. (*Journal des audiences*, 1826, pag. 103.)

9. — La loi du 28 floréal an 10, ci-après transcrite, relative aux justices de paix, contient la désignation des magistrats qui ont qualité pour recevoir l'affirmation des procès-verbaux.

10. — Le délai de vingt-quatre heures pour l'affirmation des procès-verbaux, ne court que du jour de la signature de ces procès-verbaux et non du jour de la reconnaissance des délits. Cassation, arrêt du 2 messidor an 13. (*Trait. gén.*, *tom.* 2, *pag.* 23.)

11. — Il n'est pas absolument nécessaire que les procès-verbaux soient dressés avant la fin du jour où ont été reconnus les délits qu'ils ont pour objet de constater; il suffit qu'ils le soient dans les vingt-quatre heures. Cassation, arrêt du 15 frimaire an 14. (*Idem*, *tom.* 2, *pag.* 46.)

12. — Ce n'est que de la clôture du procès-verbal que commence à courir le délai pour l'affirmation. Cassation, arrêts des 8 janvier 1807 et 19 janvier 1810. (*Idem*, *tom.* 2, *pag.* 112.)

13. — Le délai de vingt-quatre heures, fixé pour l'affirmation des procès-verbaux, ne commence à courir que du moment de la clôture et signature de ces actes. Cassation, arrêt du 7 mars 1823. (*Idem*, *tom.* 3, *pag.* 123.) Le même jour, un second arrêt de Cassation a été rendu sur les mêmes motifs.

14. — Des procès-verbaux peuvent être mis ensemble sur la même feuille, si on en fait l'affirmation dans les vingt-quatre heures de leurs dates respectives. Cassation, arrêt du 19 février 1808. (*Idem*, *tom.* 2, *pag.* 189.)

15. — Le manque du millésime, à l'affirmation d'un procès-verbal, ne peut entraîner la nullité du rapport, dès que l'année se trouve relatée, tant dans le rapport que dans l'enregistrement. Cassation, arrêt du 30 novembre 1811. (*Idem*, *tom.* 2, *pag.* 455.)

16. — Il n'est pas prescrit, à peine de nullité, aux gardes fores-

qui en sera l'objet, et ils feront foi de leur contenu jusqu'à la

---

tiers et aux officiers qui reçoivent l'affirmation de leurs procès-verbaux, de signer les renvois que présentent ces actes : en principe général, et sauf les cas particuliers pour lesquels la législation a établi des règles spéciales, il suffit que, dans les actes, les renvois soient simplement paraphés. Cassation, arrêt du 23 juillet 1824. (*Trait. gén.*, *tom.* 3, *pag.* 270.)

17. — Un procès-verbal qui a été simplement déclaré *bon* et *véritable*, sans serment par le garde, ne remplit pas le vœu de la loi qui exige l'affirmation. Cassation, arrêts des 16 août 1811, 20, 29 février et 20 mars 1812. (Sirey, 17 — 1 — 323.) Rouen, arrêt du 2 décembre 1825.

18. — La déclaration du maire ou de l'adjoint, portant que le procès-verbal lui a été *présenté*, ne peut tenir lieu de l'affirmation. Cassation, arrêt du 2 juin 1809. (*Trait. gén.*, *tom.* 2, *pag.* 280.)

19. — Les procès-verbaux des gardes-généraux ne sont pas soumis à la formalité de l'affirmation. Cassation, arrêt du 9 février 1811. (*Idem*, *tom.* 2, *pag.* 405.)

20. — D'après une décision du ministre de la justice, rendue le 16 ventôse an 12, les procès-verbaux des inspecteurs et sous-inspecteurs font foi en justice, et n'ont pas besoin d'être affirmés. (*Idem*, *tom.* 1, *pag.* 693.) Le même principe avait été consacré par une autre décision du 9 frimaire an 10. — Voyez l'art. 15, tit. 9, de la loi du 29 sept. 1791.

21. — Aucune loi n'oblige le garde rédacteur d'un procès-verbal d'énoncer qu'il est revêtu de ses marques distinctives. Cassation, arrêt du 11 octobre 1821. (*Trait. gén.*, *tom.* 2, *pag.* 957.)

22. — Le procès-verbal n'est pas nul, quoique n'énonçant pas la demeure du garde. Cassation, arrêt du 27 juin 1822. (*Journal des audiences*, *pag.* 348.)

23. — Les procès-verbaux sont sujets à l'enregistrement dans le délai de quatre jours, à peine de cinq francs d'amende. Le droit d'enregistrement est de deux francs, outre le décime.

Ceux qui ont lieu à la requête des parties civiles, doivent être écrits sur papier timbré et enregistrés au comptant.

Mais il en est autrement des procès-verbaux à la requête de l'administration forestière et des communes : les droits de timbre et d'enregistrement restent en suspens.

24. — Il n'est pas nécessaire, à peine de nullité, que les procès-

preuve contraire, qui pourra être admise sans inscription de faux.

---

verbaux relatifs à un fait de police ou à un délit rural ou forestier, soient enregistrés dans les quatre jours de leur date. Cassation, arrêt du 1er septembre 1809. (SIREY, 16 — 1 — 226.)

25. — Le défaut d'enregistrement des procès-verbaux constatant des contraventions de police est sans importance, en ce qui touche la preuve des faits; en d'autres termes, les procès-verbaux, quoique non enregistrés, font preuve des faits qu'ils constatent. Cassation, arrêt du 5 mars 1809. (SIREY, 19 — 1 — 294.)

26. — Cependant les procès-verbaux des officiers de police judiciaire, qui ne tendent qu'à constater des contraventions punissables de peines correctionnelles, sont sujets à la formalité de l'enregistrement. Ici ne s'applique point l'exception portée par le n° 10, §. 3, de l'art. 70 de la loi du 22 frimaire an 7, relativement *au cas de la police générale et de la vindicte publique.* Cassation, arrêt du 3 septembre 1808. (SIREY, 7 — 2 — 1147.)

27. — Les dispositions du Code de procédure civile relatives aux formalités des exploits en matière civile, ne sont point applicables en matière correctionnelle, et par conséquent en matière de délit de chasse. Cassation, arrêt du 2 avril 1819. (*Trait. gén.*, *tom.* 2, *pag.* 794.)

28. Les procès-verbaux en forme font foi jusqu'à la preuve contraire. (*Loi du* 28 *sept.* 1791, *art.* 6, *sect.* 7.)

29. — Ils ont cette foi même contre les parens ou alliés des gardes. Cassation, arrêt du 7 novembre 1817. (*Trait. gén.*, *tom.* 2, *pag.* 736.)

30. — Nul ne sera admis, à peine de nullité, à faire preuve par témoins outre et contre le contenu aux procès-verbaux ou rapports des officiers de police ayant reçu de la loi le pouvoir de constater *les délits* ou les contraventions jusqu'à inscription de faux. Quant aux procès-verbaux faits par des agens, préposés ou officiers auxquels la loi n'a pas accordé le droit d'en être crus jusqu'à inscription de faux, ils pourront être débattus par des preuves contraires, soit écrites, soit testimoniales, si le tribunal juge à propos de les admettre. (*Art.* 154 *du Code d'inst. crim.*)

31. Les procès-verbaux des gendarmes, touchant les délits ou faits de chasse sans permis de port d'armes, font foi, non définitivement jusqu'à inscription de faux, mais provisoirement ou jusqu'à preuve contraire. Cassation, arrêt du 30 juillet 1825. (SIREY, 25 — 1 — 367.) Voy. le nomb. 35 ci-après.

11. Il pourra être suppléé auxdits rapports par la déposition de deux témoins (*m*).

---

32. — On peut admettre un prévenu de délit à faire preuve contre un procès-verbal qui ne contient qu'une déclaration de témoin, et non celle du garde rédacteur, sur le fait imputé au prévenu. Cassation, arrêt du 17 juillet 1806. (*Trait. gén.*, *tom.* 2, *pag.* 85.)

33. — Les procès-verbaux des gardes ne font pas foi jusqu'à inscription de faux, des injures, voies de fait et violences commises envers eux; ils ne font pas foi non plus des dires et aveux des prévenus. Cassation, arrêt du 18 octobre 1807. (*Idem*, *tom.* 2, *pag.* 172.)

34. — Au cas de chasse prohibée, la confiscation des instrumens employés au délit de chasse n'est considérée, ni comme une amende, ni comme une indemnité. C'est pourquoi la valeur des objets à confisquer n'entre pas en considération dans la somme de 100 fr. pour laquelle font foi les procès-verbaux des gardes-forestiers. Cassation, arrêt du 26 janvier 1816. (Sirey, 16 — 1 — 274.)

35. — Les procès-verbaux des gendarmes ne font pas foi jusqu'à inscription de faux; ils ne sont considérés que comme des dénonciations officielles. Cassation, arrêts des 3 et 24 février 1820. (*Bullet. crim.*, *pag.* 55.) Voy. le nomb. 31 ci-devant.

36. — Le délit de chasse est un délit personnel. Chacun des individus qui le commettent est personnellement passible de l'amende et de l'indemnité fixées par la loi. Dès-lors, on ne peut réunir les amendes et indemnités encourues par plusieurs personnes chassant ensemble, pour faire déclarer nul un procès-verbal qui donnerait lieu à une condamnation au-dessus de 100 fr., si le procès-verbal n'était dressé que par un seul garde et non appuyé d'un second témoignage. Cassation, arrêt du 17 juillet 1823. (*Trait. gén.*, *tom.* 3, *pag.* 154.)

37. — Le procès-verbal de garde-forestier qui ne ferait pas foi pour la condamnation à une amende au-dessus de 100 fr. résultant d'un délit spécial, fait foi pour une somme de plusieurs fois 100 fr., s'il constate, à l'égard de plusieurs personnes, des faits qui les constituent toutes et chacune séparément coupables d'un délit particulier, à raison duquel elles soient passibles d'amendes et d'indemnités moindres de 100 fr. pour chacune (tel est le délit de chasse). La règle s'applique comme au cas où il y aurait solidarité prononcée contre tous les délinquans. Cassation, arrêt du 18 juillet 1823. (Sirey, 24 — 1 — 9.)

(*m*) 1. — On peut suppléer à la nullité ou au défaut d'affir-

12. Toute action pour délit de chasse sera prescrite par le laps d'un mois, à compter du jour où le délit aura été commis (*n*).

---

mation d'un procès-verbal, en faisant entendre à l'audience les gardes qui ont été témoins du délit; on le peut même en cause d'appel. Cassation, arrêt du 9 mai 1807. (*Trait. gén., tom.* 2, *pag.* 149.)

2. — Lorsque le procès-verbal est nul pour vice de forme, le garde peut être appelé comme témoin, même en cause d'appel, si le procès-verbal n'a point été admis en première instance. Cassation, arrêt du 17 avril 1823. (Sirey, 23 — 1 — 173.)

3. — Les gardes appelés en justice, soit pour être entendus comme témoins lorsqu'ils n'ont point dressé de procès-verbaux, soit pour donner des explications sur les faits contenus dans les procès-verbaux, ont droit aux mêmes taxes que les témoins ordinaires. (*Décret du 7 avril* 1813, *art.* 3.)

(*n*) 1. — L'action en réparation des délits de chasse commis dans les bois communaux, se prescrit par le délai d'un mois. Cassation, arrêt du 28 août 1818. (*Trait. gén., tom.* 2, *pag.* 773.)

2. — Toute action pour délit de chasse commis même dans les bois domaniaux, autres que ceux qui sont réservés aux plaisirs de la chasse du roi, est prescrite par le laps d'un mois. Cassation, arrêt du 30 août 1822. (*Trait. gén., tom.* 3, *pag.* 83.) Le contraire avait été décidé par un autre arrêt du 27 juin 1817. (*Idem, tom.* 2, *pag.* 721.)

3. — Les délits dans les bois de la couronne ou de la liste civile restent soumis à la prescription de trois mois, suivant l'ordonnance de 1669. Cassation, arrêts des 27 juin 1817 et 30 mai 1822. (*Journal des audiences*, 1822, *pag.* 310, *et* Dupin, *Lois forestières*, *pag.* 787.) Arrêt conforme du 2 juin 1814. (*Trait. gén., tom.* 2, *pag.* 618.) Voy. le nomb. 6 de la note (*r*) ci-après.

4. — Lorsque, dans une instance, il y a plusieurs assignations données à la partie, c'est de la première, si elle est régulière, que court le délai de la prescription. Cassation, arrêt du 30 avril 1807. (*Trait. gén., tom.* 2, *pag.* 148.)

5. — Il n'est pas nécessaire, pour empêcher de courir la prescription, qu'on ait donné assignation au prévenu; il suffit qu'il y ait eu plainte et affirmation. Cassation, arrêt du 28 décembre 1809. (Dupin, *Lois forestières*, *pag.* 787.)

6. — La prescription d'un mois est interrompue, non-seulement

13. Il est libre à tout propriétaire ou possesseur de chasser ou faire chasser en tout temps, et nonobstant l'art. 1er des présentes, dans ses lacs et étangs, et dans celles de ses possessions qui sont séparées par des murs ou des haies vives d'avec les héritages d'autrui.

14. Pourra également tout propriétaire ou possesseur autre qu'un simple usager, dans les temps prohibés par l'article 1er, chasser ou faire chasser, sans chiens courans, dans ses bois et forêts.

15. Il est pareillement libre, en tout temps, au propriétaire ou possesseur, et même au fermier (*o*), de détruire le gibier dans ses récoltes non closes, en se servant de filets ou autres engins qui ne puissent pas nuire aux fruits de la terre, comme aussi de repousser avec des armes à feu les bêtes fauves qui se répandraient dans lesdites récoltes.

16. Il sera pourvu, par une loi particulière, à la conservation de nos plaisirs personnels, et par provision, en attendant que nous ayons fait connaître les cantons que nous voulons réserver exclusivement pour notre chasse, défenses sont faites à toutes personnes de chasser et de détruire aucune espèce de gibier dans les forêts à nous appartenantes, et dans les parcs attenans aux maisons royales de Versailles, Marly, Rambouillet, Saint-Cloud, Saint-Germain, Fontainebleau, Compiègne, Meudon, bois de Boulogne, Vincennes et Villeneuve-le-Roi. (*Coll. in-4°, tom.* 1er, *p.* 759.) Voy. les décrets des 22-25 juillet, et 14 septembre 1790.

---

par l'ordonnance qui traduit le délinquant au tribunal correctionnel, mais encore par tous actes de poursuites et d'instruction faits à des intervalles plus courts que d'un mois. Cassation, arrêt du 11 novembre 1825. (Sirey, 26 — 1 — 105.)

7. — L'action en réparation d'un délit, intentée en temps utile par la partie civile, profite au ministère public, en ce sens qu'elle interrompt la prescription de l'action publique, et réciproquement l'action du ministère public interrompt la prescription de l'action civile. Cassation, arrêt du 15 avril 1826. (Dalloz, *pag.* 348.)

(*o*) Cet article ne concède point au fermier le droit de chasse en général, mais seulement le droit de défendre ses récoltes en diminuant la trop grande abondance du gibier : à moins de stipulation expresse, le fermier n'a aucunement le droit de chasse. Paris, arrêt du 19 mars 1812. (Sirey, 12 — 2 — 323.) Voy. les nomb. 4 et 6 de la note (*d*) ci-devant.

DÉCRET *relatif aux jugemens des délits de chasse, commis dans les lieux réservés aux plaisirs du Roi.*

Du 22-25 juillet 1790.

L'Assemblée Nationale décrète ce qui suit :

Tous les délits de chasse commis dans les lieux désignés par l'article 16 des décrets des 21, 22 et 28 avril dernier (loi du 30 avril) concernant la conservation des plaisirs du Roi, doivent être poursuivis par-devant les juges ordinaires. (*Coll. in*-4°, t. 1er, p. 1104.) Voy. le décret du 14 septembre 1790.

EXTRAIT DE LA PROCLAMATION DU ROI *sur l'instruction de l'Assemblée nationale, concernant les fonctions des assemblées administratives, l'administration des domaines et bois, la chasse*, etc.

Du 12-20 août 1790.

Chap. 3. *Droits féodaux.*

ART. 6. Dans les décrets des 21 et 22 avril dernier, concernant la chasse, les corps administratifs se verront autorisés à déterminer (*p*), pour l'avenir, l'époque à laquelle, dans leurs arrondissemens respectifs, la chasse doit être permise aux propriétaires et possesseurs de leurs terres non closes.

Le Directoire de département examinera si l'époque de l'ouverture de la chasse doit être la même dans toute l'étendue de son territoire, ou si elle doit varier dans tous ou dans quelques districts. L'arrêté qu'il aura pris sur cette matière sera adressé à toutes les municipalités par l'entremise du district, et publié par les municipalités, quinze jours avant celui où la chasse sera libre.

7. Les administrateurs doivent veiller enfin à ce que, conformément à l'art. 2 du décret du 4 août 1789, les municipa-

---

(*p*) 1. — L'autorité administrative a le droit de prohiber la chasse dans certains temps et dans certains lieux par des réglemens, et l'infraction de ces défenses donne lieu aux peines de police. Cassation, arrêt du 27 novembre 1823. (*Trait. gén. tom.* 3, *pag.* 165.)

2. — Un arrêté du préfet qui modifierait les dispositions de la loi du 30 avril 1790, ne serait pas obligatoire pour les tribunaux. Cassation, arrêt du 22 juin 1815. (SIREY, 15 — 1 — 197.)

3. — On ne peut chasser dans les vignes depuis le mois de mai jusqu'à la vendange. (FOURNEL, 2e *vol., page* 98.)

lités fassent fermer les colombiers aux temps où les dégats des pigeons (Voy. la note (b) ci-devant) peuvent être à craindre pour les campagnes. La délibération par laquelle chaque municipalité aura fixé l'époque de cette clôture, sera publiée quinze jours avant cette époque, et la publication en sera renouvelée tous les ans; s'il survient quelques réclamations contre les dispositions que pourront faire à ce sujet les municipalités, elles seront portées devant les assemblées administratives, et le Directoire de département y pourvoira, sur l'avis du Directoire de district. En cas de négligence de la part des municipalités, les Directoires de district pourront faire eux-mêmes la fixation de l'époque de la clôture des colombiers. (*Collect.* in-4°, tom. 1er, pag. 1197.)

DÉCRET *concernant les Chasses du Roi.*

Du 14 septembre 1790 (*q*).

ART. 1er. Il sera formé dans les domaines et biens nationaux qui seront réservés au Roi par un décret particulier, des parcs destinés à la chasse de S. M., et ces parcs seront clos de murs, aux frais de la liste civile dans le délai de deux années, à compter du 1er novembre prochain.

2. Le Roi pourra, pour la formation ou arrondissement de l'intérieur desdits parcs, y réunir, par voie d'échanges faits de gré à gré, les propriétés particulières qui y sont enclavées, en cédant des fonds faisant partie des domaines qui lui sont réservés

3. Les échanges seront irrévocables, après qu'ils auront été décrétés par l'Assemblée nationale, et sanctionnés par le Roi.

4. Il est libre à tous propriétaires ou possesseurs de fonds enclavés dans lesdits parcs, autres que ceux qui en tiennent du Roi à titre de ferme, de détruire ou faire détruire le gibier, sur leurs propriétés seulement, et de la manière qui a été réglée pour les propriétaires et possesseurs de fonds dans les autres parties du royaume par le décret du 22 avril dernier (*r*).

(*q*) Voyez l'art. 16 de la loi du 30 avril 1790, et le décret des 22-25 juillet suivant.

(*r*) 1. — Sa Majesté a le droit exclusif de chasser et de faire détruire le gibier sur les propriétés particulières qui sont enclavées dans les forêts et parcs réservés pour ses plaisirs, par l'art. 16 de la loi du 30 avril 1790. Ainsi décidé par arrêt de la cour de cassation du 2 juin 1814. (*Trait. gén.*, *tom.* 2, *pag.* 618.)

2. — Le droit qu'a chaque propriétaire de chasser sur son terrain,

Et néanmoins, en attendant que les échanges soient consommés ou les clôtures faites, le droit de détruire ou faire détruire le gibier avec des armes à feu, sera suspendu pendant le cours de deux années, déjà prescrites, pour tous propriétaires ou possesseurs de fonds enclavés, les jours seulement où le Roi prendra en personne l'exercice de la chasse ; à l'effet de quoi, le Roi fera avertir, la veille, les municipalités avant midi.

5. Les dispositions pénales contenues dans la première partie de l'article 1er, ainsi que dans les articles 2, 3, 4, 5 et 6 du décret provisoire du 21, 22 et 28 avril dernier, auront leur

---

ne s'étend pas aux terres enclavées dans les domaines de la liste civile. Cassation, arrêt du 2 juin 1817. (SIREY, 16 — — 1 — 22.)

3. — Lorsque le gibier réservé pour les plaisirs du Roi cause du dégât aux propriétaires voisins, il y a lieu à des dommages-intérêts contre la liste civile. Paris, arrêt du 20 novembre 1818. (DUPIN, *Lois forestières, pag.* 21.) Autre arrêt de la même cour, du 6 juillet 1819. (*Idem, pag.* 828.)

4. — Les délits de chasse commis dans les forêts de la Couronne, sont soumis au régime de l'ordonnance de 1669. Ces délits, lorsqu'ils sont commis dans un bois communal, et même dans un bois de l'État, sont punis d'après la loi du 30 avril 1790. Cassation, arrêt du 30 mai 1822. (*Journal du palais, pag.* 548, 3e *partie.*)

5. — Quant aux peines corporelles prononcées par cette ordonnance, elles ont été abrogées par le dernier article du Code pénal du 25 septembre 1791. Elles l'ont aussi été implicitement par l'article 3 de l'arrêté du gouvernement du 28 vendémiaire an 5.

6. — Les actions en réparation de délits de chasse commis dans les bois de la liste civile ne se prescrivent que par trois mois. Cassation, arrêt du 2 juin 1814. (*Trait. gén., tom.* 2, *pag.* 618.) Voy. le nombre 3 de la note (*n*) ci-devant.

7. — Les délinquans sont jugés par les tribunaux correctionnels. (*Décret des* 22-25 *juillet* 1790.)

8. — Les gardes forestiers ne doivent point porter de fusils dans les forêts de la Couronne, mais seulement des pistolets pour leur défense personnelle. (FOURNEL, 2e *vol., pag.* 76.) Voy. une décision contraire sous le nombre 8 de la note (*y*) ci-après.

9. — Le braconnier qui chasse dans les bois de la Couronne, peut être désarmé et dessaisi du fruit de sa chasse. (*Id.*, 2e *vol., pag.* 77.)

plein et entier effet contre ceux qui chasseront, en quelque temps et de quelque manière que ce soit, dans les parcs, domaines et propriétés réservés au Roi, ainsi que dans les autres propriétés nationales.

6. Seront néanmoins punies de trois mois de prison toutes personnes qui chasseront avec armes à feu dans lesdits parcs du Roi, et même sur leurs propriétés, les jours où S. M. chassera en personne, et après les avertissemens portés dans l'article 4.

7. Si les délinquans sont déguisés ou masqués, ou s'ils n'ont aucun domicile connu, ils seront arrêtés sur-le-champ, et conduits dans les prisons du district du lieu du délit (*s*).

8. Les gardes que le Roi jugera à propos d'établir pour la conservation de sa chasse, seront reçus et assermentés devant les juges du district auxquels la connaissance des délits de chasse commis dans lesdits parcs et domaines qui seront réservés au Roi, appartiendra, conformément à l'art. 7 du décret des 6 et 7 septembre courant, et seront les commissions données aux gardes généraux enregistrées sans frais aux greffes des municipalités (*s bis*).

9. Les peines ci-dessus seront prononcées sommairement, et à l'audience, à la poursuite du commissaire du Roi, par les tribunaux du district du lieu du délit, d'après les rapports des gardes-chasses.

10. Seront au surplus exécutés les articles du décret des 22, 23 et 28 avril dernier; et néanmoins les rapports des gardes-chasses pourront être faits concurremment au greffe du tribunal du district, ou à celui de la municipalité du lieu du délit, et affirmés entre les mains d'un des juges ou d'un officier municipal (*t*).

11. Les décrets des 21, 22 et 28 avril dernier seront exécutés contre les gardes et autres personnes employées aux chasses du Roi, ainsi et de la même manière que contre tous les autres délinquans.

(*s*). Voyez les notes sur l'art. 7 de la loi du 30 avril 1790.

(*s bis*). Les gardes des domaines de la liste civile ont qualité pour constater les délits de chasse qui ont lieu dans les fonds qui y sont enclavés. Cassation, arrêt du 2 juin 1814. (*Trait. gén., tom. 2, page* 618.)

(*t*). Voyez la loi du 28 floréal an 10, relative aux justices de paix : elle contient la dénomination des magistrats aujourd'hui chargés de recevoir l'affirmation des procès-verbaux.

12. Les réglemens, lois et ordonnances ci-devant portés sur le fait des chasses du Rői et les capitaineries, sont abolis. (*Coll. de Baudouin*, sept. 1790, pag. 78.)

ARRÊTÉ *qui interdit la Chasse dans les Forêts nationales.*

Du 28 Vendémiaire an 5 (19 octobre 1796).

LE Directoire exécutif, sur le rapport du ministre des finances ; considérant que le port d'armes et la chasse sont prohibés dans les forêts nationales et des particuliers, par l'ordonnance de 1669 et par la loi du 30 avril 1790 ;

Que l'article 4, titre XXX de l'ordonnance de 1669, fait défenses à toutes personnes de chasser à feu et d'entrer ou demeurer de nuit dans les forêts domaniales, ni même dans les bois des particuliers, avec armes à feu, à peine de cent livres d'amende, et de punition corporelle s'il y échoit; que les articles 8 et 12 du même titre défendent d'y prendre *aucune aire* d'oiseaux, et d'y détruire aucune espèce de gibier, avec engins, tels que tirasses, traîneaux, tonnelles, etc., sous les mêmes peines; que l'article 1er de la loi du 30 avril 1790 défend à toutes personnes de chasser, en quelque temps et de quelque manière que ce soit, sur le terrain d'autrui, sans préjudice de plus grands dommages-intérêts s'il y échoit,

ARRÊTE ce qui suit :

ART. 1er. La chasse dans les forêts nationales est interdite à tous particuliers sans distinction (*v*).

(*v*) 1 — L'exercice de la chasse dans les forêts domaniales est interdit aux gardes forestiers. (*Circulaire de l'administ. des forêts du 12 vendémiaire an 14*, n° 283.)

2. — La même défense se retrouve dans une autre circulaire du 14 février 1816, n° 564.

3. — Une troisième circulaire du 14 septembre suivant, n° 581, leur recommande de ne point abuser des armes que la loi leur confie, sinon qu'ils seront réduits à l'armement prescrit par l'ordonnance de 1669, tit. 10, art. 13.

4. — La prohibition de la chasse dans les forêts domaniales, existe de même dans les forêts communales. Cassation, arrêt du 28 janvier 1808. (*Trait. gén., tom. 2, pag.* 186.)

5. — Les lois et arrêts qui défendent la chasse dans les bois de l'État, s'appliquent également en matière de bois communaux. Cassation, arrêt du 21 prairial an 11. (SIREY, 7 — 2 — 824.)

2. Les gardes sont tenus de dresser, contre les contrevenans, les procès-verbaux dans la forme prescrite pour les autres délits forestiers, et de les remettre à l'agent national près la ci-devant maîtrise de leur arrondissement.

3. Les prévenus seront poursuivis en conformité de la loi du 3 brumaire an 4, relative aux délits et aux peines, et seront condamnés aux peines pécuniaires prononcées par les lois ci-dessus citées, etc. (*Bulletin*, 2e *série*, n° 295.)

LOI *relative aux justices de paix.*

Du 28 Floréal an 10 (10 mai 1802).

ART. 9. L'affirmation des procès-verbaux des gardes champêtres et forestiers (*v*), continuera d'être reçue par les juges

---

6. — Tous les délits de chasse dans des forêts quelconques, excepté celles qui sont réservées pour les plaisirs du Roi, ne sont passibles que des peines portées par la loi du 30 avril 1790. Il n'y a aucune exception à ce principe, même pour les forêts d'un prince de la famille royale. Cassation, arrêt du 4 mai 1824. (DALLOZ, *vol. supp.*, 1re *part. pag* 519.).

(7) — L'amende encourue pour un délit de chasse dans un bois appartenant à l'État, ne peut être cumulée avec celle que le décret du 4 mai 1812 prononce contre le délit de port d'armes sans permis, ainsi que ce décret le veut à l'égard des délits de chasse sans permis de port d'armes dans les bois ou sur la propriété d'un particulier. Cassation, arrêt du 4 mai 1821. (HOUEL, *Code de la chasse, pag.* 31.)

(*v*) 1. — L'affirmation d'un rapport constatant un délit champêtre ne peut être reçue par le maire d'une commune autre que celle dans le territoire de laquelle le délit a été commis. Cassation, arrêt du 5 brumaire an 12. (SIREY, 4 — 2 — 73.)

2. — Les procès-verbaux doivent être affirmés devant un officier de la commune du lieu du délit. Cassation, arrêt du 27 germinal an 13. (*Trait. gén., tom.* 2, *pag.* 15.)

3. — L'affirmation des procès-verbaux des gardes ne peut être reçue par le maire ou l'adjoint d'une commune qui n'est pas celle du délit. Cassation, arrêt du 2 octobre 1806. (*Idem, tom.* 2, *pag.* 93.)

Nota. L'acte d'affirmation est un acte de juridiction, et les juridictions sont de droit étroit. Ainsi, les maires et adjoints, autres que ceux de la commune du lieu où le délit a été commis ou reconnu, sont incompétens pour recevoir l'affirmation du procès-verbal.

de paix : les suppléans pourront néanmoins la recevoir pour les délits commis dans le territoire de la commune où ils résideront, lorsqu'elle ne sera pas celle de la résidence du juge de paix.

Les maires, et à défaut des maires, leurs adjoints, pourront recevoir cette affirmation, soit par rapport aux délits commis dans les autres communes de leurs résidences respectives, soit même par rapport à ceux commis dans les lieux où résident le juge de paix et ses suppléans, quand ceux-ci sont absens. (*Bulletin*, 3e *série*, n° 1596.)

DÉCRET *qui autorise les Maires à affermer le Droit de chasse dans les bois communaux.*

Du 25 Prairial an 13 (14 juin 1805.)

ART. 1er. Les maires des communes sont autorisés à affermer le droit de chasser dans les bois communaux, à la charge de faire approuver la mise en ferme par le Préfet et le ministre de l'intérieur.

2. Le Ministre de l'intérieur, etc.

Nota. Ce décret, qui n'est pas dans le Bulletin des lois, est rapporté dans le Répertoire universel de jurisprudence, au mot *communaux*, § 5, pag. 607.

---

§ 2. DES POUDRES DE CHASSE.

EXTRAIT DE L'ORDONNANCE DU ROI *concernant la Vente des poudres de Chasse*, etc.

Du 25 Mars 1818.

Tit. 1er. *Dispositions générales.*

ART. 1er. A dater du 1er juin prochain, la vente des poudres de chasse, de mine et de commerce, sera exclusivement exploitée par la direction générale des contributions indirectes.

---

4. — L'affirmation reçue par l'adjoint est valable, bien qu'il n'ait pas énoncé que le maire était absent ou empêché. Cassation, arrêt du 1er septembre 1809. (DUPIN, *Lois forestières*, *pag.* 867.)

5. — Les maires, lorsqu'ils remplacent les juges de paix ou leurs suppléans, sont compétens pour recevoir en même temps les déclarations et les affirmations des gardes champêtres, et les procès-verbaux ainsi rédigés font foi jusqu'à preuve contraire. Cassation, arrêt du 20 août 1825. (*Journal des audiences, pag.* 441.)

Il en sera de même de la vente des poudres de guerre, destinées aux armemens du commerce maritime et à la consommation des artificiers patentés.

La direction générale des contributions indirectes comptera du produit de cette vente, dans la même forme que du produit de la vente des tabacs.

2. Une ordonnance spéciale déterminera, chaque année, sur la proposition de nos ministres secrétaires d'État aux départemens de la guerre, de la marine et des finances, le taux auquel chacun de ces deux derniers départemens remboursera, à la direction générale des poudres, le prix de fabrication des poudres qui lui seront livrées par cette direction dans le cours de l'année.

Les poudres seront vendues au commerce et aux particuliers, par la direction générale des contributions indirectes, aux prix déterminés par la loi (*x*).

3. La vente des poudres au public continuera d'être soumise, sous l'exploitation de la direction générale des contributions indirectes, aux lois, ordonnances et réglemens actuellement en vigueur sur la matière.

Tit. 2. *Mesures d'exécution.*

5. A dater du 1er octobre prochain, les poudres de chasse de toute espèce ne seront vendues qu'en rouleaux ou paquets d'un demi, d'un quart et d'un huitième de kilogramme.

Chaque rouleau sera formé d'une enveloppe de plomb et revêtu d'une vignette indiquant l'espèce, le poids et le prix de la poudre, et sera fourni, ainsi confectionné, par la direction générale des poudres.

Dans aucun cas, le poids de l'enveloppe ne sera compté dans le poids de la poudre. (*Bulletin*, 7e *série*, n° 3805.)

(*x*) Lorsqu'il ne se trouve dans une commune aucun agent légalement commissionné pour le débit des poudres, cette circonstance ne suffit pas pour autoriser tout citoyen à en vendre dans cette commune. Cassation, arrêt du 25 frimaire an 11. (*Rép. de la nouv. lég.*, *tom.* 4, *pag.* 377.)

§ 3. DES GARDES CHAMPÊTRES.

ORDONNANCE DU Roi, *qui détermine un mode pour la nomination et la révocation des Gardes champêtres.*

Du 29 Novembre 1820.

LOUIS, etc.

Sur le rapport de notre Ministre secrétaire d'état de l'intérieur ;

Vu les lois des 6 octobre 1791, 8 juillet 1795 (20 messidor an 3), et l'arrêté du 18 septembre 1801 (25 fructidor an 9), relatifs aux gardes champêtres;

Considérant qu'il importe de prescrire un mode uniforme pour la nomination et la révocation de ces gardes ;

Notre Conseil d'État entendu,

Nous avons ordonné et ordonnons ce qui suit:

ART. 1er. Le choix des gardes champêtres sera fait (*y*) par

(*y*) 1. — Les propriétaires qui voudront avoir, pour la conservation de leurs bois, des gardes particuliers, devront les faire agréer par le sous-préfet de l'arrondissement, sauf le recours au préfet, en cas de refus. Ces gardes ne pourront exercer leurs fonctions qu'après avoir prêté serment devant le tribunal de première instance. (*Code forestier, art.* 117.)

2. — Tout propriétaire a le droit d'avoir, pour la conservation de ses propriétés, un garde champêtre ou forestier. (*Art.* 40 *du code du* 3 *brumaire an* 4.)

3. — Les fermiers ont également le droit de nommer, pour leurs récoltes, un garde champêtre particulier, et il a caractère pour dresser un rapport, lorsqu'il a été agréé conformément à la présente ordonnance. Cassation, arrêt du 27 brumaire an 11. (*Journal des audiences*, 1823, *pag.* 346.)

4. — Les gardes champêtres et les gardes forestiers, considérés comme officiers de police judiciaire, sont chargés de rechercher, chacun dans le territoire pour lequel il aura été assermenté, les délits et les contraventions de police qui auront porté atteinte aux propriétés rurales et forestières. (*Art.* 16 *du Code d'inst. crim.*)

5. — Ils doivent avoir vingt-cinq ans, à peine de nullité de leurs procès-verbaux et autres actes. (*Loi du* 6 *octobre* 1791, *tit.* 1er, *sect.* 7, *art* 5, *et arrêt de la cour de cassation du* 19 *juin* 1807.)

les maires, et sera approuvé par les conseils municipaux : le sous-préfet de l'arrondissement leur délivrera une commission.

---

6. — Dans l'exercice de leurs fonctions, les gardes champêtres doivent se décorer d'une plaque aux armes du Roi, avec le nom de la municipalité et celui du garde. (*Loi du* 28 *septembre* 1791.)

7. — Ils ne peuvent être armés de fusils. (*Circul. du ministre de la police générale du* 6 *mai* 1806, citée au *Rép. de Jurisp.*, *verb. Armes.*)

8. — Quant aux gardes forestiers, leur armement ne consiste que dans un fusil simple. (*Circul. de l'administration des forêts du* 31 *juillet* 1806, *n°* 328.)

9. — L'autorité administrative ne peut recevoir les prestations de serment des gardes champêtres, ni des gardes forestiers de l'État, des communes et des particuliers. La loi du 6 octobre 1791, art. 5, veut que les gardes-champêtres soient assermentés devant le juge de paix de leur canton, et celle du 9 floréal an 11 dispose que les gardes des bois et forêts prêteront serment au tribunal civil de leur arrondissement. (*Lettre du ministre de l'intérieur du* 25 *juillet* 1818.)

10. — C'est au ministère public, et non aux avoués, qu'appartient le droit de faire admettre au serment, devant le tribunal, les gardes champêtres et forestiers des communes et même des particuliers. Cassation, arrêt du 20 septembre 1823. (*Journal du Palais, tom.* 1er *de* 1824, *pag.* 380.) Voir les notes sur l'article 5 du Code forestier.

11. — Parmi les gardes et agens qui ont droit de constater un délit de chasse, il en est qui sont crus jusqu'à inscription de faux, et d'autres jusqu'à preuve contraire. Voir à cet égard les notes sous les articles 10 et 11 de la loi du 30 avril 1790.

12. — Les officiers de police judiciaire, au nombre desquels figurent les gardes champêtres, doivent, pour les délits qu'ils auraient commis dans leurs fonctions, être traduits devant les cours royales et jugés par elles, sans appel. (*Art.* 9, 16, 20, 408, 416, 479 *et* 483 *du code d'inst. crim.*) Cassation, arrêt du 16 février 1821. (*Journal des audiences,* 1823, *pag.* 484.)

13. — Les gardes des bois des particuliers peuvent être traduits devant les tribunaux, sans autorisation. (*Ordonn. du Roi, du* 22 *juillet* 1818.)

14. — Il en est de même des gardes champêtres. Cassation, arrêt du 19 août 1818. (*Journal des audiences, pag.* 176.)

15. — L'autorisation n'est pas nécessaire non plus pour que

2. Le changement ou la destitution des gardes champêtres ne pourra être prononcé que par le sous-préfet, sur l'avis du maire et du conseil municipal du lieu: le sous-préfet soumettra son arrêté à l'approbation du préfet. (*Bulletin*, 7e *série*, no 9729.)

---

le ministère public poursuive un garde forestier prévenu d'un délit de chasse sur un champ ensemencé et hors d'un canton de bois confié à sa garde. Cassation, arrêt du 16 avril 1825. (*Journal des audiences, pag.* 306.)

16. — D'après une ordonnance du Roi, du 19 février 1823, il a été reconnu qu'un délit de chasse imputé à un brigadier forestier, et qu'il aurait commis en surveillant une coupe de bois, ne constitue pas un délit commis dans l'exercice de ses fonctions, et que dès-lors il n'est pas besoin d'une autorisation préalable pour poursuivre ce garde à raison de ce fait. (*Trait. gén., tom.* 3, *pag.* 183.)

17. — Dans les communes où le salaire des gardes champêtres ne peut être acquitté sur les revenus communaux, et lorsque les habitans ne consentent point à former le traitement par une souscription volontaire, la somme qui manque doit, d'après l'art. 3, sect. 7, de la loi du 6 octobre 1791, être répartie entre les propriétaires ou exploitans de fonds non enclos au centime le franc de la contribution foncière de chacun d'eux. (Isambert, *Suppl. au Bull. des lois de* 1823, *pag.* 367, *et de* 1824, *pag.* 328.)

IIe SECTION.

Du Port d'Armes, et des Permis de Port d'armes de Chasse.

§ Ier. DU PORT D'ARMES.

DÉCRET *qui interdit l'usage et le port des Fusils et Pistolets à vent.*

Du 2 Nivôse an 14 (23 décembre 1805).

ART. 1er. Les fusils et pistolets à vent sont déclarés compris dans les armes offensives, dangereuses, cachées et secrètes, dont la fabrication, l'usage et le port sont interdits par les lois (*a*).

(*a*) 1. — Le Conseil d'État, qui, d'après le renvoi ordonné par sa Majesté, a entendu le rapport du ministre de la police, tendant à établir qu'il est nécessaire de se pourvoir de permis pour exercer la faculté de porter en voyage des armes pour sa défense personnelle,

Est d'avis qu'il n'y a lieu à statuer sur la proposition du ministre de la police;

Que les gens non domiciliés, vagabonds et sans aveu doivent seuls être examinés et poursuivis par la gendarmerie et tous officiers de police, lorsqu'ils sont porteurs d'armes, à l'effet d'être désarmés et même traduits devant les tribunaux, pour être condamnés, suivant les cas, aux peines portées par les lois et réglemens;

Que le présent avis doit être inséré au Bulletin des lois. Du 10 mai 1811, app. le 17 du même mois. (*Bull.*, 4e *série*, n° 6769.)

2. — La prescription d'un mois, établie par les lois sur la chasse et la police rurale, n'est point applicable à l'action résultant du port, non autorisé, d'armes à feu. Cassation, arrêt du 1er août 1811. — (*Trait. gén.*, *tom.* 2, *pag.* 437.)

3. — Le port de pistolets de poche est un délit. Le décret du 4 mai 1812, relatif au fait de chasse sans permis de port d'armes,

2. Toute personne qui, à dater de la publication du présent décret, sera trouvée porteur desdites armes, sera poursuivie et traduite devant les tribunaux de police correctionnelle, pour y être jugée et condamnée conformément à la loi du 23 mars 1728. (*Bulletin*, 4e *série*, n° 1185.)

DÉCRET *qui ordonne l'exécution de la déclaration du 23 mars 1728, concernant le Port d'armes.*

Du 12 Mars 1806.

ART. 1er. La déclaration du 23 mars 1728 (*b*), concernant

---

et l'avis du Conseil-d'État du 17 mai 1811, relatif à la faculté de porter des armes en voyage pour sa défense personnelle, ne s'appliquent qu'aux *armes apparentes*, telles que fusils de chasse, pistolets d'arçons et de ceinture, dont le port est même permis par l'article 5 du titre XXX de l'ordonnance de 1669, *aux passans par les grands chemins des forêts et bois du Roi.* Cassation, arrêt du 6 août 1824. —(*Trait. gén., tom.* 3, *pag.* 275.)

— 4. La déclaration du Roi, du 23 mars 1728, en tant qu'elle prohibe la fabrique, le débit et le port des pistolets de poche, est encore en vigueur, mais elle est modifiée par le Code pénal, quant à la nature et à la qualité de la peine; en sorte que les fabricans, débitans ou porteurs de pistolets de poche sont passibles des peines prononcées par l'art. 314 de ce Code. Cassation, arrêt du 26 août 1824. (*Sirey*, 25-1-18.)

(*b*) DÉCLARATION DU ROI *concernant le port des armes, donnée à Versailles, le* 23 *mars* 1728, *enregistrée en Parlement le* 20 *avril suivant.*

LOUIS, par la grace de Dieu, ROI DE FRANCE ET DE NAVARRE, A tous ceux qui ces présentes lettres verront, SALUT.

Les différens accidens qui sont arrivés de l'usage et du port des couteaux en forme de poignard, des baïonnettes et pistolets de poche, ont donné lieu à différens réglemens, et notamment à la déclaration du 18 décembre 1660 et à l'édit du mois de décembre 1666: néanmoins quelque expresses que soient les défenses à cet égard, l'usage et le port de ces sortes d'armes paraît se renouveler; et comme il importe à la sûreté publique que les anciens réglemens qui concernent cet abus soient exactement observés, nous avons cru devoir les remettre en vigueur. A ces causes, nous avons dit et déclaré, disons et déclarons par ces présentes signées de notre main, voulons et nous plaît que la déclaration du 18 décembre 1660, au le port d'armes, sera imprimée à la suite du présent décret, et exécutée conformément à notre décret du 2 nivôse dernier. (*Bulletin*, 4e *série*, n° 1379.)

---

sujet de la fabrique et port d'armes, soit exécutée selon sa forme et teneur; ordonnons, en conséquence, qu'à l'avenir toute fabrique, commerce, vente, débit, achat, port et usage de poignards, couteaux en forme de poignard, soit de poche, soit de fusil, baïonnettes, pistolets de poche, épées en bâtons, bâtons à ferremens, autres que ceux qui sont ferrés par le bout, et autres armes offensives, cachées et secrètes, soient et demeurent pour toujours généralement abolis et défendus : enjoignons à tous couteliers, fourbisseurs, armuriers et marchands, de les rompre et briser incessamment après l'enregistrement des présentes, si mieux ils n'aiment faire rompre et arrondir la pointe des couteaux, en sorte qu'il n'en puisse arriver d'inconvéniens; à peine contre les armuriers, couteliers, fourbisseurs et marchands trouvés en contravention, de confiscation pour la première fois, d'amende de cent livres et interdiction de leur maîtrise pour un an, et de privation d'icelle en cas de récidive, même de peine corporelle s'il y échet; et contre les garçons qui travailleraient en chambre, d'être fustigés et flétris pour la première fois; et pour la seconde, d'être condamnés aux galères; et à l'égard de ceux qui porteront sur eux lesdits couteaux, baïonnettes, pistolets et autres armes offensives cachées et secrètes, ils seront condamnés en 6 mois de prison, et en cinq cents livres d'amende. N'entendons néanmoins comprendre en ces présentes défenses, les baïonnettes à ressort qui se mettent au bout des armes à feu pour l'usage de la guerre; à condition que les ouvriers qui les fabriqueront seront tenus d'en faire déclaration au juge de police du lieu, et sans qu'ils puissent les vendre ni débiter qu'aux officiers de nos troupes, qui leur en délivreront certificat, dont lesdits ouvriers tiendront registre paraphé par nosdits juges de police. Si donnons en mandement à nos amés et féaux conseillers, les gens tenant notre Cour de Parlement de Paris, à tous autres officiers et justiciers qu'il appartiendra, que ces présentes ils aient à faire lire, publier et registrer, et le contenu en icelles garder et exécuter selon sa forme et teneur : car tel est notre plaisir. En témoin de quoi, nous avons fait mettre notre scel à cesdites présentes, etc.

§ 2. DES PERMIS DE PORT D'ARMES DE CHASSE.

EXTRAIT DE L'INSTRUCTION *du Ministre de la police générale, relative aux Permis de port d'armes.*

Du 6 Mai 1806 (*c*).

ART. 3. Chaque permis (de port d'armes délivré par le préfet) contiendra l'âge, le signalement, la profession et la signature de l'impétrant; il y sera déclaré qu'il n'est valable que pour un an. L'époque du renouvellement des permis est fixée au premier janvier de chaque année.

4. Il ne pourra être refusé de permis à ceux qui se livrent particulièrement à la destruction des animaux malfaisans; mais ils seront tenus de payer la rétribution, et de se conformer aux réglemens concernant ce genre de chasse.

5. Les gardes champêtres ne pourront être armés de fusils; quant aux gardes forestiers, il sera ultérieurement statué à cet égard (*d*).

6. Seront aussi soumis au paiement du droit, ceux qui, pour leur défense personnelle, ne sont armés que de pistolets et d'armes blanches.

7. Les braconniers pourront être désarmés à domicile par la gendarmerie, lorsqu'elle sera requise par le préfet; aucun désarmement ne s'effectuera sans l'assistance du maire du lieu, ou d'un commissaire de police.

8. Il ne sera fait aucune poursuite contre celui qui a un fusil pour sa défense et celle de ses propriétés; pourvu qu'il n'en fasse pas d'autre usage.

9. Les infractions aux réglemens sur le port d'armes seront poursuivies de la même manière que celles pour fait de chasse.

10. A mesure des délivrances des permis, le préfet en donnera avis au capitaine de gendarmerie, qui sera tenu d'envoyer les noms de ceux qui les auront obtenus aux brigades de l'arrondissement de leur domicile. (MERLIN, *Répertoire*, v°. *Armes*, § 3.)

(*c*). Il est différens cas où l'on peut être privé du droit de port d'armes. Voir à cet égard les art. 28, 42, 43, 401, 405 et 410 du Code pénal.

(*d*). L'armement des gardes forestiers consiste dans un fusil simple. (*Circul. de l'adm. des forêts du* 31 *juillet* 1806, n° 328.) D'après l'art. 10, tit. 13 de l'ordonnance de 1669, ils ne pouvaient porter que des pistolets. Voir le nomb. 8 de la note (*y*), pag. 150.

DÉCRET *concernant la Fourniture, la Distribution et le Prix des Permis de Port d'armes de chasse.*

Du 11 Juillet 1810.

§ Ier. *Fourniture des Passe-ports et Permis de Port d'armes de chasse.*

ART. 1er. L'administration de l'enregistrement sera chargée de fournir, à compter du 1er octobre prochain, les passeports et permis de port d'armes de chasse, conformes aux modèles annexés au présent décret.

2. Ils seront uniformes, et timbrés à Paris pour tout le royaume. L'empreinte noire portera la légende : *Police générale.*

3. Les passeports et les permis de port d'armes seront à talon ou souche, reliés en registre.

§ IV. *Distribution des permis de port d'armes de chasse.*

10. L'administration de l'enregistrement adressera au directeur de chaque département des registres de permis de port d'armes de chasse.

11. Le prix en sera payé aux receveurs de l'enregistrement du chef-lieu du département, et il en sera fait un article particulier de recette (*e*).

12. Les permis de port d'armes ne sont valables que pour un an, à dater du jour de leur délivrance (*f*).

(*e*) 1. — Le receveur du timbre extraordinaire, établi au chef-lieu du département, est seul chargé de la recette du prix des permis de port d'armes. Les formules lui sont envoyées par le garde-magasin auquel il en donne reconnaissance. Ensuite il les remet au préfet qui en paie le prix comptant. Chaque livraison ne peut être moindre de dix. Décision du ministre des finances du 7 septembre 1826. (*Inst. du Dir. gén. de l'enregistrement*, n° 1197.)

2. — Le droit payé pour un permis que l'on n'a pas voulu accorder, doit être rendu sur la représentation du bulletin de paiement, revêtu de l'attestation du préfet portant que le permis n'a pas été délivré, et souscrit de la quittance de la partie. Le droit relatif aux permis retirés par mesure de police n'est pas restituable. (*Inst. du Dir. gén. de l'enregistrement*, n° 587.) Toutefois la restitution du droit ne peut être effectuée que sur un mandat de paiement délivré par le directeur des domaines, en conséquence de l'ordonnancement du ministre des finances. Ce mandat doit être accompagné du bulletin et du certificat du préfet. (*Circulaire du Directeur de la comptabilité générale des finances, du 16 décembre 1826.*)

(*f*). Un permis de port d'armes de chasse n'est pas limité au dé-

§ V. *Du Prix de Permis de Port d'armes de chasse.*

13. Le prix des permis de port d'armes de chasse est fixé à trente francs (*g*), y compris les frais de papier, timbre et expédition. (*Bulletin*, 4e *série*, n° 5729.)

Décret *contenant des dispositions pénales contre ceux qui chassent sans permis de port d'armes de chasse.*

Du 4 Mai 1812.

Art. 1er. Quiconque sera trouvé chassant, et ne justifiant point d'un permis de port d'armes de chasse, délivré conformément au décret du 11 juillet 1810, sera traduit devant le tribunal de police correctionnelle (*h*), et puni d'une amende

---

partement dans lequel réside le préfet qui l'a délivré; il a effet dans tout le royaume. Lyon, arrêt du 20 janvier 1825. (Sirey, 26—2—68.)

(*g*) 1. — Le prix des permis de port d'armes est réduit à 15 fr. (*Art.* 77 *de la loi du* 28 *avril* 1816.)

2. — La faculté accordée par les décrets des 22 mars 1811 et 12 mars 1813, aux personnes décorées des ordres français, de ne payer qu'un franc, et qui avait été étendue aux chevaliers de Saint-Louis, est supprimée comme contraire à la Charte. (*Ordon. du Roi du* 17 *juillet* 1816.)

(*h*) 1. — Le délit de chasse sans permis de port d'armes est de la compétence du tribunal de police correctionnelle. Cassation, arrêt du 5 février 1819. (*Trait. gén., tom.* 2, *pag.* 789.)

2. — La poursuite du délit de port d'armes, commis en chassant sans permis, soit sur son terrain en temps prohibé ou non, soit sur le terrain d'autrui, avec ou sans son consentement et en temps prohibé ou non prohibé, appartient exclusivement au ministère public, parce qu'il s'agit de l'infraction à une loi de haute police. Cassation, arrêts des 12 février 1808, 1er et 15 octobre 1813. (Favard de Langlade, *Rép. de la nouv. lég.*, *verb. Chasse.*)

3. — Le délit de port d'armes à la chasse est puni actuellement, non par l'ordonnance du 14 juillet 1716, abrogée, mais par le décret du 4 mai 1812. Ce n'est plus le port d'armes qui seul est prohibé, mais bien le port d'armes à la chasse. Cassation, arrêt du 15 octobre 1813. (Sirey, 14—1—596.)

4. — L'individu trouvé chassant avec un fusil, sans justifier d'un

qui ne pourra être moindre de trente francs ni excéder soixante francs.

---

permis de port d'armes, doit être condamné à deux amendes, l'une à raison du délit de chasse, l'autre à raison du port d'armes sans permis, et en outre à la confiscation du fusil; et si ces amendes, non compris la confiscation des armes, n'excèdent pas 100 francs, elles peuvent être prononcées sur le procès-verbal d'un seul garde. Cassation, arrêt du 26 janvier 1816. (*Trait. gén.*, *tom.* 2, *pag.* 657.) La cour de cassation avait déjà décidé, le 4 décembre 1812, que la chasse en délit et le port d'armes sans permission, donnaient lieu à deux condamnations. (*Idem*, *tom.* 2, *pag.* 534.)

5. — Le délit de chasse, sans permis de port d'armes, ne peut être excusé par le motif que le prévenu avait précédemment consigné les droits dus pour obtenir le permis, lors même qu'ensuite ce permis lui a été délivré. Cassation, arrêts des 24 décembre 1819, 11 février 1820, 7 mars et 26 novembre 1823. (Dalloz, 1er *vol. suppl.*, *pag.* 524.)

6. — Les tribunaux correctionnels ne peuvent se dispenser de condamner les prévenus à l'amende et à la confiscation des fusils, lorsque les procès-verbaux constatent le fait de port d'armes sans permis. Cassation, arrêt du 31 décembre 1819. (*Trait. gén.*, *tom.* 2, *pag.* 817.)

7. — Pour être à l'abri des peines portées par le décret du 4 mai 1812, il ne suffit pas que le chasseur ait été en réclamation à l'effet d'obtenir le permis de port d'armes, il faut encore qu'il en ait obtenu la délivrance. Cassation, arrêt du 11 février 1820. (*Trait. gén.*, *tom.* 2, *pag.* 826.) Voir le nomb. 5 ci-dessus.

8. — Il n'y a pas lieu de cumuler l'amende prononcée par le décret du 4 mai 1812 contre le port d'armes sans permis en fait de chasse, et celle qui est prononcée par l'ordonnance de 1669 contre les délits de chasse dans les bois de l'État. L'amende prononcée par l'ordonnance de 1669 étant la plus forte, doit être seule appliquée quand il y a délit de chasse sans permis de port d'armes dans les bois appartenant à l'État. Cassation, arrêt du 4 mai 1821. (Dupin, *Lois forestières*, *pag.* 786.)

9. — Le port d'armes de chasse sans permis, si le fait de chasse n'est point constaté, ne peut constituer un délit isolé. Cassation, arrêt du 17 août 1821. (*Idem*, *tom.* 2, *pag.* 948.) Voyez le nombre 14 ci-après.

10. — Il n'y a ni fait de chasse, ni délit de port d'armes, dans l'ac-

2. En cas de récidive, l'amende sera de soixante-un francs au moins, et de deux cents francs au plus. Le tribunal pourra, en outre, prononcer un emprisonnement de six jours à un mois.

---

tion d'un fermier, qui, chargé par le propriétaire de détruire les animaux qui pourraient commettre des dégâts, a été trouvé armé dans un jardin clos et renfermé dans l'enceinte d'une habitation. Cassation, arrêt du 22 février 1822. (Dalloz, 1er vol. supp., pag. 523.)

11. — Le fait de chasse, avec armes, sans permis de port d'armes, en temps prohibé, est un délit de nature à emporter aggravation de la peine du meurtre, lorsqu'il a précédé, accompagné ou suivi le meurtre. Peu importe d'ailleurs que le fait ait eu lieu dans un terrain clos ou non clos. Cassation, arrêt du 21 mars 1822. (Sirey, 22 — 1 — 253.) Voy. le nomb. 7 de la note (*e*) ci-devant, 1re section.

12. — L'individu qui chasse sans permis de port d'armes, sur un terrain dont il est propriétaire ou fermier, et en temps non prohibé, est punissable; vainement il alléguerait qu'il lui était permis de chasser sur son terrain. Cassation, arrêt du 7 mars 1823. (Sirey, 23 — 1 — 241.)

13. — Le port d'armes sans permission est punissable des peines portées par le décret du 4 mai 1812, lorsqu'il est réuni à un fait de chasse quelconque, encore que le fait de chasse ait eu lieu dans un bois en partie entouré de fossés. La peine ne pourrait être écartée qu'autant que le port et l'usage des armes aurait eu lieu dans un enclos fermé au public, et lié à une maison d'habitation dont il formerait l'accessoire. En ce cas, il n'y aurait pas fait de chasse dans le sens du décret précité. Cassation, arrêt du 21 mars 1823. (Sirey, 23 — 1 — 242.)

14. — La peine prononcée pour défaut de permis de port d'armes de chasse est toujours applicable, soit que le fait de chasse constitue ou non un délit. Cassation, arrêt du 23 janvier 1823. (*Trait. gén., tom.* 3, *pag.* 118.) Voyez le nombre 9 ci-devant, et le nombre 15 ci-après.

15. — La peine prononcée pour défaut de permis de port d'armes de chasse, doit être appliquée lors même que le fait de chasse ne constituerait pas en lui-même un délit. Le fait de s'être pourvu pour obtenir un permis de port d'armes et d'avoir consigné la somme requise, ne peut suppléer au défaut de la représentation du permis. Une cabane de chasseur n'est pas réputée maison habitée. Cassation, arrêt du 7 mars 1823. (*Trait. gén., tom.* 3, *pag.* 122.) Voyez les nombres 9 et 14 ci-devant.

3. Dans tous les cas, il y aura lieu à la confiscation des armes; et, si elles n'ont pas été saisies, le délinquant sera condamné à les rapporter au greffe ou à en payer la valeur, sui-

---

16. — La preuve par témoins doit être admise pour établir un délit de chasse, sans permis de port d'armes, en cas d'irrégularité du procès-verbal constatant le délit. Le garde champêtre, rédacteur du procès-verbal, et l'adjoint du maire qui a reçu l'affirmation, peuvent être entendus comme témoins. Cassation, arrêt du 17 avril 1823. (Sirey, 23 — 1 — 283.)

17. — Les officiers de la louveterie et leurs piqueurs sont dispensés de se pourvoir de permis de chasse, lorsqu'ils se livrent exclusivement à la chasse des loups et des autres animaux nuisibles. Dans tous les autres cas, ils sont tenus de se munir d'un permis, et d'en payer le prix. Décision du ministre des finances du 3 octobre 1823. (*Inst. du Direc. gén. de l'enreg.*, n° 1100.)

18. — On ne peut chasser sur son propre terrain sans permis de port d'armes. Une baraque de chasseur ne peut être assimilée à une maison habitée, et il y a lieu à l'application de l'amende contre le chasseur qui, posté dans cette baraque, tire un coup de fusil sur du gibier, s'il n'est muni du permis de port d'armes. Cassation, arrêt du 18 juin 1823. (*Trait. gén.*, *tom.* 3, *pag.* 149.)

19. — Les poursuites exercées contre les gardes forestiers, même pour délit de chasse sans permis de port d'armes, commis dans l'exercice de leurs fonctions, sont nulles si elles n'ont été précédées d'une autorisation de l'administration. Cassation, arrêt du 4 octobre 1823. (*Trait. gén.*, *tom.* 3, *pag.* 168.)

20. — Si le procès-verbal ne constate pas que les prétendus délinquans ont été sommés de représenter leurs permis de port d'armes, et qu'ils ont refusé cette exhibition, il n'y a pas là défaut de port d'armes légalement constaté. Rouen, arrêt du 18 novembre 1824. (*Houel, Cod. de la chasse, pag.* 71.)

21. — Un procès-verbal de délit étant un acte qui intéresse l'ordre public, conserve toute sa force, quoiqu'il n'ait pas été enregistré. Ainsi, l'individu prévenu de délit de port d'armes sans permission, ne peut être absous sur l'unique motif que le procès-verbal qui en a été dressé, n'a point été enregistré, et qu'il serait nul d'après l'article 34 de la loi du 22 frimaire an 7: la nullité que prononce cet article, ne peut, suivant l'art. 47 de la même loi, être appliquée qu'autant que l'acte non revêtu de la formalité prescrite, est invoqué par un particulier et dans son intérêt privé. Cassation, arrêt du 16 janvier 1824. (*Trait. gén.*, *tom.* 3, *pag.* 192.)

22. — Le chasseur avec port d'armes, qui n'a pas été sommé par

vant la fixation qui en sera faite par le jugement, sans que cette fixation puisse être au-dessous de cinquante francs (i).

4. Seront, au surplus, exécutées les dispositions des lettres-patentes du 30 avril 1790 (j) concernant la chasse, lesquelles seront publiées dans les départemens où elles ne l'ont pas encore été. (*Bulletin*, 4ᵉ *série*, nº 7933.)

---

l'officier de police, de justifier de son permis, doit néanmoins le produire au tribunal sous peine de condamnation. Cassation, arrêt du 26 mars 1825. (SIREY, 26 — 1 — 83.)

23. — Les dispositions de cet article sont applicables, même quand la chasse aurait eu pour but de détruire des animaux portant préjudice aux propriétés voisines, et qu'elle aurait été autorisée verbalement par le maire. Cassation, arrêt du 1ᵉʳ juillet 1826. (DALLOZ, *pag.* 300.)

24. — Est passible de la peine du délit de port d'armes de chasse, le propriétaire qui a chassé sans permis sur son terrain ensemencé, même dans le cas où ce terrain serait clos. Cassation, arrêt du 23 février 1827. (DALLOZ, *année* 1827.)

25. — Le délit de port d'armes à la chasse, sans permis, est soumis à la prescription d'un mois depuis le présent décret. La prescription était d'un an auparavant. Cassation, arrêt du 1ᵉʳ octobre 1823. (SIREY, 25 — 1 — 183.) Autre arrêt du 17 décembre 1824. (*Idem*, 25 — 1 — 184.)

26. — Le port d'armes sans permis n'étant puni qu'autant qu'il est uni au fait de chasse, lorsque le délit de chasse est prescrit par le laps d'un mois, les tribunaux ne peuvent condamner le prévenu pour le seul fait de port d'armes. C'est ce qui résulte des deux arrêts ci-dessus.

(i) 1. — Les gardes ne peuvent désarmer les chasseurs. (*Art.* 5 *de la loi du* 30 *avril* 1790.) Voyez les notes sur cette loi, dans la 1ʳᵉ section.

2. — La confiscation de l'arme prononcée au cas de chasse prohibée, doit avoir lieu même alors que le chasseur était muni d'un permis de port d'armes, et encore que le fusil n'eût pas été saisi à l'instant de la contravention. Cassation, arrêt du 10 février 1819. (*Trait. gén.*, *tom. II*, *pag.* 251.)

3. — L'ordonnance d'amnistie, du 28 mai 1825, ne s'étend ni aux armes, ni aux frais. (*Décis. du ministre des Finances du* 26 *août suivant.*)

(j) Cette loi est transcrite en entier dans la 1ʳᵉ section de la présente partie.

ORDONNANCE DU ROI, *relative à la Délivrance des Permis de Port d'armes.*

Du 17 Juillet 1816.

LOUIS, par la grace de Dieu, ROI DE FRANCE ET DE NAVARRE;

Vu le décret du 11 juillet 1810, et l'art. 77 de la loi du 28 avril 1816;

Considérant que la faculté accordée aux personnes décorées des ordres français, d'obtenir des permis de port d'armes en payant seulement un franc, n'a point été confirmée par la loi du 28 avril, qui a réduit de moitié le prix de ces permis; que cette exemption est en opposition avec le texte et l'esprit de notre Charte, qui n'admet aucun privilége en matière de contributions;

Sur le rapport de notre ministre secrétaire d'état des finances,

NOUS AVONS ORDONNÉ et ORDONNONS ce qui suit:

ART. 1er. La faculté accordée par les décrets des 22 mars 1811 et 12 mars 1813, aux personnes décorées des ordres français, qui existaient alors, de ne payer qu'un franc fixe pour l'obtention du permis de port d'armes, laquelle faculté a été étendue par notre ordonnance du 9 septembre 1814 aux chevaliers de notre ordre royal et militaire de Saint-Louis, est et demeure supprimée: en conséquence, le droit de quinze francs fixé par l'article 77 de la loi du 28 avril dernier, sera payé indistinctement par tous ceux qui seront dans le cas de se pourvoir de ces permis.

2. La gratification de trois francs (*k*), précédemment accordée

---

(*k*) 1. La gratification n'est due qu'aux agens dénommés dans l'ordonnance ci-dessus; ainsi un maire ou son adjoint, ou tout autre préposé à la police publique, qui aurait rapporté un procès-verbal, ne peut prétendre à la gratification. (*Inst. du Dir. gén. de l'enregistrement*, *n*° 957.)

2. — La gratification doit être payée par chaque condamnation, soit que cette condamnation entraîne ou non l'amende.

Toutes les fois qu'il n'y a qu'une condamnation, il n'y a qu'une gratification, quel que soit le nombre des prévenus.

Il n'y a qu'une gratification, quoique plusieurs agens aient rédigé le procès-verbal. Décis. du ministre des finances, du 11 août 1818. (DUPIN, *Lois forestières*, *pag.* 787.) Voyez l'inst. citée au nombre qui précède.

à tout gendarme, garde champêtre ou forestier qui constate des contraventions aux lois et réglemens sur la chasse, est portée à cinq francs. (*Bulletin*, 7e *série*, no 915.)

---

3. — La gratification de 5 fr. par procès-verbal doit être allouée pour toutes les contraventions aux lois et réglemens sur la chasse, ainsi que sur le port d'armes, quelle que soit la propriété où le délit a été commis; mais il n'y a lieu de faire payer que la gratification simple de 5 fr., toutes les fois qu'un seul et même procès-verbal constate un double délit de chasse et de port d'armes. Décision du ministre des finances du 1er octobre 1823. (*Trait. gén.*, *tom. III*, *pag.* 167.)

4. — Les gratifications sont payées par les receveurs des domaines, sur l'extrait, délivré par le directeur, de l'ordonnancement accordé par S. Exc. le ministre des finances, en vertu d'un mandat du préfet contenant la date du jugement et la désignation du tribunal qui l'a rendu. Il doit être joint au mandat un certificat sur papier non timbré, délivré par le procureur du Roi, pour attester la condamnation. Le mandat est sujet au visa du directeur. (*Inst. du Dir. gén. de l'enregis.*, *nos* 957 et 1151, et *Circulaire du* 16 *décembre* 1826.)

5. — Les dispositions de la loi du 25 mars 1817, sur l'arriéré, sont applicables aux paiemens des gratifications dues pour délits de chasse constatés. Décis. du ministre des finances du 23 août 1820. (*Inst. du Direct. gén. de l'enregis.*, *no* 975.)

6. — Il n'y a lieu, quant à présent, d'allouer aux gardes des particuliers la rétribution de 5 fr., accordée aux gendarmes, gardes champêtres et forestiers, pour rédaction de procès-verbal de délit de chasse ou de contravention aux réglemens sur le port d'armes. Décis. du ministre des finances du 23 juillet 1823. (*Trait. gén. tom. III*, *pag.* 157.)

IIIe SECTION.

De la Louveterie.

Loi *relative à la destruction des Loups* (*a*).

Du 10 messidor an 5 (18 juin 1797).

Art. 1er. Les fonds accordés provisoirement aux administrations départementales pour la destruction des loups, par ordre du ministre de l'intérieur, seront alloués à ce ministre, sauf par lui de justifier de l'emploi.

2. La loi du 11 ventôse an 3 est abrogée; et à l'avenir, par forme d'indemnité et d'encouragement, il sera accordé à tout citoyen une prime de cinquante livres par chaque tête de louve pleine, quarante livres par chaque tête de loup, et vingt livres par chaque tête de louveteau (*b*).

(*a*) 1. — Il sera fait dans les forêts royales et dans les campagnes, tous les trois mois, et plus souvent s'il est nécessaire, des chasses et battues générales ou particulières aux loups, renards, blaireaux et autres animaux nuisibles (*Arrêté du* 19 *pluviôse an* 5, *et réglement du* 26 *germinal an* 10.)

2. — La battue terminée, chaque maire doit adresser au préfet la liste des défaillans, et le tribunal correctionnel les condamne à l'amende. Cassation, arrêt du 13 brumaire an XI. (Dalloz, 1er *vol. suppl.*, *pag.* 197.) Arrêt du conseil, du 25 janvier 1697.

3. — Quand un préfet indique une chasse générale de loups dans l'étendue de son département, les tribunaux ne peuvent, sans excès de pouvoir, se dispenser d'appliquer aux contrevenans, les dispositions de l'art. 63 de l'arrêt du conseil du 25 janvier 1697. Cassation, arrêt du 13 juillet 1810. (Sirey, 10-1-297.)

4. — Les préfets ont le droit de faire des réglemens pour la destruction des oiseaux nuisibles; par exemple, celle des corbeaux, des moineaux, etc. (Vaudoré, *droit rural*, 2e *vol.*, *pag.* 95.)

(*b*). D'après une instruction du ministre de l'intérieur, du 9 juillet 1818, les primes d'encouragement fixées par le gouvernement sont de 18 francs par louve pleine, 15 francs par louve non

3. Lorsqu'il sera constaté qu'un loup, enragé ou non, s'est jeté sur des hommes ou enfans, celui qui le tuera aura une prime de cent cinquante livres.

4. Celui qui aura tué un de ces animaux et voudra toucher l'une des primes énoncées dans les deux articles précédens, sera tenu de se présenter à l'agent municipal de la commune la plus voisine de son domicile, et d'y faire constater la mort de l'animal, son âge et son sexe; si c'est une louve, il sera dit si elle est pleine ou non.

5. La tête de l'animal, et le procès-verbal dressé par l'agent municipal, seront envoyés à l'administration départementale, qui délivrera un mandat sur le receveur du département, sur les fonds qui seront, à cet effet, mis entre ses mains par ordre du ministre de l'intérieur.

6. Le Directoire exécutif est autorisé à laisser subsister, et même à former, s'il y a lieu, des établissemens pour la destruction des loups. (*Bulletin*, 2e *série*, n° 1263.)

ORDONNANCE *du Roi relative aux Chasses et à la Louveterie.*
Du 15 Août 1814.

LOUIS, par la grace de Dieu, ROI DE FRANCE ET DE NAVARRE;

NOUS AVONS ORDONNÉ ET ORDONNONS ce qui suit :

ART. 1er. La surveillance et la police des chasses, dans toutes les forêts de l'État, sont dans les attributions du grand-veneur.

2. La Louveterie fait partie des mêmes attributions.

3. Les conservateurs, les inspecteurs, sous-inspecteurs et gardes forestiers recevront les ordres du grand-veneur, pour tout ce qui a rapport aux chasses et à la louveterie, etc.

4. Nos ministres, etc. (DUPIN, *Lois forestières, pag.* 418.)

RÉGLEMENT *relatif aux Chasses dans les Forêts et Bois des domaines de l'État.*

Du 20 Août 1814.

DISPOSITIONS GÉNÉRALES.

ART. 1er. Tout ce qui a rapport à la police des chasses est

---

pleine, 12 francs par loup, et 6 francs par louveteau. Ces primes sont payées dans la quinzaine qui suit la déclaration de la destruction de l'animal. (*Inst. du Dir. gén. de l'enregistrement du* 7 *sept.* 1818, n° 855.)

dans les attributions du grand-veneur, conformément à l'ordonnance du Roi, en date du 15 août 1814.

2. Le grand-veneur donne ses ordres aux conservateurs forestiers, pour tous les objets relatifs aux chasses; il en prévient en même temps l'administration générale des forêts.

3. Il est défendu à qui que ce soit de prendre ou de tuer, dans les forêts et bois royaux, les cerfs et les biches (*c*).

4. Les conservateurs, inspecteurs, sous-inspecteurs et gardes forestiers, sont spécialement chargés de la conservation des chasses sous les ordres du grand-veneur, sans que ce service puisse les détourner de leurs fonctions de conservateurs des forêts et bois de l'État. Tout ce qui a rapport à l'administration de ces bois et forêts, reste sous la surveillance directe de l'administration forestière, et dans les attributions du ministre des finances.

5. Les permissions de chasses ne seront accordées que par le grand-veneur : elles seront signées de lui, enregistrées au secrétariat général de la vénerie, et visées par le conservateur dans l'arrondissement duquel ces permissions auront été accordées.

Le conservateur enverra au préfet et au commandant de la gendarmerie le nom de l'individu dont il aura visé la permission.

Les demandes de permissions seront adressées, soit au grand-veneur, soit aux conservateurs qui les lui feront parvenir.

Ces permissions ne seront accordées que pour la saison des chasses, et seront renouvelées chaque année, s'il y a lieu.

6. Il sera accordé deux espèces de permissions de chasse : celle de chasse à tir, et celle de chasse à courre.

(*c*). 1. — Les agens forestiers ne peuvent chasser ni faire chasser sans permissions dans les bois soumis à leur surveillance. (*Circul. de l'adm. forest. du 14 février* 1816, no 564.)

2. — Il est défendu aux agens et aux gardes forestiers de chasser sans permission. (*Inst. du Dir. gén. de l'enregistrement du* 1er *août* 1817.) Cette défense a été renouvelée par une circ. de l'adm. des forêts, du 9 novembre 1822, n° 73. (*Trait. gén.*, *tom.* 3, *pag.* 99.)

3. — Les officiers de la louveterie et leurs piqueurs sont dispensés de se pourvoir de permis de port d'armes de chasse, et d'en acquitter la taxe lorsqu'ils se livrent exclusivement à la chasse des loups ou autres animaux nuisibles; mais dans tous les autres cas, ils sont tenus de se munir d'un permis et d'en payer le prix. Décision du ministre des finances du 3 octobre 1823. (*Trait. gén.*, *tom.* 3, *pag.* 168.)

7. Tous les individus qui auront obtenu des permissions de chasse, sont invités à employer ces permissions à la destruction des animaux nuisibles, comme loups, renards, blaireaux, etc. Ils feront connaître au conservateur des forêts le nombre de ces animaux qu'ils auront détruits, en lui envoyant la patte droite. Par-là ils acquerront des droits à de nouvelles permissions, l'intention du grand-veneur étant de faire contribuer le plaisir de la chasse à la prospérité de l'agriculture et à l'avantage général.

8. Les conservateurs et inspecteurs forestiers veilleront à ce que les lois et les réglemens sur la police des chasses, et notamment les lettres-patentes du 30 avril 1790, soient ponctuellement exécutés. Ceux qui chasseront sans permission seront poursuivis conformément aux dispositions de ces lettres-patentes.

Titre Ier. — *Chasse à tir.*

Art. 1er. Les permissions de chasse à tir commenceront, pour les forêts de l'État, le 15 septembre, et seront fermées le 1er mars.

2. Ces permissions ne pourront s'étendre à d'autre gibier qu'à celui dont elles contiendront la désignation.

3. L'individu qui aura obtenu une permission de chasse, ne doit se servir que de chiens couchans et de fusil.

4. Les battues ou traques, les chiens courans, les lévriers, les furets, les lacets, les panneaux, les piéges de toute espèce, et enfin tout ce qui tendrait à détruire le gibier par d'autres moyens que celui du fusil, est défendu.

5. Les gardes forestiers redoubleront de soins et de vigilance dans le temps des pontes et dans celui où les bêtes fauves mettent bas leurs faons.

Titre II. — *Chasse à courre.*

Art. 1er. Les permissions de chasse à courre seront accordées de la manière mentionnée en l'article 5 des dispositions générales.

2. Elles seront données de préférence aux individus que leur goût et leur fortune peuvent mettre à même d'avoir des équipages, et de contribuer à la destruction des loups, des renards et blaireaux, en remplissant l'objet de leurs plaisirs.

3. Les chasses à courre, dans les forêts et dans les bois de l'État, seront ouvertes le 15 septembre, et seront fermées le 15 mars.

4. Les individus auxquels il aura été accordé des permis-

sions pour la chasse à courre, obtiendront des droits au renouvellement de ces permissions, en prouvant qu'ils ont travaillé à la destruction des renards, loups, blaireaux et autres animaux nuisibles, ce qu'ils feront constater par les conservateurs forestiers.

Approuvé : *signé* LOUIS.

ORGANISATION DE LA LOUVETERIE.

Du 20 Août 1814.

LA Louveterie est dans les attributions du grand-veneur. (*Ordonnance du* 15 *août* 1814.)

« Le grand-veneur donne des commissions honorifiques « de lieutenans de louveterie, dont il détermine les fonctions « et le nombre, par conservation forestière et par département, « dans la proportion des bois qui s'y trouvent et des loups qui « les fréquentent.

« Ces commissions sont renouvelées tous les ans.

« Les dispositions qui peuvent être faites par suite des dif- « férens arrêtés concernant les animaux nuisibles, appartiennent « à ses attributions. »

Les lieutenans de louveterie reçoivent les instructions et les ordres du grand-veneur, pour tout ce qui concerne la chasse des loups.

Ils sont tenus d'entretenir à leurs frais un équipage de chasse, composé au moins d'un piqueur, deux valets de limiers, un valet de chiens, dix chiens courans et quatre limiers.

Ils sont tenus de se procurer les piéges nécessaires pour la destruction des loups, renards et autres animaux nuisibles, dans la proportion des besoins.

Dans les endroits que fréquentent les loups, le travail principal de leur équipage doit être de les détourner, d'entourer les enceintes avec les gardes forestiers, et de les faire tirer au lancé : on découple, si cela est jugé nécessaire; car on ne peut jamais penser à détruire les loups en les forçant. Au surplus, ils doivent présenter toutes leurs idées pour parvenir à la destruction de ces animaux.

Dans le temps où la chasse à courre n'est plus permise, ils doivent particulièrement s'occuper à faire tendre des piéges avec les précautions d'usage, faire détourner les loups, et après avoir entouré les enceintes de gardes, les attaquer à traits de limiers, sans se servir de l'équipage, qu'il est défendu de découpler; enfin, faire rechercher avec grand soin les portées de louves.

Ils feront connaître ceux qui auront découvert des portées

de louveteaux. Il sera accordé pour chaque louveteau une gratification, qui sera double si l'on parvient à tuer la louve.

Quand les lieutenans de louveterie ou les conservateurs des forêts jugeront qu'il serait utile de faire des battues, ils en feront la demande au préfet, qui pourra lui-même provoquer cette mesure; ces chasses seront alors ordonnées par le préfet, commandées et dirigées par les lieutenans de louveterie, qui, de concert avec lui et le conservateur, fixeront le jour, détermineront les lieux et le nombre d'hommes. Le préfet en préviendra le ministre de l'intérieur et le grand-veneur.

Tous les habitans sont invités à tuer les loups sur leurs propriétés; ils en enverront les certificats aux lieutenans de louveterie de la conservation forestière, lesquels les feront passer au grand-veneur, qui fera un rapport au ministre de l'intérieur, à l'effet de faire accorder des récompenses.

Les lieutenans de louveterie feront connaître journellement les loups tués dans leur arrondissement, et, tous les ans, enverront un état général des prises.

Tous les trois mois, ils feront parvenir au grand-veneur un état des loups présumés fréquenter les forêts soumises à leur surveillance.

Les préfets sont invités à envoyer les mêmes états d'après les renseignemens particuliers qu'ils pourraient avoir.

Attendu que la chasse du loup, qui doit occuper principalement les lieutenans de louveterie, ne fournit pas toujours l'occasion de tenir des chiens en haleine, ils ont le droit de chasser à courre deux fois par mois, dans les forêts de l'État faisant partie de leur arrondissement, le chevreuil-brocard, le sanglier ou le lièvre, suivant les localités. Sont exceptés les forêts ou les bois du domaine de l'État de leur arrondissement, dont la chasse est particulièrement donnée par le Roi aux princes ou à toute autre personne.

Il leur est expressément défendu de tirer sur le chevreuil et le lièvre; le sanglier est excepté de cette disposition, dans le cas seulement où il tiendrait aux chiens.

Ils seront tenus de faire connaître, chaque mois, le nombre d'animaux qu'ils auront forcés.

Les commissions de lieutenant de louveterie seront renouvelées tous les ans; elles seront retirées dans le cas où les lieutenans n'auraient pas justifié de la destruction des loups.

Tous les ans, au 1er mai, il sera fait, sur le nombre des loups tués dans l'année, un rapport général, qui sera mis sous les yeux du Roi.

L'uniforme est déterminé comme il suit: habit bleu, droit, à la française, avec collet et parement de velours bleu pareil, galonné sur le devant et au collet; poches à la française et en pointe, également galonnées; paremens en pointes, avec deux chevrons pour les lieutenans.

Le galon sera or et argent; boutons de métal jaune, sur lesquels sera empreint un loup; veste et culotte chamois; chapeau retapé à la française, avec ganse en or et en argent; couteau de chasse en argent, avec un ceinturon en buffle jaune, galonné comme l'habit; bottes à l'écuyère; éperons plaqués en argent.

Uniforme des piqueurs.

L'habit sera le même que celui des officiers, excepté que le bouton sera en métal blanc, et que le galon sera en tiers d'or sur deux tiers d'argent.

Harnachement du cheval.

Bride à la française, avec bossette, sur laquelle sera un loup; bridon de cuir noir; selle à la française, en volaque blanc ou en velours cramoisi; housse cramoisie, garnie en galons or et argent; croupière noire, unie, et la boucle plaquée; étriers noirs, vernis; martingale noire, unie; sangles à la française.

Cet uniforme est permis, mais non obligatoire.

Approuvé : *signé* Louis.

QUATRIÈME PARTIE.

DE LA PÊCHE FLUVIALE.

SECTION UNIQUE.

La faculté de pêcher appartient de droit naturel à tous les hommes ; mais, d'après l'article 715 du Code civil, elle est réglée, comme la chasse, par des lois particulières.

Nous allons rappeler, dans une section unique, celles de ces lois qui sont relatives à la pêche fluviale, et les apostiller des arrêts et des décisions qui les ont appliquées ou expliquées.

DÉCRET *relatif à l'Abolition du Droit exclusif de la Pêche.*

Du 6 Juillet 1793.

La Convention nationale, après avoir entendu son comité de législation sur la pétition du citoyen Cabaret, de la commune d'Orval, département de la Manche, du 8 du mois dernier, tendant à faire décréter l'abolition du droit exclusif *de pêche* (*a*), prétendu par des ci-devant seigneurs, et la permission à chacun de pêcher le long de ses héritages, passe à l'ordre du jour motivé sur les articles 2 et 5 du décret du 25 août dernier; le premier, portant que toute propriété foncière est

(*a*) Le droit exclusif de pêche, qui appartenait aux ci-devant seigneurs, et qu'ils exerçaient au préjudice de leurs vassaux sur les rivières situées dans l'étendue de leur fief, a été aboli par les lois des 6 et 30 juillet 1793 ; mais il n'en est pas de même du droit de pêche qui appartenait à l'État comme droit utile et domanial dans les fleuves et rivières navigables. Paris, arrêt du 9 mai 1823. (*Rép. de la nouv. législ.*, *verb. pêche.*)

réputée franche et libre de tous droits, tant féodaux que censuels, si ceux qui les réclament ne prouvent le contraire dans la forme qui sera prescrite ci-après; l'autre, que généralement tous les droits seigneuriaux, tant féodaux que censuels, conservés ou déclarés rachetables par les lois antérieures, quelles que soient leur nature ou leur dénomination, même ceux qui pourraient avoir été omis dans lesdites lois ou dans le présent décret, ainsi que tous les abonnemens, pensions et prestations quelconques qui les représentent, sont abolis sans indemnité, à moins qu'ils ne soient justifiés avoir pour cause une concession primitive de fonds, laquelle clause ne pourra être établie qu'autant qu'elle se trouvera clairement énoncée dans l'acte primordial d'inféodation, d'acensement ou du bail à cens, qui devra être rapporté. (*Collect. in-4°, tom.* 15, *pag* 36.)

Nota. Voy. le décret du 30 du même mois, ainsi que l'avis du Conseil d'État des 30 messidor — 11 thermidor an 12, et le décret du 11 avril 1810.

DÉCRET *relatif à l'abolition des droits exclusifs de Pêche et de Chasse.*

Du 30 Juillet 1793.

La Convention nationale, après avoir entendu la lecture d'une délibération prise par l'administration du département de la Charente, le 20 de ce mois, qui réfère à la Convention nationale la question de savoir si le droit *de pêche* est compris dans l'abolition générale des droits féodaux, et sur la proposition d'un membre, passe à l'ordre du jour, motivé sur ce que les droits exclusifs de *pêche* et de chasse étaient des droits féodaux abolis par les lois précédentes comme tous les autres. (*Collect. in-4°, tom.* 15, *pag.* 299.)

Nota. Voy. le décret du 6 du même mois, ainsi que l'avis du Conseil d'État des 30 messidor — 11 thermidor an 12, et le décret du 11 avril 1810.

ARRÊTÉ *concernant la police du Droit de Pêche.*

Du 28 Messidor an 6 (16 juillet 1798.)

Le Directoire exécutif, sur le compte qui lui a été rendu par le ministre de la justice, que, dans quelques-uns des départemens réunis, aucune règle de police n'est observée relativement au droit de pêche; que la faculté qu'ont tous les citoyens de pêcher dans les rivières navigables et flottables, sert même de prétexte pour occasioner des dégâts dans les propriétés d'autrui, et pour commettre toutes sortes de délits, et que certains tribunaux correctionnels de ces départemens se croient sans moyens pour réprimer de pareils désordres, faute de lois à ce sujet;

Vu, 1° les articles 5, 6, 7, 8, 9, 10, 11, 12, 14, 17 et 18, titre XXXI de l'ordonnance des eaux et forêts de 1669, qui contiennent diverses dispositions propres à régler l'exercice du droit de pêche, de manière qu'il ne dégénère pas en un abus nuisible;

2° L'article 609 du Code des délits et des peines, qui veut qu'en attendant que les dispositions de l'ordonnance de 1669 aient pu être révisées, les tribunaux correctionnels appliquent aux délits qui sont de leur compétence les peines qu'elle prononce;

3° Et l'article 11 de la loi du 12 vendémiaire an 4, portant que le Directoire exécutif, et chaque administration départementale ou municipale, ou bureau central, pourront, par délibération spéciale, ordonner la réimpression, l'affiche et la publication des lois anciennes ou récentes;

Considérant que la suppression du droit exclusif de la pêche, en donnant à chacun la faculté de pêcher dans les rivières navigables et flottables, n'entraîne point l'abrogation des règles établies pour la conservation des différentes sortes de poissons, et pour le maintien de l'ordre et le respect des propriétés; qu'ainsi les articles ci-dessus cités du titre XXXI de l'ordonnance de 1669 doivent continuer d'avoir leur exécution;

Considérant que le défaut de promulgation de ces articles dans les départemens réunis, ne peut pas dispenser les tribunaux de ces départemens d'appliquer les peines qu'ils prononcent, puisque la promulgation du Code des délits et des peines, dont l'art. 609 impose aux tribunaux l'obligation d'appliquer les peines qui sont établies par l'ordonnance de 1669, suffit pour rendre les dispositions pénales de cette ordonnance obligatoires dans les pays mêmes où elle n'a pas été spécialement publiée, ainsi que le tribunal de cassation l'a jugé plusieurs fois, notamment le 27 vendémiaire dernier, en cassant un jugement rendu par le tribunal criminel du département des Vosges le 20 prairial précédent, qui avait admis le principe contraire; qu'en conséquence, le Code des délits et des peines ayant été promulgué dans les départemens réunis, les tribunaux de ces départemens ne doivent pas hésiter à appliquer, lorqu'il y a lieu, les peines que prononcent les articles ci-dessus cités du titre XXXI de l'ordonnance de 1669;

Considérant néanmoins qu'il est utile de publier ces articles dans les départemens réunis,

Arrête ce qui suit :

Art. 1er. Les articles 5, jusqu'à ces mots *pourvu que ce soit, etc.*; 6, jusqu'aux mots, *et du carcan, etc.*; 7, 8, 9, 10, 11, 12, 14, 17 et 18 du titre XXXI de l'ordonnance des eaux et forêts de 1669, relatifs à la police de la pêche, continueront d'être exécutés : en conséquence, et conformément à l'article 609 du Code des délits et des peines, les tribunaux correctionnels appliqueront à ceux qui contreviendront aux dispositions de ces articles, les peines qu'ils prononcent, jusqu'à ce qu'il en soit autrement ordonné par le corps législatif.

2. Les articles ci-dessus cités du titre XXXI de l'ordonnance de 1669, seront réimprimés, affichés et publiés dans toute l'étendue des neuf départemens réunis, etc. (*Bulletin*, 2e *série*, no 1925.)

Voici le texte tant des articles précités, que de plusieurs autres dispositions du même titre : il nous a paru utile de les reproduire ici, afin de faire connaître, avec plus de facilité et plus d'exactitude, la jurisprudence intervenue depuis.

5. « Défendons de pêcher en quelques jours et saisons que « ce puisse être, à autres heures que depuis le lever du soleil « jusqu'à son coucher (*b*), sinon aux arches des ponts, aux « moulins et aux gords où se tendent des dideaux, auxquels lieux « ils pourront pêcher tant de nuit que de jour, pourvu, etc. »

6. « Les pêcheurs ne pourront pêcher durant le temps de « frai (*c*), savoir, aux rivières où la truite abonde sur tous les « autres poissons, depuis le 1er février jusqu'à la mi-mars ; et aux « autres, depuis le 1er avril jusqu'au 1er de juin ; à peine, pour « la première fois, de vingt livres d'amende et d'un mois de pri- « son, et du double de l'amende, et de deux mois de prison « pour la seconde ; et du carcan, fouet et bannissement du res- « sort de la maîtrise pendant cinq années, pour la troisième. »

(*b*) 1. — La pêche est défendue depuis le coucher jusqu'au lever du soleil. Cassation, arrêt du 17 brumaire an 14. (*Trait. gén.*, *tom.* 2, *pag.* 41.)

2. — La pêche pendant la nuit et l'usage des filets à petites mailles sont autorisés dans tous les cantonnemens de pêche du Rhin, mais non dans la rivière d'Ill. Décision du 30 avril 1823. (*Trait. gén.*, *tom.* 3, *pag.* 134.) Voir le nombre 16 de la note (*d*), pag. 177, ci-après.

(*c*) — Les peines portées par l'ordonnance de 1669, contre ceux qui pêchent sans le consentement des propriétaires, ou pendant le temps du frai, s'appliquent même aux rivières non navigables ni flottables. Cassation, arrêt du 27 décembre 1810. (Sirey, 11 — 1 — 138.)

7. « Exceptons toutefois de la prohibition contenue en l'ar- « ticle, la pêche aux saumons, aloses et lamproies, qui sera con- « tinuée en la manière accoutumée. »

8. « Ne pourront aussi mettre bires, ou nasses d'osier à bout « des dideaux, pendant le temps de frai, à peine de vingt livres « d'amende et de confiscation du harnois pour la première fois, « et d'être privés de la pêche pendant un an pour la seconde. »

9. « Leur permettons néanmoins d'y mettre des chausses ou « sacs, du moule de dix-huit lignes en carré (quatre centimètres « environ), et non autrement, sur les mêmes peines; mais « après le temps de frai passé, ils y pourront mettre des bires ou « nasses d'osiers à jour, dont les verges seront éloignées les unes « des autres de douze lignes (vingt-sept millimètres.) »

10. « Faisons très-expresses défenses aux maîtres pêcheurs de « se servir d'aucuns engins (*d*) et harnois prohibés par les ancien-

---

(*d*) 1. Les engins et filets prohibés par l'ordonnance, sont défendus à quiconque pêche dans une rivière, encore même que le pêcheur ne soit pas maître pêcheur, et qu'il pêche dans des rivières non flottables et non navigables. Cassation, arrêt du 12 février 1808. (Sirey, 8 — 2 — 251.)

2. — Celui qui pêche autrement qu'à la ligne, sans avoir ni droit ni licence, et qui de plus pêche avec un engin prohibé, est passible d'une amende de 100 fr. fixe. A cet égard la loi du 13 floréal an 10, n'a pas dérogé à l'ordonnance de 1669. Cassation, arrêt du 2 mars 1809. (Sirey, 9 — 1 — 289.)

3. — La prohibition de pêcher dans des rivières avec des engins et de toute autre manière tendant à les dépeupler de poisson, s'applique aux rivières qui sont une propriété publique. Elle s'étend même aux canaux dont les eaux dérivent d'une rivière et y refluent ensuite. Les pêcheries appelées trébuchets sont assimilées aux engins prohibés. Cassation, arrêt du 20 décembre 1810. (Sirey, 11 — 1 — 244.)

4. — Il est indifférent pour l'application des peines aux délits de pêche, que ces délits aient été commis dans des eaux et rivières navigables ou non navigables, et par des individus pêcheurs ou non pêcheurs de profession; les contraventions à l'ordonnance de 1669, soit quant à l'emploi des engins qu'elle prohibe, soit quant au temps où il est défendu de pêcher, sont punies des mêmes peines à l'égard des uns et des autres. Cassation, arrêt du 20 août 1811. (*Trait. gén.*, *tom.* 2, *pag.* 503.)

5. — Lorsqu'une personne est surprise pêchant avec des engins

« nes ordonnances sur le fait de la pêche, et en outre de ceux « appelés giles, tramail, furet, épervier, chaston et sabre, dont

---

prohibés, la peine est de 100 fr. d'amende pour la première fois, et de punition corporelle pour la seconde, encore que la pêche ait eu lieu dans une rivière non navigable, et que le délinquant ne soit point un maître pêcheur, mais un simple particulier. L'art. 18 du titre xxv de l'ordonnance de 1669, qui restreint la peine à 30 livres d'amende, ne s'applique qu'aux personnes qui pêchent indûment, mais sans engin prohibé, dans les eaux non navigables. Cassation, arrêt du 20 février 1812. (SIREY, 12 — 1 — 335.) Autre arrêt du 20 août 1812. (*Idem*, 13 — 1 — 78.)

6. — Le fait de pêche avec une fouine (engin prohibé), dans une rivière navigable, constitue un délit passible de l'amende déterminée par l'article 10 du titre XXXI de l'ordonnance de 1669. Cassation, arrêt du 20 février 1812. (*Annales forestières*, 1812, *pag.* 435.)

7. — Les délits de pêche avec des engins défendus et en temps prohibé, doivent être punis des peines portées par l'ordonnance de 1669, soit qu'ils aient été commis dans des rivières navigables ou non navigables, et par des individus pêcheurs ou non pêcheurs de profession. Cassation, arrêt du 20 avril 1812. (DUPIN, *Lois forestières*, *pag.* 850, *n°* 640.)

8. — Les délits de pêche, même dans les eaux des particuliers, doivent être punis des peines portées par l'ordonnance, sans que les tribunaux puissent réduire l'amende. Cassation, arrêt du 3 septembre 1813. (*Trait. gén.*, *tom.* 2, *pag.* 587.)

9. — Le placement d'un engin prohibé dans une rivière, avec amorces, constitue un délit; il suffit que le garde rédacteur du procès-verbal déclare avoir vu placer cet engin, quand même le prévenu ne l'aurait point retiré devant lui, pour qu'il y ait lieu à l'application de la peine prononcée par l'ordonnance de 1669. Lorsqu'il résulte de l'ensemble des faits constatés par un procès-verbal en matière de pêche, la preuve légale du délit et de la culpabilité du prévenu, celui-ci ne peut être déchargé des poursuites exercées contre lui. Cassation, arrêt du 4 mai 1820. (*Trait. gén.*, *tom.* 2, *pag.* 847.)

10. — L'art. 14, tit. 5, de la loi du 14 floréal an 10, qui punit les particuliers pour fait de pêche dans une rivière navigable, autrement qu'à la ligne flottante et à la main, n'empêche point que la pêche par des particuliers non autorisés, avec engin prohibé, ne reste

« elles ne font pas de mention, et de tous autres qui pourraient « être inventés au dépeuplement des rivières, comme aussi

---

soumise à la peine établie par l'art. 10 du titre 31 de l'ordonnance de 1669. Cassation, arrêt du 21 juin 1821. (*Trait. gén., tom.* 2, *pag.* 930.) Voyez le nombre 3 de la note (*l*) ci-après.

11. — Il faut, pour donner lieu à l'amende prononcée par les articles 10 et 15 du titre XXXI de l'ordonnance de 1669, que l'individu non pêcheur de profession, chez lequel se voit un filet prohibé, ait été trouvé se servant de ce filet. L'amende prononcée par l'article 25 du même titre ne s'applique qu'aux pêcheurs de profession, ou à ceux à qui, en raison d'un fait particulier de pêche, la qualité de pêcheur peut être accidentellement attribuée. Toutefois le brûlement du filet doit toujours être ordonné. Cassation, arrêt du 1er mars 1822. (*Trait. gén., tom.* 3, *pag.* 24.)

12. — La preuve d'un délit de pêche avec un filet prohibé, ne résulte pas nécessairement contre un individu, d'un procès-verbal constatant qu'un filet prohibé a été trouvé encore mouillé dans l'enclos de cet individu. Cassation, arrêt du 5 mars 1822. (Sirey, 22 — 1 — 173.)

13. La preuve d'un délit de pêche, avec engins prohibés, peut être faite par d'autres voies que par le dépôt immédiat au greffe de l'engin, prescrit par l'article 23 du titre XXXI de l'ordonnance de 1669. A défaut de ce dépôt, le délit peut être prouvé, soit par un procès-verbal constatant la dimension des mailles, soit par la représentation de l'engin avant le jugement. Cassation, arrêt du 18 avril 1822. (Sirey, 22 — 1 — 419.)

14. — Le dépôt au greffe des engins de pêche prohibés dont la saisie a été faite, n'est prescrit ni comme condition, ni comme moyen nécessaire des poursuites; il est ordonné pour mettre sous les yeux de la justice la matière du délit, et pour que le brûlement puisse en être fait, s'il y a lieu. Cassation, arrêt du 18 avril 1822. (*Trait. gén.*, *tom.* 3, *pag.* 30.)

15. — Un délit de pêche avec *engins prohibés* est punissable, outre l'amende prononcée par l'art. 10, tit. XXXI de l'ordonnance de 1669, *de restitutions ou dommages-intérêts égaux au moins à l'amende*, aux termes de l'art. 8, tit. XXXII, de l'ordonnance de 1669, applicable à *tous les délits* prévus par l'ordonnance. Cassation, arrêt du 28 février 1823. (Sirey, 23 — 1 — 184.)

16. — L'usage des filets à petites mailles et la pêche pendant la nuit sont autorisés dans les cantonnemens de pêche du Rhin, mais non dans la rivière d'Ill. Décision du 30 avril 1823. (*Trait. gén.*, *tom.* 3, *pag.* 134.) Voir le nomb. 2 de la note (*b*), page 174, *suprà*.

« d'aller au barandage, et mettre des bacs en rivière; à peine « de cent livres d'amende pour la première fois, et de punition « corporelle pour la seconde. »

11. « Leur défendons, en outre, de bouiller avec bouilles ou « rabots, tant sous les chevrins, racines, saules, osiers, ter- « riers et arches, qu'en autres lieux, ou de mettre lignes avec

---

17. — L'emploi d'un panier ou corbeille pour prendre du poisson, est un délit qui rentre dans l'application du titre x, article 31, de l'ordonnance de 1669, si le fait de pêche a eu lieu sur un ruisseau appartenant à un particulier. L'article 18 du titre xxv de la même ordonnance ne deviendrait applicable qu'autant que le délit aurait été commis dans une rivière communale par un habitant de cette commune. Il y a défense générale et absolue à tout pêcheur de se servir, même dans les plus petites rivières et dans les eaux courantes dont la pêche appartient aux particuliers, d'aucun instrument et moyen de pêche propre à en opérer le dépeuplement. Cassation, arrêt du 7 août 1823. (*Trait. gén.*, *tom.* 3, *pag.* 159.)

18. — Il y a défense générale et absolue à tout pêcheur de se servir d'épervier et de tout autre filet ou engin prohibé sur toute espèce de rivières, et dans toutes les eaux qui affluent dans les rivières ou qui communiquent avec elles. L'exception par laquelle l'individu poursuivi pour avoir pêché dans un canal avec un filet prohibé, soutient que le lieu riverain du canal où il pêchait est sa propriété, n'établit pas une question préjudicielle, l'usage reconnu d'un filet prohibé étant un délit que ne peut faire disparaître la décision des juges civils sur la question de propriété. Cassation, arrêt du 14 août 1823. (*Trait. gén.*, *tom.* 3, *pag.* 161.)

19. — Le fait de pêche sans autorisation, dans une rivière navigable, avec un épervier (engin prohibé) non revêtu du sceau en plomb aux armes de France, constitue un double délit, punissable des peines prononcées par les articles 10 et 13, titre xxxi, de l'ordonnance de 1669, et non de la peine moins rigoureuse prononcée par l'article 14 de la loi du 9 floréal an 10, relatif au fait de pêche sans autorisation dans les rivières navigables. Cassation, arrêt du 20 août 1824. (Sirey, 25 — 1 — 128.)

Nota. Voyez le nombre 3 de la note (*e*) ci-après.

20. — Le vol de poisson dans un étang, vivier ou réservoir, a le caractère de crime, et la question de savoir si un vol de poisson a été commis dans un étang, doit être soumise au jury. Cassation, arrêt du 17 août 1813. (*Trait. gén.*, *tom.* 2, *pag.* 585.)

« échets ou amorces vives; ensemble de porter chaînes et clairons en leurs batelets, et d'aller à la fare ou de pêcher dans les noues avec filets et d'y bouiller pour prendre le poisson et le frai qui a pu y être porté par le débordement des rivières, sous quelque prétexte, en quelque temps et manière quece soit, à peine de cinquante livres d'amende contre les contrevenans, et d'être bannis des rivières pour trois ans, et de trois cents livres contre les maîtres-particuliers ou leurs lieutenans qui en auront donné la permission. »

12. « Les pêcheurs rejetteront en rivière les truites, carpes, barbeaux, brêmes et mouniers qu'ils auront pris, ayant moins de six pouces entre l'œil et la queue; et les tanches, perches et gardons qui en auront moins de cinq, à peine de cent livres d'amende et confiscation contre les pêcheurs et marchands qui en auront vendu ou acheté. »

13. « Voulons qu'il y ait en chacune maîtrise un coin (*e*) dans lequel l'écusson de nos armes sera gravé, et autour le nom de la maîtrise, duquel on se servira pour sceller en plomb les harnois ou engins des pêcheurs qui ne pourront s'en servir que le sceau n'y soit apposé, à peine de confiscation, et de vingt livres d'amende, et sera fait registre des harnois qui auront été marqués, ensemble du jour et du nom du pêcheur qui les aura fait marquer, sans que, pour ce, nos officiers puissent prendre aucuns salaires. »

14. « Défendons à toutes personnes de jeter dans les rivières aucune chaux, noix vomique, coque de levant, momie et autres drogues ou appâts, à peine de punition corporelle (*f*). »

(*e*) 1. — Invitation de faire sceller d'un coin aux armes de France les engins et filets des pêcheurs. Circul. de l'adm. forest. du 3 décembre 1816, n° 586. (*Trait. gén.*, *tom.* 2, *pag.* 698.)

2. — Les coins propres à la marque des filets doivent être déposés au chef-lieu de chaque inspection forestière. Circul. du 3 octobre 1806, n° 341. (*Mém. forest.*, *tom.* 5, *pag.* 185.)

3. — Le fait de pêche sans autorisation, dans une rivière navigable, avec un épervier non revêtu du sceau en plomb aux armes de France, constitue un double délit, punissable des peines prononcées par les art. 10 et 13, titre 35, de l'ordonnance. Cassation, arrêt du 20 août 1824. (Sirey, 25 — 1 — 128.) Voy. le nombre 19 de la note (*d*) ci-devant, pag. 178.

(*f*) Le fait d'avoir détruit du poisson dans une rivière, en y déposant du chanvre pour le faire rouir, doit être poursuivi devant

15. « Faisons inhibitions à tous mariniers, contre-maîtres, « gouverneurs et autres compagnons de rivières, conduisant « leurs nefs, bateaux, besognes, marnois, flettes ou nasselles, « d'avoir aucuns engins à pêcher, soit de ceux permis ou dé- « fendus, tant par les anciennes ordonnances que par ces pré- « sentes, à peine de cent livres d'amende et de confiscation des « engins (g). »

17. « Défendons de prendre et enlever les épaves sans la per- « mission des officiers de nos maîtrises, après la reconnais- « sance qui en aura été faite, et qu'elles aient été adjugées à ce- « lui qui les réclame (g bis.) »

18. « Faisons défenses à toutes personnes d'aller sur les mares, « étangs et fossés, lorsqu'ils seront glacés, pour en rompre la « glace, et y faire des trous, ni d'y porter flambeaux, brandons « et autres feux, à peine d'estre punis comme de vol. »

25. « Si les officiers des maîtrises trouvent des engins et « harnois défendus, ils les feront brûler à l'issue de leur au- « dience, au-devant de la porte de leur auditoire, et condam- « neront les pêcheurs sur qui ils auront été saisis, aux peines « ci-devant déclarées, sans les pouvoir modérer, à peine de « suspension de leurs charges pour un an (h). »

---

les tribunaux correctionnels comme fait de pêche. Ordonnance du 11 janvier 1826. (SIREY, 26 — 2 — 349.)

(g) 1. — Les engins prohibés trouvés sur des bateaux amarrés ou en mouvement sur les rivières, doivent être saisis et brûlés, et les propriétaires condamnés aux peines portées par l'ordonnance de 1669. Cassation, arrêt du 26 mars 1813. (*Trait. gén.*, *tom.* 2, *pag.* 555.)

2. — La disposition prohibitive, portée par l'art. 15 du tit. XXXI de l'ordonnance de 1669, s'applique sans distinction au batelier conduisant actuellement son bateau et à celui dont le bateau est amarré. Cassation, arrêt du 19 octobre 1823. (*Trait. gen.*, *tom.* 2, *pag.* 603.)

(g bis) Les poissons qui passent dans un autre étang appartiennent au propriétaire de cet étang, pourvu qu'ils n'y aient point été attirés par fraude ou artifice. (*Art.* 564 *du Cod. civil.*)

(h) 1. — L'article 25, titre XXXI, de l'ordonnance de 1669, qui prescrit le brûlement des engins prohibés saisis chez les pêcheurs, n'est point applicable à de pareils engins qui seraient trouvés chez des particuliers non pêcheurs, lorsqu'il n'est pas constaté que ces particuliers aient fait usage pour la pêche des engins dont il s'agit. Cassation, arrêt du 17 mai 1817. (*Trait. gén.*, *tom.* 2, *pag.* 258.)

26. « Toutes les amendes (i) jugées pour raison des rivières « navigables et flottables, et pour toutes nos eaux, seront re- « çues à notre profit par le sergent-collecteur des amendes, dans « chacune maîtrise ou département, pour lesquelles il en sera « usé comme pour celles de nos forêts, etc. »

LOI *relative aux Contributions de l'an* II.

Du 14 Floréal an 10 (4 mai 1802.)

TIT. 5. ADMINISTRATION FORESTIÈRE.

De la Pêche.

ART. 12. A compter du 1er vendémiaire prochain (23 septembre), nul ne pourra pêcher dans les fleuves et rivières na-

---

2. — Les outils et instrumens de pêche saisis sur les délinquans, doivent être déposés au greffe des tribunaux. Circul. de l'adm. forest. du 8 mars 1809, no 390. (*Trait. gén., tom.* 2, *pag.* 258.)

(i) 1. — Le recouvrement des amendes de pêche a lieu de la même manière que les amendes de chasse. Voy. à cet effet la troisième partie.

2. — Les amendes prononcées contre les infracteurs des lois sur la pêche, sont de véritables peines; elles ne doivent atteindre que les délinquans, et non les tiers responsables. Cassation, arrêt du 14 juillet 1814. (SIREY, 15 — 1 — 275.)

3. — Les fermiers de la pêche ne sont responsables que civilement, et pour les dommages et intérêts et dépens, à raison des délits commis par les particuliers auxquels ils ont donné permission de pêcher dans leur cantonnement; mais cette responsabilité ne peut s'étendre aux amendes encourues. Cassation, arrêt du 14 juillet 1814. (DUPIN, *Lois forestières*, *pag.* 847, no 623.)

4. — L'ordonnance du 20 octobre 1820, portant amnistie pour les délits forestiers commis antérieurement au 29 septembre de la même année, a été déclarée applicable aux délits de pêche, excepté les délinquans en récidive. Décision du 13 septembre 1824. (*Trait. gén., tom.* 3, *pag.* 282.)

5. — Une autre ordonnance du 28 mai 1825, a accordé amnistie pleine et entière pour tous délits ou contraventions relatifs aux lois sur la pêche commis antérieurement au 29 du même mois, sauf le remboursement des frais avancés par l'État. (*Inst. du Dir. gén. de l'Enregist.*, no 1164.)

vigables (*j*) s'il n'est muni d'une licence, ou s'il n'est adjudicataire de la ferme de la pêche, conformément aux articles suivans.

(*j*) 1. — Les fleuves et rivières navigables ou flottables...... sont considérés comme des dépendances du domaine public. (*Art.* 538 *du Code civil.*)

2. — L'ordonnance de 1669 parle collectivement, dans les art. 42, 43 et 44 du tit. XXVII, des rivières navigables et flottables ; il en est de même dans l'art. 26 du tit. XXXI. Cependant les ruisseaux ou rivières qui ne peuvent servir qu'à la flottaison à bûches perdues, parce que leur cours est semé d'obstacles, ne doivent pas être rangés au nombre des rivières flottables que l'ordonnance considère comme navigables; elle n'a eu en vue que celles qui, sans écluses ou artifices aucuns, portent des trains. Ainsi on doit regarder toute rivière qui n'aurait pas ces caractères, comme propriété particulière des communes ou des riverains, à laquelle ne s'applique pas la présente loi. Voy. à cet égard l'avis du Conseil d'État du 21 février 1822.

3. — La location de la pêche dans les rivières flottables doit être autorisée par les préfets. Elle a lieu dans les mêmes formes que celle des coupes de bois. Les fermiers ne peuvent avoir plus de huit associés. Ils ne peuvent non plus céder leur bail qu'à des particuliers agréés par le conservateur forestier de l'arrondissement et dont ils sont responsables. Circul. du 20 septembre 1821, n° 39. (*Trait. gén.*, *tom.* 7, *pag.* 952.)

4. — D'après une décision du ministre des finances du 14 août 1812, la pêche dans les noues ne peut être affermée au profit de l'État, que lorsque la noue communique à une rivière navigable, de manière que le pêcheur puisse y entrer et sortir librement avec un bateau. (*Trait. gén.*, *tom.* 2, *pag.* 498.) Elle ne peut l'être non plus dans les noues, boires, canaux ou fossés creusés de main d'homme sur des propriétés privées ou communales. Décis. du 18 avril 1823. (*Idem*, *tom.* 3, *pag.* 131.)

5. — Il est permis de joindre à l'amodiation de la pêche, la permission exclusive de la chasse aux oiseaux aquatiques sur chaque cantonnement. Circul. des 7 juillet et 4 septembre 1812, nos 470 et 476. (*Idem*, *tom.* 2, *pag.* 490 et 509.)

6. — Les licences de pêche ne peuvent être concédées aux agens forestiers, que pour les cantonnemens établis sur les rivières au bord desquelles ils ont des propriétés. Décision du 30 prairial an 12, (*Trait. gén.*, *tom.* 2, *pag.* 684.)

13. Le Gouvernement (*k*) déterminera les parties des fleuves et rivières où il jugera la pêche susceptible d'être mise en ferme, et il réglera pour les autres les conditions auxquelles seront assujétis les citoyens qui voudront y pêcher moyennant une licence.

(*k*) 1. Les fleuves et rivières navigables dépendant du... arrondissement forestier, seront divisés en... cantonnemens de pêche, conformément à l'état ci-annexé. (*Art.* 1er *de l'arrêté du gouvernement du* 11 *brumaire an* 12.) — Les cantonnemens seront mis en adjudication ou en licence, ainsi qu'il est déterminé par le même état. (*Art.* 2.)—La durée des adjudications et des licences sera, au plus, de trois années consécutives. (*Art.* 3.) — Le prix desdites adjudications et licences sera versé à la caisse du receveur de l'enregistrement et des domaines du canton, dans les termes fixés par l'adjudication ou la licence, (*Art.* 4.)

Nota. La désignation des cantonnemens de pêche étant susceptible d'éprouver des modifications, il semble inutile de la faire connaître ici: on la trouve d'ailleurs au *Mémorial forestier*, de l'an 11. (*Trait. gén., tom.* 1, *pag.* 661.)

2. — La pêche sur une rivière ou portion de rivière limitrophe entre deux divisions forestières, est attribuée à celle de ces deux divisions dans laquelle le cours de cette rivière a le plus d'étendue. Circul. du 10 pluviôse an 12, n° 191. (*Trait. gén., tom.* 1, *pag.* 672.)

3. — La pêche sera libre depuis le point où la marée se fait sentir dans la Loire, jusqu'à l'embouchure de cette rivière dans la mer. Le bail actuellement existant sera résilié. (*Décret concernant la pêche sur la Loire, du* 11 *août* 1808, *tit.* 4, *art.* 7.)

4. — Le point de délimitation entre la pêche libre sur la Loire et la pêche affermée au profit du trésor, est définitivement fixé à 40 brasses au-dessous des ponts de Nantes, suivant l'alignement des poteaux anciennement plantés pour servir de limites entre la pêche dont la surveillance appartenait à l'amirauté, et celle qui était confiée à l'administration des eaux et forêts. (*Décret du* 6 *juillet* 1810.)

5. — A partir de quarante brasses en amont des ponts de Nantes, jusqu'à l'embouchure de la Loire dans la mer, il est défendu aux pêcheurs de placer des bires ou nasses dans le fleuve : celles qui y seront trouvées seront brisées sur-le-champ, sans préjudice de l'amende qui sera encourue, conformément à l'ordonnance de 1669. (*Décret du* 21 *janvier* 1812, *art.* 1.) — Au-dessus du point

14. Tout individu qui, n'étant ni fermier de la pêche, ni pourvu de licence, pêchera dans les fleuves et rivières navigables, autrement qu'à la ligne flottante et à la main, sera condamné (*l*),

---

désigné ci-dessus, il ne pourra être placé de nasses dans la Loire, qu'en les attachant avec des masses de fer et des cordes, sans jamais se servir, à cet effet, de pierres et de cordons d'osier, sous peine, par les contrevenans, d'être poursuivis conformément aux dispositions de l'art. 42 du titre XXVII de l'ordonnance de 1669. (*Art.* 2.) — Les agens des eaux et forêts, ceux des ponts-et-chaussées et de la navigation, et tous autres officiers de police, dresseront procès-verbal des contraventions aux articles du présent décret, lesquelles seront constatées, poursuivies et réprimées par voie administrative, conformément à la loi du 29 floréal an 10. (*Art.* 3.)

6. — D'après une décision du ministre des finances, du 1er frimaire an 13, le point où doit s'arrêter la pêche fluviale dans les rivières affuentes à la mer, doit être déterminé à marée basse. (*Trait. gén., tom.* 1er, *pag.* 720.)

7. — Le point où la marée se fait sentir n'est pas celui où, par l'action du flux de la mer, les eaux fluviales, refoulées sur elles-mêmes, couvrent leurs rives sans rien perdre de la pureté de leur goût, mais celui où, par leur mélange avec les eaux de la mer, elles contractent la salure. — Dans cette dernière portion des rivières navigables, la pêche est soumise à la surveillance des administrateurs de la marine; mais, dans toutes les autres parties, elle reste, comme les eaux sur lesquelles on l'exerce, purement fluviale, et soumise à la surveillance de l'administration des forêts. — Les décrets qui ont rendu, dans une partie de la Loire, la pêche libre, n'ont point modifié cet ordre d'attribution, et l'administration des forêts continue de faire observer les réglemens sur la pêche fluviale dans la partie du fleuve où la pêche a été déclarée libre, lorsque ces parties sont au-dessus du point où les eaux cessent d'être salées. Cassation, arrêt du 18 juillet 1823. (*Trait. gén., tom.* 3, *pag.* 155.)

(*l*) 1. — L'art. 14, titre 5, de la loi du 14 floréal an 10, sera exécuté selon sa forme et teneur; en conséquence, tout individu, autre que les fermiers de la pêche ou le pourvu de licence, ne pourra pêcher sur les fleuves et rivières navigables qu'avec une ligne flottante, tenue à la main. Arrêté du gouvernement du 17 nivôse an 12. (*Bulletin*, 3e *série*, *n*° 3496.)

2. — L'action de pêcher avec un instrument dont l'extrémité est fixée au fond de l'eau, par le moyen d'un plomb, quoiqu'il faille se

1o A une amende qui ne pourra être moindre de cinquante francs ni excéder deux cents francs;

2o A la confiscation des filets et engins de pêche;

3o A des dommages-intérêts envers le fermier de la pêche, d'une somme pareille à l'amende.

L'amende sera double en cas de récidive.

15. Les délits seront poursuivis et punis de la même manière que les délits forestiers (*m*).

---

servir de la main pour le retirer toutes les fois que le poisson s'accroche à l'hameçon, ne peut être assimilée à l'action de pêcher avec une ligne flottante, tenue à la main. Cassation, arrêt du 1er décembre 1810. (MERLIN, *Rép. de Jurisp.*, vo *Pêche.*)

3. — Cet article n'empêche point que la pêche, par des particuliers non autorisés, avec engin prohibé, ne reste soumise à la peine établie par l'art. 10, tit. XXXI de l'ordonnance de 1669. Cassation, arrêt du 21 juin 1821. (SIREY, 21 — 1 — 313.) Voyez le nomb. 10 de la note (*d*), pag. 177, *suprà*.

4. — L'individu qui, sans être pourvu de licence, prend du poisson avec la main, en plongeant dans une rivière navigable, commet le délit de pêche prévu par l'art. 14 de la loi du 14 floréal an 10. Tous ceux qui ne sont ni fermiers, ni porteurs d'une licence, ne peuvent prendre du poisson dans les rivières navigables autrement qu'avec une ligne flottante, tenue à la main. Cassation, arrêt du 7 août 1823. (SIREY, 24 — 1 — 61.)

5. — Le délit de pêche dans une rivière navigable n'est pas excusable à raison de la bonne foi du prévenu qui se serait cru autorisé à pêcher en qualité de fermier d'un individu prétendant avoir lui-même le droit de pêche. Cassation, arrêt du 11 juin 1825. (SIREY, 25 — 1 — 164.)

(*m*) 1. — Les délits de pêche sont de la compétence des tribunaux correctionnels. (*Loi du* 11 *septembre* 1790, *art.* 7 ; *Arrêté du gouvernement du* 28 *messidor an* 6, *et art.* 179 *du Cod. d'inst. crim.*)

2. — En cas de pêche dans une rivière non navigable ni flottable, mais en temps prohibé, ou avec des engins défendus, le ministère public peut et même doit agir d'office, encore que le propriétaire riverain ne se plaigne pas contre le pêcheur. Cassation, arrêt du 17 brumaire an 14. (SIREY, 7 — 1 — 1097.) Autre arrêt du 21 février 1812. (*Idem*, 12 — 1 — 337.)

3. — Le fait de pêche dans les eaux d'un particulier qui ne s'en plaint point, n'est point un délit donnant lieu à une action publique. Cassation, arrêt du 5 février 1807. (SIREY, 7 — 2 — 74.)

16. Les gords, barrages et autres établissemens fixes de pêche, construits ou à construire, seront pareillement affermés (*n*),

---

4. — Lorsque la partie privée, au préjudice de laquelle il a été pêché dans une rivière non navigable, ni flottable, en temps non prohibé et sans engins défendus, saisit le tribunal correctionnel de son action, ce tribunal doit prononcer non-seulement des dommages-intérêts, mais encore les peines portées par la loi, et ne peut s'en dispenser sous prétexte que le ministère public n'a requis aucune peine. Cassation, arrêt du 27 juin 1811. (Dupin, *Lois forestières*, *pag.* 847, *n*° 619.)

5. — La pêche avec épervier (engin prohibé) est un délit contre l'intérêt général, dont par conséquent la poursuite, en cas de silence de la part du propriétaire riverain, appartient au ministère public. Cassation, arrêt du 21 février 1812. (*Trait. gén.*, *tom.* 2, *pag.* 473.)

6. — Lorsque, dans une instance en réparation de délit, il s'élève une question préjudicielle, et que les parties sont renvoyées à se pourvoir sur cette question, le tribunal correctionnel ou la cour criminelle qui a prononcé le renvoi, doit attendre la décision sur la question du fond, avant de statuer sur celle du délit. Cassation, arrêt du 23 mai 1806. (*Trait. gén.*, *tom.* 2, *pag.* 80.)

7. — Bien qu'il appartienne aux préfets de prononcer en matière de contravention aux lois et réglemens d'administration publique, néanmoins, lorsque celui qui les a enfreints se fonde sur un droit de propriété, tel, par exemple que le droit de pêche, c'est aux tribunaux seuls à prononcer sur le fond du droit. Décret du 18 août 1807. (Sirey, 16 — 2 — 253.)

8. — Les contestations élevées entre des propriétaires riverains d'une rivière non navigable, au sujet de la pêche, sont de la compétence des tribunaux. Décret du 12 avril 1812. (*Trait. gén.*, *tom.* 2, *pag.* 483. — Ordonn. du 6 décembre 1820. (*Code de la Pêche et de la Chasse.*)

D'après la même ordonnance, une rivière ne peut être considérée comme navigable et soumise à la juridiction administrative, qu'autant que la navigabilité est déclarée par un acte administratif.

9. — C'est aux tribunaux à décider entre deux fermiers de la pêche, dans une rivière navigable, quels sont les droits résultant pour eux des baux respectifs que leur a passés l'administration. Ordonnance du 16 février 1826. (Sirey, 26 — 2 — 342.)

10. — Lorsque les mêmes eaux s'écoulent d'un étang supérieur dans un étang inférieur, la pêche de ces étangs doit se faire selon

après qu'il aura été reconnu qu'ils ne nuisent point à la navigation, qu'ils ne peuvent produire aucun attérissement dangereux, et que les propriétaires riverains n'en peuvent souffrir aucun dommage.

17. La police, la surveillance et la conservation de la pêche, seront exercées par les agens et préposés de l'administration forestière (*o*), en se conformant aux dispositions prescrites pour constater les délits forestiers.

18. Les fermiers de la pêche pourront établir des gardes-pêche (*p*), à la charge d'obtenir l'approbation du conservateur

---

les règles d'équité; et, pour cela, il y a lieu à un réglement conventionnel ou judiciaire. Paris, arrêt du 28 juillet 1814. (Sirey, 16 — 2 — 53.)

11. — L'autorité judiciaire est compétente pour connaître des contestations entre particuliers, lorsqu'elles ont pour objet des entreprises sur les rives d'une rivière, aux endroits où elle n'est point navigable. Cassation, arrêt du 23 août 1819. (*Trait. gén.*, *tom.* 2, *pag.* 810.)

12. — La pêche à la ligne flottante et à la main dans un canal ne constitue pas un délit, et ne donne lieu qu'à des dommages-intérêts, qu'on doit réclamer par la voie civile. Ainsi jugé par le tribunal de la Seine le 28 juin 1827. (*Gazette des tribun. du* 29 *du même mois*.)

13. — Le délai pour la prescription du délit de pêche dans les eaux qui sont des propriétés privées est de trois mois, bien qu'il soit d'un mois pour la chasse. Il ne faut appliquer ici ni la loi du 30 avril 1790, sur le fait de chasse, ni la loi du 6 octobre 1791, sur les délits ruraux. Cassation, arrêt du 8 septembre 1820. (Sirey, 21 — 1 — 18.)

(*n*) Un décret du 23 décembre 1810, ci-après transcrit, a attribué à l'administration des ponts-et-chaussées la mise en ferme de la pêche dans les canaux, etc.

(*o*) Voyez le décret cité dans la note qui précède.

(*p*) 1. — Les gardes-pêche sont chargés de veiller à l'exécution des ordonnances pour maintenir la police sur les fleuves, rivières et eaux, relativement à la pêche et à la navigation. Ils doivent avoir les mêmes qualités que les gardes-bois et gardes-chasse, et leur réception doit être accompagnée des mêmes formalités. (Merlin, *Rép.*, *verb. Gardes-Pêches.*)

2. — Le défaut d'énonciation, dans un procès-verbal, de tous

des forêts, et de les faire recevoir comme les gardes forestiers. (*Bulletin*, 3e *série*, no 1490.)

AVIS DU CONSEIL D'ÉTAT *portant que l'abolition du droit exclusif de la pêche sur les rivières navigables, est irrévocable à l'égard des particuliers qui en jouissaient, soit patrimonialement, soit à titre d'engagistes ou échangistes, de quelque nature que soient les titres sur lesquels leurs réclamations soient fondées.* (*q*).

Du 30 Messidor an 12, approuvé le 11 Thermidor (30 juillet 1804).

LE CONSEIL D'ÉTAT, après avoir entendu le rapport de la section des finances, sur le renvoi qui lui a été fait par S. M.

---

les contrevenans reconnus postérieurement à sa rédaction, et par un procès-verbal postérieur, ne peut être une raison d'éconduire la poursuite dirigée contre eux en vertu de cette double reconnaissance. Cassation, arrêt du 13 mai 1808. (*Trait. gén.*, *tom.* 2, *pag.* 205.)

3. — La preuve testimoniale doit être admise pour établir les délits de pêche au chalut, comme pour tous autres délits, à défaut de procès-verbaux, ou de rapports réguliers. Les dispositions de l'ordonnance du 13 mai 1818, relatives à la preuve des délits de pêche au chalut, ne sont pas exclusives de la preuve testimoniale. Cassation, arrêt du 1er mai 1823. (SIREY, 23—1—319.)

4. — Les procès-verbaux des gardes-pêche, comme ceux des gardes forestiers, ne font foi que jusqu'à preuve contraire, lorsque le délit emporte une condamnation au-dessus de 100 francs, et que le procès-verbal n'est signé que par un garde. Cassation, arrêt du 25 novembre 1824. (*Trait. gén.*, *tom.* 3, *pag.* 294.)

(*q*) — L'engagiste d'une bourdigue ou pêcherie du thon, dans un canal communiquant à la mer et assimilé aux rivières navigables, ne peut prétendre à l'application de la loi du 14 ventôse an 7, et la pêcherie doit être régie pour le compte de l'État. Seulement l'engagiste a droit à une indemnité pour la valeur des bâtimens, agrès et ustensiles qui ont passé sous la main de l'État. Ordonnance du 30 juillet 1817. (*Trait. gén.*, *tom.* 2, *pag.* 725.)

2. — Les détenteurs de madragues, dont les concessions anciennement faites à titre gratuit ont été révoquées, ne peuvent être admis à en devenir propriétaires incommutables en vertu de la loi du 14 ventôse an 7. Décis. du ministre des finances, du 7 septembre 1825. (*Idem*, *tom.* 3, *pag.* 385.)

d'un projet de décret.... dont l'objet principal est de maintenir provisoirement les possesseurs des droits de pêche dans les fleuves et rivières navigables, dont les titres sont antérieurs à l'édit de 1566.... est d'avis qu'on ne peut adopter le projet.....;

Attendu 1° que la Convention nationale ayant, par son décret du 30 juillet 1793, rangé les droits exclusifs de pêche et de chasse dans la classe des droits féodaux supprimés sans indemnité, le droit de pêche s'est trouvé irrévocablement anéanti dans la main de ceux qui en jouissaient, soit patrimonialement, soit à titre d'engagistes ou d'échangistes;

2° Et que le rétablissement du droit exclusif de pêche dans les fleuves et rivières navigables, ordonné en faveur de l'État, par le titre V de la loi du 14 floréal an 10, n'a apporté, à l'égard des particuliers, aucun changement dans la législation établie par le décret du 30 juillet 1793. (*Cir. de l'administration des forêts du 17 fructidor an* 12, n° 228.)

Nota. Voy. les décrets des 6 et 30 juillet 1793, et celui du 11 avril 1810.

Avis du Conseil d'État, *relatif au droit de pêche des rivières non navigables.*

Du 27—30 Pluviôse an 13 (19 février 1805.)

Le Conseil d'État, qui a entendu le rapport de la section de l'intérieur, relatif à la question de savoir à qui,

---

3. — Le droit exclusif de pêcher était un droit féodal qui a été aboli.

La pêche dans les fleuves et rivières navigables est un droit domanial, et les concessions qui ont pu être faites de ce droit, même antérieurement à 1566, sont anéanties. Ordonnance du 22 janvier 1823. (*Trait. gén., tom.* 3, *pag.* 116.)

4. — Un droit de pêche sur une rivière navigable est inaliénable par sa nature. Ordonnance du 27 avril 1825. (*Trait. gén., tom.* 3, *pag.* 354.)

5. — La pêche dans les rivières navigables appartient aujourd'hui exclusivement au domaine. Il n'y a pas d'exception en faveur des anciens engagistes ou échangistes. La loi du 14 floréal an 10, en faisant revivre, au profit de l'État, le droit exclusif de pêche, n'a apporté à l'égard des particuliers aucun changement aux lois de la révolution qui ont supprimé sans indemnité tout droit exclusif de pêche. Cassation, arrêt du 8 mai 1826, (Sirey, 26 — 1 — 452.)

des propriétaires riverains ou des communes, appartient la pêche des rivières non navigables;

Considérant, 1° que la pêche des rivières non navigables faisait partie des droits féodaux, puisqu'elle était réservée, en France, soit au seigneur haut-justicier, soit au seigneur du fief;

2° Que l'abolition de la féodalité a été faite, non au profit des communes, mais bien au profit des vassaux qui sont devenus libres dans leurs personnes et dans leurs propriétés;

3° Que les propriétaires riverains sont exposés à tous les inconvéniens attachés au voisinage des rivières non navigables (dont les lois d'ailleurs n'ont pas réservé des avant-bords destinés aux usages publics); que les lois et arrêtés du Gouvernement les assujétissent à la dépense du curage et à l'entretien de ces rivières, et que, dans les principes de l'équité naturelle, celui qui supporte les charges doit aussi jouir du bénéfice;

4° Enfin, que le droit de pêche des rivières non navigables, accordé aux communes, serait une servitude pour les propriétés des particuliers, et que cette servitude n'existe point, aux termes du Code civil,

Est d'avis que la pêche des rivières non navigables ne peut, dans aucun cas, appartenir aux communes (r); que les propriétaires riverains doivent en jouir, sans pouvoir cependant exercer ce droit qu'en se conformant aux lois générales ou réglemens locaux concernant la pêche, ni le conserver, lorsque, par la suite, une rivière, aujourd'hui réputée non navigable, deviendrait navigable, et qu'en conséquence, tous les actes de l'autorité administrative qui auraient mis des communes en possession de ce droit, doivent être déclarés nuls. (*Circul. de l'adm. des forêts du 19 vendémiaire an 14*, n° 285.)

Nota. Voy. l'avis du Conseil d'État du 21 février 1822.

(r) Une commune ne peut aliéner à perpétuité un droit exclusif de pêche, en conservant la propriété du terrain d'où ce droit découle. Avis du Conseil d'État des 11— 19 octobre 1811. (*Bulletin*, 4e *série*, n° 7460.)

Décret *qui décide que le droit de pêche que des particuliers possédaient dans les rivières navigables, a été aboli par la loi du* 30 *juillet* 1793.

Du 11 avril 1810.

Sur le rapport de notre ministre des finances, relatif à un arrêté du conseil de préfecture du département de l'Eure, du 19 juin 1807, qui a maintenu le sieur Leuffroy-Leroux dans la propriété et possession d'une pêcherie située sur la rivière de Seine, sous une des arches du pont de Vernon, dite l'*Arche du Saulx;*

Vu ledit arrêté, ensemble les observations du conseiller-d'état, directeur général des eaux et forêts;

Vu la pétition du sieur André Leroy, adjudicataire du premier cantonnement de pêche établi sur la Seine, tendant à être maintenu dans la jouissance de la pêcherie dont il s'agit, laquelle est comprise dans son adjudication;

Vu pareillement l'avis de notre conseiller-d'état, directeur général des forêts;

Considérant que l'avis de notre Conseil-d'État, approuvé par nous, le 11 thermidor an 12, a décidé que le droit de pêche dans les fleuves et rivières navigables était irrévocablement anéanti par la loi du 30 juillet 1793, dans la main de ceux qui en jouissaient, soit patrimonialement, soit à titre d'engagiste ou d'échangiste, lors même que les titres de possession seraient antérieurs à 1566; que l'arrêté du conseil de préfecture de l'Eure est contraire à cette disposition; que le droit de pêche dont jouissait indûment le sieur Leuffroy-Leroux étant compris dans l'adjudication faite au sieur Leroy, c'est à ce dernier à se pourvoir, s'il y a lieu, contre ledit sieur Leroux pour raison de non-jouissance;

Notre Conseil d'État entendu, nous avons décrété et décrétons ce qui suit:

Art. 1er. L'arrêté du conseil de préfecture du département de l'Eure, du 16 juin 1807, qui a maintenu le sieur Leffroy-Leroux dans la propriété de la pêcherie située sous une des arches du pont de Vernon, dite l'*Arche du Saulx*, est annulé, etc. (*Trait. gén.*, *tom.* 2, *pag.* 340.)

Nota. Voy. les décrets des 6 et 30 juillet 1793, et l'avis du Conseil d'État des 30 messidor — 11 thermidor an 12.

DECRET *qui attribue à l'administration des ponts-et-chaussées la mise en ferme des canaux et les produits des francs bords et des plantations qui appartiennent à l'État* (r).

Du 23 Décembre 1810.

ART 1er. La mise en ferme de la pêche dans les canaux, et les produits des francs bords et des plantations qui appartiennent à l'État, seront exercés par l'administration des ponts-et-chaussées.

2. Les fonds en provenant seront versés au trésor public par l'intermédiaire des droits réunis, et feront partie des fonds généraux. (*Trait. gén., tom.* 2, *pag.* 429.)

AVIS DU CONSEIL D'ÉTAT *portant que l'État a le droit d'affermer la pêche des rivières qui sont navigables* (s) *sur bateaux, trains ou radeaux, et dont l'entretien n'est pas à la charge des propriétaires riverains.*

Du 21 Février 1822

LE CONSEIL D'ÉTAT, sur le renvoi qui lui a été fait par M. le

---

(r) 1. — « Les dispositions de l'art. 7, tit. 28, de l'ordonnance de 1669, sont applicables à toutes les rivières navigables de la France, soit que la navigation y fût établie à cette époque, soit que le gouvernement se soit déterminé depuis, ou se détermine aujourd'hui et à l'avenir de les rendre navigables. (*Décret du* 22 *janvier* 1808, *art.* 1er.)

« En conséquence, les propriétaires riverains, en quelque temps que la navigation ait été ou soit établie, sont tenus de laisser le passage pour le chemin de hallage. (*Idem, art.* 2.)

« Il sera payé aux riverains des fleuves où la navigation n'existait pas et où elle s'établira, une indemnité proportionnée au dommage qu'ils éprouveraient, et cette indemnité sera évaluée conformément aux dispositions de la loi du 16 septembre dernier. (*Idem.*, *art.* 3.)

« L'administration pourra, lorsque le service n'en souffrira pas, restreindre la largeur des chemins de hallage, notamment quand il y aura antérieurement des clôtures en haies vives, murailles ou travaux d'art, ou des maisons à détruire, etc. » (*Idem.*, *art.* 4.)

2.— Le produit du fermage de la pêche sur les canaux et madragues appartient au ministère des finances. Avis du Conseil d'État du 5 mars 1818. (*Trait. gén., tom.* 2, *pag.* 748.)

(s) Une rivière n'est flottable dans le sens de l'art. 538 du Code garde des sceaux, ministre secrétaire d'État au département de la justice, d'un rapport transmis par M. le ministre des finances, relatif au droit de pêche dans les rivières flottables ou non navigables ;

Vu la lettre de M. le ministre des finances, du 26 décembre 1821, qui propose de soumettre à l'examen du Conseil les deux questions suivantes: *Le droit de pêche dans les rivières flottables et non navigables appartient-il à l'État? Y a-t-il lieu, dans le cas de l'affirmative, de réformer l'avis du Conseil d'État du* 30 *pluviôse an* 13?

Vu la décision du même ministre du 6 octobre 1820, qui prescrit la mise en ferme des parties des rivières de la Meurthe et de la Moselle qui ne sont que flottables ; l'avis du Comité des finances du 6 octobre 1820, sur les deux questions ci-dessus; la loi du 14 floréal an 10; l'article 538 du Code civil ; l'avis du Conseil d'État du 30 pluviôse an 13, relatif à la propriété des droits de pêche dans les rivières non navigables ;

Considérant que, dans l'acception commune, on confond sous la dénomination de rivières flottables, deux espèces de cours d'eau très-distincts, savoir: 1o les rivières flottables sur trains ou radeaux, au bord desquelles les propriétaires riverains sont tenus de livrer le marche-pied déterminé par l'article 650 du Code civil, dont le curage et l'entretien sont à la charge de l'État; 2o les rivières et ruisseaux flottables à bûches perdues, sur le bord desquels les propriétaires riverains ne sont assujétis qu'à livrer passage, dans le temps du flot, aux ouvriers du commerce de bois, chargés de diriger les bûches flottantes et de repêcher les bûches submergées;

Considérant que les rivières flottables sur *trains* ou *bateaux* sont de nature *navigables* pour toute embarcation du même tirant d'eau que le train ou radeau flottant; que les rivières flottables de cette espèce ont été considérées comme rivières navigables, soit par l'ordonnance de 1669, soit par les premières instructions données pour l'exécution de la loi du 14 floréal an 10; que dès-lors les rivières flottables sur trains ou bateaux, dont l'entretien est à la charge de l'État, se trouvent

---

civil, qu'autant qu'il y a flottaison à train ou à radeau. Quant aux rivières où la flottaison n'a lieu qu'à bûches perdues, n'étant pas flottables dans le sens de l'art. 538, elles ne sont pas une propriété domaniale. La pêche sur les rivières flottables à bûches perdues, est donc, comme ces rivières elles-mêmes, la propriété des riverains, et non pas du domaine public. Cassation, arrêt du 22 août 1823. (SIREY, 24 — 1 — 1.)

comprises parmi les rivières navigables dont la pêche peut, aux termes de ladite loi, être affermée au profit de l'État; qu'il est impossible, au contraire, d'appliquer les dispositions de ladite loi aux cours d'eaux qui ne sont flottables qu'à bûches perdues, et qui ne peuvent, sous aucun rapport, être considérés comme rivières navigables;

Est d'avis, 1° que l'État a droit d'affermer, en vertu de la loi du 14 floréal an 10, la pêche des rivières qui sont navigables sur *bateaux, trains ou radeaux, et dont l'entretien n'est pas à la charge des propriétaires riverains;*

2° Que ce droit ne peut s'étendre, en aucun cas, aux rivières ou ruisseaux qui ne sont flottables qu'à bûches perdues, etc.

LOI *contenant le budjet de l'exercice de* 1822.

Du 1er Mai 1822.

ART. 7. Les droits de pêche perçus sur les étangs salés (*t*) qui communiquent avec la mer et qui appartiennent au Gouvernement, sont et demeurent supprimés. Néanmoins ceux de ces droits qui sont aujourd'hui perçus sous forme de licence, continueront à l'être jusqu'au 1er janvier 1823, et ceux qui sont encore affermés, ne cesseront qu'à l'expiration des baux.

Les fermiers seront admis à résilier, dès qu'ils en formeront la demande. (*Bull.*, 7e *série*, *n*o 12, 637.)

(*t*) — Les droits de pêche perçus sur les étangs salés qui communiquent à la mer sont supprimés, et les fermiers sont admis à résilier leurs baux et à compter de clerc à maître des produits par eux perçus.

Les baux qui ont été passés à ces fermiers sont des actes administratifs dont les dispositions peuvent être modifiées par l'autorité administrative.

La réintégration d'un ancien propriétaire dans la jouissance des étangs salés et de leurs dépendances, et les ventilations qui déterminent sa quote part dans les produits, sont également des actes émanés du pouvoir administratif, qui ne peuvent être appréciés que par lui. Décis. du 14 novembre 1823. (*Trait. gén.*, *tom.* 3, *pag.* 173.)

TABLE ALPHABÉTIQUE
DES MATIÈRES.

Nota. Pour la facilité des recherches, la table a été divisée en trois sections.

La première section comprend l'Exposé des motifs, les Rapports, le Code forestier, l'Ordonnance d'exécution, le Cahier des charges, et le Précis des arbres plantés sur les routes, qui forment la première partie de l'ouvrage, pages 1 à 448 du tome Ier, et pages 449 à 587 du tome II.

La seconde section contient l'ancienne législation relative aux forêts, qui est composée de l'Ordonnance de 1669 et des Lois forestières depuis 1789 jusqu'en 1827, 2e partie de l'ouvrage, pages 1 à 122 du tome II.

Enfin la troisième section comprend également la 3e et la 4e parties, qui ont pour objet la Chasse et la Pêche, pages 123 à 194 du tome II.

Ire SECTION.

Exposé des motifs, Rapports, Code forestier, Ordonnance d'exécution, Cahier des charges, Précis des arbres des routes.

A.

B.

C.

D.

14.

F.

H.

L.

M.

P.

S.

T.

U.

V.

2e SECTION.

Ordonnance de 1669, et Lois forestières de 1789 à 1827.

(Nota. Le chiffre indique la page de la 2e partie, tome 2.)

A.

C.

Corse. Le ministre de la marine peut faire exploiter dans les forêts de la Corse les bois propres à la construction, 98.

Coupes de bois. Recommandation de veiller à ce qu'il n'en soit pas fait de contraires aux réglemens, 93. — Décret concernant les oppositions des municipalités à la coupe des bois des ecclésiastiques, *ibid.*—Vente de la coupe des quarts de réserve faisant partie des bois ci-devant ecclésiastiques, 97.—Les adjudications des coupes de bois nationaux et des communes peuvent être faites par les administrations municipales de canton, dans les communes où étaient les administrations de district, 100.—Nulles coupes de quarts de réserve ou autres bois, autres que les coupes ordinaires, ne peuvent être faites sans autorisation du pouvoir exécutif, 101. — Arrêté concernant les adjudications des coupes, 102.—Mode de paiement du prix principal des adjudications de coupes des bois de l'État, 103. — Prohibition de coupes extraordinaires dans les bois dont les acquisitions sont attaquées comme illégales, 104. — Mode de paiement des coupes de bois, 105. — Traites à souscrire par les adjudicataires des coupes de bois domaniaux, 107. — Rayon dans lequel l'administration des poudres et salpêtres est autorisée à faire couper le bois de bourdaine, 108.— Prélèvement pour un fonds commun de vingt-cinq pour cent sur le produit des coupes des quarts en réserve des bois communaux, 109. — Conditions à remplir avant d'enlever des coupes destinées au flottage aucun bois de 54 millim. de diamètre, ou 162 millim. de circonférence et au-dessus, 110. — Continuation, pendant 1816, du prélèvement prescrit pour 1814 et 1815, de 50 pour cent sur les fonds provenant des coupes de quart en réserve, ou autres coupes extraordinaires dans les bois communaux, 116. — Modifications dans les règles suivies pour le versement, l'emploi et le recouvrement des traites des adjudicataires de coupes des bois de l'État, 118. — Mesures relatives aux coupes des bois des particuliers, *ibid.*—Défenses de faire, sans l'autorisation du Roi, aucunes coupes dans les quarts de réserve des bois des communes et des établissemens publics, 118. — Dispositions relatives à l'emploi des fonds provenant des coupes extraordinaires des bois des communes, des hôpitaux et autres établissemens publics dont l'adjudication n'excédera pas la somme de mille francs, 121 — Recouvrement à faire, à titre de placement, du quart du produit des coupes extraordinaires des bois des communes et établissemens publics dont l'adjudication excédera cinq mille francs, 122. — *Voy.* Artillerie, Bourdaine (bois de), Compétence, Déclaration de command, Enregistrement (droit d'), Exploitation, Marque des bois.

Couronne. Les bois et forêts compris dans sa dotation sont exploités conformément aux réglemens sur l'administration forestière, 112 et 116. — Forme et conditions des actes d'é-

G.

H.

I.

J.

L.

M.

N.

O.

P.

Q.

R.

S.

T.

U.

V.

3ᵉ SECTION.

Chasse et Pêche.

(Nota. Le chiffre indique la page des 3ᵉ et 4ᵉ parties.)

A.

B.

C.

D.

E.

F.

G.

I.

L.

M.

R.

ERRATA.

Tome 1, pag. 392, lig. 22, il est, *lis.* est.
Id. pag. 424, lig. 11, secti, *lis.* section.

FIN.

ERRATA.

Id. [illegible], lig. 11, secti, lis. section.

FIN.

www.ingramcontent.com/pod-product-compliance
Ingram Content Group UK Ltd.
Pitfield, Milton Keynes, MK11 3LW, UK
UKHW022325190726
13856UKWH00001B/225